U0541550

国外语言学译丛
经典教材

PRINCIPLES
·
OF
·
PHONOLOGY

音系学原理

〔俄〕尼可莱·特鲁别茨柯依 著

李兵 王晓培 译

Nikolai Sergeevich Trubetzkoy
GRUNDZÜGE DER PHONOLOGIE
1939 Travaux du cercle linguistique de Prague 7

PRINCIPLES OF PHONOLOGY
Translated by Christiane A. M. Baltaxe
Copyright©1969 by University of California Press

根据美国加州大学出版社 1969 年英译版译出

国外语言学译丛编委会

主　编：
沈家煊（中国社会科学院语言研究所）

编　委：
包智明（新加坡国立大学）
胡建华（中国社会科学院语言研究所）
李　兵（南开大学）
李行德（香港中文大学）
李亚非（美国威斯康星大学）
刘丹青（中国社会科学院语言研究所）
潘海华（香港中文大学）
陶红印（美国加州大学）
王洪君（北京大学）
吴福祥（中国社会科学院语言研究所）
袁毓林（北京大学）
张洪明（美国威斯康星大学）
张　敏（香港科技大学）
朱晓农（香港科技大学）

总　　序

　　商务印书馆要出版一个"国外语言学译丛",把当代主要在西方出版的一些好的语言学论著翻译引介到国内来,这是一件十分有意义的事情。

　　有人问,我国的语言研究有悠久的历史,有自己并不逊色的传统,为什么还要引介西方的著作呢？其实,世界范围内各种学术传统的碰撞、交流和交融是永恒的,大体而言东方语言学和西方语言学有差别这固然是事实,但是东方西方的语言学都是语言学,都属于人类探求语言本质和语言规律的共同努力,这更是事实。西方的语言学也是在吸收东方语言学家智慧的基础上发展起来的,比如现在新兴的、在国内也备受关注的"认知语言学",其中有很多思想和理念就跟东方的学术传统有千丝万缕的联系。

　　又有人问,一百余年来,我们从西方借鉴理论和方法一直没有停息,往往是西方流行的一种理论还没有很好掌握,还没来得及运用,人家已经换用新的理论、新的方法了,我们老是在赶潮流,老是跟不上,应该怎样来对待这种处境呢？毋庸讳言,近一二百年来西方语言学确实有大量成果代表了人类语言研究的最高水准,是人类共同的财富。我们需要的是历史发展的眼光、科学进步的观念,加上宽广平和的心态。一时的落后不等于永久的落后,要超过别人,就要先把人家的(其实也是属于全人类的)好的东西学到手,至少学到一个合格的程度。

还有人问,如何才能在借鉴之后有我们自己的创新呢?借鉴毕竟是手段,创新才是目的。近一二百年来西方语言学的视野的确比我们开阔,他们关心的语言数量和种类比我们多得多,但是也不可否认,他们的理论还多多少少带有一些"印欧语中心"的偏向。这虽然是不可完全避免的,但是我们在借鉴的时候必须要有清醒的认识,批判的眼光是不可缺少的。理论总要受事实的检验,我们所熟悉的语言(汉语和少数民族语言)在语言类型上有跟印欧语很不一样的特点。总之,学习人家的理论和方法,既要学进去,还要跳得出,这样才会有自己的创新。

希望广大读者能从这套译丛中得到收益。

沈家煊

2012年6月

中文版译者序

尼可莱·赛尔格维奇·特鲁别茨柯依（Nikolai Sergeevich Trubetzkoy）于1890年出生于莫斯科，是布拉格语言学派最有影响力的学者之一。他和语言学巨匠罗曼·雅克布逊（Roman Jakobson）一样，是布拉格学派中的俄裔学者。特鲁别茨柯依的著作《音系学原理》(*Grundzüge der Phonologie*)不仅是布拉格学派音系学研究的精髓，也是语言学史中的经典著作。在这部著作里，在布拉格学派的结构－功能主义语言学思想的背景下，作者系统明确地提出了作为一门科学的音系学的研究对象和研究方法。这部著作的问世，标志着音系学从语音学分离出来，走向了作为一门独立的语言科学的发展道路。音系学和语音学的分离使现代语言学进入一个新的发展阶段。如果说索绪尔的《普通语言学教程》是现代语言学的奠基之作，那么，特鲁别茨柯依的《音系学原理》则是现代音系学的奠基之作。不仅如此，《音系学原理》的影响大大超出了音系学领域，其语言理论和方法对现代语言学的其他学科也产生了重要的影响。

《音系学原理》在语言学史中占有重要的地位。首先，这是一部音系学的奠基之作。它确定了音系学的研究对象，提出了构建音系学理论的原则，使得音系学从语音学分离出来，成为一门独立的语言学学科。如果说索绪尔的《普通语言学教程》和布龙菲尔德的《语言论》是对整个语言学学科研究思想和方法论的观照，那么，特鲁别茨柯依的《音系学原理》则重在探讨现代语言学基础领域的音系学的研究对象和研究方法。同样有价值的是，在明确提出音系学的基本理论、基本概念、研究对象和方法论的基础上，《音系学原理》涉及一百五十多种语言，提供丰富的语言材料，以此从技术层面详细地说明如何进行音系描写和分析。

在语言学取得重要进展的今天，我们重读《音系学原理》时不能不重温这部著作创作时的历史背景。当我们了解这部著作产生的历史背景，我们才能更加深刻地理解《音系学原理》的思想价值和历史地位。就语言学理论背景而言，此著作所论述的音系学思想和研究方法既有对前人思想的继承，也有对当时历史语言学方法和物理主义语音学的扬弃。

就对前人的继承而言，《音系学原理》中不少概念和理论得益于喀山学派的音位学思想和索绪尔的结构主义语言学思想。基于索绪尔对语言和言语的区分，《音系学原理》第一次明确区分了音系学和语音学，明确阐述了音系学和语音学各自的研究对象和研究方法以及二者之间的关系。建立一门独立于语音学的音系学学科是特鲁别茨柯依对现代语言学做出的最重要的贡献。自特鲁别茨柯依以来，音系学走上了一条独立发展的道路，成为现代语言学科学体系中不可缺少的基础性学科。

在研究目标方面，特鲁别茨柯依关注的不是具体语言的音系（phonology of languages），而是人类语言的音系（phonology of Language）。他更加关注人类语言的音系普遍性，认为揭示音系普遍性是音系学研究的目标。他尝试建立一套对人类语言音系结构描写普遍有效的理论，所使用的方法主要是跨语言观察、归纳和建立概括性的音系类型。《音系学原理》涉及的语言达一百五十种之多。

在特鲁别茨柯依理论中，"音位"（phoneme）是核心概念，具有现代语言学中语言基本单位的意义。"音位"概念并非是特鲁别茨柯依或布拉格学派的其他学者的首创，早在1873年法国语音学家杜特立奇－德斯根奈特（A. Dutriche-Desgenettes）首次使用了"音位"这个术语；随后的喀山学派语言学家最终确定了音位概念；索绪尔和英国语音学家琼斯（Daniel Jones）等人也都使用过这个术语，赋予其不同的内涵。发现音位是语言学里具有革命意义的科学发现：语言符号的价值并非存在于语言的物质层次上，而是存在于抽象的层次上。在结构主义原理的基础上，《音系学原理》依据语音的对立关系重新定义了"音位"，并确认音位是音系分析的基本单位。特鲁别茨柯依不仅重新定义了"音位"，而且更重要的是，他提出了人类语言的音位具有系统性的观点，建立了"音位系统性"概念。特鲁别茨柯依理论以后的不同语言学流派对音系的本质有不同的理解，但对"音位"具有的区分意义功能这一基本属性的认识基本上是相同的。《音系学原理》所体现的人类语言语音的系统性和功能性至今仍然是音系学研究的主要方向和重要课题。

在继承和发扬前人思想的同时，《音系学原理》扬弃了当时的一些研究方法。特鲁别茨柯依对语言研究的物理主义方法持批判和否定态度。十九世纪末至二十世纪初，因为技术发明使得语音学所使用的仪器和实验方法愈加先进，研究者大多把注意力集中在而且局限于对语音的生理和物理细节的详尽描写。特鲁别茨柯依认为，对语音物理主义过度细致的描写虽然有物理学的意义，但偏离了对人类语言语音的系统性和功能性探索的语言学目标。

在历史语言学方面，特鲁别茨柯依对新语法学派的方法提出了尖锐的批评。他指出，历史比较语言学在欢呼取得辉煌成就的同时却忽视了语音共时研究以及语言功能的研究［例如当时的术语"音系学"（phonology）指的是对语音演变的研究］。正如前面提到的，他自己在构拟原始斯拉夫共同语时所使用的新语法学派的方法无助于解决他遇到的诸多困难。

纯物理主义的语音描写和历时主义的语音演变的研究方向是什么？这些是特鲁别茨柯依面临的亟待解决的问题。雅克布逊（Jakobson）提出的语音系统、语音结构和语言功能等共时概念为回答这些问题提供了理论依据，确定了《音系学原理》的研究方向和写作内容。《音系学原理》的问世标志着现代音系学的结构主义和功能主义相结合的历史性转向：音系学的研究对象是人类语言语音的系统和功能。

特鲁别茨柯依最重要的科学贡献之一是区分了语音学和音系学。他认为，从观察的角度看，话语是由一串发音机制运作而产生具有声学特征的和能被感知的音段组成的，但语言的本质绝非是物质的。语音是发音行为的结果，具有物理属性，其生理和声学特点随人而异，具有不确定性和无限性；语言中真正有价值的单位是说话人和听话人所共有的、数量有限的、抽象的和具有功能的音位。音位是语言系统的结构成分。音系学研究的对象是由这些音位构成的结构（关系）系统。研究语音的生理和物理属性是语音学的任务，而研究音位系统及其内部结构以及音位的功能是音系学的任务。虽然语音学和音系学看起来都在研究人类语言的语音，但二者研究的对象却有本质的区别；虽然语音学和音系学研究成果可以相互借鉴，但前者属于物理学，而后者才是真正的语言学研究。

与索绪尔的观点相似，特鲁别茨柯依认为，由性别、年龄、社会阶层以及受教育程度等决定的个人的发音特点就像说话人的身高体重一样，是语言系统之外的东西，与一种语言的音位系统无关。

音位和音位系统的概念是《音系学原理》所表达的音系学理论中的核心概念。

特鲁别茨柯依对音位的理解可以概括如下。在特定语言里，处于（直接或间接）对立关系的音段是音系单位（phonological unit）或音位（phoneme）。在特鲁别茨科依的理论体系里，"音位对立"（phonemic opposition）是关键性概念。对立或对立关系指的是音段所具有的区别意义的作用。音位仅仅存在于对立关系之中，离开对立关系便没有音位。音位有何种语音特点，这并不重要，重要的是这个音位与其他音位之间的对立。音位系统是一个由一定数量音位所构成的对立关系系统。音位不是语言的构建材料，而是确定对立关系系统的参照点。一个音段含有两种性质和作用都不相同的语音特征，有些语音特征与一种语言的音位系统有关,而另一些则与音位系统无关。作为一个语言符号,音位本身是某个语音音段所具有的所有与音系相关的特征的集合。特鲁别茨柯依的音位观是结构主义语言学在音系学的典型思维模式。

特鲁别茨柯依否认音位具有心理现实性的观点。他认为,音位是一个语言符号,而不是一个心理学概念,音系学研究必须排除心理学的因素。他也反对从发音生理学、听觉感知和声学的角度定义音位,认为从物理角度出发所得到的只能是音位的物质表现形式,而绝非是音位。音位只能根据其功能定义,具体的音位只能从其所在的音位系统或对立关系系统里才能加以确定。离开了功能便没有具有语言学意义的音位,离开了具体的对立关系系统便无法确定音位。正是因为强调音位的功能,在音系学史文献里,特鲁别茨柯依的音位观又被称作功能主义的音位观(the functionalist view of phoneme)。

特鲁别茨柯依音系理论中的重要观点之一是音位对立关系可以分类。他认为,在特定的音位系统里,音位和音位之间的对立关系是不同的。他试图回答这样一些问题:人类语言有哪些可能的音位对立关系?哪些音位对立关系是最基本的对立关系?不同对立关系类型之间的关系又是什么?为了回答这些问题,他提出了三条音位对立关系的分类标准:(一)根据具体音位和整个音位系统之间的关系对音位之间的对立关系进行分类;(二)根据音位的区别特征对音位之间的对立关系进行分类;(三)根据音位的对立范围对对立关系进行分类。

根据第一条标准,音位之间的对立关系可以分为双边对立、多边对立、孤立对立和对应性对立。其中多边对立又可以分为同质的多边对立和异质的多边对立。双边对立和多边对立体现音位系统的基本结构特点，因此，区分双边对立和多边对立对于了解某个音位系统内部结构具有重要的意义。从当今音系学的角度看，这两种对立关系不仅有助于了解具体音位系统的内部结构，而且有助于通过跨语言比较揭示自然语言中音段对立关系的普遍性。

根据第二条标准，音位之间对立关系可以分为有无对立、分级对立和均等对立。从当今音系学的角度看，这些对立关系为做出关于区别特征的范畴和值的假设提供了理论依据。

根据第三条标准，音位之间对立关系可以分为常恒对立和可中和对立。在建立可中和对立关系的基础上，特鲁别茨柯依进一步提出了"超音位"（archiphoneme）概念。超音位和音位显然是不同层次上的成分，超音位的抽象程度更高。根据他的假设，一种语言不仅有一个音位系统，同时还可以有一个比音位系统更加抽象的超音位系统。但是，超音位只有在产生音位中和的情况下才有理论价值。从传统音位学角度看，一种语言中同时存在两种分别属于不同结构层次上成分的假设是难以成立的。但是，从当今非线性音系学的未充分赋值理论（underspecification theory）角度看，超音位可以视为类似于音系表达中未充分赋值的音段。所不同的是，"超音位"仅仅是特定的纯粹语音环境里的抽象音段，而未充分赋值理论所确定的音系表达单位则是语素。

音位之间的差别在于它们具有的区别性语音属性的不同。

特鲁别茨柯依认为，是根据发音生理机制还是根据声学特征来定义音位的语音属性并不重要。对音系学来说，重要的是每个音位符号只能有唯一的语音所指。

语言里的区别性语音属性（phonetic property of distinctive opposition）可以分为三类：元音性属性，辅音性属性和韵律属性。元音性的语音属性包括开口度（或响度）、部位和共鸣特征。特鲁别茨柯依从这三个语音属性相互关系的角度详细讨论了已知语言的元音系统类型。辅音性语音属性包括部位、除阻方法和共鸣特征。根据这三个语音属性，他提出了辅音系统内部的音位对立关系和辅音系统类型。

在以对立关系为基本原理的音系学理论中，音位中和现象具有重要的理论价值。音位中和意味着对立关系的消失。从音位中和产生的原因角度看，音位中和可以分为两类：(1)结构性中和，(2)由语音环境决定的中和。结构性中和包括离心性中和和衰减性中和。离心性中和指出现在词的边界或语素边界位置上的中和；衰减性中和指在非重音音节里的中和。由语音环境决定的中和包括异化性中和与同化性中和。

通过对音位对立关系和音位中和的分类，特鲁别茨柯依发现了一个具有根本意义的重要事实：处于双向对立关系的两个音位里，其中一个具有可以用来定义对立关系的语音属性或具有特定标记（the marked），而另一个则缺少该语音属性或该标记（the unmarked）。音位标记的有无可以通过以下主要标准加以判断：(1)中和过程发生之后在中和位置上得以保留的音位是无标记项，消失的音位是有标记项；(2)在不同语言的音位系统里，无标记项被广泛使用，而有标记项则较少被使用或不被使用，即无标记项出现的范围较大，有标记项出现的范围较小；(3) 在同一音位系统里，无标记项的出现频率较高，而有标记项的出现频率则较低。

《音系学原理》不仅关注音段音位系统，而且较为系统地描述了韵律单位和韵律系统。韵律类语音属性包括音节核、莫拉、韵位（主要指声调和重音）、以接触类型为基础的韵律性对立和区分句子的韵律性对立（主要包括句调和句重音）。根据这些韵律类语音属性，每一个范畴的对立关系被分成若干个类，例如音节核类型，音节重量类型和声调类型等。在韵律结构分析中，特鲁别茨柯依提出了许多独特的分析方法，例如音节是声调和重音的作用范围；音节成分可以区分为成音节和不成音节的成分；长元音是两个莫拉对一个短元音作用的结果；曲折调是高平调、中平调和低平调这些基本的简单调组合的结果。

特鲁别茨柯依是当时少数几位注意到音系和构词与形态、音系和句法之间不同范畴语言成分相互作用的语言学家之一。在他的著作里，他始终注意音系与语言其他结构层次的关系。他认为语言的特点之一是系统性，语言内部各个结构层次之间存在必然的联系；有些音系结构可以通过具有普遍意义的音系理论加以解释，而有些音系结构很可能是形态、句法甚至是语素或词汇所决定。因此，从这个意义上说，特鲁别茨柯依关于语言的语素、形态、句法和音系之间的关系不仅具有语言描写的实践价值，而且，更加重要的是，为后来产生的音系－形态之间的和音系－句法之间的接口理论（interface theory）的建立提供了语法系统模块化的概念。

需要强调的是,特鲁别茨柯依的研究对象绝非局限于音位范畴的语言现象,而且包括音段以外的诸如音节、声调、重音、音长、声调等非音段现象;他的研究不仅涉及音段音位系统和各种范畴的非音段成分系统,而且涉及语言系统内部音系与形态和句法系统之间的关系以及音系类型。他的研究远远超出音位的范围。顺便提及,有人在介绍 *Grundzüge der Phonologie* 时,不恰当地把 Phonologie 翻译成"音位"。无论是从术语翻译角度看(Phonologie 一般译作"语音系统""音系"或"音系学"),还是从著作的研究范围和特鲁别茨柯依提出的理论角度看,把 Phonologie 译作"音系学"更能体现原著的内容和思想。

以《音系学原理》为代表的布拉格学派音系学有其显著的理论特征。布拉格学派音系学和与其同期发展的美国结构主义音位学是平行发展的。虽然二者的研究有共同之处,但是,同美国结构主义音位学相比较,以特鲁别茨柯依为代表的布拉格学派音系学理论和研究具有以下不同之处。第一,在语言学思想方面,美国结构主义音位学反映了行为主义语言观;布拉格学派音系学则以功能主义语言观为其理论依据。在具体问题上,例如在对音位本质的认识方面,美国结构主义音位学从总体上是物理主义的,而布拉格学派则认为音位是纯语言符号。第二,美国结构主义音位学注重特定音位系统的特性以及音位系统之间的差异,而布拉格学派则注重人类语言音系结构的共性。第三,美国结构主义音位学更加关注具体音位系统中音位和其语音形式之间的关系;而布拉格学派则注重系统内部音位之间的对立关系和对立关系的类型。第四，美国结构主义音位学注重解决特定音位系统的具体实际问题，而布拉格学派则注重采用跨语言观察的方法建立具有普遍意义的音系学理论，研究实践以建立音系结构类型为理论导向。最后，美国结构主义音位学试图排斥语言其他结构层次在音位分析中的作用，而布拉格学派则注重语言的系统性，注重音系和其他结构层次的关系以及其他层次的结构成分在音系分析中的相关性和作用。

《音系学原理》对其后的音系学发展产生了深远的影响。因对音系本体认识的不同和研究方法的不同，当代音系学在不同时期出现了多个流派。然而，在几乎所有不同的音系学流派的论著中，我们无处不感到《音系学原理》的存在和它的影响。20世纪50年代末期产生的生成音系学全面更新了音系学理论，在音系本体假设和研究方法方面取代了包括布拉格学派在内的结构主义音位学，成为当今音系学的主流。尽管如此，《音系学原理》提出和讨论的许多概念被纳入生成音系学的理论体系之中。生成音系学是乔姆斯基和哈勒共同创建的，哈勒是雅克布逊的学生。如果说乔姆斯基继承了美国结构主义语言学中语言可被形式化的思想，那么哈勒则继承了布拉格学派的语言普遍性思想，把布拉格学派丰富的音系学概念和分析手段逻辑地纳入生成音系学之中。可以这样说，如果没有布拉格学派音系学，便没有生成音系学。

特鲁别茨柯依提出的概念在生成音系学里继续发挥着理论作用。在生成音系学里，音系普遍性被重新定义，并进一步区分为形式共性（formal universals）和内容共性（substantive universals），成为生成音系学构建音系语法的基础性原则之一。《音系学原理》提出的音位系统内部结构与对立关系成为生成音系学研究实践普遍遵循的基本原则。"超音位"概念成为生成音系学构建音系底层表达的主要因素，更是底层表达不充分赋值（underspecification）理论的主要来源。"区别性特征"成为音段结构理论的基本概念。音位之间不同的对立关系成为"偶值特征"和"独值特征"论证的经验基础。"形态音位"被拓展为音系-形态接口领域。《音系学原理》关注的莫拉、音节、重音、声调、句调等非音段范畴的音系成分和音系结构在生成音系学中都成为相对独立的研究领域。

特鲁别茨柯依的音系学思想也对音系类型学的发展起到重要的作用。当代音系类型学中的一些基本方法和重要的概念来源于《音系学原理》。例如，特鲁别茨柯依采用的跨语言观察和归纳、概括不仅是音系类型学的基本方法，而且成为语言类型学的基本方法。特鲁别茨柯依提出的一些概念，例如"标记理论"，成为语言类型学的基本方法，是他对语言类型学发展的最重要的贡献之一。特鲁别茨柯依提出的音位对立关系类型和标记概念本身就是音系类型学的，为后来的音系类型理论和方法提供了一个可直接参考的分析模型。

标记概念不仅在当今音系学研究中作为一个基本概念被频繁使用着，而且标记理论本身已经成为音系类型学研究课题之一。如果说特鲁别茨柯依当初提出的标记概念仅仅应用于处于对立关系的音位的话，那么，在当今音系学研究中，几乎所有的音系结构和音系表达都可以从"标记有无"或"标记强弱"

的角度加以分析或概括。虽然标记有无或强弱的经验基础一直是音系学里有争议的问题，但标记概念的应用早已超越音系学范围，在形态学、句法学、语义学、历史语言学、心理语言学、儿童语言获得和神经语言学等领域得到广泛的应用。

《音系学原理》提出的理论并非是系统的和成熟的，但是这是第一部勾画出音系学轮廓、确定研究对象和提出研究方法的著作。自《音系学原理》出版之后的近八十年里，特别是随着生成音系学的诞生和发展，音系学基本假设和分析方法不断更新，特鲁别茨柯依提出过的某些理论和方法也受到质疑甚至被否定，但是从历史的角度看，《音系学原理》是一部先驱性的奠基之作。归纳起来说，这部著作的历史意义在于：(一)《音系学原理》的出版标志着音系学从语音学的脱离，成为语言学里一个独立的分支学科；(二) 确立了音系和语音是异质的观点，阐明了音系是语言结构组成部分，而语音与语言结构没有关系或至少没有直接关系的观点；(三) 阐明了音位既无物理基础，也无心理基础，而是一个具有语音功能所指的纯语言符号的观点；音位系统是由这些纯符号之间对立关系的系统；系统性是语言符号的基本特征；(四)《音系学原理》试图建立一套具有普遍意义的音系理论，为音系学的发展指出了方向。但是，需要指出的是，特鲁别茨柯依似乎有意把语言结构分为中心区域的和边缘区域的结构；中心区域的音系结构呈现比较明显的规律，而在边缘区域的音系结构的规律性则比较模糊；(五) 开拓了一些具体的研究领域，如区别性特征、音位系统类型、标记理论等；(六) 勾画音系类型学的雏形。即使从严格意义的语言类型学角度看，特鲁别茨柯依的音系类型思想也可被视作当代音系类型学的雏形。

如深入了解关于《音系学原理》的讨论，读者可阅读 Valerie B. Makkai 著《音系学理论：演变与当前的实践》(*Phonological Theory: Evolution and Current Practice*，Holt, Rinehart & Winston 1972 年出版)，Alan H. Sommerstein 著《现代音系学》(*Modern Phonology*，Edward Arnold 1977 年出版)，以及 Stephen R. Anderson 著《20 世纪音系学：规则理论与表达理论》(*Phonology in the Twentieth Century: Theories of Rules and Theories of Representation*，The University of Chicago Press 1985 年出版)等著作。

《音系学原理》原文是德文。1939 年《音系学原理》以《布拉格语言学会论丛》第七卷的形式于布拉格出版；1958 年哥廷根的 Vandenhoeck & Ruprecht 公司出了德文版的第二版。法文版于 1949 年在巴黎出版，译者是 G. 冈蒂诺（G. Gantineau）；俄文版于 1960 年在莫斯科出版，译者是 A. 霍洛道维奇（А. Холодович）；英文版于 1969 年在洛杉矶出版，译者是克里斯蒂安娜·巴尔塔西（Christiane A. M. Baltaxe）。在英文版的翻译过程中，雅克布逊对原著里的术语、背景和一些语言材料提出了修改意见。较之德文版，英文版有诸多的改进。日文版《音韻論の原理》于 1980 年由东京的岩波书店出版，译者是长嶋善郎。

《音系学原理》的中文版是从此著英文版翻译过来的，翻译过程中译者参考了其他语言的版本。中文译本尽可能保留原著给出相关文献的信息。为避免因注音符号转换造成注音混乱，中译本尽可能采用原著的注音符号。

中国社会科学院语言研究所胡建华教授和北京外国语大学姚小平教授为本书的翻译和出版给与大力支持和帮助，在此表示衷心感谢。

南开大学外国语学院马迎彬博士（德语）、杨文江博士（日语）、王凯博士（日语）、周兴凯博士（法语）和任明丽博士（俄语）在提供文献和文献分析方面给予了帮助。为此，译者表示衷心感谢。

译者水平有限，译文恐有不妥之处，敬请读者不吝赐教。

李兵

于南开大学北村

2021 年 10 月 11 日

英文版译者序

特鲁别茨柯依的《音系学原理》，如同索绪尔的《普通语言学教程》和布龙菲尔德的《语言论》，皆可称作语言学著作之经典。美国的语言学研究一提及布龙菲尔德的名字，就会与行为主义和心理机制这些术语紧密关联，同样，欧洲语言学研究中，与特鲁别茨柯依的名字紧密联系在一起的则是功能主义和结构主义这些术语。毫不夸张地讲，对某些语言学家而言，特鲁别茨柯依和其所著的《音系学原理》（以下简称《原理》）几乎就代表了布拉格学派的音系学研究。

特鲁别茨柯依作为一名编著者、分类学家和理论研究者，贡献颇大，但他的著作相对而言，并未被很多英文读者所知晓。尤其是《音系学原理》这一著作，其原版用德文出版，不太容易理解。通过康丁诺（Cantineau）的法文翻译，理解方面变得比较容易。最近，该书的俄文译本也已面世。

我在加州大学洛杉矶分校攻读研究生时，萌生了将《音系学原理》译成英文的想法。当时语言和语言学研究中心的负责人普维尔教授（Jaan Puhvel），积极地给予该项目支持，这使我可以及时开始该书的翻译工作。

《音系学原理》是特鲁别茨柯依最重要的著作，凝聚了他关于共时音系学和音系学理论研究的精华。该书不仅是其个人成就的汇集，同时，还可视作对当时一个正值发展期的语言学研究学派未受二战摧残之前的音系学思想和语言学趋势的一个总结。

决定翻译《原理》时，我意识到该书不单具有历史意义，还有其他重要价值。近年来语言学研究目标和研究兴趣的转移，使得特鲁别茨柯依很多的研究成果如今为人所知。例如，他首次将不同的元音系统简化归纳为几项对立关系，尽管他提出的对立关系并不全是二项对立。现如今很多的研究问题，均由特鲁别茨柯依首次认识到并加以调查；他详细阐释的一些概念，如今在语言学理论中占据重要位置。我们可以举出的例子包括目前在生成语法中得以扩展的"中和"这一概念和标记理论。

与特鲁别茨柯依紧密相连的另外一个名字就是他的朋友和合作者——罗曼·雅克布逊。后者成为布拉格学派音系学在美国的主要倡导者。他的"区别性特征"理论，在诸多方面相当于特鲁别茨柯依的区别性对立关系理论。这两位学者经常互相交流观点。不过，特鲁别茨柯依撰写此书之时，雅克布逊并未成功说服他赞同他的二元理论。

特鲁别茨柯依48岁离世之际，尚未完成《原理》的撰写，仍有大约20页的内容有待完善。特鲁别茨柯依早逝之后，正是雅克布逊负责出版了他的《音系学原理》。他匆匆忙忙对该书进行了编辑，因为二战爆发带来的混乱局面和环境，以及德国对捷克斯洛伐克的侵略，使他感觉到该书可能会丢失或被查抄。为了避免该风险，雅克布逊仓促地将此书以现有的状态进行出版。因而，该书几乎完全没有进行过编辑。

毋庸置疑，特鲁别茨柯依的思想与当今音系学理论之间的关联值得详细讨论。不过这样的讨论会导致我们离题太远，显得该书的翻译有点过时。这些问题在我的博士论文中有单独讨论［《特鲁别茨柯依和区别性特征理论》(*Trubetzkoy and the Theory of Distinctive Features*)，加州大学洛杉矶分校，1970］，其中探讨的问题包括"特征"这一概念和与对立关系相关的一些问题，还有音位、超音位、形态音位、中和、标记性和语音学－音系学之间的关系等问题。该论文不仅考察以上这些问题在原先的语言学背景和哲学背景中的理解，还考察它们与当下的音系学理论之间的关联。在考察区别性特征理论的发展过程时，我追溯了每个特征自始至今的来源、发展和结果。我还进一步细致讨论了特鲁别茨柯依和雅克布逊各自所理解的特征系统的异同，并探讨了两位作者对现今生成语法框架内特征理论的发展的贡献。

翻译《音系学原理》需要做一些基础性决定。由于翻译工作量巨大，除了校正一些小的打印错误，我认为我无法对原著进行编辑，而且这也并非我作为译者的作用所在。全书行文的不统一性和写作风格的转换表明原书未经任何校订。这尤其反映了该书作为一本汇集的特点，包含大量特鲁别茨柯依早期不同态度和风格的文章，这些文章几乎是原封不动地放到该书中。导致该书的翻译尤为困难的一点在于作者明显的不同风格之间的转换，有时似乎凭印象评述观察结果和使用术语，有时又似乎是细致严谨的。

在术语选择上，我尽量与原著出版当时使用的术语保持一致，或与当时布拉格学派的术语保持一致。譬如，译文倾向于选择可互换的［interchangeable（vertauschbar）］和不可互换的［noninterchangeable（unvertauschbar）］这两个术语，而不是可替换的（commutable）和不可替换的（noncommutable）这两个术语。尽管替换是布拉格学派音系学中的一个基础操作，但该学派的成员并不使用这一术语，并且这一术语起初与语符学联系在一起。同样，由于使用习惯的缘由，我还倾向于使用组合式变体［combinatory variant（kombinatorische Variante）］和任意变体［facultative variant（fakultative Variante）］这两个术语，而不是音位变体（allophone）和自由变体（free variant）。就书名而言，选择原著书名使用的术语音系学［phonology（Phonologie）］，而非音位学（phonemics），尽管作者自己建议使用后者，但前者却与布拉格学派相关联。

有些特鲁别茨柯依使用的术语，在英语中没有现成的说法。因此有必要决定选取哪个对应的术语。如果这些术语原本是描述性的，我选择直接给出描述性的译文，虽然译文的表述在英文中并不优美，但我希望传达作者的本意。例如，就"Überwindungsarteigenschaften"这个术语而言，我选择直接译成描述性的文字"基于除阻方式的特征"。

我特意避免使用"二分的"和"区别性特征"这两个术语，因为雅克布逊到美国后赋予了这两个术语更为具体的含义。那些需要解释的术语我在译文的脚注里提供了解释，如果这些解释被认为有帮助的话。

在术语翻译方面，有用的参考文献包括布拉格学派先前的英文出版物，或者关于该学派的英文出版物，以及瓦海克（Josef Vachek）编撰的《布拉格学派语言学词典》。

关于特鲁别茨柯依所有已发表作品的总列表，作为附录放在译文中，除了语言学方面的作品，还包括非语言学方面的。我认为，提供这样一个文献列表可以使读者更全面地了解特鲁别茨柯依兴趣之广泛，并且可能提供给读者更方便获取的原始资料。

我要感谢雅克布逊教授，感谢他在术语和背景信息方面给予我的珍贵帮助，以及在俄语书目资料方面的帮助。我还十分感激瓦海克教授提供的良好建议，以及比恩鲍姆教授（Henrik Birnbaum）、丹丝教授（František Daneš）、沙赫特教授（Paul Schachter）和赖福吉教授（Peter Ladefoged）。

还要特别感谢普维尔教授阅读译文的初稿，以及他全程提供的有价值的评论和支持。

克里斯蒂安娜·A. M. 巴尔塔西

德文版前言（第一版）

  在其生命的最后几周，特鲁别茨柯依仍然孜孜不倦地在撰写此书，但仍未完成。根据已故作者的计划，后面还剩下二十页左右的篇幅，内容可能是关于句子层面的界标符号和全书的总结。该书最后文字上也未经修改。作者曾经打算要扩充下脚注中的参考文献，并对具体的章节进行更细致的修改、补充和说明，并将此书献给挚友罗曼·雅克布逊。

  在准备此书过程中，特鲁别茨柯依研究了大约两百种语言的音系系统。他本打算使用一部分收集来的资料来阐明其主要的研究观点，附加一系列的补充说明并归到《音系档案摘录》当中。对于大概的内容，特鲁别茨柯依心中已有详细的计划，但最终只有第一条语言材料——东干语的音系系统，在其临终之际经他口述、旁人记录之后放到《布拉格语言学会论丛》第三卷当中。

  特鲁别茨柯依还计划准备《音系学原理》第二卷的写作，讨论历史音系学、语言地理学、形态-音系学的主要问题，以及语言的拼写系统及其与语言音系结构之间的关系。此外，他计划制定一套用于音系标音的统一符号系统，并在该书当中使用。然而，该计划未能实现，大多情况下，本书继续沿用当时描写不同语言时习惯使用的音位符号。

布拉格语言学会

献给罗曼·雅克布逊

目　　录

中文版译者序 ………………………………………… iii
英文版译者序 ………………………………………… xix
德文版前言（第一版）………………………………… xxv

绪论 …………………………………………………… 1
　　1. 音系学与语音学 ………………………………… 1
　　2. 音系学和音系语体学 ………………………… 19
音系学 ………………………………………………… 39
　　导言 …………………………………………… 39

第一部分　区别性特征理论：语音的区别性功能或辨义功能

第一章　基本概念 …………………………………… 43
　　1. 音系对立（区别性对立）…………………… 43
　　2. 音系单位（区别性单位），音位和变体 …… 46
　　3. 音位的定义 ………………………………… 52

第二章　确定音位的规则 ……………………………… 65
1. 音位与音位变体的区别 ……………………………… 65
2. 对非母语音位的错误判断 …………………………… 72
3. 单个音位与音位的组合 ……………………………… 78
　　A. 单个音位的判定 ………………………………… 78
　　B. 多个音位的判定 ………………………………… 85
4. 非母语语音做单音位判定和多音位判定中的错误…… 88

第三章　区别性对立关系的逻辑分类 ………………… 94
1. 音位内容和音位系统 ………………………………… 94
2. 对立关系的分类 ……………………………………… 95
　　A. 基于具体对立与整个对立系统之间关系的分类：
　　　 多边对立和双边对立，孤立对立和对应性对立；
　　　 基于对立关系的音位系统的结构 …………… 95
　　B. 基于对立成分之间关系的分类：有无对立，
　　　 分级对立，均等对立 ………………………… 105
　　C. 基于对立关系区别力度大小的分类：常恒对立和
　　　 可中和对立 …………………………………… 109
3. 相关关系 ……………………………………………… 117
4. 关联束 ………………………………………………… 121

第四章　区别性对立的音系学分类 …………………… 127
1. 前言 …………………………………………………… 127
2. 区别性语音特征的分类 ……………………………… 129
3. 元音特征 ……………………………………………… 134
　　A. 有关术语 ………………………………………… 134

B. 发音部位特征或音色特征 ················136

　　　C. 基于开口度或响度的特征 ··············147

　　　D. 共鸣特征 ····································166

　4. 辅音特征 ··172

　　　A. 发音部位特征 ·····························172

　　　B. 基于除阻方式的特征 ····················199

　　　C. 共鸣特征 ····································232

　5. 韵律特征 ··239

　　　A. 音节核 ·······································239

　　　B. 音节和莫拉：音段长度的音系理解 ····244

　　　C. 与韵律有关的区别性特征 ·············257

　　　D. 基于接触类型的韵律性对立关系 ····281

　　　E. 分辨句子的韵律对立 ···················287

　6. 非常规的区别性成分 ····························295

第五章　区别性对立中和的类型 ··················341

　1. 总体观察 ··341

　2. 环境决定的中和的类型 ·························342

　　　A. 异化中和 ····································342

　　　B. 同化中和 ····································346

　　　C. 环境决定的组合式中和 ················348

　3. 结构决定的中和类型 ····························350

　　　A. 离心中和 ····································350

　　　B. 衰减性中和 ································351

　　　C. 结构决定的组合式中和 ················355

  4. 混合型中和 ·· 355
  5. 不同类型的中和的结果 ·· 356

第六章 音位的组合 ··· 361
  1. 音位的功能分类 ·· 361
  2. 支配音位组合的普遍定律问题 ·· 363
  3. 组合关系音系学的研究方法 ··· 369
  4. 异常的音位组合 ·· 375

第七章 音系统计学 ··· 381
  1. 两种统计方法 ··· 381
  2. 两类数据：语体决定的数据与语言决定的数据 ·················· 382
  3. 音位出现频率的初步解释 ·· 387
  4. 实际频率与预期频率 ··· 391
  5. 音系统计与词汇 ·· 394

第二部分 关于标界成分的理论——语音的标界功能

第一章 导言 ··· 405
第二章 音位性与非音位性边界标志 ··· 408
第三章 个体标志与群组标志 ·· 415
第四章 肯定性与否定性边界标志 ··· 430
  1. 音位性的否定性边界标志 ·· 430
   A. 个体标志 ·· 430
   B. 群组标志 ·· 431
  2. 非音位性的否定性边界标志 ··· 432

A. 个体标志……………………………………432
　　B. 群组标志……………………………………433
第五章　边界标志的使用………………………………436

附　　录

附录一　音系学与语言地理学………………………………443
附录二　关于形态音系学的思考……………………………452
附录三　特鲁别茨柯依自传——罗曼·雅克布逊的陈述……457
附录四　特鲁别茨柯依著作年表……………………………479

主题索引…………………………………………………490
语言索引…………………………………………………503
人名译名…………………………………………………512

绪　　论

1. 音系学与语音学

　　当一个人向另外一个人讲述事情时，即发生言语行为。言语行为在特定时间和特定地点发生，因此始终是具体的。言语行为发生的前提有三大要素：特定的讲话人（信息的发出者）和听话人（信息的接受者），以及与该言语行为相关的特定主题。这三大要素——信息发出者、接受者和主题，在每个言语行为中皆不尽相同。不过，言语行为的发生还需要另外一个前提条件，即讲话人和听话人双方须使用同一语言，这样听话人方可听懂讲话人的话语；一个言语社团所有成员的意识中共存同一套语言系统是所有言语行为发生的前提。与言语行为的特异性相反，语言或语言系统具备普遍性和恒定性。语言系统存在于特定言语社团所有成员的意识当中，构成无数具体言语行为发生的基础。同时，语言系统之所以存在，就是要保证言语行为发生的可能性。只有与具体的言语行为相关联，语言系统才存在；换言之，在具体的言语事件中，语言系统得以具象化。若无具体的言语行为，语言系统也将不复存在。因而，言语行为与语言系统互为前提，彼此依存。两者关系密不可分，可以视作语言现象互相关联的两个方面。尽管如此，两者在本质上大相径庭，应区别开来加以研究。

2 　　首次对言语行为与语言系统做出最清晰区分的是瑞士语言学家索绪尔（Ferdinand de Saussure）[①]（见其《普通语言学教程》[Lausanne, 1916]）。之后关于此主题进行讨论的文献，这里仅简单提及加德纳（Alan H. Gardiner）所著的《言语与语言》(*Speech and Language*, Oxford, 1932)，以及比勒（K. Bühler）的《语言学原理》("Axiomatik der Sprachwissenschaft")(《康德研究》[*Kant-Studien*], XXXVIII 和《言语理论》[*Sprachtheorie*, Jena, 1934])，后者值得特别一提，因为其中列出了其他的相关文献。本书将采用叶斯柏森（Otto Jespersen）提出的术语"语言的"来表达"与语言系统有关的"这一意义（《语言学》

---

① Sprachgebilde 和 Sprechakt 这两个术语在英语中常译为索绪尔原文使用的术语——语言（langue）和言语（parole）(参阅 N. Chomsky, *Current Issues in Linguistic Theory* [The Hague, 1966], 第 23、26 页）。就 langue 而言，也有人使用 "system of language" 和 "language system"（语言系统）这两个术语（参阅 J. Vachek, *The Linguistic School of Prague* [Bloomington, 1966], 第 22—26 页）。有时 langue 也译为 "linguistic pattern（语言模式）"（参阅 Paul Garvin, *A Prague Reader on Esthetics*, *Literary Structure and Style* [Washington, 1958], 第 vii、52 页）和 "linguistic system（语言系统）"。就 parole 而言，可以发现的译法有 "act of speech（言语行为）"（参阅 Paul Garvin, 同上，第 1 页）、"speech act（言语行为）"、"speech event（言语事件）" 和 "utterance（话语）" 等。关于 langue 和 parole，英语中使用的其他术语还有 "language（语言）" 和 "speaking（言说）"（参阅 W. Baskin 翻译的索绪尔的 *Course in General Linguistics* [New York, 1959], 17 页及以下诸页）、"language（语言）" 和 "speech（话语）"（参阅 A. H. Gardiner, *Speech and Language* [Oxford, 1932]），以及 "code（代码）" 和 "message（信息）"（参阅 R. Jakobson, *Selected Writings I*, 第 465 页 [The Hague, 1962]）。——英文版译者

[*Linguistica*, Copenhagen, 1931])。

根据索绪尔的观点，语言的任一部分，无论言语行为还是语言系统，均包含两方面，即能指与所指。① 因此，语言始终是能指与所指两者的结合体或相互关联体。在言语行为中，"所指"始终体现为具体的交流行为，且仅作为一个整体时方有意义；而在语言系统中，"所指"包括抽象的句法、短语、形态和词汇规则。在语言系统中，甚至于词的含义也无非是与言语行为中具体的意义相关的一些抽象规则或概念图式。言语行为的"能指"是具体的语流，是可被听觉感知的物理现象。那么何为语言系统的"能指"呢？如果语言系统的所指包含一系列规则，且这些规则将语义世界分割成有序排列的片断，那么语言系统的"能指"所包含的就只能是对言语行为的语音方面进行排列的规则。

不同的言语事件可以表达的具体概念和思想是无限的，但语言系统所包含的词汇意义是有限的，因此掌握一门语言，在于能够通过语言系统所提供的始终有限的语义和语法手段来表达所有具体的概念、思想以及它们的组合。与言语行为的"所指"不同，语言系统的"所指"由数量有限（可数的）的单位

---

① das Bezeichnete (le signifié) 和 das Bezeichnende (le signifiant) 这两个术语在英语中有多种译法。这里使用的两个术语"signified（所指）"和"signifier（能指）"是比较常见的用法（参阅 W. Baskin 翻译的索绪尔的《普通语言学教程》(*Course in General Linguistics*) [New York, 1959]，第 65—67 页 ）。最初的两个术语 le signifié 和 le signifiant 也常保留使用（参阅 S. Ullmann, *The Principles of Semantics*, 1959, 第 31 页 ）。其他的用法还有 significatum 和 significans（参阅 E. Palmer 著，A. Martinet 译，*Elements of General Linguistics*，第 24 页 ），以及 signatum 和 signans（参阅 R. Jakobson, *Selected Writings I*, 292 及下页, 295 及以下诸页 ）。——英文版译者

构成。这种差异关系同样也存在于言语行为与语言系统的"能指"方面。不同言语行为中发生的各种发音动作以及相对应的发声类型是无限的;然而作为构成语言系统"能指"部分的单位,语音规则在数量上是有限的(可数的)。

　　语言由规则或规范构成,因此语言乃一个系统,或者更确切地讲,语言包含几个子系统,但言语并非如此。不同的语法范畴构成语言的语法系统,不同的语义范畴构成不同的语义系统。所有这些子系统相互平衡,使得各个部分彼此支撑互补,相互关联。正因如此,言语行为中出现的无限的概念和思想才能与语言系统各子系统所包含的构成部分相关联。同样,这种关系也存在于语言与言语的"能指"方面。在具体的言语活动中,语流体现为连续、看起来无序的一串发声动作,这些发生动作彼此融合;而构成语言系统"能指"方面的单位,却构成一个有序的系统。不过,由于言语活动中构成语流的单个成分或时间段可以与语言系统的各构成单位相关联,因此,语流实际上也有序可循。

　　由此可见,构成言语过程的各个方面迥然不同,所以关于言语的研究必须区分几个部分,尤其是言语的"所指"和"能指"两个方面一定要归到不同的学科。关于语音的研究,也就是关于"能指"组成要素的研究,一直以来是语言学研究的一个专门分支,需要与关于意义的研究严格区分。不过,前面我们也注意到语言系统的"能指"截然不同于言语系统的"能指"。因此,合理的做法是对语音的研究也相应地设置两个不同的研究方向,而不是单独一项"关于语音的研究"。其中一个研究方向与言语行为相关，另外一个则与语言系统相关。基于它们研究内容的差异，这两类研究应采用不同的调查方法：与言语行为相关的语音研究涉及具体的物理现象，应采用自然科学的研究方法；而与语言系统相关的语音研究只能采用语言学的研究方法，或人文学科的研究方法，又或社会科学的方法。与言语行为相关的语音研究可称作"语音学"，与语言系统相关的语音研究可称作"音系学"。

语音学与音系学的分离，语言学家是逐步实现的。温特勒（J. Winteler）在其广为人知的著作《格拉鲁斯州克伦茨方言精要》(*Die Kerenzer Mundart des Canton Glarus*)（莱比锡，1876）中，[1] 首次准确认识到特定语言中，有些语音对立可以用来区别词义，而有些语音对立则不可以。不过，根据这一事实，温特勒当时尚未得出关于语音的研究应该分成两个独立的学科这一结论。至于他同时代的语言学家，得出这一结论的可能性就更小。作为对一种方言进行精确的语音描述的首次尝试，温特勒的著作获得了大家的关注和认可，但他区分两类不同的语音对立的想法在当时并未被采纳，甚至可能都无人注意到。之后，似乎并非受温特勒的影响，英国著名的语音学家斯威特（Sweet）在一些场合也表达了与温特勒相同的观点，并且这一观点在他的学生那里得以继承。作为斯威特最优秀的弟子，叶斯柏森对这一真知灼见格外重视。不过，斯威特和他的弟子们并未对这些语音对立区别对待，没有考虑这些语音对立是否可以用来区别词义。他们当时采用的是科学观察的方法。索绪尔在认识到并明确提出区分语言和言语的重要性的同时，正如他自己所言，也认识到了语言系统"能指"方面的抽象性。但是，他并未明确表示一定要区分与言语行为相关的语音研究和与语言系统相关的语音研究。这一想法在他的《普通语言学教程》中也只是略有提及。对这个日内瓦学派的开创者而言，区分语音的描写性研究和历史研究要比区分以上这两种不同类型的语音研究更加重要［随后索绪尔的一些学生对区分关于言语行为的语音研究和关于语言系统的语音研究给予了充分、明确的重视，特别是梅耶（A. Meillet）、巴利（Ch. Bally）和薛施蔼（A. Sechehaye）］。尽管如此，还是库尔德内（Baudouin de Courtenay）首次提出应该区分两种不同类型的关于语音的描写性研究，一种研究将具体的声音作为物理现象来研究，另外一种则将其视作言语社团用于交流的语音符号。库尔德内的学生多数为俄国人，但也有波兰人。他自己就是波兰人，不过大半生都在俄国的大学任教，起初在喀山，后在圣彼得堡。库尔德内的学生当中，特别值得称赞的是谢尔巴（L. Ščerba）和波里万诺夫（E. Polivanov），这两位在拓展并发扬他们老师关于语言音系方面的观点上做出了卓越贡献。然而，库尔德内关于普通语言研究的见解仅限于在其学生中传播，在这个狭小的圈子以外，他的见解人们所知甚少，赏识的也不多。因此，一战以前，区分两种不同类型的语音研究的观点并未得到任何拥趸。一战以后，这种观点才广泛为人所了解。1928年在海牙举行的第一届国际语言学家大会上，三位俄国学者提出了一个简短的纲领，纲领明确指出与言语行为相关的语音研究和与语言系统相关的语音研究之间的区别，不过这三位学者皆非来自库尔德内一派。这三位学者进一步提倡应该从整体的角度来研究语言音位系统中的结构原理，这些原理不单单可以运用到语音的共时描写研究上，还可以运用到语音的历史研究上。这三位学者分别是雅克布逊（R. Jakobson）、卡尔切夫斯基（S. Karcevskij）和本书作者。这一方案得到其他人的热烈赞许，另外几位来自不同国家的语言学家也参与其中。成立于1926年的布拉格语言学会（Cercle linguistique de Prague——Pražský linguistický kroužek）在这方面尤为积极，而且在1928年海牙的国际语言学家大会召开前，该学会的这一新思想就有一些热忱的拥护者。[2] 1929年，《布拉格语言学会论丛》（Travaux du Cercle linguistique de Prague）的头两期面世，内容就是关于与语言系统相关的语音研究——即音系学的研究。一年以后，来自九个国家的语言学代表参加了在布拉格召开的音系学会议。[3] 会议决定成立音系学研究国际协会。1931年日内瓦召开的第二届国际语言学家大会上，专门召开了一个基于以上意义的"音系学"研究全体会议，表明这个新的学科分支已经引发广泛的研究兴趣。如今，国际音系学协会在众多国家拥有会员。[4]

尽管如此，如果认为以上区分两种类型语音研究的观点现如今已被普遍认可，则是错误的。很多学者甚至不承认言语行为和语言系统之间的差异。对于持该观点的一部分学者而言，这一不认可的想法源于特定的世界观下产生的意识信念［如多罗谢夫斯基（W. Doroszewski），可参照其文章"语言和言语（Langue et parole）"（出自 Prace filologiczne, XIV, 1930）］。对于其他可能大多数的学者而言，他们不认可的想法仅仅是由于他们的惰性、心理上的迟钝，以及对一切新想法固执的排斥。无论何种缘由，那些拒绝承认言语行为与语言系统之间差异的学者，自然而然地，同样无法认可上文所讨论的语音学与音系学之间的区分。不过也有这样的语言学家，他们可能认识到了言语行为和语言系统之间的差异，也认识到具备区别功能的语音对立和不具备区别功能的语音对立之间的差异，却无意于将音系学从语音学中独立出来。大家可以参看英国学派编撰的经典手册，还有斯威特和叶斯柏森的观点，尽管他们已经充分意识到具有辨义功能的语音对立和没有辨义功能的语音对立之间的根本差异，但仍将音系学与语音学视作一个整体。不过，科学的任何进步，都有可能招致类似这样的反驳。没有严格区分音系学与语音学，是很多音系学经典手册在方法论上的缺陷，这导致语音学和音系学的发展速度减缓；因此，我们绝无理由在将来同样重复这一缺陷。

然而，依然有学者在更加认真地尝试消除音系学与语音学之间的差异。茨维尔讷（E. Zwirner）就认为自己可以把这两个学科归并为一个新的学科，并命名为"音位测量学（phonometry）"。① 在他看来，以单个具体的言语事件为目标的研究本身毫无意义，没有必要，"因为语言学从未将分辨同一言语社团内个体讲话人之间清晰的声学差异作为研究任务"[《依托测量与算数的语言比较的任务和方法——音位测量学》

---

① 在《音位测量学的基本问题》（*Grundfragen der Phonometrie*）第二版的序言中，茨维尔讷否认用"音位测量学"来代替上面两个分支的研究曾是他的意图，特鲁别茨柯依此处的陈述当是他错误理解的缘故。——英文版译者

("Aufgaben und Methoden der Sprachvergleichung durch Mass und Zahl, Phonometrie"),载于《方言研究期刊》(*Zeitschrift für Mundartforschung*),XII,2,第78页].[5] "语言学研究对某人某天在某个实验室对着麦克风或扩音器所讲的内容毫无兴趣,而且任何一个人在任何时间讲的任何话语也毫无科学价值而言"(同上引,第69页)。对茨维尔讷而言,语言仅仅"是一个由规范构成的系统,一个由可听见的符号组成的系统,这些符号由人类器官发出并用于交际的目的……这些规范可以实现人们交际的目的,前提是讲话人和听话人在同一言语社团内与这些规范相关联……这些规范可用于组织符号,也可用于感知符号;它们具备的语言学属性并非来自于发音器官的发声作用,而是由于参照了讲话、听话过程中人们预期会遵守的那些传统的规范"(同上引,第77页)。显然,茨维尔讷意图通过语言来了解语言系统。在特定的话语情境下,只有那些约定俗成、固定的规范才是科学研究的对象,而非这些规范是"可观察到、无法重复的(和不可计数的!)具体实现形式"。不过,茨维尔讷就此得出的结论却出人意料:"由于言语声音的产出所遵守的这些约定俗成的规范无法由发音器官以完全同样的形式重复实现,所以在从对这些规范的研究转移到对言语活动的研究的同时,也应该从对语言历史的研究转移到与语言历史有关的言语变异的统计学研究。"(同上引,第77页)按照特定的程序,可以确定单个语音的平均值。那些用仪器精确录制的某一特定语音的不同变体,按照大家熟悉的高斯曲线正态分布在均值的周围。基于该正态曲线,对语音的均值进行细致分析,只有那些经过细致分析的均值才具有语言学价值。这里，茨维尔讷在方法上是错误的。通过他所谓的音位测量方法获得的音值绝非是说话人在发出或感知一个特定语音时所参照的规范。这些音值可以算作"规范"，但却是另外一种大不相同的意义上的"规范"：只是一个特定发音过程中的规范，是语音具体的实现形式的规范，归根到底，这些规范只是言语活动的规范，而非语言系统的规范。自然，这种类型的"规范"只是一些语音的均值而已。这些均值并不等同于语言系统中语音的值。德语中"k"的发音在辅音前和元音前有所不同，在重读元音和非重读元音前也不尽相同；与其紧邻的前后位置上元音性质的不同，也会造成"k"音色和发音上的差异。就这些不同的变体而言，它们的均值可以通过音位测量方式计算出来，而且根据高斯曲线，德语中"k"的每一个语音变体的正确发音都分布在这个均值周围。但是对于"总体的k"来说，我们无法确定其平均值。重读元音之前的k是送气的（而且送气的程度也有很大差异）；但非重读元音之前的k是不送气的。如果我们仔细分析k所有发音变体的送气程度，而且每一种情况下k的送气程度都用数值表示并计算出k送气程度的均值，那么我们得到的这个均值与实际情况并不相符：这个均值最多体现特定文本中k在重读元音前出现的相对频率而已。要想得到准确的结果，只能计算两个不同的均值，即k在重读元音前和非重读元音前的两个不同发音的均值。尽管如此，说话人参照的还是"总体的k"，而这个值是无法通过测量和计算获得的。不过可以肯定的是，精确确定一个音在特定环境下正常发音的平均值值得提倡，而且茨维尔讷采用的生物统计学的方法也可称作一大进步。不过，认为通过这些方法就可以解决音系学所有的问题，则是错误的。这种方法完全无法解决音系学的问题，因为语言系统存在于"测量和数字"之外。这两者也不是依靠语音测定进行研究的语音学的研究目的。与茨维尔讷相反，我们要强调的一点是，语音学家要研究的不仅是一个言语社团所遵守的规范，还应当研究说话人之间的个体差异，以及由于言语情境改变而导致的说话人对单个音的发音所做的调整。在这个领域内，同样应当寻求特定类型的规律。语言学研究的不应当仅仅是语言系统，还应该包括言语事件，也就是说，需要研究言语事件的全部。不过，重要的是应该严格区分语言学研究的两个对象，即言语事件和语言系统。

关于如何命名与言语行为相关的语音研究和与语言系统相关的语音研究，我们采用的术语是"语音学（phonetics）"和"音系学（phonology）"，但需要强调的是每个语言学家在使用这两个术语时表达的含义都不尽相同。索绪尔首先指出术语使用上的这种差异，之后经过调整，他把"音系学"这一术语用于语音的静态（共时）或描写性研究，而"语音学"这一术语则用于语音的历史（历时）研究，即具体语言中发生的语音变化的历史研究。[6] 不过除了格拉蒙（M. Grammont），似乎无人效仿这种做法。在瑞典语言学家诺伦（Noreen）看来，语音学是"关于语言的声学、生理以及器官构造的必备条件的科学"，而音系学则是"关于语言的物理内容的科学，关于发出的语音的科学"，这两个术语也被诺伦的同事们采用。英美学者通常用"音系学"这个术语来表示"语音的历史研究"或"具体语言中语音使用的研究";而"语音学"则总是用来指称关于语音的物理或者生理构造的研究。近来,英国学者使用"音位学(phonemics)"这个术语来表达本书我们所使用的"音系学"这一术语表达的含义。这是由于英语中"音系学(phonology)"这一术语已有其他含义,英国人只好保留"音位学(phonemics)"这个术语。[①] 此外,瑞典语可能也有必要引入这个术语。不过在其他语言里,"音系学"这一术语并无他指,因此可以表达我们所提出的含义。但无论如何,库尔德内提议的术语"心理语音学"肯定应当抛弃,因为与音系学相比,语音学(库尔德内试图命名为"生理语音学")更多地关注物理现象,而音系学则关注个体之上的社会意义。

将音系学定义为与语言系统有关的语音研究,语音学定义为与言语行为有关的语音研究,仍有未尽之言,接下来将对两者之间的差异进行更加详细的阐述。

由于言语行为的"能指"乃不可重复发生的自然现象,即声音流,其研究方法必然采用自然科学的方法。研究对象可以是语音的构造,也可以是语音的产出,事实上这两个方面的研究应是同步的,所以无论是声音流的纯物理特征、声学特征还是其生理发音特征,都可加以研究。

语音学的两个分支——声学语音学和发音语音学之间的区

[①] 虽然作者已经指出这种差别,但翻译中我们选择使用"phonology"来译"phonologie",而非"phonemics",因为据布拉格学派的语言学研究,"phonology"是英语中已固定下来的术语。——英文版译者

分不必十分严格。就"听觉语音学"而言，语音的研究并不使用专门的工具，仅借助于经过专业训练的人类感觉器官，因而并不区分声学语音学与发音语音学："听觉语音学家"通过耳朵来确定其研究的声音的声学价值。与此同时，借助于视觉、触觉和动力学，他们研究声音的发声方式。只有在实验语音学（更确切的名称是仪器语音学）的研究中，而且仅当涉及一些最近饱受争议的研究方法时，才可以发现声学语音学和发音语音学之间的差别。通过 X 光照相的方法，声学语音学和发音语音学得以重新融合。因此，对语音的属性和产出的研究不再是语音学两项独立的研究任务，而是一项。

  语音学唯一的任务就是处理言语产出的问题。只有通过准确阐释声音是如何被感知（采用物理学的术语，就是如何将一个具体的声音复合体分解为声音片段、声波等），以及通过何种方式，即通过发音器官的哪些动作可以获得特定的声学效果，方能解答该问题。声音是可被听觉感知的一种物理现象；在研究言语事件的声学属性时，语音学的研究接近于感知心理学的研究。语音的产出属于大脑中枢控制的一种半自动但却具备目的性的活动；在研究言语事件的发音属性时，语音学的研究就接近于心理学关于反射作用的研究。不过，虽然语音学的研究领域在心理学的研究领域之内，语音学采用的方法却纯粹是自然科学的方法：与之相关的一个事实就是，当涉及一些基本的而非较高层次的心理过程时，实验心理学一些类似的领域同样采用自然科学的研究方法。所以，语音学采用自然科学的研究方法是完全有必要的。

语音学的一个典型特点就是研究过程中完全不参照所研究的声音复合体的词汇意义。一个优秀的"听觉语音学家"所接受的专门的听觉和触觉训练包括熟悉不同句子、不同词的听辨，以及在不参考这些句子和词的意义的前提下，研究自己的发声器官。也就是说，就像一个人听到一门外语时那样，这个语音学家必须习惯于仅仅去感知这些句子和词的声学或发音特征。因此，语音学可被定义为关于人类言语（声音）的物质方面的研究。

　　语言系统的"能指"包含大量元素，而这些元素的基本功能在于区分彼此。单个词必须依靠某些元素将自身与同一语言系统内其他的词区分开。由于语言系统所拥有的这些区别性手段数量有限，而且要少于词的数量，所以词必须由这些区别性元素（即比勒所用的术语"标记"）组合后构成。此外，这些区别性元素组合之后的所有结构，并非都是被容许的。它们的组合受限于特定的规则，这些规则因语言不同而有所差别。所以，音系学的任务在于研究具体语言中哪些语音上的差别与意义上的差别相关，这些区别性元素（或标记）如何彼此相互关联，它们按照怎样的规则可以成词组句。显然，自然科学的研究方法无法实现这样的目标。反之，音系学应当采用与研究语言的语法系统相同的研究方法。

11　　语音学要研究的言语声音具备众多声学特征和发音特征。所有这些特征对语音学家来说都十分重要，因为只有考虑所有的这些特征，才有可能正确回答一个特定的声音是如何发出的。但是，大多数的这些特征对音系学家来说却没有价值。音系学家需要考虑的仅仅是声音当中那些在语言系统中可发挥特定功能的方面。

音系学的这种功能取向与语音学采取的立场截然相反，正如上文所述，任何参照言语行为的意义（即参照"能指"）的做法，语音学都应谨慎避免。这也同样避免了将语音学和音系学混为一谈，尽管这两门学科的研究对象看似相近。引用雅克布逊所做的一个贴切的比喻，音系学与语音学的关系就如同国家经济与市场研究之间的关系，或者财经金融学与统计学之间的关系。

可将语音学定义为与言语行为相关的语音的研究，音系学定义为与语言系统相关的语音研究，除此之外的另一种定义就是语音学是关于语音的纯现象学研究，而音系学是关于这些语音的语言学功能的研究。在值得强烈推荐的一本书《语音学及其与毗邻科学之间的关系》(*Die Phonetik und ihre Beziehungen zu den Grenzwissenschaften*)(Publicationes Instituti Phonetici Universitatis Helsingforsiensis, no. 4–*Annales Academiae Scientiarum Fennicae*, XXXI, 3 [Helsinki, 1936])中，索塔瓦尔塔（Arvo Sotavalta）试图说明只有后一种关于音系学的定义是正确的。早在 1930 年召开的布拉格音系学会议上，该定义已获认可并重印在《标准化音系学术语方案》("Projet de terminologie phonologique standardisée")(*TCLP*, IV)中。索塔瓦尔塔承认音系学仅属于语言系统的研究范围，不过却否认语音学与言语行为之间的本质联系。语音学研究的"出发点"是"具体的，即人类的言语……，但这是任何科学研究的共性：正如个体的动物是动物学研究的基础，个体的植物是植物学的基础，诸如此类。尽管如此，了解和研究这些个体对象并不是科学的真正目的：重要的是通过研究这些个体对象来把握普遍性概念"。同样，以言语行为为基础的语音学，要努力去"把握一个比言语行为更为普遍的概念的本质，即语言系统的本质"。语音学研究的是"语言发生的最直接的前提条件、语言的产出、语言产生的直接效果以及语言的感知"。语音学试图"充分了解语言系统的构成成分"（第34页）。显然，这种理解是错误的。原因似乎在于索塔瓦尔塔认为人类语言与自然科学相似，不存在"语言系统"与"言语行为"之间的两分。言语行为的构成元素可以被人们产出并感知，但语言系统既不可以被产出，也无法被感知。语言系统早已存在，并且作为说话者和听话者可以参考的框架结构。语音学通过观察实际的口语和语音序列得出的那些"较为普遍的概念"，相当于动物学或植物学当中的不同物种，乃不同类别的语音或发音过程。然而，如果语音学选择作为一门纯现象学的学科，是永远无法实现其语言学功能的。语音学将永远停滞在研究言语行为的范围之内，而音系学，如索塔瓦尔塔所承认的那样，也将永远停留在研究语言系统的范围之内。两者的定义是相对应的：音系学是与语言系统相关的语音研究，而语音学是与言语行为相关的语音研究。因此，音系学关注的必然是人类语言语音的语言学功能，而语音学则不考虑它们的功能，只研究作为一种现象存在的语音。两者区分的基础在于，作为一种社会体制，语言系统构成一个包含各种关系、功能和意义的世界，而言语行为则构成一个关于实际现象的世界。在诸如植物学和动物学这样的自然科学里,是不存在类似这样的两分情况的。因此,无法将这些自然科学与语音学、音系学相比较。但是这种区分却在所有的社会科学里可以找到,因为它们关注的都是对物质的社会性评价。可以说,在任何情况下,都应当严格区分社会体制本身和体制得以体现的那些具体的行为,没有这些具体行为,社会体制也将不复存在。研究一种体制就必须研究该体制当中的关系和它所发挥的功能,而研究一种体制所指涉的行为时,则必须研究其作为现象的那一面。

奥托(E. Otto)关于语音学和音系学的定义也完全是错误的,[7]他试图将音系学定义为从声学的角度对语音的研究,而语音学则是从发音的角度对语音的研究。不过奇怪的一点是,奥托竟然将这种观点与前面我们提出的那种极为正确的观点联系在一起,即音系学是关于语言系统的语音研究,而语音学是关于言语行为的语音研究这一观点。然而,奥托认为,就语言系统而言,语音的声学方面更重要,而就言语行为而言,语音的发音方面更重要。他的这种观点绝对错误。在前面提到的那本著作当中,索塔瓦尔塔详细介绍了语音学研究的各个分支,不过这里我们就不再赘述。顺便需要指出的是,语音的发音方面和声学方面均为自然现象,所以只能通过自然科学的方法进行研究。因此,这两方面都属于语音学的领域。关于语音的发音和声学研究所需的数据也只能从具体的言语行为当中收集。相反,音系学所考察的语音的语言学价值在本质上是抽象的。这些价值中最重要的是语音之间的关联、对立之类的事实,这是非实体的，即使借助我们的听觉或触觉也无法感知或研究。

明确区分音系学和语音学原则上有必要，实际中也是可行的。这种区分对两门学科的研究皆有益，当然，也不会妨碍其中一门学科从另一门学科的研究发现中获益，不过还是应该认识到两者的界限。然而令人遗憾的是，实际情况并非始终如此。

语音学家研究的声音流是一个连续体，可以切分为任意数目的片段。一些语音学家尝试在这个连续体内分离出"一个一个的语音"，这种做法依据的是书写形式中字母的音系投射。由于现实情况中很难分离出一个一个的语音，有些语音学家提出了"核心音"和"过渡音"两个概念，后者是位于两个核心音之间的语音成分。与音系成分相对应的核心音描写得很详细，但过渡音却往往未得以描写，这是因为它们显然被认为不太重要或者十分不重要。单纯从语音学的角度来讲，对语流中的成分作出这样的切分是不合理的，因为这种切分是基于将音系学概念应用到语音学研究领域的错误做法。音流中的一些成分对音系学家而言的确没有价值。然而，除了"过渡音"，这些成分当中还包含"核心音"的一些个体特征和标记。所以，语音学家不能采取这种做法。对他们而言，没有价值的仅仅是言语行为的意义，人类言语声音流当中其他所有的成分或片段却是同等关键和重要。当然，语音学家总是考虑将发声器官的某些典型位置和与之对应的声学现象作为发音的基本成分。因此，他们继续坚持去描述发音连续体和声音连续体中那些典型的发音位置和语音（*Schallgebilde*——见第36页，英译者注）。但这仅适用于研究语音学中最基本的成分，还应对其他部分加以研究，要研究更大的语音实体的结构。当然，在描写一种语言的语音结构时，需要参照那些基本的语音成分来考虑这种语言的音系系统，因为音系上的区别性对立要比非区别性对立研究得更细致。

显然，音系学必须采用语音学的一些概念。比如在俄语中，阻塞音清、浊的对立可以用来区分不同的词，这属于音系学的研究领域。但"清音性""浊音性"和"阻塞音"这些术语本身却是语音学的术语。在着手描写任何一个音系系统时，必须找出所要研究语言中的区别性语音对立。一开始就应当从对这种语言进行语音标注出发，并将标注的语音作为分析的数据，尽管更高层次的音系描写——即系统性的研究和对组合的研究，是独立于语音学的。

虽然语音学和音系学在根本上彼此独立，但两者之间适度的接触不可避免，而且完全有必要。不过仅仅是在音系描写和语音描写的初始阶段（即关于基本成分的研究阶段），两者应当互相有所参照。然而，这里仍然再次强调，不可模糊两者之间的界限。[8]

2. 音系学和音系语体学

人类言语行为发生的前提始终包含一个讲话人、一个或多个听话人，以及所谈论的主题，因此每段话语皆包含三个方面：讲话人身份的表现（或表达），指向听话人的情感感召，以及主题的表征。这一提法是比勒的伟大贡献，向人们清晰展示了这一貌似简单却长久以来被忽视的事实。[9]

　　比勒的这种区分模式同样适用于言语的语音方面。当听到某人讲话时，我们注意到讲话人的身份、语调和音高，以及他所讲的内容。虽然实际上传达的只有单独的一个声学上的印象，但我们可将其分解成不同的构成成分。我们采用的分解方法常常参照比勒对言语活动的三个功能的分类：我们将所感知到的语音的某些特点阐释为讲话人身份的一种体现或者讲话人的特征（比如他的音高），把其他一些特点视作讲话人意欲在听话人身上引起特定回应的手段，还有一些特点则看作用来辨识不同的词和它们具体含义的标记，以及辨识这些词组成的句子的标记。同样，我们可以把感知到的语音的这些特点投射到三个不同层面上：表达层面、感召层面和表征层面。

　　这三个层面是否全部属于音系学的研究任务存有争议。不过当下清楚的是，表征层面属于音系学研究的范围。要想理解所听到的句子的含义，只能将组成句子的每个词跟语言系统中的词汇元素和语法元素关联起来；而这些元素的"能指"必然由音系单位构成。身份表达层面和感召层面与音系学的关系并不那么确定。初一看，这些层面似乎仅属于言语行为的研究范围，因此只适合于语音学来研究，而非音系学。但经认真审视，这种观点证明是错误的。通过听觉上的印象，我们可以了解讲话人的身份，以及讲话人意欲在听话人身上产生的情感效果。在这些印象中，有些必须通过与特定语言中形成的规范相关联方可正确理解。而这些规范应视作具有语言学价值；它们属于语言系统，因此应属于音系学的研究范围。

绪　　论

早先的音系学研究对身份表达的层面和感召层面关注甚少。大体上通行的趋势是过分强调语音学在这些层面的研究上发挥的作用。[10] 拉启修斯（Julius v. Laziczius）首次明确呼吁大家要注意这种趋势的不当之处。因为与语音学不同，音系学必须关注人类言语语音方面的所有功能，不应仅限于表征的功能。[①] 在拉启修斯看来，语音的身份表达功能和感召功能也应加以研究。就此，这位匈牙利音系学家指出，运用不同的发音方式来实现身份表达的功能或感召功能，与使用这些发音方式来实现区别意义的功能一样，是固定的、约定俗成的：在一种语言里实现身份表达功能或感召功能的手段无法轻易地转借到另一种语言里。[11]

从拉启修斯的论证中似乎可得出的结论是，音系学将会产生另外两个新分支，即关于身份表达的音系学和关于感召的音系学。这两个分支的提出必然会面临很大的难题，尤其考虑到收集到的可靠数据并不充分这一事实。仅在极少数情况下，可以在关于某一语言语音系统的详细描述中找到该语言关于身份表达的手段和感召手段的信息。有时也可以在与演讲有关的文献中获得此类数据。尽管如此，由于这些文章一般都是纯粹以实用为目的，自然也不会区分言语行为和语言系统，所以应当选择性地使用这些数据，不能不加区分就拿来使用。而且经过

---

① Darstellungsfunktion，英语中用来表示该功能的其他术语包括"communicative function（交际功能）""referential function（指称功能）"和"ideational function（概念功能）"；就 Appellfunktion（感召功能）而言，使用的另外一个术语是"conative function（意动功能）"，参阅瓦海克著《布拉格语言学派》，第34页。——英文版译者

进一步审查,往往发现这些材料的价值微乎其微。鉴于目前的研究现状,与身份表达的层面和感召层面有关的音系学的论述极少,给出的仅是些笼统的观点。

人类言语的表达功能在于描述说话人的特征。话语中任何用以描述说话人特征的成分均实现表达功能。所以实现这些功能的成分也是各色各样。例如,说话者作为特定一种人类群体所处的环境、他的生理和心理特点,诸如此类都可以在他的语气、用字遣词,以及讲话风格——包括他所选择的词和句子结构上得以识别。不过我们关注的仅仅是实现表达功能的音系手段(phonological means of expression),即属于构成语言系统的符号形式系统的语音方面的表达手段。

人类言语存在大量指征性语音成分,我们必须从一开始就将其排除在我们的研究领域之外,尤其要排除那些自然的生物属性和纯粹由心理因素决定的特征。根据说话人的声音,可能不仅可以识别说话人的性别和年龄,甚至有时还能获悉其健康状况。的确如此,在未见其人只闻其声的情况下,是有可能确定说话人的胖瘦。然而,这些都与音系无关。因为这些特征尽管为听觉所感知,但并不属于特定语言的符号形式系统。即使在人类语言之外的语音活动中,这些特征依然具备区分作用。除此之外,人类言语中许多可以表明说话人性格的其他特征,同样不属于音系学研究的对象。只有那些约定俗成的用以体现说话人特征的语言手段属于与表达相关的音系。因为人类语言毕竟是一种社会体制,社会规约仅仅规定那些体现说话人隶属于哪一特定类型或团体的语音手段,这些语音手段对于特定言语社团的存在非常重要。例如,这些语音手段可以表明说话人所属的年龄群体或社会阶层,或者进一步表明说话人的性别、受教育程度和籍贯。所有这些特征对于言语社团的内部分类、言语互动的内容和形式都很重要。一个言语社团的活力可通过不同类型的言语行为来体现,但人与人之间胖与瘦、冷漠与乐观之类的区分,对此毫无意义。因此,这种分类不需要任何正式的语言特征来体现(即叶斯柏森所认为的"与语言有关的");如果根据特定的言语行为可以推测出这一类特征,那么这种推测就是一种语言系统之外的心理过程。

关于表达的音系学研究可以比作民俗学对服饰的研究。人与人之间高矮胖瘦的差异对裁缝来说极为重要,因为他们的工作就是量体裁衣。但从民俗学的研究角度出发,这些差异却无关紧要:重要的仅仅是习俗规定的那些服饰样式。一个邋里邋遢的人穿着又脏又皱,神情恍惚的人总是有扣子没系上,这些特点对于民俗学中服饰的研究毫无价值。民俗学关注的每一个特征,无论多么细微,都可以根据当时时兴的风俗,将一位已婚女性的服装与一位未婚女孩的服装分辨开来。通过不同种群着装文化上的差异,可以区分人们所属的不同团体,同样,也可以通过语言上的特点来区分人们所属的不同团体,尤其是通过那些与身份表达相关的音系特点。比如,我们可以对比不同的性别和年龄群体、社会阶层或职业群体、教育阶层、城镇居民和农民,以及来自不同地域的群体在语音上存在的差异。[12]

当然,这些差异的具体内容取决于特定人群或言语社团的社会结构。在几乎不存在社会等级差别的言语社团中,个体言语的语音实现形式受年龄和性别的影响尤为突出。以蒙古语的达尔哈特方言（Darchat）为例，女性话语中所有后元音和央元音舌位都稍微靠前。男性话语中 u、o 和 a 对应的是女性的 ů、ó 和 á，男性话语中的 ů、ó 和 á 对应的则是女性的 ü、ö 和 ä。此外，男性话语中的擦音 x 对应的是女性的爆破音 k。[13] 博格拉兹（Vl. Bogoraz）报道的堪察加半岛上使用的楚科奇语（现为 Luorawetlans）中，有个辅音成年男性读为 č′（硬腭化的 č），而女性和儿童则读为 c（= ts）。[14] 根据乔吉尔森（V. Jochelson）的报道，在西伯利亚东北地区的尤卡吉尔语（Yukaghir）[现为"奥杜尔语（Odules）"] 中，有些辅音在狩猎年纪的成年男性发音中为硬腭化的爆破音 ṭ 和 ḍ，而在儿童和育龄妇女的发音中则为塞擦音 c 和 ʒ（ts 和 dz），老年人的发音则为硬腭化的 č′ 和 ʒ′。[15] 以上所有例子涉及的都是游牧民族或游牧狩猎（或捕鱼）的部落，对他们而言，不同的性别或年龄团体形成了界限十分分明的组织，而且这些团体几乎构成他们所处社会中唯一的内部结构。不过在社会结构发展比较成熟的民族里，不同的性别和年龄团体之间同样存在语音上的差异，只不过不太明显而已。例如，俄语发音中存在这样一种普遍趋势，在发重读的 o 时，开始时圆唇度会增加，收尾时圆唇度会降低，这就导致元音 o 听起来总是像一个圆唇度渐小的双元音。在标准的男性发音中，o 的起始与结尾阶段的这种差异非常细微，实际上几乎难以察觉到，但这种差异在女性发音中却十分明显，一部分女性实际上发成 ûɒ，而不是 o。不过这种发音被认为有些粗俗。男性和女性发音上的差异仅仅在于元音双元音化程度的差异。如果一位男性发 o 时的圆唇度相当于一位女性正常发音时的程度,那么他的话语就会立刻显得女人气、做作。[16] 我们只要多加观察,就可以发现男性发音和女性发音这种细微的形式上的差异可能存在于几乎任何一种语言当中。对一种语言音系系统的详细描写,应当把以上这种情况也考虑在内。关于不同年龄段之间存在的发音上的形式差别,同样可以在大多数语言中发现。这种差异也常被观察者明确指出。不过我们必须要谨慎,以免混淆这种形式上的差异和那些先天的或语言发展期出现的差异。在某些言语社团中,儿童会用一些语音来替代另外的语音,这是由于他们是逐步地在掌握这些语音正确的发音方法。尽管如此,此类差异与疾病导致的言语缺陷,都不是关于身份表达的音系学要研究的内容。一个孩子可以惟妙惟肖地模仿成人的发音,但却有意不这样做,或者一个年轻人为了避免自己显得老套可笑而故意避免采用老年人的发音,尽管那样讲话并不会给他造成多大难题,这些情况都是与关于身份表达的音系学相关的现象。有时,这涉及一些非常细微的差别,如"语调"等等。

在社会层级明显的言语社团中,社会的阶级结构、职业结构或文化结构导致的发音上的差异非常显著。这种差异不仅存在于受锢于种姓制度的印度诸语言中(如泰米尔语中,由于说话人所属种姓的不同,同一个音可以发成 č 或 s),还存在于世界上其他语言之中。就维也纳口语而言,一名政府官员的发音与一名推销员的发音大不相同。在十月革命之前的俄国,g 的擦音化发音方式(变成 γ)是神职人员的特点,虽然在其他方面他们仍然讲的是纯正的标准俄语。此外，还存在一套贵族们专用的标准俄语发音，以及商人们使用的另外一套标准俄语发音。城镇居民和乡村居民之间、受过良好教育的和未受过教育的人之间的发音差异几乎存在于世界上所有语言之中。在所有类型的登徒浪子的口中，我们也经常听到一种特有的"时髦的"发音方式，即口齿不清、懒懒散散的发音特点。

不同地域之间的发音差异同样可以在所有语言中发现。在一个乡村集市上，人们有时可以根据发音上的差别分辨出一个人来自于哪一个村子。对一个使用规范的书面语、有修养的讲话人而言，大概就不太可能准确地推测出他来自于哪个地方了。不过即使对于这些讲话人而言，也还是有可能大致推断出他们来自于哪一个语言区域。

常规的表达性语音手段并不总是表明说话人的真实身份或特征，而是往往表明说话人在特定的时刻想呈现给别人的印象。对很多人来说，在公众场合的发音方式与日常对话中的发音方式区别极大。那种讨人欢心的、虔诚的、奉承的发音方式有其特定的标志。一些女士矫揉造作、天真幼稚而且带着颤音的讲话方式就显示出很多形式上的语音标记。在一个言语社团内部，所有用以表现特定一类说话人特点的音系手段，形成了一个系统。这些音系手段的总和可以称作不同群体表达身份的风格。一个讲话人没有必要始终采用同样的显示身份的风格。基于谈话内容的不同，或听话人的不同，一个讲话人可以时不时选择其中的一种音系手段。总之，他采用的手段符合他所处的言语社团内通行的讲话习惯。

实现身份表达功能的另外一种特殊的音系手段体现为"可允许的语音替换"。除了所有"一般的说话人"使用的那些标准音外，每一种语言都包含有其他一些音，这些音仅仅被个别说话人用来替代该语言中他们"反感"的某些标准音。产生这种"反感"的原因有时是由于某种极为常见的言语缺陷，有时只是一时的流行用法。"替代音"和标准音之间的差别或大或小：有时，任何一个观察者都可以觉察到这种差别，比如许多欧洲语言中各种替代 r 的情况；而有时这种差别需要观察者训练有素的听力方可觉察。重要的是这些音的替换是言语社团所允许的，换言之，这些替代音并未受到排斥，而是与标准音共存。由于个体说话人总是或几乎总是使用这些替代音，因此这些替代音成为这些说话人展示身份的专属方式。

除了以上那些纯粹实现身份表达功能的手段，还有其他一些实现身份表达功能的手段额外实现某些表征功能。人们经常可以将一组说话人的言语与常规的言语模式分辨开来，原因在于前者遗漏了某一项区别性音位对立（即一对与音系的表征层面相关的对立），或者是这类言语中存在的区别性对立并不存在于其他说话人的言语中。一个例子就是在使用德语的部分地区，清、浊塞音之间的对立并不具备区别作用，甚至有些讲标准德语的说话人也不做此区分；其他的例子有马赛人语音上 $š$ 和 s，$ž$ 和 z 的合并，十月革命之前俄国老一代牧师们区分不重读的 o 和 a（当然这一现象在俄国中部和南部地区尤为明显，对于其他社会阶层而言，不重读的 o 和 a 之间的区别已经丢失）。从音系的表征功能来讲，以上引用的例子涉及不同的方言音系（或语音）系统。从音系的身份表达功能来讲，这些例子涉及的是同一个系统中不同的体现形式。然而，还是需要认真区分此类情况与另外一些情况，譬如，当特定社会群体或宗教团体之间的区别仅仅在于同一个音位实现形式的不同，而非在于可区分的音位数量上的差异时，则不属于此类情况。

有必要与表达身份的音系手段相区分的还有表达情感的感召音系手段或意动手段。感召手段或意动手段旨在从听话人那里激起特定的情感，或者向听话人"释放"特定的情感。表面上来看，说话人自己往往亲身体会这些情感，然而重要的却是听话人受到感染。说话人自己是否切身感受到这些情感，或者他是否只是假装表现出这些情感，并不重要。说话人的目的不在于展现自己的情感，而是要在听话人身上唤起这些情感或其他相应的情感。

因此，我们必须仔细区分表达情感的音系手段与任何一种情感的自然表达，即使这些情感是伪装的。说话人出于真实的或幻想的恐惧和兴奋而结结巴巴，或者由于啜泣而说话断断续续，这些都与音系无关。这些症状即使在语言行为之外也同样存在。但是，如果说话人在极度高兴的情况下，夸张性地拉长德语单词"schschöön!"中的辅音和元音，显然，这种情况属于语言行为。首先，这些情况仅仅在语言表达而不是非语言表达中方可观察到；其次，这些行为有明确的功能；第三，与其他实现明确的功能的语言手段相同，这些表达手段是约定俗成的。因此，这些表达手段属于与感召功能相关的音系学。（它们需要在听话人那里唤起特定的情感回应。）

在当前研究阶段，较难确定在与感召功能相关的音系学研究中，应该采用怎样的方法。理论上来讲，应该为每一种语言设立一个涵盖所有实现感召功能的音系手段的总库藏，即所有约定俗成、用以激发情感和情绪的手段的总和。但是，哪些可以认定为纯粹实现感召功能的手段，以及如何区分这些表达情感的手段，并不总是很清楚。在这种情况下，语言与言语之间的区分问题、语言系统与言语行为之间的区分问题，变得尤为棘手。前面我们已经提到德语中存在夸张性地拉长重读的元音和重读音节前的辅音的情况，例词是在极为高兴的情况下说"schschöön！"。但同样的音系手段也可以用来引起其他不同的情绪。用上面同样的方式读"schschöön！"，不仅可以表明说话人极度兴奋的情绪，还可以传达讽刺的意味。"schschaamlos!"可以表达愤怒，"lliieber Freund!"可以表达诸如开心、讽刺、愤怒、劝导、悲伤或者遗憾等多种情绪。每一情况使用的语调都有所不同。然而，问题在于如何解读这些语调上的细微差异。这些手段是否全部属于与感召功能相关的音系？它们是否全部属于语言系统？又或它们仅仅是言语行为的一部分？这些手段是否真的是约定俗成的？因为使用强调性语调来表达情绪也经常出现在非语言表达中，比如在一些随意发出的含混的感叹当中，说话人想要唤起的实际情绪很容易觉察到。尽管并未进行过深入的研究，但是似乎上面这种语言之外的强调式语调，作为情感感染的手段，与表达相同情感含义的词相比，在音高和音强结构上是一致的。此外，进一步观察可以发现，在这些以情感感染为目的的语调类型中，很多类型即使在地球上最为偏远地区的语言中也传达相同的隐含意义。[17] 而另一方面，重读元音和重读音节前辅音的夸张性拉长不单单预示着元音和辅音的存在，同时意味着重读音节和非重读音节的存在。因此，这种手段在本质上属于纯粹的语言表达手段。此外，这种手段仅适用于特定的语言。

22　　对大多数实现感召功能的音系手段而言，大家似乎都持这样的认识。实际上，这些手段与特定情感的释放并不存在直接的关联，它们只是使一些不同情感的传达成为可能。选择何种手段取决于具体的言语情景。情感的调动通过不计其数、多种多样的非约定俗成的口头语言行为来实现。收集、描写并对这些调动情感的口头语言行为进行系统的分类，同时将它们与实际的具体情感对应起来，并不是音系学研究的任务。与感召功能相关的音系学并不关注这类口头行为，它的任务仅仅在于确定那些约定俗成的语音标记，这些语音标记将带有感情色彩的言语和不带感情色彩、平静的言语区分开。因此，可以说德语中重读的长元音的拉长和重读音节前辅音的拉长、捷克语中起首辅音的拉长和收尾元音的发声、匈牙利语中短元音的拉长（依然保留特定的低舌位、松元音特征），以及法语中词首辅音的拉长等情况都是带有感情色彩的言语的标记。由于这些语言中，这些特殊手段出现的目的仅仅是为了唤起某种情绪，因此均为实现感召功能的音系手段。在不带感情色彩的日常话语中，这些手段是不允许使用的。这些手段与恐惧时发出的语调相比，很明显，是约定俗成的。可以说，恐惧时发出的语调具有普遍性，尽管在特定语言中，该语调只能与那些已约定俗成的情感感染手段的词汇使用（比如德语中重读音节前辅音的拉长）。[18]

将感召手段和身份表达的手段区分开，并非总是一件易事。有些身份表达方式的特点体现为加强感召功能的运用，而有些则体现为弱化感召功能的运用。在这些情况下，感召功能使用的强度大小就成为一种表达身份的手段。譬如，我们可以对比一个做作的女人夸张、充满感情的说话方式和一位年长的显要人物严肃、冷漠的说话方式。毋庸置疑，这两类身份表达手段均具有各自明确的特征，这些特征为关于身份表达功能的音系独有。但是，除了这些特征，另外一个特征就是说话人对感召手段的运用方式。从不同风格的言语中仔细区分身份表达功能和感召功能，可能将成为日后研究的任务。虽然目前这项任务暂不可能完成。不过眼下就是要以此为目标，从尽可能多的语言中收集数据。

无论怎样，如果像拉启修斯在他的文章中所做的那样，可能忽视了身份表达的手段和情感感召的手段之间的区分，是不被容许的。就属于语言系统之语音方面的那些成分而言，拉启修斯试图区分三种不同类型：音位，具备所有的这三种功能（表达功能、感召功能和表征功能）；强调形式，具备表达和感召的功能，但不具备表征功能；变体形式，被认为仅能实现身份表达的功能。所有我们认为发挥表达和感召功能的语音特点，拉启修斯认为都是"强调成分"。尽管我们应该感谢拉启修斯使我们注意到有必要对比勒提出的三种功能进行音系学的研究，但我们无法认同他对"强调式"音位和"变体式"音位的区分。在实际的言语事件中，这三种功能互相关联、相互交错。但是，听话人却可以将这三种功能交错的复杂形式分析为单个的组成成分。每一个单个的组成成分只具备一种功能，且每一个功能性成分皆与语言系统中的一个成分相关联、相对应。拉启修斯以匈牙利语"ember（人类）"一词为例来阐释他的观点，假设该词从一个老练的花花公子之口以责备的口吻发出。这种情况下，这个词包含的全部五个音位（ε、m、b、ε、r）对区别词义都是必须的，缺少其中任何一个都会导致无法辨认该词词义或者改变该词的词义。词首 ε 的强调性拉长是一种"责备口吻"的感召手段。如果没有这种拉长，就会改变这句话情感上的内容（即情感渲染的内容），因为如果不带有责备的语气，就只能用完全中性的语气来说这句话。最后，元音发音时开口度的不清不楚，辅音发音时的懒懒散散，以及小舌音 r 的使用，这些发音特点均为身份表达的手段，借此可以辨别出说话人花花公子的身份。任何一段话语均可用以上方法进行分析。即使有时候，将音位从发挥身份表达功能和感召功能的语音特征中抽象出来，要比区分身份表达手段和感召手段来得容易，我们也不应以此为由混淆身份表达手段和感召手段之间的区分。[19]

因此，我们坚持认为应该谨慎区分身份表达的手段和情感感召的手段。就此，产生了音系研究的两个独立分支，一个与表达手段相关，另一个则与感召手段相关。除此之外，还有第三个分支，构成音系当中专门处理与表征功能相关的音系手段的那一部分。在拉启修斯的文章之前，音系学家的研究几乎都是专门针对这一部分的调查。不过，如果我们对这三个分支互相比较一番的话，会非常惊讶地发现这三者之间的关系不成比例。因为"关于表征的音系"将占据相当大的一部分,而另外两个音系学分支涉及的实际材料只占一小部分。此外,与身份表达相关的音系和与感召相关的音系共同具备一些特征,这使得它们可以跟"关于表征的音系"相区分。事实上,只有在涉及与身份表达相关的音系和与感召相关的音系时,才需要区分自然先天的特征和约定俗成的特征。在关于表征的音系中,这种区分毫无意义。只有那些对自然声音的直接模仿,在它们不包含约定俗成的言语声音的情况下,才可被认作是自然给予的与表征相关的语音特性。但是,由于这些语音的确不是约定俗成,而是自然声音,因此这些模仿性质的声音并不在语言的框架之内。假如一个人讲述其狩猎奇遇,为了生动描述他的故事,他要模仿动物的嚎叫或其他自然界的声音,此时,他必须中断他的讲述方可发出这些声音;这些模仿自然界的声音是外来成分,它们并不属于常规的具有表征功能的人类言语。[20]但是对于语言中处理身份表达的层面或者处理感召层面而言,情形就大不一样;在这两个层面上,约定俗成的手段和自然的手段彼此交织。与感召层面相关的元音或辅音拉长是约定俗成的,只出现在某一特定的自然情感语调中;在某些语言中,某些声音特殊的发音方式传统上与女性挂钩,这些发音方式总是出现在由生理因素决定的女性嗓音中。大概可以设想的是,约定俗成的身份表达手段和感召手段在数量上总是少于自然的身份表达手段和感召手段。因此,所有与表征相关的语音手段都属于"关于表征的音系学"的研究领域,而音系学剩下的两个分支研究的仅仅是与身份表达和感召相关的语音手段的一小部分。于是，一方面提出的问题是，是否真的可以认为音系学这三个分支具备同等的地位和重要性？另一方面可能存有疑问的是，区分约定俗成的身份表达手段和感召手段与自然的身份表达手段和感召手段是否是可行之策？

如果我们将与身份表达功能和感召功能有关的语音手段划分到另一个特殊的科学分支——即音系语体学中，这些难题就迎刃而解。接下来，这个科学分支可以再细分，一方面，可以细分为关于身份表达的语体学和关于感召的语体学，另一方面，可以分为语音语体学和音系语体学。在对一种语言进行音系描写时，必须将与语体有关的音系考虑在内（包括身份表达功能和感召功能）。但是，这类音系描写的真正目的，应当还是"关于表征"的音系学研究。这样，音系学就没必要分为关于身份表达的音系学、关于感召音系学和关于表征的音系学这三个分支。而"音系学"这个术语，与先前的定义一样，可以限定为语言系统中与表征层面有关的语音的研究，而"音系学中与语体有关的研究"，本身只是"音系语体学"的一部分，负责的是语言系统中用于表达身份和感召的语音手段的研究。

1　早在1870年，库尔德内在他的俄语就职演讲中已提出一个类似的概念。虽然该文已经出版，但欧洲大多数语言学家仍无法了解其中的内容，原因主要在于书写语言是俄文（见R. Jakobson, *Slav. Rundschau*, I, 第810页）。

2　那些人当中，尤其是该学会会长马泰休斯（V. Mathesius），早在 1911 年已经发表了他那篇关于语言现象潜在性的著名论文（"O potenciálnosti jevů jazykových"，出自 *Věstník Král. České společnosti nauk*）。还有雅克布逊，他那本以音系学为导向、与俄语诗歌对比来讨论捷克语诗歌的著作在 1922 年也已出版（俄语题目为：*O češskom stiche*［Berlin，1923］；见 N. S. Trubetzkoy，*Slavia*，II，第 452 页及以下诸页）。

3 那届大会上提交的论文及后续讨论发表在《布拉格语言学会论丛》（*TCLP*）第四卷中。

4 关于现代音系学的发展历史，参阅 V. Mathesius，"Ziele und Aufgaben der modernen Phonologie"，*Xenia Pragensia*（1929），第 432 页及以下诸页；Laziczius Gy.，"Bevezetés a fonológiába"，*A Magyar Nyelvtudo-mányi Társaság Kiadványai*，第 33 期（1932），第 109 页及以下诸页；N. S. Trubetzkoy，"La phonologie actuelle"，*Journal de psychologie*，XXX（1933），由 H. Kobayasi 译成日文，"Gendai no oninron"，*Kaiho*，第 43 期（1936 年 8 月）；J. Vachek，"What is Phonology？"，*English Studies*，XV（1933）。

5 更多细节，参考 E. Zwirner 和 K. Zwirner，*Grundfragen der Phonometrie*（Berlin，1936）[2nd revised and enlarged ed.，Basel，1966］。

6 参考 R. Jakobson，*TCLP*，II，第 103 页。

7 参阅 E. Otto，"Grundfragen der Linguistik"，*Indogerm. Forsch.*，第 52 期，第 177 页及以下诸页。

8 关于音系学和语音学之间的关系，参阅 Karl Büler，"Phonetic

und Phonologie", *TCLP*, IV, 第 22 页及以下诸页; Viggo Brøndal, "Sound and Phoneme", *Proceedings of the Second International Congress of Phonetic Sciences*, 第 40 页及以下诸页; J. Vachek, "Several Thoughts on Several Statements of the Phoneme Theory", *American Speech*, X（1935）; 以及前面提到的 Arvo Sotavalta, *Die Phonetik und ihre Beziehung zu den Grenzwissenschaften*（*Annales Academiae Scientiarum Fennicae*）, XXXI, 3 [Helsinki, 1936]）。

9 参阅 Karl Büler, "Axiomatik der Sprachwissenschaft", *Kant-Studien*, XXXVIII 和 *Sprachtheorie*（Jena）, 1934。

10 德格鲁特在其《作为功能科学的音系学和语音学》（"Phonologie und Phonetik als Funktions-wissenschaften"）（*TCLP*, 第四卷, 第 116 页及以下诸页, 特别是第 124 页及以下诸页）一文中, 依旧从这个角度来处理语音和音系与言语声音不同层面之间的关系。不过单单使大家注意到这个问题, 德格鲁特已经大有贡献。

11 参阅 J. v. Laziczius, "Probleme der Phonologie", *Ungarische Jahrbücher*, XV（1935）, 以及 *Proceedings of the Second International Congress of Phonetic Sciences*（London, 1935）, 第 57 页。还可参考 L. Ščerba, "O raznych stil'ach proiznošenija", *Zapiski Neofilolog. obščestva pri SPBU*, VIII（1915）; 以及 R. Jakobson, *O češskom stiche*（Berlin, 1923）, 第 40 页及以下诸页。

12 关于民俗服饰的作用, 参阅博加特廖夫（P. Bogatyrev）的杰出研究"Funkcie kroja na Moravskom Slovensku", *Spisy Národopisného Odboru Matice Slovenskej*, I(1937)。

13　G. D. Sanže'ev, *Darxatskij govor i fol'klor*(Leningrad, Akad. Nauk SSSR, 1931), 第 17 页。

14　引自 *Jazyki i pis' mennost' narodov Severa*, III, 第 13 页。

15　同上引, III, 第 158 页。

16　这个特征纯粹是规约性的, 与生理因素无关, 这一点在下面的事实中也比较明显, 即对于某些女性而言, 该特征无疑只出现在调情做作的言语中, 也就是说, 当她们试图突出她们的女性属性时。

17　任何情况下, 欧洲人都能明白一个优秀的日本演员想要"表达"的情感, 即使他听不懂这个演员所说的任何词语。他的这种理解不仅借助于演员的手势, 一定程度上还因为他的语调。

18　因此, 任何一种语言都应严格区分约定俗成的感情渲染方式与随兴表达的情感。里克特(Elise Richter)的博士论文《心理活动与言语发音》("Das psychische Geschehen und die Artikulation", *Archives néerlandaises de phonétique expérimentale*, XIII(1937))中包含大量的数据, 但遗憾的是她并未对这些概念加以区分。

19　参考文章第 207 页及以下诸页和第 254 页关于不具备表征功能、只具备身份表达功能和感召功能的那些词的独特的语音结构(感叹词、对动物的命令等)。

20　当然, 这并不包括约定俗成的对声音的模仿形式, 这些形式与模仿的自然声音相去甚远（如：boom! cockadoodledoo!），而且这些形式往往已纳入语法系统中，所以它们的使用并不阻断言语的进行。参阅 J. M. Kořínek, "Studie z oblasti onomatopoje", *Práce z vědeckých ústavů*, XXXVI（Prague，1934）。

音系学

导言

在前文的叙述中，我们已经指出在对人类言语的感知过程中，感知到的声音印象[①]的具体特征投射到三个层面上，即身份表达的层面、感召层面和表征层面。听话人的注意力可以集中于这三个层面中的任何一个，而不受其他两个层面的干扰。因此，不考虑与身份表达有关的层面和与感召有关的层面，对与表征相关的层面上的声音印象进行观察和考量，是有可能的。不过，如果认为所有处于表征层面上的声音印象实现的功能相同，则是不正确的。毋庸置疑，这些语音印象当然都是用来给相关的句子指派词汇意义，也就是说，它们均与语言系统中具备特定词汇意义的不同实体相关联。

尽管如此，在关于表征的层面上，可以明确区分三种不同功能。一部分语音特征具有计数功能，也就是说，这些特征表明一个特定句子所包含的"单位成分"的数量（即词和词的组合）。比如德语的主要重音，就属于这种情况。还有一部分语

---

① Schalleindrücke。——英文版译者

音特征实现的是标界功能，它们标识两个语言单位之间的界限（复合词、词以及语素）。就德语而言，实现这一功能的一个例子就是词首元音前的喉塞音。最后，还有一部分语音特征实现区别词义的功能或区别性功能，因为这些特征可以区分一个个语义单位，比如德语的四个词"List"［诡计］/"Mist"［垃圾］/"Mast"［桅杆］/"Macht"［力量］。语言系统中的每一个单位必须包含具备区别性功能的语音特征，否则就无法将该语言单位和其他的语言单位区分开。不同的个体语言单位之间只能通过具备区别性功能的语音特征来区分。不过，具备计数功能和标界功能的语音特征对于语言单位的区分并非不可或缺。存在不使用任何语音特征来标识词与词之间界限的句子，而且即使没有明确的计数特征，很多个词也可以用在同一句子中。句子中，词与词之间出现停顿的可能性始终存在，具备标界功能和计数功能的语音特征就相当于这些停顿。所以，这两项功能始终是便利性的辅助策略，但区别性功能则不单单是便利性的策略，对于交际而言绝对必不可少。因此，在关于表征的层面上区分的语音三大功能中，区别性功能最为重要。

　　根据表征层面上区分的语音的三大功能，共时（描写性）音系学可分为三大主要部分。显然，对区别性功能进行论述的章节在篇幅上要比其他两项功能（计数功能和标界功能）长很多。

第一部分

区别性特征理论：语音的区别性功能或辨义功能

第一章 基本概念

1. 音系对立（区别性对立）

区别性这个概念以对立这一概念为前提。只有参照他物，才可以对一个事物加以区分：只有将其与别的事物相对比或对立，才能对该事物加以区分，也就是说，这两个事物之间存在对比关系或对立关系。因此，只有一个语音特征与另一个语音特征相对立时，也就是说，当这个语音特征属于一项语音对立中的一员时，这个语音特征才具备区别性功能。特定语言中，可以区别两个词的词汇意义的语音对立，就是一项音系对立或音系上的区别性对立，又或区别性对立。[1] 相反，那些不具备这种辨义特点的语音对立，则是不具备音系意义的语音对立或不具备音系区别作用的语音对立。德语中 o-i 的对立属于（区别性）音系对立，如"so"[因此]/"sie"[她、他们]、"Rose"[玫瑰]/"Riese"[巨人]。相反，齿龈音 r 与小舌音 r 之间的对立在德语中不具备区别作用，因为德语中没有哪一对词通过这两个音的对立来区分意义。

语音还存在可互换与不可互换的区分。特定语言中，可互换的语音可以出现在相同的语音环境中（比如上面提到的德语

o-i 的例子）；而那些不可互换的语音从不出现在同一语音环境中。譬如德语的两个音 ich 和 ach，就属于这一类。ach 只出现在 u、o、a 和 au 的后面，而 ich 则从不出现在 u、o、a 和 au 之后，只出现在其他位置上。因此，不可互换的语音原则上无法构成（区别性）音系对立。它们从不出现在同样的语音环境中，因而它们从来无法作为区分两个语言单位的唯一区别性成分。德语词"dich"["你"的第四格形式]和"doch"[可是]的区别不仅在于两个 ch 读音的不同，还在于元音的不同。在德语许多其他的词对中，i 和 o 之间的对立是独立且唯一的区别性因素（如"stillen"[使停止]/"Stollen"[隧道]，"riss"[撕开]/"Ross"[马]，"Mitte"[中间]/"Motte"[蛾子]，"bin"[（我）是]/"Bonn"[波恩]，"Hirt"[牧人]/"Hort"[财富]），但 ich 和 ach 之间的对立只有当前面的元音构成对立关系时才存在。这两个音的对立不能作为区分两个词意义的唯一手段。这种情况适用于所有不可互换的语音构成的对立关系（参考第33页）。可互换的语音不仅可构成区别性对立，还可构成非区别性对立。这完全取决于特定语言中这些语音实现的功能。比如，德语中元音的相对音高对于意义的区别并不相关（即其表征功能），元音的相对音高顶多可以用来实现感召功能。在一个双音节词中，无论是第二个音节中元音的相对音高高于或低于第一个音节中元音的相对音高，还是这两个音节中元音的相对音高一致，都不会影响该词的词汇意义。假设我们认为低调的 u 和高调的 u 是两个独立的音，我们可以说这两个音在德语中是可以互换的，但它们并不构成区别性对立。另一方面，r 和 l 在

第一章　基本概念

德语中也可以互换，但这两个音却构成区别性对立；比如可以对比以下几对词，"Rand"［边缘］/ "Land"［陆地］，"führen"［带领］/ "fühlen"［感觉］，"scharren"［翻寻］/ "schallen"［响起］，"wirst"［变为］/ "willst"［想要］。这几对词中，意义的不同完全通过 r-l 的对立来体现。相反，日语中 r 和 l 虽可以互换，但却无法构成区别性对立。任何词当中，r 和 l 彼此都可以互换，而且互换并不导致意义的改变。但在日语里，单个音节的相对音高却具备音系上的区别作用。低调的 u 和高调的 u 可以互换，且构成区别性对立。比如 "tsuru" 这个词，根据词中两个 u 相对音高的不同，可以表示三个不同的含义：若第一个 u 的调低于第二个 u，意义为"攀缘植物"；若第一个 u 的调高于第二个 u 的调，意义为"鹤"（动物）；若两个 u 调值相同，意义则为"钓鱼"。[2] 因此，我们可以区分两类可互换的语音：一类是在特定语言中可构成区别性对立的可互换的语音，另一类是只构成非区别性对立的可互换的语音。

前面我们提到不可互换的语音无法构成区别性对立。然而这个说法必须有所限定，因为有些不可交换的语音虽然不具备可以将它们与同一音系系统中其他的音区分开来的共同的语音特征，但它们确实可以构成区别性对立。德语中 ich 和 ach 这两个音的对立不具备区别作用，因为这两个音不可交换，而且它们共有的语音特征——清的舌背擦音，不出现在德语语音系统中其他任何一个语音中。但是，德语中同样不可交换的两个辅音 h 和 ŋ（"ng"），却具备区别作用（h 只出现在非重读元音 e 和 i 除外的元音之前，而 ŋ 仅出现在非重读元音 e 和 i 之前和辅音之前)。原因在于这两个辅音仅有的共同语音特征，即辅音性这个特征，并非这两个音独有，无法将这两个音与德语中其他辅音相区别。为了区分这种类型的区别性对立与可互换的语音构成的一般意义上的区别性对立，我们把这种区别性对立称作间接的区别性对立或间接的音系对立。一般的直接音系对立（如 o-i 和 r-l 的对立）可以用来直接区分词义，而间接的音系对立，自然是不可以的。不过构成间接音系对立的语音成分，却可以跟其他任何一个音，即与其共享同一语音特征的音，构成直接的音系对立关系。因此，以德语的 h 和 ŋ ("ng") 为例，这两个辅音与德语中许多辅音构成直接的音系对立关系：与 p 的对立（"hacken"［劈砍］/ "packen"［包裹］，"Ringe"［戒指］/ "Rippe"［肋骨］），与 l 的对立（"heute"［今天］/ "Leute"［人们］，"fange"［捕捉］/ "falle"［降落］），以及跟其他辅音的对立，等等。

2. 音系单位（区别性单位），音位和变体

通过（直接的或间接的）音系对立或区别性对立，我们可以了解特定语言中能够区分词义的任何一项语音对立。构成这种对立的每一个成分都是一个音系单位（或区别性单位）。[3] 根据该定义，我们可以得出区别性单位的大小差异极大。比如，在 "bahne"［铺路］/ "banne"［驱逐］这对词中，意义的区分仅通过音节的不同划分方式（或通过元辅音长度的相对差异），但在 "tausend"［一千］/ "Tischler"［木匠］这对词中，除了词

首辅音相同，语音的差别贯穿整个词。而在"Mann"［丈夫］/"Weib"［妻子］这对词中，从头到尾两个词都不相同。上述例子表明区别性单位存在大小的差别。在特定语言中，可以根据区别性单位相对的大小对其进行分类。

有些区别性单位可以进一步分析为一串更小的区别性单位。德语单词"Mähne"［鬃毛］/"Bühne"［舞台］中的两个单位［mɛ］和［by:］就是如此，根据"Mähne"［鬃毛］/"gähne"［打哈欠］和"Mähne"［鬃毛］/"mahne"［告诫］这两对词中的对立关系，可以做出［mɛ:］=［m］+［ɛ:］的分析，同样，根据"Bühne"［舞台］/"Sühne"［补偿］和"Bühne"［舞台］/"Bohne"［豆子］这两对词的对立，可以作出［by:］=［b］+［y:］的分析。但是 m、b、$ɛ$ 和 y: 这四个区别性单位无法再用更小的区别性单位的连续序列来表示。从语音上来看，任何一个 b 的发音都包含若干个发音动作。首先，双唇互相靠拢，然后双唇紧闭使口腔前端完全封闭。同时，软腭上提并紧贴咽腔后壁，这样可以堵塞从咽腔通向鼻腔的通道。然后声带立即开始震动，来自肺部的气流进入口腔并在紧闭的双唇后方开始聚积。最后，气压冲开紧闭的双唇。这些连贯的发音动作每一个都对应具体的声学效果。但是，这些"声学原子"中的任何一个都无法视作一个音系单位，因为它们总是一起存在，从不孤立存在。双唇的向内爆裂始终紧跟着气流的向外爆破，而气流的向外爆破总是以双唇的内向爆裂为前提。没有双唇的内向爆裂和气流的外向爆破，内向爆裂和外向爆破之间产生的唇爆破音是无法发出的。因此，作为一个整体的 b

才是一个音系单位，不可以分析为一系列构成成分。这一点同样适用于上面我们提到的那些音系单位。"长的" *y*（*ü*）不可以解释为一串连续的"短的" *y*。从语音学的角度来看，长的 *y:* 的确是 *y* 在发音时间上的连续，但是假如我们用另一个元音替换掉整个时长中的一段，得到的不是一个新的德语词（"Baüne""Büane""Biüne""Buüne"等形式不是德语中合法的形式）。因此从德语整个音系系统来看，长 *ü* 在时长上不可切分。

在特定的语言中，那些不可以再分析为更小的连续的区别性单位的音系单位，就是音位。[4] 因此，音位是一种语言中最小的区别性单位。语言系统中每一个词的能指方面都可以分解为音位，也就是说，可以用具体的音位序列来表示词的能指。

当然，不可将这个问题过于简单化。不能把音位看作组成一个个词的构建模块。相反，每个词都是一个语音实体，一个格式塔（Gestalt），听话人也是以这种方式来识别每一个词，正如我们在街上认出一个熟人靠的是他整体的外貌。不过，对不同的组合体加以辨认的前提是这些组合体彼此有别。只有在一个个组合体通过某些特征彼此区分的前提下，才有可能对它们加以辨认。那么，音位就是词这一组合体的区别性标记。每一个词必须包含尽可能多的音位，并通过这些音位的排列，将这个词与其他的词加以区分。每一个词都有自己独特的音位的整体排列；但这个排列中每一个个体成分同样作为区别性标记出现在别的词中。每一种语言中，用作区别性标记的音位的数量要远远少于该语言中词的数量，因此，每一个词体现的始终

第一章 基本概念

只是这个语言中音位的一种特定的组合形式,这些音位同样出现在其他词中。这一点与词的组合性特征绝不冲突。作为一个整体,每个词所包含的内容往往要大于该词的构成成分(或音位)之和,这就是整体性原则,该原则将音位组合在一起并赋予每个词独特性。然而,与单个具体的音位不同,该整体性原则并不局限于词这一实体。因此,我们可以说每个词完全可以分析为一个个音位,每一个词由音位构成,正如我们说一个大调的曲调由这个音阶的调子构成,但每一曲调都会包含一些使之成为一首独特乐曲的特点。[5]

同一个语音(Lautgebilde)可以同时构成区别性对立和非区别性对立。因此,ach 和 ich 的对立虽然是非区别性的,但这两个音与 k 的对立却是区别性的(如:"stechen"[刺]/"stecken"[插入]、"roch"[有臭味的]/"Rock"[裙子])。这种情况之所以可能发生,仅仅是因为每一个音都具有一些声学-发音特征,而音与音之间并不是通过所有的这些特征来加以区分,而是仅通过几项特征。k 与 ch 的区别在于前者形成了一次完全闭塞,而后者只是在舌背与硬腭之间形成一条间隙。但 ich 与 ach 这两个音的区别在于前者形成的间隙位于硬腭的中部,而后者位于软腭。ch 与 k 之间的对立是区别性的,而 ich 与 ach 的对立是非区别性的,这种情况证明对于 ch 而言,舌背与硬腭之间形成的间隙具备音系意义,而间隙形成的位置是在舌背-硬腭区域的后部还是中间则不具备音系意义。不同的音之所以可以构成音系(区别性)对立,仅仅是基于它们具备音系意义的那些特征。而且,由于每一个音位肯定是一项区别性对立的成员之一，因此音位并不等同于一个实际的音，而是等同于这个音具备音系意义的特征。可以说，音位是一个音所有具备音系意义的特征的总和（Lautgebilde）。①6

在具体的言语行为中听到和发出的任何一个音，除了它们那些具备音系意义的特征，还包含很多不具备音系意义的特征。因此，没有哪个音可以简单地视作一个音位。不过，由于一个音同时还包含某个音位具备音系意义的那些特征，因此可以将这个音看作这个音位的具体实现形式。音位通过语言中具体的音得以实现（更确切一点，通过言语声音），而这些音构成了一个个言语行为。这些言语声音自身从不具备音位的地位，因为一个音位中不可以包含任何与音系无关的特征。但对于一个实际发出的言语声音来说，这是不可避免的。因此，言语中实际产出的具体语音只能是音位的物质体现。

言语事件中连续的语流通过具体的音位序列得以体现或符号化。在语流中特定的位置上，我们可以识别出具体的音位序列中单个音位特有的区别性语音特征。每一个这样的位置可以

---

① "Lautgebilde"（或"Schallgebilde"）这个术语在英语中需要更恰当的术语来对译，这里只能简单译为"sound（声音）"。这个翻译某种程度上并不能完全反映这个术语在德语中的含义，德语中这个术语可以理解为语音的内部组构，可能指的还是它的"整体结构"。

雅克布逊建议的另一个术语是"sound unit（语音单位）"，这仍旧无法确切反映德语中的含义，因为把这个术语译到德语中就成了"Laut-"或"Schalleinheit"。

上面的定义已经暗含了将音位分解为区别性特征的观点，就此，瓦海克（Vachek）写道（同上，第46页）："这个定义实际上并不是特鲁别茨柯依的，而是雅克布逊的；早在1932年，雅氏就提出了这个定义。……这个术语［音位］指的是特定语言为了区分意义不同的词而使用的一套同时出现的语音特征。比较特鲁别茨柯依自己的章后注释6。——英文版译者

看作是某个音位的实际体现。然而，语流中同一个位置上，除了区别性的语音特征，还存在许多非区别性的语音特征。我们把语流中某个特定位置上出现的所有区别性特征和非区别性特征的总和，称为言语声音。因此，每一个言语声音，一方面含有具备音系意义的标记，这些标记使之成为某个音位的实现形式，另一方面，还包含许多不具备音系意义的标记，这类标记的选择和存在取决于很多因素。

由此得出，一个音位可以通过若干不同的言语声音得以实现。比如，就德语的 *g* 而言，以下特征具备音系意义：舌背与硬腭之间的完全闭塞，软腭的提升，舌部肌肉的放松，以及爆破除阻时的不送气。然而，舌背与硬腭之间闭塞发生的位置，以及闭塞过程中双唇和声带的位置，却与音系不相关。因此，德语中被看作 *g* 这一音位的具体实现形式的音有很多。这些形式包括浊的 *g*、半浊的 *g* 以及全清的 *g*（甚至在那些不送气塞音需要浊化的德语地区，也存在这些形式），同时还有圆唇的软腭音 *g*（如 "gut"［好的］、"Glut"［余烬］)），撮口的硬腭音 *g*（如 "Güte"［仁慈］、"Glück"［幸运］），展唇的软腭音 *g*（如 "ganz"［整个的］、"Wage"［天平（复数）］、"tragen"［运载］），展唇的强硬腭化形式（如："Gift"［毒药］、"Gier"［贪念］），中等程度硬腭化的 *g*（如 "gelb"［黄色的］、"liege"［躺］）等等。我们把这些不同的言语声音，即同一个音位的具体实现形式，称作特定音位的变体或者语音变体。

3. 音位的定义

并不是所有语言学家都认可本书中关于"音位"、"言语声音"和"变体"这三个术语的定义。最初，这些术语的定义并不是如此表述的。

最初是用心理学的术语来定义音位的。库尔德内将音位定义为"言语声音的心理等价物"。这种定义方式站不住脚，因为若干个不同的言语声音（作为变体）可以对应同一个音位，而每一个这样的言语声音都有自身"心理上的等价物"，即与这个音对应的"声学－动力学印象"。另外，这种定义依据的假设是言语声音本身是一个具体的、确定的实体。但事实上并非如此。只有言语事件中实际的、连续的语流才是确定的实体。当我们从这一连续体中提取单个的"言语声音"时，我们之所以可以这么做是因为这个声音连续体中每个部分对应一个词，而每一个词由特定的音位组成。因此，对言语声音的定义只能根据它与音位之间的关系。但是，在定义音位时，如果从言语声音出发，我们就陷入了一个恶性循环。

关于音位这个概念，本书作者在其早先的音系学文章中有时使用"Lautvorstellung"（声音印象）这一术语。[7]与前面库尔德内关于该术语的定义一样，这种表达容易引起误解。由于发音动作由说话人管理和控制，所以不同的声学－动力学印象对应的是一个个语音变体。此外，也没有理由认为这些语音印象中，有些是"有意识的"，其他的则是"下意识的"。对发音过程的觉察程度取决于练习。通过专门训练，也有可能觉察到那些非音系性质的语音特征。正是基于该事实，才有了听觉语音学的研究。因此，我们既不可以将音位定义为"声音印象"，也不可以定义为"有意识的声音印象"，音位本身与言语声音（语音变体）相对立。本书作者在日内瓦第二届国际语言学家大会[8]上提交的论文中使用了"Lautabsicht"（声音意向）这一表述，这种表述实际上不过是把音位定义为"声音印象"的另一种措辞。因此，也是不正确的。任何一个人，只要准备说"gib"[给]这个词，必须同时发动他的发音器官去准备做所有必要的发音动作。换言之，他需要做发一个硬腭化的 g 的准备。这个发音意向不同于想要发"gab"这个词时的发音意向——一个软腭的 g。所有这些关于音位的心理学意义上的表述并不能体现音位的本质，因此必须舍弃，以防这些表述掩盖了语音和音位之间的界限，这种情况有时在库尔德内和他所属的喀山学派的某些代表人物的观点中，确实可以看到。

  我们必须避免从心理学的角度来定义音位，因为音位是一个语言学概念，而非心理学概念。[9] 在定义音位时，绝对应该避免参照"语言意识"这一概念，因为"语言意识"只是关于语言系统的隐喻式指称，是一个相当含混的概念，这个概念本身就需要给予明确定义，甚至可能根本就无法定义。因此，范韦克（N. van Wijk）提出的定义也值得质疑（《新荷兰语》(*De Nieuwe Taalgids*)[1936 年]，第 323 页）。根据范韦克的定义，"一种语言中的所有音位形成一类语言成分范畴，这类范畴存在于言语社团所有成员的心智当中"。音位是"语言意识所能感

39 知到的最小的、不可再切分的单位"。① 将音位这个概念与诸如"心智""语言意识"或"感官知觉"之类难以确定、难以名状的概念关联起来，这一事实对于明确音系这个概念的定义毫无帮助。如果我们接受这种定义，那么我们永远也不会真正了解在实际情况中，什么才可以看作一个音位。因为洞察"一个言语社团内所有成员的心理"是不可能的（尤其当涉及业已消亡的语言时）。借助"语言意识"对"感官知觉"进行探查同样是件极为麻烦棘手的事情。"语言意识"无法将一个音位分解为连续的部分，且一个言语社团内所有的成员掌握相同的音位集合，这两种观点非常正确。然而，绝不可将此看作是对音位的定义。音位是一个功能性概念，这是最重要的，因此只能从功能的角度加以定义，采用心理学家的概念无法进行这样的定义。

其他一些关于音位的定义从组合性变体出现的环境出发，这同样不恰当。② 琼斯（Daniel Jones）将音位定义为声学上或发音上互相关联、但从不出现在相同语音环境中的一组言语声音。这是丹尼尔·琼斯首次对音位加以定义，他的定义从以下

---

① Sprachbewusstsein 这里按照字面意思译为 "linguistic consciousness（语言意识）"，与 Sprachgefuehl "linguistic intuition（语言直觉）"相区分，不过似乎后者才是德语术语要表达的意思。参考瓦海克,《布拉格语言学派》(*The Linguistic School of Prague*)，第 30 页："（除了区分不同的层面这个令人难以接受的事实）这两个学派（转换语法学家和布拉格学派）体现出来的另外一个共同之处就是他们如何看待生成语法学家称之为直觉的东西和布拉格学派的语言意识所指的东西。"参考本书第 64、78、85、88 和 301 页。——英文版译者

② Kombinatorische Variante 这个术语此处译为 "combinatory variant（组合性变体）"，而不是 "allophone（音位变体）"，是为了与布拉格学派使用的术语保持一致。——英文版译者

第一章 基本概念

假设出发,即人类言语由音位和言语声音构成,音位和言语声音并不分属于不同的层面,而是在同一层面上彼此共存。比如在德语词"Wiege"[摇篮]中,*v*、*i:* 和 *ə* 是言语声音,因为它们不存在人耳可以听辨出来的组合性变体;但 *g* 却是一个音位,因为 *g* 具体的实现形式取决于它出现的环境。显然,此处言语声音和音位这两个术语的使用只有参照字母表中的字母才是合理的。"音位"这个术语适用于那些在词中由于出现位置不同而读音不同的字母,而"言语声音"(或"音素")这个术语适用于那些读音永远不变的字母。在琼斯看来,音位这个概念起初与"标音"问题密切相关。[10] 不过,他很快认识到这种"音位理论"站不住脚,需要进一步修正。他对音位的定义实际上没有任何改进。不过他的定义不仅适用于那些能被裸耳感知为不同语音的成系列或成组的不可交换的语音,还同样适用于那些有差异并不能直接被感知到的语音。而且,由于实验语音学已经提供证据表明在不同的环境中不可能发出两个完全一致的语音,因此根据这种新的解释,前面提到的词"Wiege"[摇篮]中,不仅 *g*,而且 *v*、*i* 和 *ə* 都成了音位。在音位这个概念的发展初期,琼斯在音素和音位这两个概念之外,还采用了"对应音(diaphone)"这个概念。这个术语可以理解为一系列可互换但却不会改变词义的音。目前,既然实验语音学的方法表明即使在相同环境下,重复发出两个完全一样的语音也是不可能的,那么琼斯实际上就应该只采用"对应音"这个术语,而不再使用言语声音或音素,他应该将音位定义为一系列不可互换的对应音。在他的音位理论发展的最后阶段,琼斯的看法实际上已接近这种观点。他之所以持这样的观点，是因为他的观点是以"抽象语音"理论为基础，该理论由日本的神保教授（Jimbo）和东京的英国语言学家帕尔默博士（Dr. Palmer）发展起来。我们感知到的实际语音都有所差别，因此不可能用完全相同的方式发同一个音两次。不过某些音具备相当多的共同特征，它们彼此之间相似度如此之大，以至于可以把它们共有的特征归总为一个意象（Vorstellung），我们可以用这种方式来设想这个意象。"抽象语音"这个概念就是这样形成的，比如，有软腭的 g，还有硬腭的 g 等，但是这只是对不同的语音加以抽象化的第一层次。对于这些彼此相似、但在特定语言中从不在相同环境中出现的抽象语音，如果把它们归纳为一个总体的意象，就完成了第二层次上的抽象化。那么，音位就是这些处于第二层次上的抽象语音。对于这种定义，肯定存在反对意见，反对的原因尤其在于每一步对语音进行抽象化的原则上。例如，根据抽象过程所选用原则的不同，一定数量的具体的狗可以对应不同的抽象概念，如"大狗""黑狗""忠犬""贵宾犬"等等。这些"抽象的狗"中的每一类都包括差别很大的"具体的狗"。琼斯提到了抽象语音这个概念，但却没有关注抽象化的过程应该遵循怎样的原则。在"第一层次"上，抽象化以声学－发音上的相似性为基础；在"第二层次"上，抽象化以不同的语音形式与它所处的环境之间的关系为基础。这两条抽象化原则彼此区别很大，因此绝对不可以把它们看作同一抽象化过程的两个层次。另外，需要再次强调的是"言语声音"（"实际语音"）这个概念的模糊性。实际的语音本身只是作为音位的具体实现形式而存在。因此，第一层次的抽象化实际上应该是第二层次的。由于琼斯提出音位概念仅仅为了标音的目的，所以它还是具备一定的实用价值，不过与语言学就关联甚微。无论如何，只要音位这个概念修订后对应的还是具体的语言现象，那么这种对音位定义的重新修订就是无效的。

合理地对音位加以定义，既不能基于音位的心理学属性，也不能基于音位与语音变体之间的关系，只能完全根据音位在语言系统中的功能。无论是将音位看作最小的区别性单位（布龙菲尔德），还是词的声音标记（Lautmal am Wortkörper）（比勒），结果都是一致的：每种语言的存在都以区别性（音系）对立关系为前提。音位是这种对立关系中的一员，无法再分析为更小的区别性（音系）单位。这个定义非常清晰明确，任何形式的修改只会导致无谓的复杂化。

附带提一下，有时候这种复杂化不仅心理上可以理解，而且还非常合理。比如，在他一本有趣的专著《论音位的定义》(On Defining the Phoneme) 中（语言研究专著系列，美国语言学会出版，XVI［1935］），美国音系学家特沃德尔（W. Freeman Twaddell）提倡的音位的定义极度复杂，但他如此定义的原因是为了避免人们产生"音位叠加"的观点，即避免将音位看作说话人掌握的、用来组装词和句子的类似于砌件的东西（特别关注书中第 53 页）。为了防止出现这种想法的风险，特沃德尔希望大家要特别重视音位之间的关联（即音位作为对立关系中一员的属性）。以此为目标，特沃德尔形成了自己的音位理论，可概括如下：一段"话语"（即一个具体的言语事件）是与特定意义相关联的物理现象（声音）。不同话语中重复出现、但无论何处均表达相同意义的一个语音复合体，可以称之为一个"形式"。原则上，意义不同的两个形式在语音上同样有别——同音异义词除外，此类词在所有语言中都相对罕见。[11] 两个不同的形式语音上的差异程度可能有所不同。这两个不同的形式在语音上的最小差异对应的是各自发音复合体中极小的一部分。差异程度最小的一组形式构成了一个"类别"。这一类别所包含的所有成员共有的发音复合体，体现了该类别的特征。如果它们之间的最小差异是所有成员中的同一部分，比如起始部分或末尾部分，那么该类别是一个"有序的"类别。因此，以下这些词 "nahm" / "lahm" / "kam" / "Rahm" / "Scham" / "zahm"（［拿（过去时）］/［瘸的］/［来（过去时）］/［奶油］/［羞耻］/［驯服］）就构成了德语中的一个有序类别。这一类别内所有成员之间的关系构成了最小的音系对立。特沃德尔把处在这种对立关系中的成员称作"小音位"。因此，在我们这个例子中，n-l-k-r-sch-ts 后面的音均为 am，在以此为特征的形式类别中，n-l-k-r-sch-ts 即为"小音位"。一个小音位在语音上的对应物包含若干发音特征。如果两个形式类别中的小音位之间关系一致，那么这两个形式类别就被认为具有"类似的排序结构"。例如，英语中 *pill-till-kill-bill* 和 *nap-gnat-knack-nab* 这两个类别的排序就类似。虽然这两个类别中小音位的语音形式并不完全一致——词首的 *p*、*t*、*k* 送气，词尾的 *p*、*t*、*k* 不送气，但这些小音位之间的关系却是一致的。在排序类似的不同形式

第一章 基本概念

类别中，处在相同位置的所有小音位构成了一个"大音位"，对应于我们提出的"音位"这个概念。瓦海克非常正确地指出，这种对音位的定义本质上与我们的定义一致［《第二届国际语音科学大会论文集》(*Proceedings of the Second International Congress of Phonetic Sciences*)，第 33 页及以下诸页］。特沃德尔提出的小音位和大音位是无法再分析为更小结构的音系对立成分。就大音位而言，特沃德尔明确表明它是具备音系区别作用的语音特征的总和。以一种迂回的复杂方式，特沃德尔得出了和我们同样的结论，不过我们的方式更为直接。[①] 特沃德尔这种拐弯抹角的复杂方式并不存在什么优势。我们的定义中没有哪一点预设或规定了音位叠加的含义。比勒认为音位是"加在词的表面的声音标记"，这种看法准确地体现了将词视作一种结构的观点，与我们对音位的定义完全一致。比勒认为"抽象相关性"乃我们所定义的音位概念的基础和逻辑前提，他的判断很正确，与我们对音位的定义一致（参阅 TCLP，IV，第 22—53 页）。至于特沃德尔区分小音位和大音位所产生的优势，通过我们的音系对立中和理论和超音位理论很容易获得（见第

---

① 关于他本人对音位的定义和理论，特沃德尔提到布拉格学派时这样说："需要弄清楚语言学研究中，采用（大-）音位这样的概念是针对哪类分析过程？这种分析过程跟布拉格语言学会的音系分析过程非常相似。这种分析过程的有效性毋庸置疑……以上定义对该分析过程提出的唯一限制条件就是必须要进行先期和同期的语音（和发音）分析"。如果布拉格语言学会许多成员的有意义、前瞻性的成果不为很多语言研究学生所认可，原因在于对语言单位的定义是主观和心智主义的（除了其新颖性），以及某种程度上对语音分析的相关重要性的粗暴否定"(*On Defining the Phoneme* ［1935］，重印于 M. Joos, ed., *Readings in Linguistics*，第 77 页）。——英文版译者

三章末尾）。此外，我们解决问题的方法避免了小音位理论的一个风险，即将音系原子化的风险。因此，我们认为特沃德尔的复杂理论无法取代我们对音位的定义。特沃德尔的重大贡献在于终结了围绕音位这个概念音系学的拥趸者或反对者所产生的心理主义或自然主义的偏见。当然，他抽象的表达方式和受过哲学训练的思维方式对读者提出了相当高的要求，某些音系学固执的反对者可能就无法理解进而造成误解，而且已经造成了误解。譬如，特沃德尔认为音位不是物质或心智的实体，而是一个"抽象的、虚构的单位"，科林德（B. Collinder）和麦瑞吉（P. Meriggi）就迫不及待把他这种观点视作对音位概念直截了当的反驳。[12] 实际上，特沃德尔只不过表达了与索绪尔的想法一致的含义，即"每一项语言价值的本质是什么"（相对立的实体、相关联的实体和相反的实体（entités oppositives, relatives et négatives），《普通语言学教程》，第164页），事实上所有关于价值的概念皆是如此。因为音位属于语言且语言是一种社会规约，因此，音位同样是一种价值（有值体），而且拥有与其他所有价值相同的存在意义。货币单位的价值，如美元，既非物质实体，亦非心理实体，而是一种抽象、虚构的价值。但是没有这种虚构的价值，政府就无法得以存在。

德格鲁特（A. W. de Groot）对音位的定义如下（*TCLP*, IV, 第125页）：音位乃音系上的象征符号，它的功能不证自明。音位具备以下几项基本功能：音位依靠自身的可辨认性和可确定性，在必要时使得辨认和确认具有象征意义的词或词的不同部分成为可能，或者促进这种辨认和确认过程。音位可能还可定义为语音序列中具备这种功能的最小片段。索塔瓦尔塔同样赞成这种定义，但他的表达方式更加明确（*Die Phonetik und ihre Beziehungen zu den Grenzwissen-schaften*，1936，第 10 页）。不过，他并未提到音位，而是提到"言语声音"。他认为言语声音是言语流中"一连串语音中的最小片段，它的产出需要在一段大致确定的时间内进行，而且这一最小片段是可识别、可确定的；通过与其他属性相似的语音结合，它还可以进一步构成可识别、可确认的语言形式"。就此，可能产生以下疑问：为何"言语声音"、"词"和"词的不同部分"可以识别？"识别"和"确认"所指为何？自然，只有那些可以与其他具备相似属性的事物区分开的事物，才可辨认。可辨认和可确认的词是那些通过特定的区别性语音标记与其他所有的词相区别的词。人们可以辨别"Leber"[肝脏]这个词，是由于它与"Weber"[织布工]和"Geber"[给与者]这两个词的区别在于 l，与"Lieber"[鹿]的区别在于 e，与"Leder"[皮革]的区别在于 b，与"Leben"[生命]的区别在于 r。一个语音成分，如果无法将一串音与另外一串音区别开，则其自身同样无法被辨认。因此，可被识别并不是语音得以区分的根本原因，而是区分的逻辑结果。进一步讲，"识别"是心理过程，所以在定义语言学概念时，借助于心理学概念不可取。因此，应当倾向于采纳我们对音位的定义。

1 《音系学术语标准化方案》("Projet de terminologie phonologique standardisée")(*TCLP*, IV)中，提出了"音系对立"这个术语（"Phonologischer Gegensatz（德语）"，"opposition phonologique（法语）"）。这个术语可用于所有那些"phonological（音系的）"这个词不会引起误解的语言中。但对英语而言，我们推荐使用"区别性对立（distinctive opposition）"这个术语，因为"音系对立（phonological opposition）"和"音位对立（phonemic opposition）"这两个术语可能产生误解。

2 但当单个词组合构成复合词时，声调有时会转移："ása"［早晨］："asá-meshí"［早餐］："samúrai"［骑士］："ináka-zámurai"［乡村侍从］等。

3 参照《音系学术语标准化方案》("Projet de terminologie phonologique standardisée")(*TCLP*, IV, 第 311 页）。英语中建议采用"distinctive unit（区别性单位）"这一术语。

4 1912 年，谢尔巴（L. Ščerba）在 *Russkije glasnyje*（St. Petersburg, 1912）第 14 页中给出的音位定义如下："特定语言中可以与意义概念相关联、并可以区别不同词的最小的一般语音印象，称作音位。"与谢尔巴在 *Court exposé de la prononciation russe*（1911，第 2 页）一书中的理解一致，该定义仍旧以联想心理学为基础，但是该定义似乎首次明确地强调了音位的区别性功能。1928 年雅科夫列夫（N. F. Jakovlev）在"Matematičeskaja formula postrojenija alfavita"(*Kul'tura i pis'mennost' Vostoka*, I, 第 46 页）一

文中给出的定义已去除心理学的成分："通过音位这个概念，我们可以把从语流中分析出来的那些语音特征理解为用以区别不同意义单位的最小成分。"1929 年，雅克布逊在《论俄语音系的演化》("Remarques sur l'évolution phonologique russe")(*TCLP*, II, 第 5 页) 一文中，首次对上面我们引用的关于音位的定义给出了明确的表述："无法再分解为更小的音系对立成分的所有音系对立项，称作音位。"这个定义稍加修改后收入了《音系学术语标准化方案》("Projet de terminologie phonologique standardisée")(*TCLP*, IV, 第 311 页) 当中："……不可再分解为更细微和更简单的音系单位"。

5 参阅 Karl Bühler, "Psychologie der Phoneme"(*Proceedings of the Second International Congress of Phonetic Sciences*, 第 162 页及以下诸页)；以及 N. S. Trubetzkoy, "Über eine neue Kritik des Phonembegriffes"(*Archiv für vergleichende Phonetik*, I, 第 129 页及以下诸页, 尤其是第 147 页及以下诸页)。

6 类似的定义参考雅克布逊在《捷克语百科全书》*Ottův slovník naučný*(Dodatky II, I, 第 608 页) 中给出的定义 (见 "fonéma" 一条)。

7 参考 N. S. Trubetzkoy "Polabische Studien"(*Sitzb. Wien. Akad., Phil.-hist. Kl.*, CCXI, no. 4, 第 111 页) 和 "Versuch einer allgemeinen Theorie der phonologischen Vokalsysteme"(*TCLP*, I, 第 39 页)。顺便说一下，这个术语从未被看作一个准确、科学的定义。该书作者当时对术语的明确定义完

全不重视，重视的仅仅是如何正确使用音位这个概念。该书作者在起初提到的那些音系研究文章中对音位这个概念的使用，与他如今的使用完全一致（比如，可参考"Polabische Studien"一文，第115—120页）。

8　参阅 Actes du IIe Congrès International de Linguistes，第120页及以下诸页。

9　参考 TCLP，II，第130页.

10　还可参考 J. Vachek, *Charisteria Guilelmo Mathesio*（第25页及以下诸页）和此处引用的琼斯的相关文章。

11　参考 B. Trnka, "Bemerkungen zur Homonymie"（TCLP，IV，第152页及以下诸页）。

12　参阅 P. Meriggi, *Indogerm. Forsch.*（LIV，第76页）；B. Collinder, *Actes du IVe Congrès International de Linguistes*（Copenhagen，1938）。

第二章　确定音位的规则

1. 音位与音位变体的区别

上一章我们明确了音位的定义，现在我们需要给出如何区别音位和语音变体、音位和音位组合的可行规则。[1]

在哪些条件下两个音可看作两个不同音位的实现形式？在哪些条件下这两个音可看作同一音位的语音变体？就这些问题，我们提出四条规则：

规则Ⅰ：在一种语言中，如果两个音出现在完全相同的环境中，且两个音互换后并未改变词的词汇意义，那么这两个音仅仅是同一音位的自由语音变体。

这些语音变体可再分为若干次类。根据它们与标准言语的关系，自由变体可分为一般变体和个体变体。就一般变体而言，人们不会将其看作言语缺陷或偏离标准的行为，因此可被同一说话人所使用。例如，德语重读元音前辅音的拉长就不会看作是言语缺陷，同一说话人在说同一个词时，有时可能用短的 *s* 和 *sch*，有时又可能用拉长的 *s* 和 *sch*（对应的音位是 /z/-/š/）。这种情况下，发音上的差别可以用来表达讲话的感情色彩（如"ssoo?"、"schschöön!"和北部德语中的"jja!"）。但对于个体变体而言，它们的分布涉及言语社团中的不同人群。只有一个特定的变体被看作"规范的""好的"或"标准的"的发音，其余变体则被认作偏离标准的宗教变体和社会变体，或因疾病引起的变体。一个例子就是欧洲诸语言中的小舌音 r 和齿龈音 r。不同语言当中这两个音的用法不尽相同。在斯拉夫语言以及意大利语、西班牙语、匈牙利语和现代希腊语中，齿龈音 r 被看作标准发音，小舌音 r 则被认为是疾病造成的发音偏离，或是做作的势利眼的标志。除了斯洛文尼亚语，尤其是卡林西亚州（Carinthia）的一些方言中存在这个音，小舌音 r 鲜少被视作一种区域性发音特点。在德语和法语中，恰恰相反，小舌音 r（或者更确切一点，不同类型的小舌音 r）被看作是标准形式，齿龈音 r 则被认为是区域性发音偏离或一种故意仿古的矫饰，比如法国的演员们就使用齿龈音 r。在以上所有例子中，且这些例子肯定并非少见，这些变体的分布本身就是一种"规范"。常出现的情况是同一音位的两个变体属于一般变体，但这两个变体在使用频率上存在个体波动：所有的说话人有时将音位 A 读作 α'，有时读作 α''；但某一说话人偏好将其读作 α'，而另一说话人则读作 α''，诸如此类。因此，在一般变体和个体变体之间，存在一种渐进式的过渡。

就其功能而言，自由变体可分为两类：与语体相关的变体和与语体无关的变体。与语体相关的变体表达不同风格的言语之间的区别，如情绪激动的言语风格与日常漫不经心的言语风格之间的区别。以德语为例，在日常漫不经心的讲话或感觉疲惫的讲话中，"aber"［但是］等词中重音前辅音的拉长、长元音的过度拉长及元音间 b 的擦音化，就可以表达这种功能。语体性变体不仅可以表达言语的感情色彩，还可以表达言语的社会特征：一种语言内同一音位不同风格的变体可能同时存在，比如未受教育的人所使用的变体形式、有教养的人使用的变体形式以及中性语体色彩的变体形式可能共存。这些变体形式揭示说话人的受教育程度或社会阶层。因此，语体性变体本身还可分为情感变体、病理变体和生理变体。不过，对于与语体无关的自由变体而言，以上这些方面就无关紧要了。与语体无关的自由变体并不具备任何功能，它们可以非常任意地互换，而且不会造成言语的表达功能或情感渲染功能的变化。比如卡巴尔达语（Kabardian）中，硬腭塞音有时可读成 k 一样的音，有时可读成 tsch 一样的音：同一个卡巴尔达人有时把 "gane"[衬衫] 读作 ĝane，有时读作 ǯane，他并未注意到这些读音之间的差异，因此也就不会带有任何语体或情感色彩。[2]

　　正如前面章节所讲（绪论第二部分），音系语体学的研究任务之一就是区分不同的语体性变体并将其系统化。从狭义音系学角度来讲，即从表征音系学角度来讲，与语体相关的自由变体和与语体无关的自由变体都可以归到自由变体这个总的概念之下。但务必记住的是，从表征音系学的角度来看，"变体"这个概念是一个纯粹的否定性概念：即无法用来区别词汇意义的两个音之间存在的一种变异关系。至于这两个音之间的差异是否具备其他诸如身份表达或感召之类的功能，该问题并不属于狭义的音系学研究范围，而是音系语体学研究的问题。所有自由语音变体存在的基础在于，每个言语声音的发音特征中，仅有一部分具有音系区别作用，剩下的其他发音特征并不具备区别性，是"自由的"，也就是说，它们可以在不同的情况下发生变异。至于这种变异是否用来实现身份表达和情感回应的目的，对表征音系学来讲并不重要，尤其从关于词的音系学的角度来讲。

规则Ⅱ：如果两个音出现在完全相同的位置上，且两个音的互换会造成词义的改变，或使词形难以辨认，那么这两个音就是两个不同音位的语音实现形式。

例如，德语的两个元音 i 和 a 就存在这种关系：单词"Lippe"［嘴唇］中，如果 i 替换为 a，那么就会导致词义的变化："Lappe"［拉普人］。i 替换为 a 还会导致单词"Fisch"［鱼］难以辨认（"Fasch"）。俄语中，ä 和 ö 只出现在两个硬腭化辅音中间。由于这两个音的互换可以改变词义（"t'ät'ə"［爸爸］："t'öt'ə"［阿姨］）或导致词难以辨认（"ĭd'öt'ĭ"［你（们）走］："ĭd'ät'ĭ??"，"p'ät'"［五］："p'öt'??"），因此可以把这两个音看作不同音位的实现形式。

语音互换导致词"难以辨认"的程度存在很大差异。德语中，词首的 pf 替换为 f 导致词难以辨认的程度往往低于 a 和 i 之间的互换。在使用标准德语的说话人中，一大部分人系统地用 f 替换词首的 pf。尽管如此，其他德国人听懂他们的讲话并没有任何难度。但是，以下这些词对的存在："Pfeil" / "feil"［箭/待售的］、"Pfand" / "fand"［抵押物/发现（过去式）］、"Pfad" / "fad"（［路/无味的］、"hüpfte" / "Hüfte"［跳跃（过去分词）/臀部］、"Hopfen" / "hoffen"［啤酒花/希望］，证明标准德语中，即使是词首位置，pf和f这两个音必须视作不同的音位；此外，那些受过教育的德语说话人在词首位置用f替代pf时，他们讲的并非是标准德语，而只是标准德语和他们方言混合在一起的一种语言。

规则Ⅲ：如果在一种语言里，两个声学上或发音上相关的语音从不出现在相同环境中，它们可以考虑为同一个音位的组合性变体。

可以区分三种典型的情况：

a. 在一种语言中，一方面有一整组的音（α′，α″，α‴……）仅出现在某一特定位置上，而另一方面，只有一个音（α）从不在该位置出现。这种情况下，语音α与跟它在声学或发音上关联最为紧密的α′、α″和α‴这一组音之间，只能是变体之间的关系。比如，朝鲜语中s和r不出现在词末的位置，仅有l出现在该位置上。很明显，l作为一个流音，与r的关系要比与s的关系更为亲近，所以此处l和r可以看作是同一音位的组合性变体。

b. 在一种语言中，有一系列音只出现在某特定位置上，同时还有另外一系列音不能出现在该位置上。这种情况下，第一个系列内的每个音与跟其在声学和发音上最为相似的第二个系列内的每个音之间存在组合性变体的关系。比如：俄语中ö和ä这两个音只出现在两个硬腭化辅音之间，而o和a这两个音却不出现在该位置。ö是一个半开的圆唇元音，因此与o的关系要比与a的关系紧密；另一方面，ä是一个开口度很大的展唇元音，所以与a的关系要比与o的关系紧密。这样，o和ö

可看作同一个音位（O）的组合性变体，而a和$ä$则可以看作另外一个音位（A）的组合性变体。在日语中，c（ts）和f这两个音只出现在u之前，而t和h不可以在u之前出现。在这些音中，t和c（ts）是唯一两个清的齿爆破音，h和f是唯一两个清擦音。因此，我们应当把t和c看作是同一个音位的组合性变体，而h和f则是另一个音位的组合性变体。

c. 在一种语言中，只有一个音仅出现在某一特定位置上，而另外一个音不出现在该位置上。在这种情况下，如果这两个音不构成间接的音系对立关系，那么这两个音只能认为是同一个音位的组合性变体。以德语的两个辅音h和$ŋ$（ng）为例，尽管这两个音从不出现在同一位置上，但它们并非是同一个音位的组合性变体，而是代表两个不同的音位（见前文第33页）。相反，日语中，g仅出现在词首，而$ŋ$从不出现在该位置，这两个辅音就被看作同一音位的组合性变体：因为它们是日语中仅有的两个浊软腭音，也就是说，这两个音共享某些语音特征，这些特征可以把它们与日语中其他的音区分开。[3]

规则Ⅳ：在一种语言中，两个音即使符合规则Ⅲ所规定的条件，但如果它们可以出现在相邻的位置上，也就是说，这两个音在某些位置上一起成为一个语音序列的一部分，而这两个音中任何一个同样可以单独出现，在这种情况下，这两个音依然不能看作是同一个音位的变体。

譬如，英语中r只可出现在元音前，相反，$ə$并不出现在元音前。由于r的发音过程中没有任何摩擦或爆破的噪音，而$ə$的发音过程中开口度的大小和舌位的前后都是非常不确定的，这样人们就很容易认为英语的 r 和 ə 是同一个音位的组合性变体。然而，在一些词中，这种看法就显得并不正确，比如在"profession"（[prəfešn]）这个词中，r 和 ə 出现在相邻的位置上，但在其他词同样的位置上，ə 却可以单独出现，比如"perfection"（[pəfekšn]）。

因此，语音变体可以是选择性的，也可以是恒定的。对于后者而言，这类语音变体只能是组合性的变体。不过除此之外，还存在可选的组合性变体。例如，俄语中的音位 /j/ 在元音之后实现为不成音节的 i̯，但在辅音之后有时是 i̯，有时是摩擦音性质的 j。这种情况下，这两种变体可任意选择。在德国中部的某些方言中，t 和 d 发生音系上的合并，也就是说，这些方言中，t 和 d 仅仅是一个音位，在多数位置上，这个音位的具体实现形式是随意的，有时实现为 t，有时为 d。不过在鼻音后面，只有 d 出现，比如："tinde"/"dinde"=标准德语的"Tinte"[墨水]。

上文我们已经看到有些自由变体，即那些所谓的"语体性变体"，可以实现感召或身份表达层面上的特定功能（见第43页及下页）。组合性变体的功能则完全存在于表征层面。可以说，组合性变体可以作为音系上的辅助手段，要么标明词或语素的界限，要么标记相邻的音位。等到讨论语音的分界功能时，我们会在合适的章节讨论组合性变体作为分界标志（Grenzsignale）的功能（见第273页及之后诸页）。就组合性变体可以标记相邻的音位这一功能而言，尽管这并非组合性变体不可或缺的，但绝非一项多余的功能。在快速、不清楚的言语中，一个音位在实现过程中会完全丢失其所有特征。因此，假若在实现过程中，通过相邻音位的一个特殊标记，这个音位的特性可以通过额外的方式得以体现，这始终是有用的。但是，这仅仅适用于以下情况，即这个相邻音位的这种独特的实现方式不仅发生在快速言语中，还发生在这两个音位出现在相邻位置的任何情况下。只有这样，这种独特的实现方式才会深刻于意识当中，成为与特定音位紧邻的一个真正的标记。比如，日语中 u 的发音本身并不太清晰：双唇的动作非常轻微，而且时长极短，因此在快速话语中这个元音根本没有发出来。在这种情况下，对交谈非常有利的一点是日语某些音位在 u 之前有特定的组合性变体。具体而言，t 在 u 前的变体是 c，h 在 u 前的变体是 φ。如果一个人未听到 u 的存在，通过 u 之前那个音位具体的实现形式，他还是可以推断出下一个即将出现的音是 u。[4]

2. 对非母语音位的错误判断

一种语言的音系系统如同一个筛子，所有的话语都要通过这个筛子。只有那些与音位的属性相关的语音标记保留在筛子里。其他的语音标记继续进入另一个筛子，这时那些与感召功能相关的语音标记留下。继而还会有另一个筛子，筛选下那些体现说话人身份的标记及其他特征。自儿时起，每个人逐渐习惯用这种方式来分析我们所讲所言。这种分析在完全自动、无意识的情况下进行。不过，使得这种分析成为可能的这个"筛子"系统，在各个语言中的组构并不相同。每个人获得的是他自己母语中的系统。当他听到另外一种语言时，出自本能，他会使用他所熟悉的母语中的"音系筛"去分析那些话语。但是，由于他的这个筛子并不适合这门外语，就会出现大量的错误和误读。由于对这些外来语音进行过滤的是自己母语的"音系筛"，因此这种外语中的语音得到了错误的音系解读。

这里给出一些例子。俄语所有辅音可分成两类，硬腭化辅音和非硬腭化辅音，后者是软腭化的辅音。对多数辅音而言，属于哪一类音具有音系上的区分作用。一个俄国说话人可以立刻听出来俄语单词中哪一个辅音是硬腭化的，哪一个不是。通过其他另外的事实，硬腭化辅音和非硬腭化辅音之间的对比得以突出强调，即基于之前或之后辅音所属的类别，所有的元音都存在特定的组合性变体。比如，音位 /i/ 只有出现在词首或硬腭化辅音之后时，才实现为一个单纯的 i，即"一个高的、紧的前元音"。俄语说话人同样会把这种发音上的独特性转移到另外一种语言中。如果一个俄国人听到一个含有长 i 的德语单词，他就会认为他听错了 i 之前辅音的硬腭化信息：对他来说，长 i 是前面的辅音硬腭化的信号，辅音的这种硬腭化特征必须出现。如果一个俄国人没有听到这种硬腭化特征，他会想当然地认为这只能是听觉上的错觉造成的。当一个俄国人需要把他所听到的德语单词读出来的时候，他就会硬腭化长 i 前的辅音："l'ige"［躺下］、"d'ip"［小偷］、"b'ibel"［圣经］、"z'iben"［七］。他这么做的原因不仅仅是因为他深信这类辅音就该这么读，而且还因为他无法在非硬腭化的辅音后发一个开口度小的紧元音 i。德语中短 i 是一个松元音。在俄语的重读元音中找不到这个松元音 i 严格对应的音。因此，俄国说话人无法把这个松元音与前面辅音的硬腭化特征联系起来。在俄国人听来，"Tisch"［桌子］、"Fisch"［鱼］等德语词的词首辅音并没有硬腭化。然而对俄国人而言，一个非硬腭化的辅音是要软腭化的，而且在一个软腭化辅音后面，俄语音位 i 实现为 ɯ，一个展唇的、紧的、高的央元音或后元音。因此，一个俄国人就会把上面的两个单词读作 tɯš 和 fɯš。当然，上面所说的情况也仅仅适用于刚开始学习德语的俄国说话人。最后这些困难都会得以克服，正确的德语读音也会掌握。尽管如此，还是会保留一点"俄语口音"，即使经过长期练习，一个可以讲纯正的德语的俄国人还是会稍微硬腭化长 i 之前的辅音，而在读短 i 之前的辅音时，发音位置则会略微后拉。

另外一个例子：标准俄语中有个元音 ə，可以描述为展唇的中后元音（或者后央元音）。这个元音仅出现在两类音节中的辅音后面，一类音节是重读音节之后的音节，另外一类是重读音节之前的音节，不包括重读音节前紧邻的那个音节。比如："dɔːmə̆"［在家里］、"pə̆tămu:"［因此］。由于非重读音节中的元音 ă 仅出现在词首（"ăd′ĭnɔːkə̆i"［孤独的］），或元音后面（"vă̆ărŭžat'"［武装］），又或出现在重读音节前面紧邻的那个音节中辅音的后面（"dămɔí"［回家］），因此 ə 和非重读的 ă 之间存在一种组合性变体的关系。保加利亚语也有一个与俄语的 ə 在声学－发音特征上大致相同的元音 ə。但保加利亚语的 ə 不仅出现在非重读音节中，还出现在重读音节中："pət"［路］、"kəštə"［房子］等。学习保加利亚语的俄国人发现保加利亚语中重读ə的发音极为困难。他们使用a、w和中元音ê来替代这个音。只有在付出巨大努力和长期练习之后，他们才可以大致准确地发出这个音。他们自己母语中同样存在元音ə这个事实并没有帮助他们掌握保加利亚语ə的正确发音，反而给他们带来阻碍。虽然俄语的ə与保加利亚语的ə十分接近，但功能截然不同：前一个ə可以使人注意到重读音节的相对位置。因此，这个元音没有重读并非偶然，而是有其存在的理由，而保加利亚语的ə则必须重读。因此，一名俄语说话人可以将保加利亚语中的ə看作他母语中的任何一个元音，但绝不是ə̌。

俄语的重读元音不仅比不重读的元音更用力，而且用时更长。可以说，俄语所有的重读音节都是长音节，所有的非重读音节都是短音节。音节长度和重音彼此对应，对俄语说话人而言，这两者构成一个不可分割的统一体。重读音节可出现在词末、词首或词中。重读音节的位置对词义的分辨往往很重要："pàl'it'i"［点燃，第二人称－陈述式现在时］，"pal'ìt'i"［点燃，命令式］，"pal'it'ì"［飞行］。但在捷克语中，音节长度和重音的分布与俄语大不相同。重音总是落在词首音节上，因此对词汇意义的分辨没有作用：重音只是标明词的起始。另一方面，音节的长度并不是固定的，而是任意的，而且常用来区别词义（"píti"［喝－动词］："pití"［喝－名词］）。这就给学习捷克语的俄国人和学习俄语的捷克人造成极大困难。一个俄国人会重读捷克语单词的每一个起始音节，而且同时拉长该音节，或者把重音转移到第一个长音节上。因此，他不会读成

"kùkātko"［观剧用的小望远镜］或"kàbāt"［裙子］，而是读成"kǔkatko"和"kǎbat"，或者"kukàtko"和"kabàt"。他很难把音节的长度与重音分离开，因为对他而言，两者是对应的。而讲俄语的捷克说话人通常会把俄语的重音理解为长音节。他们会重读俄语句子中每个词的第一个音节，而且对于词源上重读的音节，他们还会拉长该音节。比如，俄语句子"pr'ĭn'ĭsìt'ĭ mn'è stăkàn vădùu"［给我拿杯水来］到捷克人的口中，就读成了"prìnesīti mňe stàkān vòdī"。当然，所有这些情况也仅发生在那些还没有经过充分练习的学生口中。逐步地，这些非常明显的错误就会消失。但是外国口音的某些典型特征还是会遗留下来：即使一名捷克语讲得非常流利的俄国人，还是会经常稍微地重读第一个音节，把重音的位置弄错，尤其当这个单词较长、且重音落在最后几个音节中某一个上时，如"gosudàrstvo"［国家］或"konnozavòdstvo"［饰钉］。对捷克和俄国说话人来说，即使他们熟练掌握了这两门语言，他们还依然保留着对音节长度和重音的不同理解。这一点在他们对外国诗歌的解读上更为明显地体现出来。[5] 俄语的诗律是以重读音节和非重读音节有规律的交替为基础的，正如前面已经提到的，重读音节时长长，非重读音节时长短。词与词的界线可以出现在诗节的任何地方，通过对词界进行连贯但却不规律的重新排列，可以使诗节结构变得有活力、多样化。相反，捷克语的诗文是以词界的规律性分布为基础的。正如前面所提到的，每个词的起始通过提高响度得以凸显。换言之，长、短音节在诗文中的分布缺乏规律性，它们之间的这种自由排列可以使诗文变得有活力。当一名捷克人听到一首俄语诗，他会认为俄语诗的格律是按照音节的长度排列的，而且整首诗缺乏抑扬顿挫的变化。相反，当一个俄国人首次听到一首捷克语诗歌，他会觉得完全摸不着头脑，完全弄不明白这首诗是按照什么样的格律写成，第一个音节重读形成的韵律与长短音节的不规律交替混杂在一起。这两套韵律彼此混合在一起，互相干扰和破坏，以致俄国人完全没有产生任何节奏感。随着对这两种语言的了解加深，这些第一印象会有所削弱。但捷克人还是依然无法真正欣赏到俄语诗歌的美学价值；同样，对捷克语诗歌来讲，俄国人面临同样的境况。

诸如此类的例子可以很容易地找到很多。这些例子表明所谓的外国口音并不完全是因为某个外国人无法发出某个音，而是因为他对这个音的错误判断。而对一种外语中语音的这种错误判断，由这种外语的音系结构和说话人母语的音系结构之间的差异决定。大多情况下，一名外国人发音上的错误与他的话语中其他的典型错误没有什么不同。任何一个匈牙利人都熟悉雄性和雌性之间的对立关系。但对他们而言，这种差别属于词汇的范围，不属于语法的范围。因此，当他们说德语时，他们会搞混"der"[阳性定冠词]和"die"[阴性定冠词]、"er"[他]和"sie"[她]，诸如此类。同样的道理，一名俄国说话人熟悉长的紧元音 *i*，但对他而言，这个 *i* 是音位 *i* 的组合性变体，它标明前面辅音的硬腭化特征。因此，当他说德语时，他会硬腭化 *i* 前面的所有辅音。

3. 单个音位与音位的组合

A. 单个音位的判定

区分单个音位和多个音位的组合，并不总是一件易事。实际的言语事件中的声音流是一个连贯的动作。纯粹从语音学角度来讲，即不考虑声音在语言中的功能的情况下，无法断定这个声音连续统中某一特定的片断应该视作"单音位的"，即单个的音位，还是"多音位的"，即多个音位的组合。这种情况下，我们同样需要遵循几条明确的音系规则。[6]

通常情况下，特定语言中，只有那些构成成分没有横跨两个音节且由同质发音动作完成的语音组合，才可看作单个的音位。这些语音组合的时长必须不能超过单个语音的正常时长。符合这些纯语音学条件的语音组合仅仅"可能是单个的音位"。如果根据该语言中的规则，这个语音组合可以视作一个单独的音位，或者该语言音位系统的总体结构支持这样一种判断，这个语音组合可以分析为事实上的单个音位，即作为单独一个音位的实现形式。如果这个语音组合的构成成分无法看作该语言中其他任何一个音位的实现形式，这种情况下对这个语音组合做出单个音位的判定。因此，决定一个语音组合是否判定为单个的音位的语音前提和音系条件可以总结为以下六条规则：

规则Ⅰ：在特定语言中，只有那些构成成分没有跨越两个音节的语音组合，才可看作单个的音位。

俄语、波兰语和捷克语等语言中，语音组合 ts 的两个构成成分总是属于同一个音节，该语音组合可看作一个独立的音位（c）。比如：俄语"ce-lɔj̥"[全部的]、波兰语和捷克语"co"[什么]；俄语"l'ĭ-co"[脸]、波兰语"pła-ce"[（我）付钱]、捷克语"vī-ce"[更多的]；俄语"ka-n'ec"、波兰语"ko-n'ec"、捷克语"ko-nec"[尽头]。但芬兰语中这个语音组合只出现在词中间，t作为前面音节的末尾，s作为后面音节的起始（"it-se"[自己]、"seit-se-män"[七]等），因此这个语音组合被认为是音位序列 t+s 的实现形式。在俄语、波兰语和捷克语中，当"元音+非音节性的 i̯"出现在元音前时，i̯就和其后的元音结合，作为后面这个音节的起首（俄语"zbru-jə̆"[马具]、捷克语"ku-pu-je"[他买（现在时）]等）。因此这些语言中，即使在整串音构成一个音节的情况下（如俄语"dai̯"[给]=音系上的 dai̯），此类语音组合仍被认为是音位序列"元音+j"的实现形式。然而在德语中，元音之前的 i、u 组成的二合元音并不分属两个音节，如"Ei-er"[鸡蛋（复数）]、"blau-e"[蓝色的]、"mistrau-isch"[可疑的]，这些二合元音似乎是单个的音位。[7]

规则Ⅱ：仅当一个语音组合由一系列同质发音动作完成，或通过一个发音综合体的逐渐分解完成，这个语音组合才可视为同一个音位的实现形式。

二合元音经常被视作单音位。这一点在英语中体现得最为明显，比如 ei 和 ou 被认为是单音位：众所周知，英语说话人会把德语的长元音 e 和 o 分别读作 ei 和 ou，因为他们混淆了德语的单元音音位和他们自己语言中的双元音音位。[8] 瓦海克注意到英语及其他语言中，只有那些所谓的移动式二合元音（Bewegungsdiphthonge）才可视作单个的音位，也就是那些发音器官的位置发生改变产生的二合元音（"关于二合元音的音系问题（Über das phonologische Problem der Diphthonge）"，*Práce z vědeckých ústavů filosof. fakulty Karlovy university*，XXXIII[Prague，1933]）。位置发生改变的起点或终点都不重要，重要的只是位置移动的大体方向。这个观点不可以反过来讲（瓦海克是这么做的，但我认为是错误的）：并非每个移动式二合元音都应判定为单个的音位。然而，如果一个二合元音是单个的音位，那么它必然是一个移动式二合元音。像 aia 或 aiu 这样的组合，在任何语言中都无法看作单个的音位，因为它们涉及两个不同方向的发音动作。位于两个辅音之间的所谓的过渡音，既可看成属于前面的辅音，也可看成属于后面的辅音，因此一个"核心音"与跟它相邻的过渡音可视作一个单位。但是，在"s+s→k 的过渡音+s"这样的一个组合中，s 到 k 的过渡音就会被视作特定音位 /k/ 的实现形式（虽然一个纯正的 k 的发音过程并未发生），这是因为在这种情况下，发音动作并不均一。

如果观察那些成组的辅音可以分析为单个音位的典型例子，可以很容易地发现这些辅音始终涉及一个发音综合体的逐渐分解。发塞擦音时，首先松开闭塞，形成一条狭窄的通道，最后再完全打开。在发送气音的情况下，口腔内的闭塞放开，产生破裂效果，但是喉头依然会有一段时间维持在口腔通道闭塞时的位置，听觉上产生的就是紧跟爆破音之后的送气。在发喉塞音时，喉部的闭塞与口腔内的闭塞同时形成，在口腔内的闭塞（爆破）解除之后，喉部的闭塞状态首先要持续一段时间后才解除，同样产生爆破的效果。听觉上产生的结果就是一个喉部塞音的瞬间产生，诸如此类。那些硬腭化辅音和唇化辅音带来的听觉上的印象为辅音与一个极短的、发音不完全的 $i(j)$ 或 $u(w)$ 的拼合，这些辅音与上面的情况一样，一个发音综合体各部分的分解并不十分同步。但所有这些情况涉及的均为同质发音动作的同方向移动，即都朝着"分解"的方向，或朝着恢复至中间位置的方向移动。然而像 st 这样一串音，从不会视作一个单独的音位，因为这串音先是逐渐朝着成阻的方向移动，然后再解除阻塞（解除时产生爆破效果）。ks 这样一串音也不能看作一个单独的音位，因为它需要涉及两个不同的发音动作。[9]

规则Ⅲ：特定语言中，仅当一个语音组合的时长不超过单个音位的实现形式的时长时，这个语音组合才可视作单个音位的实现形式。

实际上，这条规则的重要性低于前面两条规则。但还是应该强调一下这条规则，比如俄语塞擦音 c 和 $č$ 的时长通常不会超过其他"短"辅音的时长。任何情况下，这两个音的时长都不会达到像 ks 和 $kš$ 之类的辅音串的长度。[10] 此外，捷克语 ou 的时长超过捷克语长元音的正常时长，这一点对于将这个二合元音解读为包含多个音位似乎比较重要。

下面这条规则说明可能为单个音位的发音综合体何时应该判定为事实上的单个音位。

规则Ⅳ：一个可能是单个音位的语音组合，即满足规则Ⅰ到规则Ⅲ所规定条件的一个语音组合，如果在相应的语言中它被视作一个单独的音位，换言之，若该语音组合出现在该语言中不允许音位丛出现的位置上，那么就应将其视作单个音位的实现形式。

比如，很多语言不允许词首出现辅音丛。在这些语言中，如果 ph、th、kh，pf、kx、ts 或 tw、kw 之类的语音组合出现在词首，显然，这些组合应当视作单个音位的实现形式（送气音、塞擦音、唇化辅音等）。这种情况同样适用于以下语音组合：特林吉特语（Tlingit）、[11] 日语、蒙古语和突厥－鞑靼语（Turko-Tatar）中的 ts、dz、tš、dž，汉语中的 ph、th、kh、tsh、tšh，阿瓦尔语（Avar）中的 ph、th、kh、ḳẋ、kx、ts、tš、t'、k'，[12] 以及其他类似的情况。德语词首位置上辅音可以与 l 组合出现，如："klar"[清楚的]、"glatt"[光滑的]、"plump"[臃肿的]、"Blei"[铅]、"fliegen"[飞行]、"schlau"[精明的]，或与 w 组合出现，如"Qual"[折磨]、"schwimmen"[游泳]。但对于"两个辅音 +l/w"这样的组合而言，词首允许出现的只有 špl："Splitter"[碎片]，pfl："Pflaume"[李子]、"Pflicht"[责任]、"Pflug"[犁]、"Pflanze"[植物]，以及 tsw："zwei"[二]、"zwar"[尽管]、"Zwerg"[侏儒]、"Zwinger"[竞技场]。由于除 štr、špl 和 špr 外，德语词首位置上不允许其他三个辅音的组合出现，因此，有必要将德语的 pf 和 ts 看作单个的音位。[13]

规则Ⅴ：一个语音组合满足规则Ⅰ到规则Ⅲ的条件，将其视作单个音位的实现形式给音位系统带来对称性，那么应视其为单个音位的实现形式。

　　车臣语、[14]格鲁吉亚语和钦西安语（Tsimshian）[15]这些语言中，辅音串可以出现在任何位置上，但 ts 和 tš 必须看作单个的音位（塞擦音），而不是音位丛的实现形式。这样的分析是音位系统的整体环境所要求的：这些语言中，所有的塞音以两种形式出现，带喉塞成分或不带喉塞成分，但这一对立在这些语言的擦音中并不存在。由于除了不带喉塞成分的 ts 和 tš，还有带喉塞成分的 ts' 和 tš'（美式标音为 ts! 和 tc!），因此后者就与塞音归为一类（p-p'、t-t'、k-k'），ts-s 或 tš-š 之间的关系与 k-x 之间的关系完全一致。

　　规则Ⅵ：一个可能是单音位的语音组合的构成成分不可分析为这个语言中其他任何一个音位的实现形式，那么应当将该语音组合整体上看作单独一个音位的实现形式。

　　塞尔维亚－克罗地亚语以及保加利亚语中，r 这个音往往具备构成音节的功能。这种情况往往涉及 r 与一个不确定的元音性质的滑音组合出现。根据环境的不同，这个滑音有时出现在 r 之前，有时在 r 之后。塞尔维亚－克罗地亚语中，这个"不确定元音"不在其他任何位置上出现。出现在 r 之前或之后的这个不确定元音与音位系统中的任何一个音位都无法对应起来，因此 r 加上（之前或之后的）这个元音性滑音构成的整个序列必须视作一个单独的音位。另一方面，保加利亚语也有一个"不确定元音"（通常标音为 ǎ），不过这个元音可以出现在其他位置上，比如"kăstă"[房子]="kəstə"，"păt"[道路]="pət"等。这种情况下，成音节的 r 前后的这个过渡性元音可视作这个不确定元音的组合性变体，元音与 r 所在的整个语音序列应该认为含有多个音位（ăr 或 ră）。

根据规则六，如果一个可能是单音位的语音组合被认为只能是某一串音位的实现形式，但这串音位却存在其他的语音组合作为其实现形式，并且这些语音组合还不符合规则 I 到规则 III 的条件，那么这个可能是单个音位的语音组合就应当视作一个单独的音位。比如，波兰语的辅音 č（写作 cz）时长上不超过一个常规辅音的长度，而且位于元音之间时完全属于下一音节。这个辅音必须视作单个音位的实现形式，因为波兰语中"t+š"这个音位丛（拼写形式为 dsz、tsz 或 trz）体现为另外一个语音组合。后者的时长要超过一个常规辅音的时长，而且在元音之间时，这个语音序列有时分属两个音节，比如"podszywać"，读音为[pot-šyvać]。俄语中，音位丛"t+s"和"t+š"实现的语音组合在时长、与音节边界的关系上同样与"c"和"č"大不相同，后者被认为是单个的音位。又比如在西阿迪格语（Western Adyghe）（阿迪格语或切尔克斯语（Circassian））中，"ɣeŝ'aɣ̑e"[特别的]等单词中带有喉塞成分的硬腭擦音的实现形式与"ɣeŝˀaɣ(e)"[辨认出（过去时）]等单词中"硬腭咝擦音+喉塞音"构成的语音组合就大不相同。据此，前者只能看作单个的音位。类似于这样的例子有很多。

B. 多个音位的判定

将单个语音判定为多个音位的过程与将语音组合判定为单个音位的过程正好相反。在几乎所有这样的例子中，一个元音与其之前或之后的辅音组成的音位序列要么只实现为一个辅音，要么只实现为一个元音。只有当"受抑制的"（即语音上未实现）的元音在其他位置上响度极小，从而在听觉和发音上接近一个辅音时，第一种情况才会出现。相反，只有当受抑制的辅音在其他位置上实现为一个非常"畅通的"音，即响度尽可能大、摩擦尽可能少的一个音，从而比较接近于一个元音时，才会出现第二种情况。第一种情况实际涉及短元音、不重读的高元音或一些不确定性元音，第二种情况则涉及响辅音（流音、鼻音以及 w 和 j）。这些条件是将单个音判定为多个音位的语音前提，至于这一现象遵循的音系条件，可归纳如下：

规则Ⅶ：一个单音与一个语音组合形式满足上述语音前提，且它们之间的关系是自由变体或组合性变体的关系，同时这个语音组合形式必须视作某一串音位的实现形式，那么，该单音也应当看作这一串音位的实现形式。

可以区分三种典型的情况：

a. 这个单音仅出现在与之相对应的语音组合不允许出现的位置上。比如：德语中成音节的 l、m 和 n 只出现在辅音之前的非重读音节或词末音节中，而语音组合 el、em 和 en 只出现在元音之前的非重读音节中。因为在 ə 和后面的响辅音之间，存在音节的边界（参照前面的规则 Ia），我们不能把这一串音看作单个音位。因此，成音节的 l、m 和 n 被认为是音位序列"əl、əm 和 ən"的语音实现形式。（恰好，这在缓慢、清晰的话语中经常可以体现出来。）波兰语很多方言中，书面波兰语词首的 ą 对应的是 ǫ/u̯ 或 om/um，鼻化元音只出现在声道收缩音前面。而另一方面，"元音+鼻音"的组合可以出现在塞音、元音之前，以及词末位置。由于"元音+鼻音"这个语音序列无法满足将一个语音组合判定为单音位的三个条件中的任何一条，且在其他位置上，构成这个语音序列的音段成分各自体现为独立的音位，因此，它们可以看作"元音+鼻音"这串音位的实现形式。

b. 单音 α 只出现在某一语音组合中（αβ 或 βα），且在该语音组合中，它被视作某一特定音位的组合性变体。此外，这个音还可以出现在语音序列 αβ 或 βα 不允许出现的位置上：在该位置上，应当把单音 α 看作整个语音序列 αβ 或 βα 的替代形式，因此 α 应当视作相应的音位序列的实现形式。例如，在俄语的语音序列 ǫl 中，紧元音 ǫ 被认为是音位 /o/ 的组合性变体。除了出现在上面的语音序列中（以及非重读的 u 之前，如"pǫ-ŭxŭ"[耳朵上]），紧元音 ǫ 出现的其他位置仅限于单词"sǫncǎ"[太阳]中。然而，由于 ǫl 这个序列和其他任何一个"元音+l"的序列从不出现在"n+辅音"之前，因此 sǫncǎ 中的 ǫ 应视作 ǫl 这个序列的替代形式。从音系上来讲，整个单词的形式应该是 solncǎ。俄语中非重读的 ŭ 在硬腭化辅音和 j 后面时读作 ü，在其他位置读作 u。比如音位层面上，"jŭl'ĭt"[扭转]为 jŭl'it'，"t'ül'èn'"[海豹]为 t'ŭl'en'。当非重读音节中

的 ü 位于元音之后，这个 ü 被视作音位组合 "jŭ" 的替代形式，因为该位置上 "jŭ" 无法实现为其他任何形式。比如，从音位的角度来看，"znàüt"［知道］为 /znajŭt/。捷克语中，"i" 在 j 和硬腭音 t'、-d'、-ň 后实现为紧元音，但在软腭音、齿音和咝擦音之后则实现为松元音。在连续话语中，语音序列 ji 起首的 j 受到压制，即当前面的单词以辅音收尾时，j 不发音。这样，紧元音 i 直接出现在软腭音、齿音和咝擦音后面，那么出现在该位置的紧元音 i 可以看作音位序列 "ji" 的实现形式。例如，拼写形式 "něco k jídlu"［吃的东西］的大致读音是 ňecokĭdlu，"vytah ji ven"［他把她拉出来］的读音是 vitaxĭven，"už ji mám"［我已经找到她］的读音就是 ušĭmām，这与 ušimām 有区别，后者拼写为 "uši mám"［我有耳朵］，其中 i 为松元音。

c. 在很多完全不允许辅音丛出现的语言中，或只是在某些位置允许辅音丛出现的语言中，如词首或词末，高元音可能会选择性地受到抑制。那么，一个辅音前的另外一个辅音应当视作 "辅音 + 高元音" 这个音位序列的实现形式。乌兹别克语不允许词首位置上出现辅音丛，而且词首非重读音节中的 i 往往受到抑制。比如 "去做饭" 这个词的读音为 pširmoq，但音位形式应该判断为 pisirmoq。[16] 日语除了 "鼻音 + 辅音" 的形式，同样不允许任何辅音丛出现，而且词尾不允许以辅音结尾。然而，快速话语中，元音 u 经常受到抑制，尤其是在清辅音后面。那么，u 之前的辅音就代表了 "辅音 + u" 这个音位组合，譬如 "desu"［是］读作 des。

4. 非母语语音做单音位判定和多音位判定中的错误

将一个或若干个语音判定为单个音位或多个音位所依据的规则，需要参照具体系统的结构和具体的语音在这个系统中发挥的具体作用。某些语音或语音的组合在一种语言中可以判定为单音位或多音位，但在其他语言中则未必也可以如此认为。在学习一门外语的时候，那些"没有经验的"学习者会循规蹈矩，把他们母语中的音系关系决定的语音值转移到这门外语中。自然，这就造成他对那门语言产生了非常错误的印象。

波利万诺夫在"外语语音的感知（La perception des sons d'une langue étrangère）"（*TCLP*，IV，第79页及以下诸页）一文中提供了大量有启发性的例子。比如，日语中没有任何形式的辅音丛，高元音非常短，所以高元音选择性地受到抑制。因此，日语说话人认为其他语言中辅音之间和词尾的位置上，他们同样听到了短的高元音的存在。波里万诺夫通过日本人对以下俄语单词的发音对这点加以说明，如俄语词"tak"［因此］、"put"［方式］、"dar"［礼物］、"kor"［麻疹］，日本人读作 *taku*、*puč'i*、*daru*、*kor'i*。这一点还可以通过以下英语单词的日语发音得以进一步说明，如：club—*kurabu*，film—*hurumu*，cream—*kurimu*，ski—*suki*，spoon—*supun*，等等。此外，日语 *kirisuto* 对应英语"Christ"，许多其他的例子都可以说明这一点（可比较弗雷［Henri Frei］著"借词中的单音节机制与多音节机制（Monosyllabisme et polysyllabisme dans les emprunts linguistiques)"(《法日研究所学报》(*Bulletin de la Maison franco-japonaise*), VIII [1936])。由于日本人在辅音之间和词末辅音后插入 *u* 和 *i*（*t* 和 *d* 后插入 *o*），加上他们分不清楚 *r* 和 *l*，因此要听懂一个尝试着说欧洲语言的日本人十分困难。只有经过长期练习之后，一名日本人才可以摆脱这种发音方式。但他往往又会走入另外一个极端，就是抑制这门外语中本来就存在的 *u* 和 *i*：对一名日本人而言，后跟有 *u* 或 *i* 的辅音和后面没有元音的辅音只不过是一个音位丛的自由变体。他发现要学会把具体的区别性功能与这些他所认为的自由变体对应起来并看作单个的音位、而非一串音位的实现形式，是极其困难的。波利万诺夫给出的另一个例子是朝鲜人对"*s*+辅音"这个序列的处理。与日本人相反，朝鲜语允许某些辅音组合出现，尽管只是在词中的位置。虽然如此，"*s*+辅音"这个组合对于当前所使用的朝鲜语而言，仍然陌生。当一名朝鲜人在一门外语中听到这个序列的时候，他把 *s* 理解成后面辅音的一种特殊发音方式，而这种发音方式他模仿不来；当他打算读出相应的词，他会省掉这个 *s*：俄语的"starik skazal"[这名老人讲]就会变成 *tarik kazal*。萨丕尔（Edward Sapir）(《心理学期刊》(*Journal de psychologie*), XXX, 262) 告诉我们，美国学生在语音学习中熟悉喉塞音的存在后，倾向于在这门外语每一个词尾重读的短元音后面都听到这个音。这种"听觉"错觉出现的原因在于，英语中所有词尾重读的元音都是长元音，对于英语作为母语的人而言，他们只能感知到一个辅音前的短元音。

无论何时，当在一门外语中听到一个我们的母语中并不出现的音时，我们倾向于把这个音理解成一个语音序列，把它视作我们母语中一个音位组合的实现形式。我们听到的音往往也存在如此解读的原因，因为每个音都包含一串"语音原子"。事实上，送气音由闭塞（成阻）、爆破（除阻）和送气组成；塞擦音由闭塞和摩擦组成。因此，对一名外国人而言，如果他的母语中并不存在这些语音形式，又或这些语音不被认为是单音位，他把这些音看作音位序列的实现形式也就不足为奇。同样的道理，俄国人和捷克人把英语的长元音视为二合元音，即两个元音音位的组合，而不是如英国人那样明显地看成一个单独的音位，也是自然而然的事情。由于这些元音实际上也是"移动式二合元音"。不过，把外来音理解成由多个音位构成的情况往往是基于一种错觉：不同的发音特征实际上同时发生，但感知上却是前后发生。保加利亚人将德语的 $ü$ 解读成 ju（"juber" = "über"［在……之上］），等等。他们把德语中同时发生的舌头和双唇的前伸，听成不同阶段。对乌克兰人而言，他们不熟悉 f 这个音，他们把这个音重新读成 xv（*Xvylyp* = *Philip*）。他们把 f 同时发生的特征，即不带声的摩擦和唇齿作为发音部位的特征，解读为两个连续的阶段。很多外国人把捷克语的 $ř$，一个发音一体的音，听成 $rž$ 这个语音序列（这种解读竟被巴黎的斯拉夫语言研究者马宗（A. Mazon）写入捷克语语法！）[17]实际上，$ř$ 只不过是发音过程中舌尖振动幅度减弱的 r，以至于在 r 音的颤动过程中，可以听到类似于 $ž$ 的一种摩擦噪音。[18]某些高加索语言中，如切尔克斯语、卡巴尔达语、阿奇语和阿瓦尔语，以及达吉斯坦西部地区的所有语言中，还有部分美洲印第安语和非洲语言中（如祖鲁语、苏托语和佩迪语），所谓的浊"舌侧擦音"和清"舌侧擦音"同时存在。外国调查者会把清的那一类音听成 tl、kl、θl、xl、sl，也就是说，他们把声带的不震动和舌侧的发音听成了两个连续的音位。[19] 类似的例子可以找到很多。从心理学的角度来讲，这些例子可以通过以下事实加以解释，即音位并非通过具体的语音来体现，而是通过具体的区别性语音特征来体现，这些语音特征的组合被认为是音位的组合。然而，由于不能同时发出两个音位，必须把这两个音位理解成依次出现。

学习一门外语的时候，一个人必须克服所有这些困难。使自己的发音器官习惯于一种新的发音方式是不够的，还必须使自己的音系意识也习惯于把这些新的发音方式正确地理解为单个的音位，或多个音位。

1 参阅 N. S. Trubetzkoy, *Anleitung zu phonologischen Beschreibungen* (Brno, 1935)。
2 参阅 N. F. Jakovlev, "Tablicy fonetiki kabardinskogo jazyka", *Trudy podrazrjada issledovanija severnokavkazskich jazykov pri Institute vostokovedenija v Moskve*, I (Moscow, 1923)。
3 还存在第四种情况。有些情况下，一个音（α）仅出现在另外两个音（α' 和 α"）从不出现的位置上，α 与 α'、α" 密切相关，因此 α 应当看作 α' 和 α" 的一个组合性变体。这种情况在音系对立发生中和时出现。在后面相应的章节我们会对此详细谈论（参考第 77 页及以下诸页）。

4 这种标记相邻音段的独特功能可称为关联功能或辅助关联功能。

5 参阅 R. Jakobson, *O češskom stiche*。

6 与此相关的内容，可参考前面提到的特鲁别茨柯依的《音系描述导论》(*Anleitung zu phonologischen Beschreibungen*)，第 7—16 页。

7 当然，在 "Eier"[鸡蛋]、"blaue"[蓝色的] 等德语词中，二合元音和后面的元音之间的确可能产生过渡音，这个过渡音属于后面的音节（如 "æe̯-i̯ər" 等）。不过，重要的一点是二合元音依然完全属于第一个音节。

8 参考 A. C. Lawrenson, 收录在 *Proceedings of the Second International Congress of Phonetic Sciences* 中的文章，第 132 页。

9 关于此处的论述，切不可产生误解。每一个与言语声音相关的现象都包含两个方面，发音方面和声学方面。单单从发音的角度对"规则Ⅱ"加以表述只不过是因为目前的科学术语中，缺少充分的方法来精确描述声学上的印象。不过，不容怀疑的是，同质的发音动作之间的区别存在精确的声学上对应区分，正如一个语音发音时动作逐步消除和动作逐步形成同样存在声学上的对应一样；因此，在不了解发音方面的要求时，仅仅根据声学上的印象，依然有可能确定一个语音组合是否"可能是单音位的"。

10 参阅 L. Ščerba, "Quelques mots sur les phonèmes consonnes composés", *Mémoires de la Soc. de Ling. de Paris*, XV, 第

237 页及以下诸页。

11 参阅 John R. Swanton, *Bulletin of the Smithsonian Institution, Bureau of Ethnology*, XL。

12 参阅 P. K. Uslar, *Etnografija Kavkaza*, I, "Jazykoznanije", III (*Avarskij jazyk*)(Tiflis, 1889)。

13 此外，德语固有词中，不允许在词首出现"闭塞音 + 紧缩音"这类组合。（"Psalm"[赞美诗]、"Xanthippe"[赞蒂皮] 这些词很明显带有外来词的标记。）这同样对 *pf* 和 *ts*（*z*）的单音位解读产生影响。

14 参阅 P. K. Uslar, *Etnografija Kavkaza*, "Jazykoznanije", II (*Čečenskij jazyk*)(Tiflis, 1888)。

15 参阅 Franz Boas, *Bulletin of the Smithsonian Institution, Bureau of Ethnology*, XL。

16 参阅 E. L. Polivanov, *TCLP*, IV, 第 83 页。

17 *Grammaire de la langue tchèque* (Paris, 1931), 第 14 页。

18 参阅 J. Chlumský, "Une variété peu connue de l'*r* lingual", *Revue de phonétique* (1911)。

19 N. S. Trubetzkoy, "Les consonnes latérales des langues caucasiques-septentrionales", *BSL*, XXIII, 第 3, 第 184 页及以下诸页。

第三章 区别性对立关系的逻辑分类

1. 音位内容和音位系统

正确运用前一章阐述的所有规则，可构建出特定语言所有音位的完整系统，但同时还要确定每个音位的音位内容。所谓音位内容，就是我们要了解一个音位所具备的全部的区别性音系特征，这些区别性特征为该音位的所有变体共有，可以将该音位与同一语言中其他所有的音位区分开，尤其是与该音位关联最为密切的那些音位。譬如，德语的"k"不可以定义为"软腭音"，因为只有它的部分变体具备这个特征。比如，*i* 和 *ü* 之前 *k* 就读作硬腭音。但是，将德语"k"定义为舌背音（使用舌背发出的音）同样不合理，因为 *g* 和 *ch* 同样也是舌背音。德语中 *k* 这个音位的音位内容只能表述如下：紧的、非鼻化的舌背塞音。换句话讲，对德语 *k* 这个音位而言，仅以下特征具备区别作用：(1) 完全闭塞（与 *ch* 对立）；(2) 鼻腔通道封闭（与 *ng* 对立）；(3) 舌部肌肉紧张，同时放松喉部肌肉（与 *g* 对立）；(4) 舌背参与发音（与 *t* 和 *p* 对立）。这四个特征当中，第一个特征为 *k* 与 *t*、*p*、*tz*、*pf*、*d*、*b*、*g*、*m*、*n* 和 *ng* 所共有，第二个特征为 *k* 与 *g*、*t*、*d*、*p* 和 *b* 所共有，第三个是 *k* 与 *p*、*t*、*ss*

和 f 共有的特征，第四个是与 g、ch 和 ng 共有的特征。只有全部这四个标记的总和才是 k 的特征。据上所述，要确定一个音位的音位内容，明显需要事先确定相应语言中这个音位在区别性对立关系系统中的分类。对一个音位的内容加以定义，需要依据该音位在特定音位系统中所处的位置，也就是说，在最终的分析中，这个音位与哪些音位处在对立关系当中。因此，有时候可以纯粹用否定性的术语来定义一个音位。比如，如果考虑德语 r 这个音位所有的自由变体和组合性变体的话，定义该音位的唯一途径就是将其定义为"非舌侧流音"。这是一种纯否定性的定义方式，因为一个"流音"本身就是一个"非鼻腔响音"，而一个"响音"则是一个"非阻音"。

2. 对立关系的分类

A. 基于具体对立与整个对立系统之间关系的分类：多边对立和双边对立，孤立对立和对应性对立；基于对立关系的音位系统的结构

一种语言的音位系统其实是仅根据区别性对立关系系统推理出来的结果。我们需要时刻记住，在音系系统中发挥主要作用的不是音位，而是区别性对立关系。每一个音位之所以具备确切的音位内容，只不过是因为区别性对立关系系统具备明确的秩序或结构。要想了解这个系统的结构，必须了解各种区别性对立关系。

首先，需要引入一些至关重要的概念，这些概念不仅对对立关系构成的音系系统，对其他类型的系统也同样重要。[1]

一项对立关系成立的前提不仅包含那些对立成分彼此得以区分的特征，还包含对立成分共有的那些特征。这些共有的特征可以被称作"对比的基础"。两个事物如果不存在对比的基础，丝毫不具备任何共同特征，比如墨水瓶和自由意志，那么就无法构成一个对立关系。在一个对立系统中，比如语言的音系系统，可以区分两类对立关系：双边对立关系和多边对立关系。在双边对立中，对比的基础，即两个对立成分具有的所有共同特征，只存在于这两个对立成分中，不存在于同一系统内其他任何一个成分中。相反，多边对立的对比基础，并不仅仅局限于处于对立关系的两个成分，还可以扩展至同一系统内其他成分。双边对立和多边对立之间的差异可通过拉丁字母的例子来解释。字母 E 和 F 之间的对立属于双边对立，因为这两个字母的共同特征——一条竖杠加上分别自竖杠顶端和中间向右延伸的两条横杠，不出现在其他任何一个拉丁字母中。相反，字母 P 和 R 之间的对立属于多边对立，这是因为这两个字母都具备的共同特征，即一条竖杠顶端伸出的一个右向的圆环，除了出现在这两个字母中，还出现在字母 B 中。

就对立关系的普遍理论而言，区分双边对立和多边对立极为重要。任何一个对立系统都可以做出这样的区分，自然而然，在区别性对立系统（或音位系统）中，同样可以做出这样的区分。比如，德语中 t-d 的对立就是双边对立，因为 t 和 d 是德语音位系统中仅有的两个舌尖塞音。相反，d-b 的对立就是多边对立，因为这两个音位共有的特征"弱闭塞"，同样出现在德语另一音位 g 中。因此，可以非常准确和清楚地辨认出每个区别性对立是双边对立还是多边对立。当然，我们只需考虑那些与音系相关的区别性特征。不过，有些非区别性的特征可能也需要考虑，如果根据这些特征，相关的对立成分与同系统内其他的音位处在对立关系中。比如，d-n 之间的对立（如法语）被认为是双边对立，因为这两个音位是仅有的两个舌尖浊塞音。然而无论是浊音特征还是闭塞音特征，对 n 来说都不是区别性的，因为在相应的音系系统中，既没有清音 n，也没有擦音 n 作为独立的音位出现。

每一个对立系统中，多边对立数量要多于双边对立。比如，舞台德语的辅音系统包含 20 个辅音音位（b, ch, d, f, g, h, k, l, m, n, ng, p, pf, r, ss, s, sch, t, w 和 tz），[①] 因此存在 190 个可能的对立关系，其中只有 13 个属于双边对立关系（b-p, d-t, g-k, b-m, d-n, g-ng, pf-f, k-ch, tz-ss, f-w, ss-s, ss-sch 和 r-l）。其他所有的对立，即整个系统中 93% 的对立都属于多边对立。有些音位不构成任何双边对立关系：德语的辅音 h 就是这样一个音位。不过每个音位必然构成多边对立关系。在一个特定音位所构成的对立关系中，多边对立的数量总是超过双边对立的数量。德语每一个辅音音位可以构成十三

[①] 此处使用的是字母，而非标音符号，所以有些混乱（ch = 标音符号"x"，ng = "ŋ"，ss = "s"，s = "z"，sch = "š"，w = "v"）。因此德语辅音音位的语音标注分别为：p、t、k、b、d、g、p̌、c、f、š、s、x、h、v、z、(ž)、m、n、ŋ、l 和 r。至于"j"，见章后注 3。ž 并未提及，主要出现在外来词中。——英文版译者

项对立，其中最多有两项属于双边对立。但对于确定一个音位的音位内容而言，恰恰是这些双边对立最为重要。因此，虽然数量相对较少，但双边对立在音系系统中扮演重要角色。

在多边对立关系中，可以区分同质性对立和异质性对立。在同质性对立关系中，构成多边对立的两个成分可以理解为处在一个"对立链"的两端。[2]比如，德语 u-e 的对立属于多边对立：这两个音位唯一共同的特征就是它们均为元音。这个特征并不仅限于这两个音位，德语其他一大批音位，即所有的元音均具备该特征。不过，u-e 对立关系中的两个成分被认为是 u-o、o-ö、ö-e 这个对立链的两端，而这个对立链完全由双边对立组成：德语的元音系统中，u 和 o 是仅有的两个后圆唇元音，o 和 ö 是仅有的两个开口度居中的圆唇元音，ö 和 e 是仅有的两个开口度居中的前元音。因此，u-e 之间的对立就属于同质性对立关系。

同样处于同质性对立关系的还有德语辅音系统中 x-ŋ "ch-ng" 构成的多边对立：可以把该对立关系分析为以下双边对立形成的一个链条：x-k、k-g、g-ŋ。相反，p-t 构成的多边对立则是异质性对立，因为 p 和 t 之间不存在任何音位可以认为与 p、t 这两个音位构成双边对立，且同时它们彼此还构成双边对立。如果参照一种语言整体的音位系统，很明显，异质的多边对立要远远多于同质的多边对立。但对于确定一个音位的音位内容而言，同质性对立关系十分重要，所以对于特定音位系统的整个结构也非常重要。

根据对立成分之间的联系是通过一条双边对立"链"还是多条双边对立"链"，可以区分两类同质性多边对立关系，这就是线性对立关系和非线性对立关系。上面给出的两个例子中，*x-ŋ* 之间的对立是线性的，因为在德语音位系统框架之内，*x-k-g-ŋ* 这个"对立链"是唯一可能的形式。但 *u-e* 之间的对立则是非线性的，因为德语的音位系统中，从 *u* 到 *e* 的"通道"可以途经若干条双边对立形成的"对立链"（*u-o-ö-e*、*u-ü-ö-e*、*u-ü-i-e* 或 *u-o-a-ä-e*）。

与双边对立和多边对立之间的区分同等重要的是对应性对立和孤立对立之间的区分。如果一个对立的两个对立成分之间的关系与同一系统内另外一个对立或其他对立中的两个对立成分之间的关系对等，那么该对立就属于对应性对立。比如，德语中 *p-b* 的对立就是对应性对立，因为 *p* 和 *b* 之间的关系与 *t* 和 *d* 或 *k* 和 *g* 之间的关系一致。相反，*p-š* 之间的对立就是孤立对立，因为德语的音位系统中不存在其他任何一对音位之间的关系与 *p* 和 *š* 之间的关系相同。对应性对立和孤立对立之间的区分可存在于双边对立关系中，也可存在于多边对立关系中：比如，德语中 *p-b* 的对立既是双边对立也是对应性对立，*r-l* 的对立既是双边对立也是孤立对立，*p-t* 的对立既是多边对立也是对应性对立（参照 *b-d*、*m-n*），而 *p-š* 则既是多边对立又是孤立对立。

每个系统中孤立对立在数量上要多于对应性对立。比如德语的辅音系统中，只有 40 个对立属于对应性对立，另外 150 个（即 80%）则属于孤立对立。它们的分布情况如下：

    双边、对应性对立 11（ 6%）
    双边、孤立对立   2（ 1%）
    多边、对应性对立 29（15%）

　　　　　多边、孤立对立　　　　148（78%）

这意味着双边对立主要为对应性对立，而多边对立则主要为孤立对立。

　　当然，不同类型的对立关系在不同语言中的绝对数量是不同的。但大体上，它们之间的比例在每种语言中一致：孤立的多边对立数量最多，孤立的双边对立数量最少。对应性对立的数量处在这两个极值中间，不过多边对立总是多于双边对立。就一个特定系统的描写而言，重要的不是不同类型的对立在数量上的比率，而是每一种对立类型涉及的音位的比重。德语辅音音位中，只有 h 这一个音位仅构成孤立的多边对立；仅有三个音位构成孤立双边对立，即 $š$、r 和 l；其余所有的音位（即全部辅音音位的80%）同时构成对应性双边对立和对应性多边对立。俄语中构成对应性对立关系的辅音占88%，缅甸语中高达97%。但更加重要的是双边对应性对立的数量和构成这些对立关系的音位的数量之间的比值。德语的辅音系统中有16个音位构成11个双边对应性对立，俄语辅音系统中有30个辅音音位构成27个此类对立，而缅甸语中[1]，有60个辅音音位构成79个此类对立。如果用双边对应性对立的数量除以构成这些对立关系的音位的数量，可以得出以下数值，德语辅音系统是0.69，俄语是0.90，缅甸语是1.32。

　　这些不同类型的对立关系决定了一种语言的音位系统作

---

　　[1] 根据美国语言学会1944年出版的科尼恩（W. S. Cornyn）的《缅甸语语法概要》(Outline of Burmese Grammar)"（Lang. Diss. No. 38），缅甸语所有音位中辅音29个，元音9个，声调4个。——英文版译者

为一种区别性对立系统的内部次序或结构。对立成分之间体现出一致关系的所有对应性对立可以组成一个"比例式",因此有了"对应的"这个术语。比如,德语中 b-d = p-t = m-n 或 u-o = ü-ö = i-e 构成对应性对立。另一方面,前面我们已经提到,双边对立构成的"对立链"可以插入同质多边对立的对立项之间,尤其是线性的同质多边对立的对立项之间:如德语中 x-k-g-ŋ 或 u-ü-i 这两条对立链。如果在这样一条对立链中,其中一个对立属于对应性对立,那么一种"对应性关系"就贯穿这个"对立链"。如果一个音位同时出现在若干对应性对立关系中,那么就有若干"对应性关系"交叉贯穿于这个对立链。因此,一个音位系统就可以用一系列互相平行、彼此交叉的对立链来表示。德语的辅音系统中,b-d = p-t = m-n、b-p = d-t 和 b-m = d-n 这三组"对应性关系"彼此相交,可以用两条平行的对立链来表示:p-b-m 和 t-d-n。p-b = t-d = k-g 和 b-m = d-n = g-ŋ 这两组对应性关系产生了 p-b-m、t-d-n 和 k-g-ŋ 这三条平行的对立链。然而最后一条对立链可以增加另外一个成分,继而体现为 x-k-g-ŋ 这种形式。x-k 之间的关系(擦音和闭塞音)在本质上与 f-p̌、s-c 之间的关系一致,后者只不过是 v-f-p̌ 和 z-s-c 这两条平行的对立链的一部分。最后,s 同时还是双边孤立对立 s-š 中的一个成分。因此,我们可以得到以下的图表:

72

			v	*z*	
		x	*f*	*s*	*š*
p	*t*	*k*		*p̌*	*c*
b	*d*	*g*			
m	*n*	*ŋ*			

  这总共包括 17 个音位，是德语整个辅音系统的 85%。除了这个图表所列的音位，还有 *r* 和 *l* 两个音位，它们是德语中仅有的流音，这两个音位构成孤立双边对立关系；此外，还有 *h* 这个音位，唯一一个可以与其他所有的音位构成多边孤立对立关系的音位。[3]

  将音位划分为并行的序列而得到的次序并非仅停留于纸面，也不单单是制作一个图表的问题。它所对应的是音系的现实性。我们可以从若干对应性对立关系中，获得两个音位之间具体的关系，基于这一事实，不必参照一个个具体的音位，就可以设想出这种具体的关系，并将其运用到音系中。因此，以这种方式可以非常清楚地辨认出单个音位的具体特征，同时将这些音位分解为它们各自的音系特征也更为容易。

  音系学中的一个基本事实就是，一个音位的音位内容取决于该音位在音位系统中的位置，由此也就取决于这个音位系统的结构。由于区别性对立系在不同语言和不同方言中不尽相同，因此音位的音位内容在不同的语言和方言中亦不同。这种差异还可以影响音位具体的实现形式。很多语言中都有的音位 *r* 可以说明这一点。正如前文所看到的，德语中 *r* 仅与 *l* 构成双边对立关系。r的音位内容极其不丰富，实际上完全是一些否定性内容：它不是一个元音，又非一个明确的阻音，既非鼻音，也非边音l。因此，就其实现形式而言，这个音存在很多不同变体。出现在元音前时，一些德国人将r发成一个舌尖颤音，另外一些则发成一个小舌颤音，还有一部分德国人的r似乎是一个无噪音的软腭擦音。除元音之前的其他位置时，r一般读成一个音质不确定的非音节性元音，或读成一个发音不充分的软腭音，极少情况下读作一个弱颤音。捷克语中r的音位内容相对就比较丰富，因为它不仅与l，还与捷克语中一个独特的音位ř构成双边对立关系：捷克语中r和l是仅有的两个流音，r和ř是仅有的两个颤音。r和ř的区别在于r不是一个阻音，而是一个流音；r与l的差别在于r是一个颤音。正因如此，捷克语的r在所有位置上总是读成一个清晰的、能量强的颤音响辅音。与德语的r相反，这个r的发音不能"含混不清"。对捷克语的r而言，小舌位置的发音方式并不普遍，因为这样会导致r-ř之间的区别变得不明显。通常情况下，捷克语的r是一个舌尖音（即一个齿龈音r）。小舌音r仅作为一种极其少见的个体变体出现，而且被视作不正确的读音。[4] 在阿穆尔河①入口东西伯利亚地区和库页岛北部地区使用的吉利亚克语（Gilyak）中，r这个音位呈现出另外一种大不相同的情况。[5] 除了浊音r，这种语言还有一个明确带有摩擦的清音ɹ。因为ɹ被认为是个清擦音，r-ɹ之间的对立就不仅仅是双边对立，还是对应性对立，与v-f、

---

① 即我国的黑龙江。——译者

z-s、ɣ-x、y̌-x̌这些对立构成了一个"比例式"。因此在这种情况下，r被视作一个浊擦音。用力发吉利亚克语的r时，尤其当它以长辅音的形式出现时，可以清楚听到一种类似于ž的摩擦。这种情况在捷克语的r中从不会出现，因为这样会导致r与ř之间的混淆。此外，与v-f、z-s、ɣ-x、y̌-x̌这些对立相关联的是b-p-pʽ、ʒ́-ć-ćʽ、g-k-kʽ、ǧ-k̬-k̬ʽ这几条对立链。同样，与r-ɹ相关的对立链就是d-t-tʽ。因此，我们得出以下的图表：

d	b	ʒ́	g	ǧ
t	p	ć	k	k̬
tʽ	pʽ	ćʽ	kʽ	k̬ʽ
r	v	z	ɣ	y̌
ɹ	f	s	x	x̌

74　　因此，吉利亚克语的r完全不可能发成一个小舌音，它总是发成一个舌尖音。于是，吉利亚克语中r的音位内容就是"舌尖音系列里的一个浊连续音"。吉利亚克语还有一个l，所以r必须发成一个不同于l的颤音。在这些关于r的例子中，最后一个要讨论的可能是日语的r，这是日语音位系统中仅有的一个流音。这个音只跟一个音位构成双边对立关系，即硬腭化的rʼ。但由于日语所有的辅音都存在一个对应的硬腭化形式，因此硬腭化不能视作r独有的特征。日语的r必须定义为一个"非硬腭部位的流音"（流音这个术语指的是一个既非阻音也非鼻音的辅音音位。）。这样的话，这个音位具体的实现形式就变得非常不确定。有时l作为r的自由变体出现，不过即使不出现读作l的这种情况，r发音时的颤动也不能用力过大，因为这

样 r 就会呈现出过于明显的特征，所以大多情况下 r 都读成一个"舌头只拍打"一次的音。将 r 读成一个小舌音也是不可能的，因为这样可能破坏 r-r' 这一对立的对应性。

　　r 这个音位的音位内容取决于它在音位系统中的位置，于是就取决于该音位系统的结构，这样的例子不胜枚举，可以通过其他大量语言来加以说明。多数情况下，r 的语音实现形式、变体的数量等，都可以根据它的音位内容推断出来。我们可以选择 r 之外的其他任何一个音位，结果都是一致的。总之，可以说，一个音位的音位内容取决于相应的音位系统的结构。而且，由于每一种语言甚至每一种方言中，音位系统的结构都不尽相同，因此要找到在两种不同的语言中音位内容完全相同的一个音位，相对而言比较少见。虽然我们使用同一套国际符号来标音，但不应当因此被误导，这些符号只不过是一些有效的便利性手段。假如相同的字母只能用于音位内容完全一致的音位，那么每一种语言都应该使用一套不同的字母。

B. 基于对立成分之间关系的分类：有无对立，分级对立，均等对立

　　一个音位系统的结构取决于双边对立、多边对立、对应性对立和孤立对立的分布情况。因此，将对立关系分成这四类非常重要。这种分类的原则与音位系统相关联：一个对立是双边对立还是多边对立取决于相关的对立成分共有的特征仅为这些成分所独享，还是重复出现在同一音位系统内其他成分当中。一个对立是对应性对立还是孤立对立取决于同样的对立关系是

否重复出现在同一音位系统内其他的对立当中。[6] 不过，不同类型的音系对立关系的划分还可以不考虑各自对应的系统，仅通过参照两个对立成分之间的纯逻辑关系确立一条分类的原则，从而对这些对立进行归类。这种分类对于音位系统纯粹的外在结构而言并不重要。不过，从音位系统的功能角度来看，该分类就变得十分重要。

根据对立成分之间的关系，音系对立关系可分为三类：

a. 有无对立指的是其中一个对立成分以某个标记的出现为特征，而另一个对立成分以该标记的缺失为特征所构成的对立关系。例如："浊的"／"非浊的"，"鼻化的"／"非鼻化的"，"圆唇的"／"非圆唇的"。以特定标记的出现为特征的对立成分称作"有标记的"，以该标记的缺失为特征的对立成分称作"无标记的"。这一类对立关系对于音系系统而言极为重要。

b. 分级对立指的是对立成分以同一特征的不同程度或层级为特征而构成的对立关系。例如元音开口度大小构成的对立，比如德语中 *u-o*、*ü-ö*、*i-e* 等对立，又或是声调高低构成的对立。分级对立中具备某一特征的极限值（最大或最小）的那个成分为极限成分或外围成分，其他成分为中间成分。分级对立的数量相对较少，而且不如有无对立那么重要。

c. 均等对立指的是两个对立成分逻辑上平等的对立关系，既非某一特征的不同程度的对立，亦非某一特征的有无的对立。比如，德语中 *p-t* 和 *f-k* 的对立。任何系统当中，均等对立出现频繁最高。

一项语音对立，如果不考虑它所在的音位系统及其功能而孤立地看的话，总是可以构成均等对立和分级对立。作为例证，我们可以对浊阻音和清阻音之间的对立加以分析。实验语音学的研究告诉我们绝对的浊辅音或绝对的清辅音只出现在极少情况下：多数情况下，出现的只不过是声带不同程度的参与方式。进一步讲，阻音声带的振动与发音器官肌肉的松弛相关。相反，声带的不震动则与发音器官肌肉的紧张有关。比如，俄语或法语中 d 和 t 之间的关系如果纯粹从语音学的角度来看，是模棱两可的。假如要把它们之间的关系分析为特征有无的对立，仅仅关注一项区别性特征（比如，只关注声带的振动或只关注舌体肌肉的紧张）是最为重要的，其他所有的特征都不应考虑。其次，这项特征中程度较低的那一个应当"视作零度"。比如，就 u 和 o 而言，如果把这两个元音看作开口度或闭口度的两个极值，且将其中一个元音分析为"零度"开口度或闭合度，u 就是"非开口"元音，o 就是"开口"元音，或者反过来，u 是一个"闭合"元音，o 就是一个"非闭合的"圆唇元音音位（或后元音音位）。但是，u-o 之间同样的关系还可以变成分级对立，如果同一个元音系统中还存在另外一个开口度大于 o 的元音，那么 u 就是分级对立中的极限成分，o 则是居中成分。

因此，一个区别性对立关系应该分析为均等对立、分级对立，抑或有无对立，取决于分析所采用的不同立足点。不过，我们也不应认为这种分析完全是主观和任意的。大多情况下，一个音位系统的结构和功能可以十分明确和清楚地表明应该对每一对立做出何种判定。比如一种语言中，除了 u 和 o 还存在其他开口度大于 o 的后元音或圆唇的后元音，如 ɔ 或 a，那么

u-o 之间的关系肯定应判定为分级对立。相反，如果一种语言中 u 和 o 是仅有的两个后元音，那么就没有理由认为 u-o 的对立关系是分级对立。在前面我们给出的关于 t-d 对立关系的例子中，如果相应的音位系统还包含第三个"齿音"塞音，这个塞音的清音性（和舌肌的紧张度）要强于 t、而且比 t 的清音性更加充分，又或反之，该辅音的清音性（和舌肌紧张度）小于 d，那么 t-d 之间的对立关系就不得不判定为分级对立。在不满足该条件的情况下，没有理由将 t-d 之间的对立关系分析为分级对立。若音位系统的运作表明在 t-d 的对立中，t 为无标记成分，t-d 之间的对立关系必然看作有无对立。那么舌部肌肉的绷紧就应视作不相关的伴随现象，t 的浊音程度为"零"，因此 t 被看作"清音"，而 d 则被看作"浊音"。但是，如果根据音位系统的运作，不是 t 而是 d 作为无标记的成分，那么浊音性就成了一个无关的伴随现象，舌部肌肉的绷紧则变成了该对立关系的区别性标记。于是，t 应看作"紧音性的"，d 看作"松音性的"。最后，如果根据音位系统的运行方式，无论是 d 还是 t 都不能看作无标记的成分，t-d 之的对立就必然看作是均等对立。[7]

　　因此，具体的对立关系应当划分为分级对立还是有无对立一定程度上取决于音位系统如何运行。但除此之外，一个对立关系本身也必须包含可能将其判定为分级对立或有无对立的一些特征。比如，任何情况下，k-l 的对立关系既不可能是有无对立，也不能是分级对立，因为这两个成分既不能理解为具备或不具备某一共同的特征，也不能理解为具备某一共同特征的两个不同程度。但是，u-o 的对立关系既可以理解为有无对立

("闭的"/"非闭的"或"开的"/"非开的"),也可理解为分级对立。实际分析中,应该把这个对立看作有无对立、分级对立还是均等对立,取决于相应的音位系统的结构和运行方式。因此,我们可以区分可能的、逻辑上的有无对立或分级对立与事实上的有无对立或分级对立,还可以区分可能的、逻辑上的均等对立与事实上的均等对立。逻辑上的均等对立始终是事实上的均等对立,但事实上的均等对立并不总是逻辑上的均等对立,有时是逻辑上的有无对立或分级对立。它们的关系可以用下图表示:

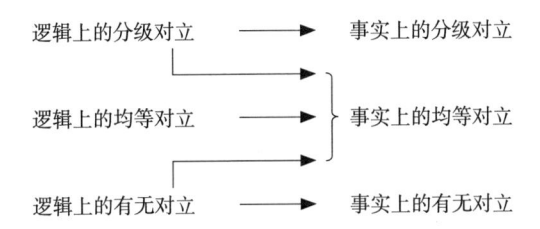

逻辑上的分级对立 ⟶ 事实上的分级对立

逻辑上的均等对立 ⟶ 事实上的均等对立

逻辑上的有无对立 ⟶ 事实上的有无对立

C. 基于对立关系区别力度大小的分类:常恒对立和可中和对立

根据音位系统的运行方式,我们可以了解特定语言中可被允许的音位组合,以及那些决定每一个对立关系区别力度大小的规则。

目前为止,我们已论及音位、区别性对立关系以及对立关系系统,但尚未考虑在构成词和其他结构的过程中音系单位实际的分布情况。特定语言当中,每一个对立发挥的作用大不相同,这取决于所有位置上它们实际具备的区别力的大小。[8] 丹麦

语的 æ 和 e 出现在所有可能的位置上：它们构成了恒定的区别性对立关系，两个对立成分均为独立的音位。在俄语中，e 仅出现在 j 和硬腭化的辅音前面，ɛ 出现其他所有位置上。这里，e 和 ɛ 就是两个不可互换的音素，不可看作两个独立的音位，而是一个独立音位的两个组合性变体。但法语中，作为区别性对立的两个成分，e 和 ɛ 只出现在词末开音节中："les" / "lait"、"allez" / "allait"。其他所有位置上，e 和 ɛ 的出现是可预测的：ɛ 出现在闭音节中，e 出现在开音节中。因此，只在词末开音节中，这两个音位才应视作两个音位，而在其他所有位置上，它们只是单个音位的组合性变体。所以，法语中这个区别性对立在某些位置上被中和。我们把这些对立称作可中和的对立，中和现象发生的位置称作中和的位置，而对于那些对立可以发挥作用的位置，称作相关位置。

　　常恒对立和可中和的对立在语言使用者心理中的差异十分巨大。即使是言语社团中那些没有接受过语音训练的成员，也可以很清楚地听辨出常恒的区别性对立。这类对立关系中的两个成分被认为是两个不同的"声音实体"。对于可中和的区别性对立而言，它们存在感知上的波动：相关位置上，两个对立成分均可清楚分辨；但中和位置上，却不大可能分辨发出或听到的是这两个成分中的哪一个。而且，即使是相关位置上，可中和对立中的两个成分也常被认为仅仅是两个可辨别意义但却差别细微的音，也就是说，是两个有区别但却紧密相关的声音实体。这种紧密关联的感觉对于这类对立成分而言，尤为明显。从纯语音学的角度来讲，法语 i 和 e 之间的差异并不比 e 和 ɛ

之间的差异大，但对于任何一位法国人而言，e 和 ε 之间的紧密关系显而易见，而就 i 和 e 而言，则不存在任何具体的密切关系：这种现象存在的理由，自然是因为 e 和 ε 之间的对立可中和，而 i 和 e 之间的对立是恒定的。

尽管如此，我们不应认为只有从心理的角度来看，可中和的对立和常恒对立之间的差异才具有意义。正如杜尔诺沃（N. Durnovo）首次强调的那样，这种差异对于音位系统的运作至关重要，必须将其看作音位系统理论的基本原则之一。因此，区别性对立的中和以及是否可被中和值得详细讨论。

首先，必须对所使用的术语本身加以明确界定。并非所有的区别性对立都可以"被中和"。在可中和的对立实际发生中和的那些位置上，对立成分各自特有的语音标记不再具备区别作用。只有对立成分共有的那些特征，即构成每项对立的对比基础的那些特征，才与音系相关。于是每一对立中的其中一个成分，成为该对立在中和位置上的"超音位"的体现形式。至于"超音位"这个术语，我们可以理解为两个音位共有的区别性特征的总和。[9] 由此我们可以得出，只有双边对立才可被中和。实际上，只有那些与特定音位系统中其他所有的音系单位可以构成对比的双边对立，才有超音位。而恰恰是这种对比性能力，构成了整个音系系统存在的根本性先决条件。德语中，d-t 这个双边对立在词末发生中和。出现在中和位置上的对立成分从音系的角度来看，既不是一个浊塞音，也不是一个清塞音，而是一个"大体上的非鼻音性齿塞音"。

这样，这个音就与齿鼻音 n，以及非鼻音性的双唇塞音和软腭塞音处在对立关系当中。德语的 t 和 d 不出现在词首 l 之前，而 b 和 p 却可以在该位置出现，但这一事实并不能证明 d-b 和 p-t 这两个对立发生中和："Blatt"［叶子］这个词中，b 保留了自身所有的特征，即它依然是一个双唇浊塞音。这个音不能看作 d-b 这一对立的超音位的体现形式，因为这个超音位的音系内容仅仅是一个"大体上的浊塞音"。"Blatt"中的 b 不能做此理解，原因在于 glatt［光滑的］这个词中 g 同样是一个浊塞音。因此，只有在区别性双边对立的情况下，中和现象实际上才可以发生，其中一个对立成分成为超音位的代表形式。然而，这绝不意味着所有的双边对立事实上都可以中和：几乎任何一种语言都可能存在常恒的双边对立。然而，只要一种语言具有可中和的对立关系，该对立关系就总是双边的。

那么，可中和的对立关系中超音位具体的实现方式如何？存在四种可能的情况：

情况Ⅰ.——可中和的对立在中和位置上出现的超音位形式不同于其中任何一个对立成分。

a. 超音位实现为一个在语音上与两个对立成分皆相关、但不同于其中任何一个的音。俄语中硬腭化唇音和非硬腭化唇音之间的对立在硬腭化齿音前中和。中和位置上出现一个特殊的"半硬腭化"唇音；英语中浊的弱辅音 b、d、g 与清的强辅音 p、t、k 之间的对立在 s 之后中和，一个特殊的清弱辅音出现在该位置；在某些巴伐利亚-奥地利（Bavaro-Austrian）方言中，强辅音和弱辅音之间的对立在词首中和。出现在该位置上的是一些特殊的"半强辅音"或"半弱辅音"，诸如此类。这样的

第三章　区别性对立关系的逻辑分类　　**113**

例子很容易找到很多。在所有例子中，超音位体现为一个介于两个对立成分之间的音。

b. 其他一些略微不同的情况是，超音位的体现形式除了具备与其中一个对立成分共有的那些特征，还有一些自身的独特特征。这些独特的特征是由于受与中和位置邻近的音位同化的结果。比如汉语北京话中，k-c 的对立在 i 和 ü 前发生中和，硬腭音 č' 作为超音位的代表形式出现。[10] 多巴哥岛上（Tobago）使用的雅美语（Yami）中，硬腭化的 l 出现在 i 之前，作为"齿音 l"和"卷舌音 ḷ"之间的对立中和后的超音位。[11]

a 和 b 讨论的所有例子中，出现在中和位置上的语音形式是其中一个对立成分的某种组合性变体。超音位体现为与对立成分的任何一方都不相同的一个语音形式，此类情况为数众多。不过，出现得更为频繁的情况是，出现在中和位置上的语音形式与其中一个对立成分出现在相关位置上的语音实现形式几乎一致。

情况Ⅱ.——超音位的体现形式与其中一个对立成分的实现形式相同，超音位所选择的体现形式由外部条件控制。仅在一个可中和的对立关系中和与否取决于相邻的某一音位时，才可能发生这种情况。与这个相邻的音位"十分相似或关系密切"，甚至完全相同的那个对立成分，成为超音位的体现形式。很多语言中，在发音方式一致的其他阻音前，浊阻音和清阻音（强辅音和弱辅音）之间的对立被中和，浊阻音（弱辅音）前只出现浊阻音，清阻音（强辅音）前只出现清阻音。俄语中，硬腭化辅音和非硬腭化辅音之间的对立在非硬腭化的齿音之前中和，仅非硬腭化辅音可出现在该位置。这类情况相对来说比较罕见，选择哪一个对立成分充当超音位的体现形式完全由外部条件决定，即由中和位置本身的属性决定。

情况Ⅲ.——其中一个对立成分被选为超音位的体现形式，这种选择由内部条件控制。

a. 该情况中，其中一个对立成分出现在中和的位置上，这个对立成分的选择与中和位置的属性无关。不过，由于其中一个对立成分作为超音位的体现形式出现在中和位置上，因此，该对立成分特有的特征就变得不相关，而它的搭档——另一对立成分特有的特征就获得了充分的音系相关性：于是第一个对立成分被视作"超音位+零标记"，第二个对立成分就被视作"超音位+特殊标记"。换言之，就具体音位系统来看，获准出现在中和位置上的对立成分是无标记的，而与之对立的成分是有标记的。显然，这种情况只适用于可中和的对立为逻辑上的有无对立关系。

不过，大多数可中和的区别性对立均属于这种类型，也就是说，这些对立关系被看作无标记成分和有标记成分之间的对立，出现在中和的位置上的那个成分被视作无标记的一方。

b. 但是，如果一个可中和的对立并非有无对立，而是分级对立，比如元音开口度大小之间的对立，或者声调高低的不同等级，那么出现在中和位置上的始终是那个外围的或极限的对立成分。在保加利亚语和现代希腊语的一些方言中，u-o、i-e 之间的对立在非重读音节中发生中和。中和位置上，闭合度最大（实际是开口度最小）的 u 和 i 分别作为每一项对立中超音位的体现形式出现。俄语中，o-a 之间的对立在非重读音节中被中和，开口度最大（实际上是闭合度最小）的元音 a 在紧邻重读音节之前的位置上作为超音位的体现形式出现。在北罗得西亚地区（N. Rhodesia，今赞比亚）的一种班图语言兰巴语（Lamba）中，低调和中调之间的对立在词末音节（中和位置）发生中和，只能出现低调。[12] 可以很容易找到很多这样的例子。出现这种现象的原因并不总是十分明确。正如我们前面强调过的，就分级对立而言，只有当同一音位系统内存在另外一个成分体现出同一特征的不同程度时，一个分级对立才可看作真正的分级对立。不过该成分具有的相关特征的程度必须始终大于处在"中间"位置上的那个成分的程度：i-e 构成一个分级对立的前提是同一元音系统中依然包含另外一个比 e 的开口度还要大的元音，诸如此类。一个分级对立中，那个"极限"成分总是体现特定特征的最小程度，而同一对立中的中间成分则会超出这个最小程度，也就是说，这个中间成分可以表示为"最小程度 + 超出最小程度的部分"。并且，由于超音位只能包含对立成分双方共有的特征，因此，它只能体现为对立成分当中具备极限值的那一方。[13] 如果可中和的对立属于逻辑上的均等对立，自然而然，超音位选择怎样的体现形式受内部条件控制的情况就不大可能出现。不过值得注意的是，任何情况下，一个逻辑上的均等对立被中和的现象并不常见。

情况 Ⅳ.——两个对立成分双方都可以体现超音位：对立位置上，一种环境下超音位体现为其中一个对立成分，另一种环境下则体现为另外一个对立成分。这种情况逻辑上与第一种情况相反。第一种情况中，对立成分双方皆不作为超音位的体现形式。单纯来讲，这种情况极为罕见。大多数时候，第四种可能出现的情况只不过是第二种和第三种情况的组合。比如，日语硬腭化辅音（带有 i 和 j 发音特征）和非硬腭化辅音之间的对立在 e 前面中和。显然，可以认为超音位体现形式的选择在 i 之前受外部条件的控制，而在 e 之前则是受内部条件的控制。但是也有一些情况并不支持这样的解释。德语中，s-š 之间的对立在辅音前被中和。在词根的起始位置上，超音位体现为 š，而在词根中间和末尾，体现为 s。在这种情况下，超音位体现形式的选择既不受外部条件的控制，也不受内部条件的控制，尤其当涉及的对立是均等对立的时候。在其他情况中，从音系的角度看，不同的中和位置之间的关系并不对等。因此，也就无法从完全相同的角度出发来考虑超音位的两个体现形式。比如，德语中清擦音 s 和浊擦音 z 之间的对立在词根起始和语素末尾的位置上被中和。在起始位置上，超音位体现为浊音 z，在末尾位置，则体现为清音 s。德语中词末是音位的区别力度最弱的位置：p-b、k-g、t-d、s-z、f-v 的对立，以及元音长短的对立在这个位置都被中和。德语 39 个音位中，仅有 18 个可出现在该位置，而词首可以出现 36 个音位（a、ah、äh、au、b、ch、d、e、eh、ei、eu、f、g、h、i 或 j、ih、k、l、m、n、o、ö、öh、oh、p、pf、r、s、sch、t、u、ü、üh、uh、w、z）[①]。很

[①] 语音标音为：a、a:、æ:、au、b、x、d、ε、e:、ei、eu、f、g、h、I 或 j、i:、k、l、m、n、ɔ、ö、ö:、o:、p、p̌、r、z、š、t、ʋ、ü、ü:、u:、v、c.——英文版译者

明显，这种情况中，词首位置出现的超音位的体现形式应当视作是"更真实的"。而且，由于"尖锐的"s 和"温和的"z 之间的对立在逻辑上属于有无对立，大致可以认为该对立事实上也是有无对立，其中"温和的"z 是无标记成分。

因此在某些情况中有无对立的中和可以明确且客观地表明该对立关系中哪个成分是无标记成分，哪个是有标记成分：第三种情况中，发生中和的对立中无标记的成分充当超音位唯一的体现形式；第四种情况中，在音位区别力最强的位置上，这个无标记成分充当超音位的体现形式。

有时，一个对立的中和可以表明另一个对立中对立成分的标记性。也就是说，当与另外一个相关对立的有标记成分相邻时，一个可中和的对立往往被中和。比如，东高加索语族语言阿奇语（Artshi）中，圆唇辅音和不圆唇辅音之间的对立在 o 和 u 之前中和，由此可以证明，o 和 u 乃是 $o\text{-}e$ 和 $u\text{-}i$ 这两项对立中的有标记项。

因此，通过中和的过程，逻辑上的有无对立关系变为事实上的有无对立关系，同时，无标记的对立成分和有标记的对立成分之间的差异获得了客观的依据。

3. 相关关系

处于双边对立关系中的两个音位彼此之间关联密切：这两个音位共有的特征不重复出现在同一系统内其他任何一个音位中。因此在它们构成的对立关系中，它们是仅有的两个音位。通过将这两个音位置于对立关系中,每一个音位独有的特征和将这两个音位彼此关联在一起的特征构成鲜明对照。另一方面,相互处于多边对立关系中的两个音位,只能作为不可分割的单位出现。对于构成对应性对立关系的音位而言,比较容易区分开区别性的特征和其他的特征,因为区别性特征同样重现于同一系统中其他成对的音位当中。因此,很容易地就可以把这个特征从其他特征中分离出来,或认为这些特征独立于其他特征。与此相反,对构成孤立对立关系的音位而言,把区别性特征分离出来并非易事,因为这个特征在这个系统中仅出现一次,也就是说,它与相关音位的其他特征一起出现。在两个音位可能构成的所有对立关系中,可以最清晰地体现音位具有或缺少某些特征的,正是有无对立关系。因此,在分析音位的音位内容的过程中,处在有无对立关系的音位最容易分析。相反,处在均等对立关系中的音位的音位内容分析起来最为困难。构成可中和的对立关系的两个音位即使处在相关的位置,也被认为是紧密相关的。每个音位都可以看作它们对应的超音位的一个特殊变体,而且通过出现在中和的位置上,超音位的现实性得以确保。相反,对于构成常恒、不可中和的对立关系的两个音位而言,它们从属于同一超音位这一点就不是那么明显。

据上所述,我们可得出以下结论:两个音位如果构成双边的、对应性的有无对立关系,从而构成可中和的对立关系,那么就会产生以下结果:首先,这些音位的音位内容分析起来最为明确,因为区别性特征和构成这两个音位对比基础的特征彼

第三章 区别性对立关系的逻辑分类

此对比鲜明；其次，可以认为这两个音位之间的关系十分紧密。相反，对于构成孤立的、多边的（从而不可中和的）对立关系的两个音位而言，它们的音位内容最不透明，而且它们之间的关系最为疏远（这些特点在异质性对立关系中尤为突出）。

如果我们把可中和的、有无、对应性的双边对立关系与孤立的、异质性的多边对立关系看作两类极端对立关系的话，其余所有的对立类型可以在这两类极端关系之间进行分类。一个系统中，可中和的、有无、对应性的、双边的同质性对立越多，这个系统的连贯性就越强。相反，一个系统中逻辑上的均等、孤立、双边的异质性对立越多，这个系统的不连贯性就越强。因此，似乎比较合理的做法是使用一个专门的术语把对应性的双边有无对立同其他所有类型的对立区别开来。在音位研究的文献中，"相关关系"这个术语被用来表达上述这种含义。但是，我们在《音系学术语标准化方案》("Projet de terminologie phonologique standardisée")（*TCLP*, IV, 1930）中给出的关于"相关关系"和其他相关概念的定义在某种程度上应当加以修正，因为当时关于对立关系的理论尚未充分发展起来。现在，我们提出以下定义。

对于"相关对"这个概念，我们可以理解为构成逻辑上的有无、对应性的双边对立关系的两个音位。一个"相关标记"就是一个音系特征，是否具备该特征体现了一系列相关对的特点，比如法语中鼻音的鼻音性可以区分 *an-a*、*on-o*、*in-e*、*un-eu* 这些相关对。"相关关系"可以理解为所有具有同一相关标记的相关对的总和。"成对的音位"就是构成相关对的音位，而"不成对的"音位就是不构成任何相关对的音位。

就音系学的发展而言,"相关关系"这个概念无疑是个非常有用的概念,虽然在这一概念提出初期,它的作用多少有点过度夸大。对于其对立成分并不构成相关对的所有对立而言,它们归为一类,使用"析取关系"这个总称来指代。因此,不同的音系单位之间可识别出两类关系:它们或构成相关关系,或构成析取关系。但更加仔细的考察后发现,事实上应该区分多种不同类型的区别性对立关系,而且"析取关系"这个术语在一开始适用性就不强,这个表达过于笼统。此外,可中和的相关关系和不可中和的相关关系之间最根本的差异还有待发掘。不可中和的相关关系,有时对于音位系统的连贯性恰好十分重要。附加考虑这一点的话,相关关系理论在音系学中将占据其应有的位置。[14]

根据相关标记的不同,可以区分不同类型的相关关系:比如,清浊相关关系(法语中的 d-t、b-p、g-k、z-s 等),音长相关关系(ā-a、ī-i 等)。这些不同类型的相关关系之间的关联程度各不相同,可以把它们分成不同的关联组。一个音位的相关标记和该音位其他特征之间的关系构成对比的基础。譬如,清浊相关关系(法语中的 d-t、b-p)和送气相关关系(梵语的 t-th、p-ph)就属于同一类关联组,因为它们的相关标记均体现为喉部不同类型的运动方式和口腔内不同类型的紧张状态,这与口腔内的发音部位无关。

在不同关联组内部对相关关系进行分类不单单是理论上行之有效的手段,还与实际情况相对应。即使是没有受过语言学训练的人，他的语言意识依然可以十分清楚地"觉察"出德语中 *u-ü* 和 *ö-e* 这两个对立虽然有所差异，但仍属于同一层面，而元音长短的区别，则属于另外一个大不相同的层面。不同的区别性对立（以及相关关系）有时投射到不同的层面上，有时投射到相同的层面上，这是将不同的相关关系归类为不同的关联组的那些相关标记之间的亲密关系产生的心理效果。

4. 关联束

一个音位可以构成同一关联组内的若干相关关系，这种情况下，同一类相关对之内的所有音位结合在一起形成一个包含多个成分的关联束。这些关联束结构上差别很大，其结构不仅取决于所包含的相关关系的数量，还取决于这些相关关系彼此之间的关系。

包含两类相关关系的关联束出现频率最高。存在两种可能性：一类相关关系中的两个成分同时可以参与到另外一类相关关系中，或两类相关关系只有一个相同的成分。第一种情况形成一个包含四个成分的关联束，第二种情况则形成一个包含三个成分的关联束。这两种情况可以在梵语和古希腊语中得到最佳体现。这两种语言当中，塞音同时参与清浊和送气这两类相关关系。在梵语中，形成一个包含四个成分的关联束：

　　　　p-ph　　k-kh　　t-th
　　　　b-bh　　g-gh　　d-dh

在古希腊语中，则构成一个包含三个成分的关联束：

```
        π           κ            τ
       ╱ ╲         ╱ ╲          ╱ ╲
      β   φ       γ   χ        δ   θ
```

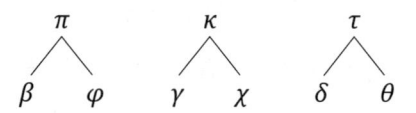

把类型上有关联的三类相关关系结合在一起，理论上可能产生一个包含四个或八个成分的关联束。事实上，可以在不同语言中找到例子对许多这样的类型加以证实。在高加索地区大多数语言中，清浊相关关系和基于呼气类型的相关关系可以跟闭塞度相关关系结合在一起。闭塞度相关关系指的是塞音或塞擦音与擦音之间的对立关系。比如车臣语中，可以形成以下包含四个成分的关联束：[15]

q̇   c̣   č̣
γ   q   z   c   ž   č
χ   s   š

该语言中闭塞度之间的对立只在清辅音中具备音系区别作用（"z"和"ž"在词首实现为塞擦音，在词中和词尾实现为擦音），呼气类型的对立也只有针对塞音（和塞擦音）而言才具有音系区别作用。格鲁吉亚语中，与车臣语同样的相关关系产生的是包含五个成分的关联束，这是因为闭塞度相关关系扩展至清浊相关关系的两个构成成分：

c̣   č̣
ʒ   c   ǯ   č
z   s   ž   š

最后，在切尔克斯语中，上述同样的相关关系形成一个包含六个成分的关联束，因为该语言中基于呼气类型的相关关系扩展至闭塞度相关关系的两个成分：

$$\check{3} \quad \hat{c} \quad \check{c}$$
$$\hat{z} \quad \hat{s} \quad \check{s}$$

如果整个关联束可以被中和，那么构成这个关联束的各成分之间的关系就变得尤为密切。这种可中和的关联束为数并不少。前面提到梵语中包含四个成分的关联束在阻音之前和词尾发生中和（词尾位置上，不送气的清塞音作为超音位的唯一形式出现）。在朝鲜语中，闭塞音构成包含三个成分的关联束（弱辅音－强辅音－送气辅音），这些关联束在词尾发生中和。相应的超音位体现为内爆音。但根据音色的不同，朝鲜语的辅音还可以构成包含三个成分的关联束（中性辅音－硬腭化辅音－唇化辅音）。词末位置上，这些关联束发生中和。超音位体现为中性音色的辅音。除此之外，在 i 之前，硬腭化相关关系发生中和，超音位的体现形式由外部条件决定；在 u 和 y 之前，唇化相关关系同样发生中和，而超音位的体现形式由内部条件决定。[16] 东高加索语族的阿奇语中，尖音性咝擦音构成一个包含六个成分的关联束（浊塞音－无喉塞清塞擦音－无喉塞弱塞擦音－喉塞强塞擦音－清的弱擦音－清的强擦音），在 t 和 d 前面，这个关联束发生中和。这时，超音位体现为（弱？）擦音。类似这样的例子可以找到很多。

由于一个关联束内所有成分均投射到同一层面上，加上这些成分之间关联比较紧密，所以有时很难将这个关联束分解成单个的相关关系。比如，不同的韵律性相关关系可以组合成一个关联束，这种情况下，这个关联束内的成分有时会被看作不同的"重音",而韵律重量的差异或调尾类型的差异则几乎没有受到关注。有时,还会把这些成分理解成不同级别的韵律重量,而忽视调型上的差异。至于这些错误,不仅平常人和未经训练的说话人会犯,理论学家甚至专业的语音学家有时也会犯。这些情况证实了将相关关系归为不同关联组的心理现实性。只有当一个关联束实际存在时,即一个音位属于同一个关联组内若干相关关系时,以上情况才可能发生。

如果一个音位同时属于不同关联组内的多个相关关系,那么这些相关关系就无法组成"关联束":它们并非投射到同一层面上而是互相叠加在一起。德语重读的长元音 i 同时属于多个相关关系,包括重音相关关系、音长相关关系和圆唇相关关系。前面两个可以构成一个关联束(韵律关联束),但圆唇相关关系很明显属于另外一个"层面"。当然,两个属于不同"层面"的关联束互相叠加,在某些位置上发生中和也是会发生的情况。前面我们提到朝鲜语的闭塞音形成一个包含弱辅音-强辅音-送气辅音的关联束,此外,包括闭塞音在内的所有辅音还形成了包括中性辅音、硬腭化辅音和唇化辅音的音色关联束。这两个关联束在词尾发生中和。因此,朝鲜语词末位置上,软腭爆破音 K 作为超音位的体现形式出现,这个超音位在词中间的位置上分别对应的是 g、k、k'、g'、k'、k''、$g°$、$k°$、$k°'$。尽管如此,g-k-k' 和 g-g'-$g°$ 这两个关联束很明显属于不同的层面。

1 相关内容请参阅 N. S. Trubetzkoy, "Essai d'une théorie des oppositions phonologiques", *Journal de psychologie*, XXXIII, 第 5—18 页。
2 该术语由杜尔诺沃首次使用。
3 舞台德语并不存在 *j* 这个音位，*j* 应该视作元音 *i* 的一个组合性变体。因此，它并不属于辅音系统。
4 参阅 Fr. Trávníček, Správná česká výslovnost (Brno, 1935), 第 24 页。
5 这方面内容请参阅 E. A. Krejnovič, "Nivchskij (giljackij) jazyk", *Jazyki i pis' mennost' narodov Severa*, III (1934), 第 188 页及以下诸页。
6 将多变对立关系分为异质性对立关系和同质性对立关系，以及将同质性对立关系分为线性和非线性的对立关系，这两种划分最根本上是基于同样的原则的。
7 相关内容可参考 C 中的分类。
8 关于这点，可参阅我们的文章"Die Aufhebung der phonologischen Gegensätze", *TCLP*, VI, 第 29 页及以下诸页，以及 A. Martinet, "Neutralisation et archiphonème", 出处同上，第 46 页及以下诸页。
9 参阅 R. Jakobson, *TCLP*, II, 第 8 页及以下诸页。
10 参阅 Henri Frei, *Bulletin de la Maison franco-japonaise*, VIII (1936), no. 1, 第 130 页。
11 参阅 Erin Assai, "A study of Yami Language, an Indonesian Language spoken on Botel Tobago Island"(Leiden, 1935), 第 15 页。

12 参考 Clement M. Doke, "A Study of Lamba Phonetics", *Bantu Studies*（July 1928）。

13 当然，以上所述仅适用于其中一个对立项具备"极限值"的那些可中和的分级对立。当两个对立项均体现出同一特征不同的"中间"程度时，超音位可以体现为其中任何一方。这取决于具体语言如何看待相应的特征。实际上，大多情况涉及的是两类 *e* 或 *o* 之间的对立。某些语言中，闭合的 *e*、*o* 被视作无标记项，而另外一些语言中，开口的 *e*、*o* 被视作无标记项。根据它们是否在中和的位置上出现，我们可以发现这一点。因此，这些情况中，这种对立从音系的角度来看，已不再是分级对立。

14 之后相关讨论，可参阅 N. S. Trubetzkoy, "Die phonologischen Systeme", *TCLP*, IV, 第 96 页及以下诸页。"相关关系"这个术语由雅克布逊首次提出并加以定义。在他提交给语言学家大会（海牙）的提案（由卡尔切夫斯基和本书作者共同签名）中，雅克布逊在关于对应性双边对立关系的内容中首次使用了这个术语。参考 *Ier Congrès International de Linguistes*（La Haye, 1928）, "Propositions", 第 36 页及以下诸页；*Actes du Ier Congrès International de Linguistes*, 第 36 页及以下诸页；*TCLP*, II, 第 6 页及下页。

15 参阅 N. S. Trubetzkoy, "Die Konsonantensysteme der ostkaukasischen Sprachen", *Caucasica*, VIII（1931）。

16 参阅 A. Cholodovič, "O latinizacii korejskogo pis'ma", *Sovetskoje jazykoznanije*, I, 第 144 页及以下诸页。

第四章 区别性对立的音系学分类

1. 前言

目前为止，我们从不同角度讨论了不同类型的区别性对立关系：(a) 根据它们与同一系统中其他对立之间的关系；(b) 根据对立成分自身之间的逻辑关系；(c) 根据它们的区别力度。从这三种角度出发，得出三种不同类型的分类：(a) 双边对立和多边对立，对应性对立和孤立对立；(b) 有无对立、分级对立和均等对立；(c) 可中和的对立和常恒对立。所有这些分类的角度和原则不仅适用于音系系统，还适用于其他任何一个对立系统。它们所包含的内容并非专门针对音系系统而言。所以，为了将它们成功运用到具体的音系对立系统的分析中，仍需要通过增加特定的音系分类原则来对其加以补充。

一项音系对立的特点在于它是语音之间的一种**区别性对立**。音系学意义上的"区别性"，指的是区别词义的能力，是一种不需要再加以分类的特性。但从这个角度，还可以将音系对立关系分成两类，**区分词的对立（词汇对立）**和**区分句子的对立（句法对立）**。这是因为音系对立可以区分的意义要么是词的意义，包括每个语法词的意义，或是句子的意义。可以肯定，这种区分对于具体语言的音位系统十分重要。不过，对于区别性对立总体上的分类而言，这种区分就没那么重要，这是因为一种语言中所有具备句法功能的区别性对立，在另外一种语言中，可能具备的是词汇功能。实际上，并没有专门用以区分句子的音系对立：一种语言用来区分句子意义的对立，另外一种语言则用来区别词义。

对于音系对立总体上的分类而言，更为重要的一个事实在于这些对立属于语音对立。既非手势语亦非旗语，而是具体的语音特征在音系对立中互相处于对立关系。大家公认的一点是，语音之间相互对立的目的在于区别意义。语音特征之间以怎样的方式相互对立，即它们构成何种类型的对立关系，这个问题已在第三章有所讨论。现在的问题是，世界上各种各样的语言中，哪些语音特征构成了音系对立（区别性对立）？

我们在第三章中的讨论围绕纯逻辑上的概念展开。现在，我们必须将这些逻辑概念跟声学和发音概念，即语音概念结合起来。这是因为只有语音学可以告诉我们个体语音的特征。但是，我们必须谨记我们在《绪论》部分关于音系学和语音学之间关系的讨论。第三章的讨论中，这些语音概念已经成为对立范畴系统的一部分，鉴于这个事实，有必要对音系学家所使用的语音概念加以适当程度的系统化和简化。因此，在接下来的阐述中，实际上很少涉及语音学。但愿这没有使语音学家大失所望。因为这一章的目的并非是对人类发音器官可以发出的声音加以分类，而是对世界上不同语言用以区别意义而实际利用的语音特征加以系统的调查。

因此，使用声学上的语音学术语还是声音-生理学的语音学术语，对音系学家来说无关紧要。重要的是对不同语音特征做出明确的命名，以往的语音学研究文献从不同的视角对这些特征进行了研究和调查，尽管观点存在分歧，但至少作为研究的目标，所有的语音学家应当熟知这些特征。当代实验语音学的研究，尤其是通过录音胶片和 X 光进行的研究越来越清晰地表明同样的语音效果可以通过发音器官差异很大的动作来实现［蒙采拉特（Paul Menzerath），罗素（G. Oscar Russel）］。从现代语音学的方法来看，类似于"前元音"或"闭塞音"这样的术语，都应当弃用。然而，这些术语的优势在于那些熟悉传统语音学的人可以正确地理解。即使要求最精准的语音学家，只要不是一个老学究，在缺少更好更准确术语的情况下，是可以接受这些术语作为比较熟悉的研究对象的常规名称的。不过令人遗憾的是，声学上的术语依然非常匮乏。因此，多数情况下，不可避免地需要使用传统语音学提出的生理学术语，尽管较之语音发音动作的研究，现代语音学在语音声学效果的研究上获得了更高的一致性和统一性。至于音系学家而言，由于他们大多情况下感兴趣的只是使用那些大家普遍了解的语音概念，因此他们也能克服这些术语上的困难。

2. 区别性语音特征的分类

不同语言中构成区别性对立关系的语音特征可分成三类：元音性、辅音性和韵律性特征。元音音位由元音性区别性特征构成，辅音音位由辅音性区别性特征构成，但没有哪个音位完全由韵律性特征构成。根据语言的不同，韵律性特征可能与一个单独的元音音位或辅音音位结合在一起，又或与一整串音位结合在一起。

在定义不同类型的区别性语音特征之前，应当对"元音"和"辅音"这两个术语加以考察。

叶尔姆斯列夫（L. Hjelmslev）曾经尝试不参照任何语音学概念来定义这些术语：元音音位，或采用叶尔姆斯列夫针对音位所使用的术语"音位符（cenemes 或 cenematem）"，指的是那些有能力单独构成一个实义单位或一个词的音位，而其他所有音位，或"音位符"，均为辅音。[1] 叶尔姆斯列夫后来对该定义进行了修改，修改后的定义明显对元音这个概念的运用设定了很大限制（比如，德语只保留三个元音音位：Oh!、Au! 和 Ei!）。他还增添了以下补充内容："我们把元音理解为一个能单独构成话语的音位符……，或者一个可出现在音节内部、相当于这样一个音位符的语音组合。"[2] 但是，即使是再次扩展后的定义，同样站不住脚。德语单元音中只有 o、双元音中只有 æe 和 ɑo 可用作感叹词，Au 和 Ei 可以单独成词。此外，Oh、Au 和 Ei 这三个元音音位还可以出现在词末（froh［开心的］，Frau［女人］，frei［自由的］），但不出现在 ŋ 前面。相反，短元音不可在词末出现，但部分短元音，即 i、u、ü、a 和 e，则可以出现在 ŋ 前面。如果我们把 Oh!、Ai! 和 Au! 这样的感叹形式看作独立的实义单位［话语（énoncés）］的话，我们也必须以同样的方式看待 ssh!［请求安静］这样的感叹形式。根据叶

第四章 区别性对立的音系学分类

尔姆斯列夫的定义,德语中短元音 u、ü、i、a 和 e 应当看作辅音,而德语的辅音 š 和其他以同样的组合形式出现的音位,尤其是所有的辅音,就不得不看作是元音。

叶尔姆斯列夫提出的定义的不合理性在其他语言中更加明显。俄语除了感叹词 š!,还有 s! 和 c! 这样的感叹形式。其他一些语言中,单独的"成音节性辅音"用作感叹词或指向动物的命令词的情况更为频繁。[3] 相反,很多语言中元音不可以出现在词首,因此,也就不可能出现仅有一个单独的元音构成的词。

叶尔姆斯列夫给出的定义的不合理性并非偶然。"元音"和"辅音"是语音学或声学术语,只能以此方式定义。在对元音和辅音加以定义的时候,任何不考虑或者回避声学–发音学概念的尝试必然失败。

人类言语的发音过程可以通过以下的模式加以展示:一个人对着一根管子的一个端口吹口哨或一段旋律,同时用手轮流打开或关闭管子的另一个端口。显然,从声学的角度,在这个过程当中可以区分出三类基本成分:首先,管子端口闭合和打开之间的片段;其次,管子端口打开和闭合之间的片段;最后,吹入管子里的旋律片段。第一种类型的基本成分对应的是辅音,第二种类型对应于元音,第三种类型则对应于韵律单位。

据蒙采拉特所言,对一个辅音来说,重要的是"闭合–张开的动作,以及这两端之间最大程度的发音力度",对一个元音来说,重要的是"张开–闭合的动作,以及在此之间最小程度的发音力度"。[4] 换句话说,辅音的特征就是形成阻碍并克服这个阻碍。相反,元音的特征就是不存在这样的阻碍。[5]

据上所述，可以得出具体的辅音性特征只能参照不同类型的阻碍形式或克服这些阻碍的不同方式。因此，可以把这些特征称作基于除阻方式的特征（Überwindungstarteigenschaften）。另一方面，具体的元音性特征只能参照阻碍缺失的不同类型，实际上来说，就是不同大小的开口度。因此，可以把这些特征称作基于开口度的特征（Öffnungsgradeeigenschaften）。

除了以上特定的辅音性或元音性特征，辅音音位和元音音位还具备一些其他特征。我们假设在上面演示的发音模式中，管子的长度可以不停变化，或者孔口的位置不断变化。那么结果就是，对于辅音而言，不同类型的阻碍或克服这些阻碍的不同方式必然是在不同位置发生，对于元音而言，则是在口腔不同的位置发生不同程度的打开。这样辅音和元音就具备了特定的发音部位特征。可以说，这些特征分别构成了辅音或元音性质的第二个坐标轴。

对某些元音和辅音音位而言，还可以建立第三个关于它们性质的坐标轴。依然根据上面的发音模式，我们可以假设这根管子与另外一个共鸣器相连。发声过程当中，交替地建立或者中断这种连接，必然会影响发出的声音的性质。在辅音和元音的发声过程中，通过建立和中断与第二个共鸣器的连接而产生的具体的声学特征可以称作共鸣特征。

只有作为区别性对立关系中的一个成分，一个区别性特征才得以存在。德语的 d，在与 t 构成对立关系时（"Seide"［丝绸］/ "Seite"［一侧］），具备"弱辅音"的除阻方式特征；在与 b（"dir"［你］/ "Bier"［啤酒］）或 g（"dir"［你］/ "Gier"

[贪婪的]）构成对立关系时，具备"齿音"或"舌尖音"的发音位置特征；在与n构成对立关系时（doch［还是］/noch［依然］），具备"非鼻音"的共鸣特征。类似地，法语的o与u构成对立关系时（"dos"/"doux"），具备特定的开口度特征，当与ö构成对立关系时（"dos"/"deux"），具备特定的发音位置特征，当与õ对立时（"dos"/"don"），具备特定的共鸣特征。相反，德语的o不具备任何共鸣特征，这是因为对于标准德语而言，鼻化元音和非鼻化元音，或者咽音化元音和非咽音化元音，并不是固有的元音。因此，元音性质或辅音性质的"三个坐标轴"并不需要出现在每一个元音或辅音音位中。但是构成元音或辅音音位的每一个特征肯定是属于这"三个坐标轴的"。

至于韵律性单位，上面我们提到的发音模式表明它们属于节奏-旋律性单位，广义上"与乐律有关"。即使从纯语音学的角度来看，"音节"在本质上与元音和辅音构成的组合形式也大不相同。[6]当然，韵律性音系单位并不简单地等同于（语音学意义上的）"音节"。但是，韵律性音系单位却总是与音节相关，这是因为在不同的语言中，韵律性音系单位要么是音节中特定的一个音段，要么是多个音节构成的整个的序列。很明显，韵律性音系单位的特征不可能与上面讨论的元音和辅音特征一样。因为韵律性单位必须看作是"与乐律相关的"（节奏-旋律性的），或者最好将其看作一个"乐律"单位中的一个片段，这样，"韵律性特征"可以指一段旋律中每一个构成片段的具体标记（强度、声调），也可以指人类言语发音过程中旋律切分的类型。第一类特征的作用在于对韵律性单位做出节奏-旋律性的区分，第二类特征体现一个特定的韵律性单位和紧邻的单位之间接触的特征。据此，韵律性特征可以分成两类，一类基于区分类型，一类基于接触类型。

3. 元音特征

A. 有关术语

如前所述，元音的特征可分为以下几类，基于开口度的特征、发音部位特征和共鸣特征。与共鸣特征相比，前两类特征之间的关联更为密切，因此这两类特征可以组合构成特定的特征组或特征束。[7]

在所有的言语声音中，元音最易于从声学的角度进行分析。开口度的大小在声学上对应的是"饱和度或响度的大小"。原则上，下颚下降的幅度越大，即口腔张开得越大，饱和度就越高。但这条原理仅适用于把元音单独唱出来的情况。在自然连贯的言语中，同样的声学效果可以通过把发音器官放在不同的位置来获得。因此，元音的饱和度和下颚下降（垂直运动）程度之间的对应关系并不是绝对的。[8]由于语言学家最终关注的毕竟是声学效果，因此可能恰当的做法是采用基于响度的特征或基于饱和度的特征这两个术语来替代基于开口度的特征这个术语。发音部位特征在声学上对应的是泛音序列（partial tones）中不同的差距："前元音"体现为高频泛音的增强和低频泛音的抑制；相反，对"后元音"而言，高频泛音则受到抑制。一般而言，泛音的能量越强或频率越高，"前共鸣腔"就越短，就人类发音器官而言，双唇边缘和舌体所达到的最高点之间的距离就越短。不过，由于同样的声学效果也可以通过其他部位的发音器官实现，在这种情况下并不是总是出现舌头和唇部动作（"水平运动"）之间的对应性。因此，就元音而言，发音部位特征这个术语可以用音色特征来替代。接下来的讨论中，除使用声学上的术语，还会继续使用开口度特征和发音部位特征这些"不精确"的术语。

世界上似乎不存在仅有一个元音音位的语言。即使这样的"一元音"语言可能存在，那么这种语言必须允许大量辅音组合的存在。只有这样，这个唯一的元音音位才能够存在，因为在一个辅音组合的构成成分之间或词尾辅音之后的位置上，这个元音的出现与缺失［零元音（zero vowel）］构成对立。从音系学的角度来讲，没有辅音组合的"单一元音"语言，就等于没有元音，这是因为每个辅音后面强制性出现的这个元音只能看作是辅音发音过程中自然而然出现的一个成分，并不具备任何区别作用。[9]我们所熟悉的语言都有若干个元音音位，它们构成具体的元音系统。

基于开口度的大小（响度）和元音的发音位置（音色类别），我们可以构建三种基本的元音系统类型：[10]（a）线性系统，元音音位具备特定的响度特征，但不具备具有区别作用的音色特征（元音的发音部位特征）；（b）四边形系统，所有的元音音位不仅具备具有区别作用的响度特征，还具备具有区别作用的音色特征；（c）三角形系统，所有的元音具备具有区别作用的响度特征。除了开口度最大的元音音位，所有的元音都具备具有区别作用的音色特征。在这三种基本类型中，根据响度层级的多少和发音部位的不同类别，以及根据区别性特征所属的类型之间的逻辑对立关系，可以建立起不同的子类型。

B. 发音部位特征或音色特征

某些语言当中，这类元音特征并不具备区别作用，因为这些特征由它们所处的语音环境自动决定。阿迪格语就属于这种情况。该语言区分三个元音音位：1）口腔闭合度最大的ə，该元音与唇化的软腭音相邻时实现为u，在两个唇音之间和唇化咝擦音之后的位置上实现为ü，在非唇化的后软腭音之后实现为ɯ，在硬腭音之后实现为i，在其他所有位置上实现为一个闭合的不确定元音ə；2）半开的e，这个元音在与唇化的软腭音相邻时实现为o，在唇化咝擦音之后以及两个唇音之间的位置上实现为ö，在喉音和非唇化的后软腭音之后实现为a，在其他的位置则实现为e或一个不确定的开元音ë；3）开口度最大的元音a，这个元音位于两个唇音之间时略微有点圆唇化，在两个硬腭音之间实现为ä，在其他位置上实现为一个长元音ā。这些元音的时长与它们的响度相对应：a最长，e稍短一点（在喉音和非唇化的后软腭音后面时，这种长度的差异非常明显），ə最短，存在弱化的趋势。长元音ū、ō、ē和ī的确可以出现，不过仅作为双元音的自由变体（ew、əw、ej、əj）。类似的情况同样出现在阿布哈兹语（Abkhas）中，不过该语言中半开元音的实现形式更加统一：只有与j相邻时实现为e，仅在闭音节中出现在 w 之前时实现为 o，其他的位置则总是实现为 a，a 与响度最大的元音之间的区别主要在于这个音时长较短。尤比克语（Ubyk）的元音系统遵循的几乎也是同样的原则。元音音位具备特定的音系意义上的响度，但音色特征却与音系无关，这似乎是西高加索语族语言的一个独有特征。就目前世界上音系研究的现状而言，很难说这种"线性"的元音系统是否出现在其他语言中。不过，据我们所知，线性系统的确在某些语言中作为部分系统出现，尤其是在某些芬兰－乌戈尔语系语言和突厥语族语言中。这些语言中，第一个音节中元音的特征要比其他音节中元音的特征更加丰富（关于这一点，见下面的讨论）。

世界绝大多数语言当中，元音音位的音色特征均具有区别作用。三角形系统和四边形系统的唯一差别在于，前者音色特征的区别性对立仅存在于非最大开口度的元音，而后者当中，这种对立存在于开口度不同的所有元音音位。事实上，只存在两种音色特征的对立关系：一种是圆唇元音和展唇元音构成的对立（唇状展圆的对立），另一种是后元音和前元音构成的对立（舌位的对立）。[11] 这些对立可以独立地发挥区别作用，也可以与其他对立共同发挥区别作用，由此产生了不同的音色类别。以下是可能存在的八种音色特征的类别：圆唇的、展唇的、前的、后的、前圆唇的、后圆唇的、前展唇的、后展唇的。事实上，这八种类别的确出现在不同语言中。不过单个系统中，最多可出现四种类型的音色特征。据此，三角形和四边形系统可以分成具备两种音色类型、三种音色类型以及四种音色类型的系统。听感上，圆唇元音要比展唇元音暗沉一点，前元音要比后元音明亮一点。因此，每个具备多个音色类型的元音系统必然包含一个音色最暗沉的类型和一个音色最清晰的类型，这两种类型可以确定为极限类型，这是因为在这两种类型中间，可能存在一两个中间类型。

对于具备两种音色类型的系统而言，存在三种可能的情况：只有舌位前后的对立是区别性的，或只有唇状展圆的对立是区别性的，又或这两种对立交织在一起。第一种情况中，后元音和前元音彼此对立，双唇的动作与音系无关。第二种情况中，圆唇元音和展唇元音彼此对立，舌头的位置与音系无关。最后，第三种情况涉及后圆唇元音和前展唇元音之间的区别性对立。这种情况中，我们无法把元音音位的音色特征分开。因此，我们实际上不应当使用后圆唇元音和前展唇元音的说法，只可以说最暗沉的元音和最明亮的元音。很明显，第一种和第二种情况涉及有无对立关系，第三种情况涉及的则是逻辑上的均等对立关系。

在包含两种音色类型的四边形元音系统中，第一种和第二种情况常见，即舌位的相关关系或唇状展圆的相关关系以最清晰的方式呈现。这完全由开口度最大的两个元音音位的性质决定。如果这两个元音都是展唇的，一个肯定是后元音，另外一个则是前元音。这样，舌位前后之间的对立就构成了一个对应性的双边对立，这种对立关系同时存在于同一元音系统其他成对的元音当中。另一方面，从整个系统来看，非最大开口度的后元音作为圆唇元音这个事实也就变得无足轻重了。作为包含两种音色类型的四边形元音系统的例子，我们可以援引黑山共和国那些古老的方言的元音系统。这些方言中，原始斯拉夫语的"半元音"并没有像塞尔维亚－克罗地亚语那样演变成一个 a，而是演变成一个开口的元音 æ（这个元音介于 a 和 e 之间）：[12]

a   æ
o   e
u   i

然而，如果开口度最大的"暗沉"元音是圆唇的，而它相对应的"搭档"是一个展唇的非前元音，对于这对元音而言，只有双唇的位置与音系相关。因此，对于同一个系统中其他的元音而言，唇状展圆之间的对立同样是区别性的，而展唇元音的前部特征就仅仅被视作一种无关紧要的次要现象。波兰语的普拉萨（Plaza）方言（在小波兰省西部）的元音系统可以作为这样一个四边形系统的例子：

å   a
o   e
ů   y
u   i[13]

包含两种音色类型的四边形元音系统中，开口度最大的一对元音分别体现为一个后圆唇元音和一个前展唇元音音位的情况极为罕见。此类系统中，无法区分独立的发音部位特征：元音的音色分成两大类，最暗沉的一类和最明亮的一类。这两类元音彼此处在逻辑上的均等对立关系中。塔什干地区的乌兹别克语的元音系统可作为此类系统的一个例子：[14]

$$\begin{array}{cc} ɔ & æ \\ o & e \\ u & i \end{array}$$

100 诚如前文所述，音色不同的两类元音构成逻辑上的均等对立关系，这种情况在四边形元音系统中极少出现，但在包含两种音色类型的三角形元音系统中，却是主要的类型。在这种三角形的元音系统当中，圆唇的后元音（最暗沉的）与展唇的前元音（最明亮的）彼此对立，分别作为一个均等对立关系中的"极点（polar）"成分；而开口度最大的元音音位 a，作为一个展唇的后元音，则处在这个对立关系之外，也就是说，作为相应的元音系统中的一个剩余音位，不属于这两类音色不同的元音中的任何一类。拉丁语非常著名的元音系统可视作该类元音系统的一个经典例子：

$$\begin{array}{cc} & a & \\ o & & e \\ u & & i \end{array}$$

类似这样的三角形元音系统，在世界各地多种多样的语言中出现的频率最高，有时只是开口度分级的数量略有不同。

在包含两种音色类型的三角形元音系统中，唇状展圆的相关关系或舌位前后的相关关系单独具备区别作用的情况极少发生，因此音色不同的这两类元音之间的关系可能会是逻辑上的有无对立关系，这一点可以从这些元音音位的实现形式或从不同的对立发生中和的环境中推导出来。关于那些包含两种音色类型但却只有唇状展圆的相关关系具备区别作用的三角形元音系统，我们可以引用俄语、阿奇语和奥斯加克语（Ostyak）的元音系统作为例子。在俄语元音音位的实现过程中，舌位的前后受环境决定：在两个硬腭化辅音中间，ü、ä、e 和 i 读作前元音（ɔ、ä、e 和 i）。这个位置上，u 同样被前化，虽然并没有其他元音前化的程度那么大。另一方面，在非硬腭化辅音（语音上为软腭化辅音）后面，u、o 和 a 实现为后元音，i 实现为后央元音系列中的一个（ɯ）。某些俄国人的发音中，e 在这个位置上同样被读成央元音系列中的一个。因此，对俄语元音而言，舌位的前后与音系无关：只有元音音位唇状展圆的相关关系具备区别作用。[15] 达吉斯坦中部的一种东高加索语族语言阿奇语中，存在"辅音唇化的相关关系"，即一些辅音可以分成唇化和非唇化两种变异形式。该相关关系在圆唇元音 u 和 o 之前或之后得以中和。[16] 因此，这些元音与阿奇语元音系统中其他元音构成对立关系，即与展唇的 a、e 和 i 构成对立关系。这就意味着，所有的元音可以分成圆唇和展唇两类，而舌位的前后对元音音位的分类则被证明是无关的，因此与这些元音音位的音位内容同样无关。[17]

奥斯加克语，或更准确一点，北奥斯加克地区现已成为标准书面语的卡斯木/哈斯木方言（Kasym）中，词首音节中出现的是包含两种类型的三角形元音系统：

$$\begin{array}{ccc} & a & \\ ɔ & & ɛ \\ o & & e \\ u & & i \end{array}$$

其他音节当中，只有展唇元音（i、e、$ɛ$ 和 a）出现。[18] 换言之，非词首音节中，音色相关关系被中和，相应对立关系的超音位（u-i、o-e、$ɔ$-$ɛ$）体现为展唇元音。这种情况下，由于超音位体现形式的选择很明显由内部因素决定，因此 u-i、o-e 和 $ɔ$-$ɛ$ 这几对元音中，展唇的 i、e 和 $ɛ$ 应当视作无标记的对立项。所以，唇状的展圆应当看作具备音系区别作用的关联标记。

对于那些包含两种音色类型，但只有舌位前后的相关关系具备区别性的三角形元音系统，我们可以引用日语的元音系统举例说明。日语的元音系统中，辅音硬腭化的相关关系，即硬腭化辅音和非硬腭化辅音之间的对立，在前元音 e 和 i 之前被中和，但在后元音 u、o 和 a 之前却得以保留。因此，i、e 和其他元音就构成对立关系，即所有元音分成前元音和后元音两类，唇状的展圆对于元音音位的分类无关，从而与元音音位内容的确定也不相关。[19] 因此，日语的元音系统和前文已经提到的阿奇语的元音系统（u、o、a、e、i），尽管看起来相似，但从音系上来看，则大相径庭。对其中一个系统来说，只有舌位的相关关系构成该系统的音系基础，对于另一个系统而言，只有唇状展圆的相关关系构成这个系统的音系基础。

除了上面关于音色特征的两种"极端"的元音类型，包含三个类型的元音系统还包含一个"中间"类型，这一类元音语音上实现为展唇的后元音或央元音，或是圆唇的前元音或央元音。这类音色特征的中间类型体现为圆唇前元音的情况最多。所有语言中，音色特征的中间类型和极端类型之间的关系并非总是一致。音色特征中间类型的存在一定程度上有助于分析极端类型中出现的不同特征，但同时还可以使这种分析变得复杂。

在一个包含三种音色类型的元音系统中，音色特征的中间类型由圆唇的前元音组成，这一类元音可能与同一元音系统中音色特征的两个极端类型之一存在更为密切的关联，究竟与哪一个极端类型更密切取决于不同的语言。比如，芬兰语中，y（$=ü$）-u、$ö$-o 和 $ä$-a 这几个对立可以中和。y、$ö$ 和 $ä$ 不可以出现在含有 u、o 或 a 的音节后面。另一方面，u-i、y-i、o-e 和 $ö$-e 这几组对立不可以被中和。换句话讲，只有（开口度一致的）前元音和后元音之间的对立才可以中和，而（开口度一致的）圆唇和展唇元音之间的对立是常恒对立。因此，在含有 u、y、o、$ö$、a 或 $ä$ 的音节之后，只有五个元音可分别出现这些音节之后；在 u、o 和 a 之后，出现的元音为：

$$a$$
$$o \quad e$$
$$u \quad\quad i$$

而在 y、$ö$ 和 $ä$ 之后，出现的元音为：

$$ä$$
$$ö \quad e$$
$$y \quad\quad i$$

在一个包含三个特征类型的元音系统中，可以发现音色特征类型的另一种大不相同的分布情况，比如波拉布语（Polabian）的元音系统。[20] 波拉布语的辅音中存在硬腭化相关关系。但在所有前元音之前，以及不属于任何一种音色特征类型、开口度最大的元音 a 之前，这种相关关系发生中和。结果，后元音 u、o

和 a 在这个系统中占据了一个独特的位置。开口度一致的后元音和前元音之间的对立是永恒的（不可中和的），而开口度一致的圆唇元音和展唇元音之间的对立（$ü$-i、$ö$-e）在 v 和 j 之后发生中和，超音位体现为展唇元音 i 和 e。所以，这种语言中音色特征的中间类型与前元音之间的关系更为密切。在舌位相关关系和唇状展圆相关关系之间存在着某种层级：

$$\text{后元音} \longrightarrow \text{前元音} \begin{cases} \text{圆唇} \\ \text{展唇} \end{cases}$$

对于后元音而言，唇状特征与音系无关。[21] 这种关系可以用以下的图表示：

$$\begin{array}{ccc} & a & \\ \alpha & & e \\ o & & ö、ê \\ u & & ü、i \end{array}$$

相对而言，具备三个音色类型的元音系统似乎比较罕见，比如芬兰语和波拉布语的元音系统就是这样。这两种语言中，音色特征的中间类型与其中一个极限类型的关系更为密切，这样在舌位相关关系和唇状展圆相关关系之间，就产生了特定的层级关系。在圆唇前元音构成音色特征的中间类型的多数三类型元音系统中，这个中间类型不大可能与其中一个极限类型之间建立更为紧密的关联。比如标准德语、荷兰语、法语、挪威语、瑞典语和丹麦语中，音色特征的三个类型彼此对立，对立成分之间的亲疏程度相当。据我们所知，阿尔巴尼亚语北部方言、爱沙尼亚语、基连语（Ziryene）[22] 和安南语（Annamese）[23]

中，同样没有任何理由可以认为音色特征的中间类型与其中一个极限类型的关系更为紧密。库里语（K'üri），即现在的列兹金语（Lezghian）中，a-e 和 u-i 这两个对立不可以中和，但是 ü-u 和 ü-i 这两个对立在某些位置上可以中和（重读的 ü 不可以出现在 u 或 i 之后的音节中，重读的 u 和 i 则不可以出现在包含 ü 的音节中），音色特征的中间类型与两个极限类型之间的亲疏关系相等。[24]

在目前已讨论过的包含三种音色类型的元音系统中，音色特征的中间类型体现为圆唇的前元音。音色特征的中间类型由展唇的后元音构成的系统更为少见。作为这类例子，我们可以看一下罗马尼亚语、暹罗语[25] 和沃加克语（Votyak）[乌德穆尔特语（Udmurt）]。[26] 在这类元音系统中，有时音色特征的中间类型与其中一个极限类型的关系要更加密切。比如，根据谢尔巴的描写，德国穆斯考地区（Muskau）使用的东索布语方言中[（东卢萨蒂亚－温德语（East Lusatian-Wendic）]，[27] 中间的音色特征类型与前舌位的音色类型之间的对立在除软腭音外的辅音之后发生中和，即在齿音、硬腭音、咝擦音以及 r、l 之后中和：展唇的央元音 ï（谢尔巴记为 ë）和 ë（谢尔巴记为 æ）出现在 d、t、n、l、r、s、z、c 之后；相反，前元音 i 和 ε 出现在 ʒ'、c'、z'、s'、n、l、r 和 j 之后（但在唇音后面，i 和 e 以及 ï 和 ë 具备区别性作用）。所以这种情况下，中间的音色特征类型与前元音（最明亮的一类元音）的关系要更加紧密一点。

包含四个音色类型的元音系统，比包含三个类型的系统更为罕见。许多突厥语族语言的元音系统可作为例子：

$$o \quad a \quad ö \quad ä$$
$$u \quad ɯ \quad ü \quad i$$

突厥语族语言中广泛存在所谓的元音和谐现象。上面引用的元音系统仅在词首音节——即音系信息最充分的位置上——以上面的形式出现。其他所有位置上，音色特征之间的对立发生中和。非词首音节中，元音音色特征具体的实现形式由前面音节中的元音决定。在具备四个音色类型的元音系统中，必须提及东切列米斯语（Eastern Cheremis）。[28] 该语言开口度最小的一类元音具备四种音色特征类型，开口度居中的元音三种，开口度最大的元音有两种，因此，整个元音系统包含九个元音音位。在所有成对的元音中，舌位前后的相关关系可以中和，而唇状展圆的相关关系只有在开口度最小的元音中才可以中和。[29] 这个独特的元音系统可以通过以下图表来展示（根据引文中的记音形式）：

$$a \quad ä$$
$$o \quad ö \quad e$$
$$u \quad ü \quad ə \quad i$$

尽管如此，依然存在一些包含四种音色类型但不同音色特征之间的对立不可中和的元音系统。因此，这四类不同的音色特征彼此独立，互相平等，共存于同一元音系统中。奥斯加克-萨摩耶德语（Ostyak-Samoyed）[现为塞尔库普语（Selkup）] [30] 的元音系统就属于这种类型，其中任何一个音色类型的对立都无法发生中和：

```
             a
         å       æ
    o    ɜ    ɵ    e
  u    ɯ        y    i
```

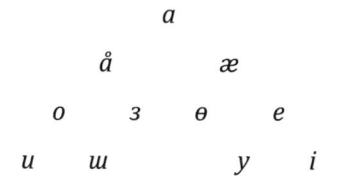

C. 基于开口度或响度的特征

前面我们讨论了线性元音系统，这些系统中元音仅区分开口度大小的特征，而不区分发音部位特征或音色特征。目前的问题是，是否存在与前面相反的系统，即系统中每个成分只区分音色特征，而不区分开口度的特征。就这个问题，冯·吉内肯（J. van Ginneken）认为他可以给出肯定的回答。他引用两种语言作为例子，一是达吉斯坦中部地区的东高加索语族语言－拉克语（Lak），另一是"阿契美尼德碑文上篆刻的亚述－巴比伦语（Assyro-Babylonian）"。[31] 对于第二种语言，由于该语言已消亡，这里不敢妄加评论。至于拉克语，比较明确的一点是这种语言的元音音位不仅区分音色特征，而且还区分开口度特征。当然，在多数语音环境中，拉克语的三个元音的确分别实现为 u、a 和 i。正是这一点使冯·吉内肯认定 u "总体上是一个圆唇的后元音"，i "总体上是一个展唇的前元音"，而 a 则"总体上是一个展唇的后元音"，所以，这三个元音开口度的大小不具备音系区别作用。但是，在与硬腭化程度强烈的辅音相邻时，拉克语这三个元音音位的实现形式发生变化：在这些位置上，u 实现为 ö，i 实现为 e，a 则实现为 ä。[32] 因此，在该位置上 i 和 a 的对立并非音色特征的对立，而是开口度大小的对立。通过比较拉克语每个元音音位的两个变体形式，可以发现对于"*a*"而言，重要的只有开口度最大这个特征，而对于"*u*"和"*i*"而言，与音系相关的特征首先是开口度最小这个特征，其次是具体的音色特征，"*u*"是圆唇的特征，而"*i*"是展唇的特征。因此，绝对不能拿拉克语来证明存在开口度特征不起作用的元音系统。其他同样包含 *u*、*a*、*i* 这三个元音的三元音系统语言也是同样的情况。[33] 在阿拉伯语中，*i* 和 *a* 之间存在非常明确的开口度大小的对立，因为 *a* 大多情况下实现为前元音（除非在与"强调式辅音"相邻的位置上）。但位于强调式辅音之后时，*a* 听起来比较"暗沉"，因此这个位置上，它又与 *u* 构成开口度大小的对立。阿拉伯语的 *a* 在"强调式辅音"之前实现为一个后元音或一个靠后的央元音（类似于英语"father"中的 *a*）。但在该位置上短 *i* 同样实现为一个靠后的央元音 ï。所以这种情况下，可以发现 *a* 和 *i* 之间同样存在开口度大小的对立。[34] 因此，可以认定，前面所讨论的拉克语三个元音音位的音系特征同样适用于阿拉伯语的三个元音 *u*、*a* 和 *i*。在现代波斯语中，长 *a* 通常读作一个圆唇元音，而短 *a* 则变为 *ä*。在这种情况下，基于开口度大小的不同，长 *a* 与相对应的最暗沉的元音（*u*）构成对立，而短 *ä* 则与对应的最明亮的元音（*e*）构成对立。[35] 在其他只有一个最暗沉元音、一个最明亮元音以及一个中性音色特征元音的语言中，这个中性元音音位的开口度同样要比另外两个元音音位的开口度大。事实上，虽然最暗沉的元音和最明亮的元音之间仅存在音色特征的对立，但这两个元音与那个中性的元音音位构成开口度大小的对立。在某些语音环境中，这种对立尤为明显。

因此，开口度的大小不构成区别性对立的元音系统并不存在。当然，这一点只针对"整体系统"而言是正确的：在"局部系统"中，即特定语言中仅在特定语音环境中出现的元音系统，基于开口度的对立可以不出现。比如俄语中，重读音节前只有 ĭ 和 ŭ 这两个元音音位可以出现在硬腭化辅音和 č、š、ž 之后。在这些特定位置上，这两个元音音位包含的音位内容只有它们的音色特征（ĭ 为展唇，ŭ 为圆唇）。但是这个局部系统不可以独立存在，它只能与其他非重读音节中出现的局部系统（ŭ、ă、ĭ），以及重读音节中出现的局部系统（u、o、a、e、i）相关联时才存在，而后面这两种系统中，不仅存在不同音色特征之间的对立，还存在开口度大小之间的对立。

因此，每种语言的元音系统皆有开口度大小的对立。某些元音系统中，所有音色特征相同的元音音位构成一个"音色特征类别"，因此同一元音系统内，开口度（响度）大小一致的所有元音音位也可以囊括在一个"响度级别"内。相应地，不同的元音系统不仅可以基于音色特征分为"单类别"（线性）系统、"双类别"系统、"三类别"系统和"四类别"系统，还可以基于响度级别分为"两级别"系统、"三级别"系统、"四级别"系统等。

包含两个响度级别的元音系统并不少见。前面我们已经讨论了拉克语、阿拉伯语和现代波斯语的元音系统。这些系统都是包含两个响度级别的（以及两个音色类别的）三角形系统。如下图所示：

$$a$$
$$u \quad i$$

107 其他一些元音系统也属于这种类型，比如（北美洲）特林吉特语（Tlingit）、海达语（Haida）[36] 以及古波斯语。不过，还存在具备两个响度级别的四边形元音系统，比如田纳西州的通卡瓦语（Tonkawa）[37] 的元音系统包含前元音、后元音两个不同的音色类别，后元音要比相应的前元音开口度大。因此，从语音学角度来讲，这个系统并不对称：

$$a \quad e$$
$$o \quad i$$

包含两个响度级别、三个音色类别的四边形系统存在于库里语（列兹金语）语中：[38]

$$a \quad e$$
$$u \quad ü \quad i$$

前面我们提到的许多突厥语族语言的元音系统，可作为包含四个音色类型、两个响度级别的四边形系统的例子：

$$o \quad a \quad ö \quad ä$$
$$u \quad ɯ \quad ü \quad i$$

很明显，在所有包含两个响度级别的元音系统中，不同响度特征之间的对立可理解为逻辑上的有无对立——"低"/"非低"或"高"/"非高"之间的对立。但据我们所知，响度大小之间的对立似乎不可以中和，因此任何情况下，这一对立关系都尚未变成事实上的有无对立关系。[39]

目前，多数语言的元音系统都具有三个响度级别。包含两个音色类别、三个响度级别的三角形元音系统以不同的实现形式存在于世界各地众多语言之中：欧洲有现代希腊语、塞尔维亚－克罗地亚语、捷克语、标准波兰语；苏联有（标准）俄语、厄尔兹亚－莫尔多瓦语（Erza-Mordvin）、格鲁吉亚语、阿瓦尔语、安迪语（Andi）、阿奇语、塔夫基－萨莫耶德语（Tavgy-Samoyed）[牙纳桑语（Nganasan）]；亚洲则有日语和泰米尔语（Tamil）；非洲有兰巴语、绍纳语（Shona）、祖鲁语（Zulu）、干达语（Ganda）和齐切瓦语（Chichewa）；美洲有玛雅语等语言：

$$a$$
$$o \quad e$$
$$u \quad \quad i$$

不过，包含三个音色类别、三个响度级别的三角形系统也为数不少。包含三个响度级别的四边形元音系统中，之前已经提到的黑山方言（Montenegran）可作为例子：

$$a \quad\quad ä$$
$$o \quad\quad e$$
$$u \quad\quad i$$

在所有包含三个响度级别的元音系统中，每个响度级别之间互相构成分级对立关系。在这样的系统中，语音对立的中和遵循与分级对立的中和相同的规则，也就是说，要么是对立关系中的"极限"成分作为超音位的体现形式，要么是外部因素决定超音位的体现形式。

与具备三个响度级别的元音系统相比，具备四个响度级别的元音系统要少得多。不过，这样的元音系统同样存在于世界各地大量语言中，如意大利语的三角形元音系统：

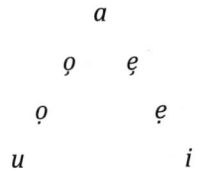

$$a$$
$$ǫ \quad ę$$
$$ọ \quad ẹ$$
$$u \quad i$$

同时，前面提到的很多波兰语方言可作为四边形元音系统的例子（根据波兰方言学家的传统记音）：

$$å \quad a$$
$$o \quad e$$
$$ů \quad y$$
$$u \quad i$$

与所有包含两个以上响度级别的元音系统一样，该元音系统中，基于开口度的大小构成的每一个对立都是分级对立。当其中一部分对立关系发生中和时，它们之间的特殊关系得以体现。比如，如果居中的两个响度级别构成的对立可以中和，这种对立关系就不再是分级对立，而是有无对立。对立的"标记"要么是"闭口性"要么是"开口性"，这取决于哪一个对立成分充当超音位。比如，巴拉岛（Barra）[赫布里底群岛（Hebrides）]上使用的苏格兰方言[40]中存在一个具备四个开口度级别的元音系统，但该系统仅出现在词首音节中。其余的音节中，开口度居中的两组对立 o-ɔ 和 e-æ 发生中和，结果在这些位置上只出现开口元音 ɔ 和 æ。因此这两个元音可以视为无标记的对立成分。那么，o-ɔ 和 e-æ 这两个相关关系就应当称作"闭口性相关关系"。但是，如果可被中和的响度大小的对立中，其中一个对立成分具备"极值"响度，即具备最大或最小的响度，那么该对立关系作为分级对立的属性保持不变。丹麦语中，u-o、y-ø、i-e 这三个对立在位于辅音之前的鼻音前发生中和（包括 η 之前）。在 r 前面，这些对立也体现出明显的中和趋势。[41] 但是，丹麦语的 o、ö、e 不可以看成是开口的 u、y、i。当这类中和影响的是整个元音系统的时候，情况就变得有点不同。这就是尼日利亚南部伊博语（Ibo）中的情况。[42] 这种语言的元音系统包含两个音色类型、四个响度级别。一方面，第一响度级别和第二响度级别的元音构成的对立可以中和。另一方面，第三响度级别和第四响度级别的元音同样可以中和。这样的话，这两种情况之间就存在"1∶2＝3∶4"这样的对应关系。单个词中只能出现开口度为第一级别和第三级别，或第二级别和第四级别的元音。所有的词缀（前缀和后缀）与词干元音的特征保持一致。因此，该元音系统中，开口度不同级别之间的所有对立皆属于均等对立：[43]

低元音 { 开······ɔ-a······第四级别开口度
　　　　闭······o-ɛ······第三级别开口度

高元音 { 开······ʊ-e······第二级别开口度
　　　　闭······u-i······第一级别开口度

我们可以把这种语言的词、词干或词根分成两类："开元音"类和"闭元音"类，词缀可分成"高元音"类和"低元音"类。但是这些元音类中，任何一类都无法视作无标记的或有标记的一类。

　　前面已经提到，具备四个响度级别的元音系统要比具备三个级别的系统更为少见，而具备五个响度级别的元音系统可以视作极为罕见的特殊情况。欧洲诸语言中，这样的元音系统存在于瑞士格拉鲁斯州的克伦茨方言中。[44]至于非洲语言，位于黄金海岸地带的芳蒂语（Fante）似乎是包含五个响度级别（两个音色类别）的三角形元音系统：u、U、o、ɔ、a、ɛ、e、ɪ、i。[45]利比里亚境内的圭亚博语（Gweabo）似乎是包含六个响度级别（两个音色类别）的三角形元音系统，如果该系统中"明亮元音"和"沉闷元音"之间的对立可以看作不同响度级别之间的对立的话。[46]圭亚博语中存在一种"元音和谐"现象，该现象发生的前提是响度级别中的第一级别和第二级别、第三级别和第四级别、第五级别和第六级别之间的对立分别可以中和。这种元音和谐的规则要比伊博语复杂得多。任何情况下，这种元音和谐的规则以整个元音系统以下列的切分模式为基础（我们仍使用萨丕尔的标音）：

低	"明亮的"	a		第六级别开口度
	"沉闷的"	O E		第五级别开口度
中	"明亮的"	ɔ ɛ		第四级别开口度
	"沉闷的"	o e		第三级别开口度
高	"明亮的"	o̱ e̱		第二级别开口度
	"沉闷的"	u i		第一级别开口度

每个元音系统中，音色最暗沉和最明亮的两类元音包含的响度级别都是一样的。这对于四边形元音系统也绝对适用。三角形

元音系统中，还应当把响度最大的元音包括在内，这个元音游离于不同的音色特征类别之外。因此，一个包含四个响度级别的四边形系统应当含有四个音色最暗沉的元音和四个音色最明亮的元音，而一个包含四个响度级别的三角形系统就只能含有三个最暗沉的元音和三个明亮的元音，外加一个开口度最大的元音。四边形系统中，基于开口度构成的单个对立发生中和时，通常既发生在音色最暗沉的元音类别中，也发生在音色最明亮的元音类别中。这种中和的结果总是产生另外一个"四边形"的局部系统（响度级别更少）。三角形系统中，某一开口度级别的对立可能在音色类别的两个"极限"类别中发生中和，这同样会重新产生一个"三角形"的局部系统；或者，中和还可能发生在其中一个"极限"音色类别中，这时产生的局部系统就是一个四边形系统。例如现代希腊语某些方言的三角形元音系统包含三个响度级别、两个音色类别，第一响度级别和第二响度级别之间的对立在非重读音节中发生中和，[47] 在这些位置上产生一个含有两个响度级别的三角形元音系统：

重读音节中：　　　　a　　　　　　非重读音节中：　　ă
　　　　　　　　o　　e　　　　　　　　　　　　ŭ　　ĭ
　　　　　　　u　　　　i

相反，俄国北部方言中，重读音节中同样出现一个含有三个响度级别、两个音色类别的三角形元音系统，而非重读音节中，a-e 之间的对立被中和。超音位的体现形式由外部环境决定（硬腭化辅音之后为 e，非硬腭化辅音之后为 a）。这样，就产生一

个包含两个响度级别的四边形系统：[48]

重读音节中： a　　　　　　非重读音节中： ŏ　ă
　　　　　　o　e　　　　　　　　　　　ŭ　ĭ
　　　　　　u　　i

这样的例子还存在很多。

在包含三个音色类别的元音系统中，居中的音色类别所包含的元音音位不能多于两个极端类别所包含的元音音位数量。这三个音色类别包含的元音数量相当的情况主要存在于三角形元音系统，比如蒙古语的元音系统：[49]

　　　　　　　　a
　　　　　　o　ö　e
　　　　　　u　ü　i

相反，在包含三个音色类别的四边形系统中，中间的音色类别包含的元音音位几乎总是少于两个极端类别所包含的元音音位。（比如，前面所引用的芬兰语和库里语或列兹金语的元音系统）。对于三角形系统而言，同样出现这种关系的情况也并不少见。比如挪威语的元音系统：[50]

　　　　　　　　a
　　　　　　å　　æ
　　　　　　o　ø　e
　　　　　　u　y　i

还有其他一些结构类似、但实现形式有别的元音系统也是如此，比如波拉布语、安南语、巴拉岛上使用的苏格兰方言，以及前面已引用过的谢尔巴描写的穆斯考地区（Muskau）使用的东索布语方言（包含一组展唇的央元音）。如果音色特征居中的元音类别包含的响度级别少于两个极端类别中的任何一个，这个中间类别缺少的往往是两个极端类别中与响度最大的那个元音一致的响度级别。任何情况下，在含有三个音色类别的元音系统中，最小的响度级别似乎总是可以得到充分体现，也就说，可以体现为三个元音音位。

由此可得出，包含三个音色类别的元音系统中，位于中间的那个音色类别有时还可以体现为单独一个元音音位。这种情况下，这个音位与音色特征的极端类别中响度最小的元音开口度一致。其实，这样的例子并不少见。前面已经提到的库里语（列兹金语）的元音系统就可以用作例子：

$$a \qquad e$$
$$u \quad ü \quad i$$

中古希腊语（Middle Greek）的元音系统是一个含有三个响度级别的三角形元音系统，音色特征的中间类型只体现为 ü 一个元音：

$$a$$
$$o \qquad e$$
$$u \quad ü \quad i$$

图巴图拉巴尔语（Tübatulabal）是一种印第安土著语言，属于乌托－阿兹特克语系（Uto-Aztecan）肖肖尼语族（Shoshonean），这个语言现今的元音系统与中古希腊语十分相似，差别就在于这种语言中展唇的 i 出现在希腊语 ü 的位置上。[51] 以上这些语言绝非是出现此类情况仅有的例子。

在包含三个音色类别的元音系统中，不同的开口度之间的对立发生中和时遵循的规则，与包含两个音色类别的系统发生中和时遵循的规则相同，不过在中和之后的局部系统中，音色特征的中间类别含有的音位数量可能不会多于两个极端类别中任何一类所包含的音位数量。因为音色特征之间的对立有时也可以中和，经常发生的情况是在一个具备三个音色类别、多个响度级别的整体系统之外，还存在一个具备两个音色类别（或者一个线性的）、两个开口度级别的局部系统。比如，前面已经引用过的蒙古语的三个音色类别、三个响度级别的元音系统在词首音节中以这样的格局出现：

$$a$$
$$o\quad ö\quad e$$
$$u\quad ü\quad i$$

在含有元音 i 的音节之后的非词首音节中，ü-ö 之间的对立发生中和，产生了以下的局部系统：

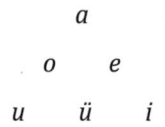

$$a$$
$$o\quad e$$
$$u\quad ü\quad i$$

最后，在含有其他元音（i 除外）的音节之后，u-ü、o-ö、ö-e 和 o-e 中不同音色特征的对立，以及 o-a、ö-a、e-a 中不同的开口度之间的对立，发生中和。结果产生了下面这个局部系统：

$$A$$
$$U\quad I^{52}$$

以上这些中和过程仅发生在蒙古语的长元音中。对于短元音而言，所有的音色特征的对立在含有元音 i 的音节之后中和消失，因此产生一个包含三个响度级别的线性系统：

$$a$$
$$e$$
$$i$$

在含有其他元音的音节之后，蒙古语的元音系统缩减程度更大，只剩下两个短元音：i 和 e。后面音节中的元音体现为前面音节中元音的性质。

以上陈述已经提到在一个含有三个音色类别的元音系统中，当中间的音色类别体现为单独一个元音音位时，该音位的响度最低，这就与极端音色类别中两个响度最小的元音 u 和 i 构成一组。当这个中间类别体现为一个圆唇前元音时，这条规则毫无例外地运用：如果该元音系统只包含一个这样的音位，这个音位永远是 ü，而不会是 ö。但是存在这样的情况，就是在一个具备多个响度级别的元音系统中，除了极端音色类别所包含的元音之外，还存在另外一个展唇的元音音位，这个音位不属于任何音色类别，而且响度既非最大亦非最小。由于这样一个元音音位只能给予否定性的描述，所以可以将其称作"不确定性元音"。[53] 不能将该音位跟中间（展唇的）音色类别仅有的那个音位的体现形式相混淆：后者与 u 和 i 构成纯粹的（孤立的双边）对立关系，而这个"不确定性元音"与元音系统中任何一个音位都无法构成双边对立关系。任何情况下，这个元音都不构成任何纯粹关于音色特征的对立关系。

世界各地很多语言中都存在一个上述所定义的不确定性元

音，这个元音不仅可出现在重读音节中，还可出现在不重读音节中。这个元音可能是长元音，也可能是短元音：英语 bird 中的元音就可以看作一个长的不确定性元音。但在很多语言中，这个不确定性元音仅出现在开口度大小的对立和音色特征的对立发生中和的语音位置上所形成的局部系统当中。

114　　据上所述，我们可以得出以下结论，即不可将这个不确定性元音视作某一特定的音色中间类型的唯一体现形式，而应将其视作一个独立于任何音色类别的元音音位。因此，这个不确定性元音可以与三角形元音系统特有的响度最大的那个元音构成一种独特的关系，因为这个响度最大的元音同样游离于任何音色特征类别之外。据此，某些情况下，一个三角形元音系统中的"不确定性"元音可以通过与"a"构成双边对立关系而变成一个"具体"的元音。比如，这种情况就出现在保加利亚语中。保加利亚语的不确定性元音开口度大致等同于 o 和 e，但这个元音既不圆唇又非硬腭元音。所以几乎不太可能认为保加利亚语的 ə 和 o，或 ə 和 e 构成纯粹的音色特征的对立。但由此却可以推断出 o：a＝u：ə、e：a＝i：ə、u：o＝i：e＝ə：a 这三组对应性关系。非重读音节中发生的情况（至少在部分地方性读音中）证明这种对应性关系与实际情况相符。因为这些音节中不允许出现 o、e 和 a，只可以出现 u、i 和 ə。换言之，u-o、i-e 和 ə-a 这三个基于开口度的对立发生中和，而且这个元音系统属于三角形系统的类型特征也得以维持。这种情况可以用以下图表示：

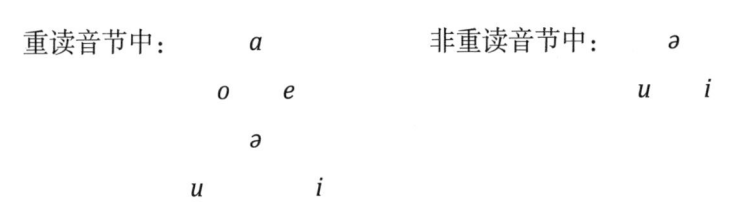

第四章 区别性对立的音系学分类 *161*

重读音节中： *a*　　　　　　非重读音节中： ə
　　　　　　o　　*e*　　　　　　　　　　　　　*u*　　*i*
　　　　　　　　ə
　　　　　　u　　*i*

因此，保加利亚语的元音系统是一个包含三个音色类别的三角形系统，其中居中的音色类别的特征分别为中性音色和开口度的增大。[54]

保加利亚语的元音系统看起来似乎极其少见。在其他我们所熟悉的语言当中，并不能确认这个不确定性元音和 *a* 之间存在一种独特的双边对立关系。因此，也就没有理由将这个不确定性元音和 *a* 归到某一特殊的中间音色类别中。

关于含有四个音色类别的元音系统具备多少个响度级别，这个无法多加论述，因为这类元音系统总体上极为罕见。根据我们已有的了解，这样的系统中，任何一个中间音色类别所含有的响度级别不会超过任何一个极端类别所含有的响度级别。（因此，两个中间音色类别所包含的元音音位的总数量不会超过两个极端类别所包含的元音音位数量。）上面引用过的东切列米斯语的元音系统中，响度最低的元音在四个音色类别中都有出现。这个元音系统证明在一个包含四个音色类别的系统中，两个中间类别各自具备的响度级别的数量并不一定相等。

与开口度特征的研究同样紧密相关的一个难题是可判定为单个音位的二合元音在元音系统中的位置。在古代的主体俄语（Great Russian）和乌克兰语北部方言（North Ukrainian）中，情形最为简单明了。这些语言中，俄语方言中 ω 和 ě 所代表的音位语音上实现为一个开口度逐渐增大的移动式二合元音（大致接近于 u͡o 和 ie）。这些二合元音在发音初始阶段的舌位略低于同系统内舌位最高的元音，但发音结束时的开口度又不及单元音 o 和 e 的开口度。因此，这些音位在元音系统中的位置非常确定：这样的元音系统属于包含四个响度级别的三角形系统，其中 ω 和 ě 属于第二响度级别（u、ω、o、a、e、ě 和 i）。ω-o 和 ě-e 这两个对立在相关方言中可以中和。非重读音节中，这些对立发生中和，每一项对立的超音位分别体现为 o 和 e〔至少在含有 ω 和 ě 这两个元音的主体俄语北部方言（North Great Russian）和乌克兰语北部方言（North Ukrainian）当中，存在这种情况〕。由此可以得出，该情况下，双元音化，或者更准确一点，元音舌位高度的降低应当看作相关标记。同样，达科-罗马尼亚语（Daco-Romanian）中复合元音"oa"和"ea"的位置也很清晰，显然，这两个元音分别位于 o、a 与 e、a 之间：[55]

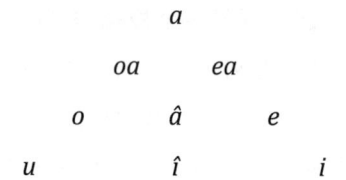

$$\begin{array}{ccc} & a & \\ & oa \quad ea & \\ o & â & e \\ u & î & i \end{array}$$

德拉瓦河北部卡林西亚地区使用的一种斯洛文尼亚语方言中〔一种被称为德拉瓦茨（Drauci）的方言〕，二合元音 uə 和 iə 发音结束时的舌位要低于起始阶段的舌位，很明显应当把这两个元音的位置归在 u、i 和 o、e 之间，而 oa 和 ea 很明显就应当归在 o、e 和开口度最大的两个元音 â、a 之间。因此，存在一个包含五个响度级别的四边形元音系统：[56]

å	*a*
oa	*ea*
o	*e*
uə	*iə*
u	*i*

对那些可判定为单个音位的二合元音进行分类，难度更大。这些二合元音中，一个成分的开口度较大，而另一个成分要比跟其邻近、开口度居中的那个元音舌位高。德语和荷兰语中就存在此类情况。德语的三个二合元音"*au*"、"*eu*"和"*ei*"可以分别划分到德语元音系统的三个音色类别中，但要把它们归到不同响度级别构成的系统中，则不可能。这些音位由于发音的不稳定性而导致的开口度的波动性和不确定性，可以看作它们的特定标记。这使得它们与德语其他的长元音音位（即非急刹性）得以区分。因此，长元音音位应当首先切分为两个类别：开口度"稳定的"和开口度"可变的"。在这两类分类的基础上，再根据三个不同的音色类别进行进一步的分类。另一方面，根据三个响度级别进行分类，只能在开口度稳定的元音类别中进行。[57]

英语二合元音带来的问题尤为复杂，即使一个人仅仅关注琼斯整理的现代英语中的格局。[58]

最近有学者尝试对英语的元音系统格局进行音位分析；根据时间先后这些学者有瓦海克（Josef Vachek）(1933)、[59]特恩卡（Bohumil Trnka）(1935)、[60]劳伦森（A. C. Lawrenson）(1935)[61]以及马龙（Kemp Malone）(1936)。[62]那些所谓的短元音似乎不会造成分析上的困难：这四位学者一致认为用专业术语来讲，这些元音构成"一个包含两个音色类别、三个响度级别的四边形系统"。英语中构成对立的语音标记似乎不是唇状的展圆而是舌的前后位置。但是，对于那些所谓的长元音和二合元音（或三合元音）而言，难题就出现了。不过，这些难题存在的主要原因似乎是由于在分析英语的元音系统时，没有考虑到英语韵律系统的独特性。英语中，"音长"指的是基于接触类型的一种韵律性对立。如果一个元音的发音由于紧跟其后的辅音开始发音而被阻断，那么这个元音就是"短的"，如果没有受到阻断、发音充分，那么这个元音就是"长的"。根据丹尼尔·琼斯的描述，英语的"非急刹性"元音中只有 a: 和 ə: 没有二合元音的变体形式，其他所有的非急刹性元音音位都存在二合元音变体，换言之，它们都存在以开口度的变化为特点的变体形式。对 ɛ: 和 ɔ: 而言，它们的变体是选择性的，但较之 i: 和 u: 的变体，这些变体使用的频率更低。不过，这些元音的确存在这些变体，是有充分理由的。根据琼斯的描述，现代英语的不同变体中，并不能在"真正的"二合元音和"长的单元音"之间识别出任何根本性的差异（a: 和 ə: 除外）。这两类元音都是开口度变化的非急刹性元音音位。仅有的两个具备稳定开口度的非急刹性元音音位就是开口度最大的元音 a: 和不确定元音 ə:，即那些独立于音色类别之外的非急刹性元音音位。因此，在已经研究过的英语不同变体中，元音开口度的可变性不仅与元音的"非急刹性质"相关，还与元音所属的具体的音色类别有关。

据上所述，针对开口度可变的元音音位，可以确立一条分类的原则，即根据发音动作位移的方向（Ablaufsrichtung）来分类。有些非急刹性元音位移的方向是向心的，其他的则是离心的，也就是说，有些元音发音时从由特定音色特征所标记的一个位置移动到一个中心（中性的）位置，[63] 而其他元音位移的方向则是移向特定音色类别中那个极端形式所在的位置。根据德语的表述，我们可以把前一类元音称为向心位移的元音（hineinablaufende Vokale），后一类元音则称作离心位移的元音（hinausablaufende Vokale）。重要的一点是，*a:* 和 *ə:* 这两个元音独立于音色系统之外，可以说处在中心的位置，它们具备稳定的开口度。就英语其他非急刹性元音音位而言，可以确定它们开始发音时开口度的相对大小。这两个音色类别[64]均具有三个响度级别。离心位移的元音音位包括音色特征暗沉的元音 *uw*（= *u:*）、*ou* 和 *au*，以及音色特征明亮的元音 *ij*（= *i:*）、*ei* 和 *ai*。对于向心性元音音位而言，第一响度级别内的元音明显体现为 *ʋə* 和 *ɩə*，第二响度级别的元音我们可以确定有 *ə:* 和 *ɛ:*，这两个元音其实还有 *ɔə* 和 *ɛə* 这两个自由变体，而且根据它们的音系内容，应当把这两个变体视作 *ə:* 和 *ɛ:* 这两个元音朝着中心位置移动的实现形式（*ə*）。琼斯将 *auə* 和 *aiə* 这两个元音称作三合元音，而且还列出了它们各自的自由变体 *aə*、*aə* 和 *a:*、*a:*，所以大概可以认为这两个音位具备第三响度级别。[65]由于开口度最大的元音 *a* 独立于任何音色类别，那么英语中非急刹性元音音位整体上构成的元音系统就应当是一个"具备四个响度级别、两个音色类别的三角形元音系统，同时还包含一个不确定性元音"。不过，由于每一音色类别中均可区分两种不同的发音位移方向，所以，非急刹性元音音位的总体数量不是八个而是十四个：

a:

aʊ　　aʊə　　ɛɪə　　aɪ

oʊ　　ɔə　　　ɛə　　eɪ

ə:

u:　　ʊə　　　ɪə　　i:

至于二合元音 oi，前面提到的所有学者都将它看作音位的组合，不过劳伦森除外。然而劳伦森为了支持他的单音位分析提出的那些正面的论点似乎并不十分合理（见 Kemp Malone，同上引，第 160 页，no.4）。[66]

在标准德语和荷兰语中，开口度可移动的非急刹性元音很少，而且发音的位移方向始终是离心的。但是英语中，大多数非急刹性元音音位的特点就是它们开口度大小的可动性，而且除此之外，这些元音音位基于发音位移方向的不同还体现出对立的关系。类似的情景可能同样存在于其他一些语言或方言中，尤其是韵律结构所遵循的原则与英语一致的那些语言。任何情况下，对于拥有大量移动式二合元音的所有语言而言，应当就以下问题对它们加以考察，即类似于英语的那些元音位移的不同方向是否无关紧要？

D. 共鸣特征

元音的部位特征和开口度特征之间的关联非常密切，因此可以构成一个"关联束"，但共鸣特征却属于另外一个截然不同的层面。关于"共鸣特征的对立"这个术语，我们可理解为"纯"元音和那些不同形式的"非纯"元音之间存在的所有"区别性对立关系"。

a. 鼻化相关关系

元音鼻化相关关系是最常见的一种共鸣特征相关关系。[67] 很多语言中，该相关关系存在于所有元音中。当然，鼻化元音与相对应的非鼻化元音在舌位、唇状和下颚的位置这些特征上不必完全保持一致。唯一重要的一点是它们在元音系统中所处的位置相同。比如缅甸语中，第二和第三响度级别的鼻化长元音音位实现为二合元音，而相对应的非鼻化元音则实现为单元音形式:[68]

非鼻化元音：　　　a　　　　　鼻化元音：　　　ã
　　　　　　　　ɔ　　ε　　　　　　　　　　aũ　　aĩ
　　　　　　　　o　　e　　　　　　　　　　õu　　eĩ
　　　　　　　　u　　i　　　　　　　　　　ũ　　　ĩ

很多语言中，鼻化相关关系仅扩展至元音系统的一部分。通常，响度级别居中的元音不会受这类相关关系的影响，比如巴拉岛（Barra Island）上使用的一种苏格兰语方言就属于这种情况:[69]

非鼻化元音：　　　a　　　　　鼻化元音：　　　ã
　　　　　　　　ɔ　　æ　　　　　　　　　　ɔ̃　　æ̃
　　　　　　　　o　　ø　　e　　　　　　　ũ　　ỹ　　ĩ
　　　　　　　　u　　y　　i

阿尔巴尼亚语北部方言也存在同样的情况:[70]

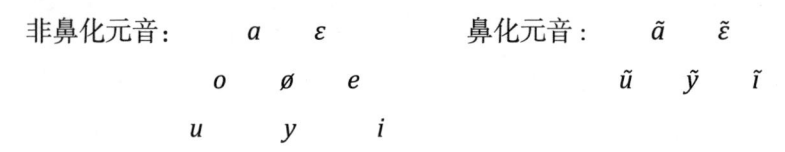

非鼻化元音：　　a　ε　　　　　鼻化元音：　　ã　ɛ̃
　　　　　　　o　ø　e　　　　　　　　　　ũ　ỹ　ĩ
　　　　　　　u　　y　　i

有时并非响度级别居中的元音，而是舌位最高的元音未受鼻化影响，例如法语：

非鼻化元音：　　a a　　　　　　鼻化元音：　　ã
　　　　　　　ɔ　ε　　　　　　　　　　　õ　ø̃　ẽ
　　　　　　　o　ø　e
　　　　　　　u　　y　　i

以上所有这些情况中，所有的音色类别在鼻化元音中均有体现。有些具备两个音色类别的元音系统中，仅存在两个鼻化元音。比如卡林西亚州的斯洛文尼亚语尧恩（Jauntal）方言（鼻化元音为 õ、ã）[71] 和卡舒布方言（Kashub）（鼻化元音为 õ 和 ã）[72] 就属于这种情况。其他一些语言中，不受鼻化影响的不是某一特定开口度级别的元音，而是某一音色类别的元音。

中国中部的汉语湘潭方言中（湖南省），只有展唇的元音发生鼻化：

非鼻化元音：　　a　　　　　　　鼻化元音：　　ã
　　　　　　　o　e　　　　　　　　　　　　ẽ
　　　　　　　u　ʋ　ü　i　　　　　　　　　ĩ[73]

马克菲尔德方言（Marchfeld）中，音色类别居中的元音，以及第二级别开口度的中元音未受鼻化的影响：[74]

第四章 区别性对立的音系学分类

非鼻化元音：				鼻化元音：		
	a				$ã$	
	au	$äü$	$äi$		$ãũ$	$ãĩ$
	$ǫ$	$ö̧$	$ę$		$õ$	$ẽ$
	o	$ö$	e		$ũ$	$ĩ$
	u	$ü$	i			

因此，鼻化元音在数量上永远不会超过非鼻化元音。

另外可能发生的情况是一种语言中只有单独一个"鼻化元音"。对于这一个元音，任何特定的音色类别或特定的响度级别都与其不相关。因为只有与其他鼻化元音相对立的时候，这些音色特征和响度特征才会变得相关。因此，决定这个唯一的鼻化元音的音色特征的只能是该元音所处的辅音环境。而它的开口度特征则完全不明显。换言之，这样一个"不确定"元音仅仅是一个音节性的鼻音，这个鼻音受其后辅音的同化。在出现这种音位的一些非洲语言的简单描写中，通常使用字母 m、n、$ŋ$ 等来表示这类音位。不过这个音位是否真的就是 m、n 等鼻音十分值得怀疑。需要记住的一点是，大多数这样的语言中，绝不允许出现辅音的组合（或只允许"阻塞音+流音"这样的组合出现）。因此，上述这类鼻化元音只能与元音音位构成区别性对立关系，而 m、n 等鼻音只能跟其他辅音构成直接的区别性对立关系。而且，在某些特定的非洲语言中，这个"音节性的鼻音"跟元音一样，同样体现了不同声调之间的区别性差异（调域的不同）。所有的这些事实都支持这样一种观点，即在诸如伊博语"mbɛ［龟］"（双音节，m 载高调，$ɛ$ 载低调）这样的情况中，"音节性的鼻音"可看作一个"不确定的鼻化元音"。尽管如此，这样的解释依旧存在一些难以解答的问题。因为在像伊博语、埃菲克语（Efik）、兰巴语、干达语这样不存在任何鼻化元音或非鼻化的不确定元音的语言中，"音节性鼻音"只与元音处在区别性对立关系中，而且这种对立关系始终是多边对立关系。这种情况下，或许可以把这个"音节性鼻音"看成一个"普通的不确定元音"。而这个元音的鼻化特征，只不过是与音系无关的纯语音特征。相反，在诸如埃维语（Ewe）、约鲁巴语（Yoruba）、芳蒂语（Fante）等语言中，鼻化相关关系扩展至整个元音系统，这个"音节性鼻音"可能就得归到鼻化元音的范畴之中。这样，就会产生一种奇怪的情况：鼻化元音构成的系统就会比非鼻化元音构成的系统多一个音位，这有悖于我们所了解的鼻化相关关系的情况。

b. 闷音性相关关系

鼻化相关关系可能是最常见的一种共鸣特征相关关系，但绝非是唯一的共鸣特征相关关系。就目前研究调查的阶段，很难说是否存在其他共鸣特征的对立关系。"纯"元音和稍微"沉闷的"元音构成区别性对立的语言都是一些"奇特的"语言。关于这些语言的记录，往往来自那些与语言学相比受过更好的人种学训练并对人种学更感兴趣的调查者，因此，大部分记录都特别不明确。[75] 因此，受制于此，我们依然继续使用"闷音性相关关系"（或闷音性特征的对立）这个术语，暂不考虑这个术语在不同的语言中涉及的是同类的相关关系还是不同类的相关关系。

最近，关于这个问题的语音方面的研究有了极大进展，至少对非洲语言的研究是这样的。塔克博士（A. N. Tucker）曾经研究并掌握了尼罗语族语言（Nilotic languages）中"纯"元音和"闷音性"元音的发音，并作为受试在汉堡参加了"Panconcelli-Calzia"的实验语音学研究。实验结果表明在发"挤压式"元音时，咽腔壁受到挤压，软腭下降，但是下降的幅度不会导致气流从鼻腔逸出。在发"气嗓式"元音时，软腭上抬，咽腔回缩，喉头明显下降，于是在口腔后面形成一个相当宽阔的通道。声门似乎处在耳语时的状态。[76] 沃德博士（Ida C. Ward）对尼日利亚南部的阿布亚语（Abua）的观察也得出同样的结果：这种语言同样涉及咽腔受到挤压发出的元音和咽腔扩张发出的元音之间的对立，后者产生一个"降音性（flat）"元音。[77] 现代印度语的一些方言中，似乎可以确定"闷音性相关关系"也具备这样的语音学基础。实际上，关于这个问题弗斯（J. R. Firth）也提到了"紧绷的发音类型"和"气嗓式发音类型"之间的对立。[78] 然而，对于某些东高加索语族语言中闷音性元音的语音学属性，从迪尔（A. Dirr）的描写中尚无法获得清楚的认识。对于塔巴萨兰语（Tabassaran）中同类的元音，据称这些元音发音时伴有喉部的摩擦，而且与其他元音相比，有强烈的呼气气流。[79] 至于阿古尔语（Aghul）中同类的元音，据说发音过程中喉部紧缩，从而产生轻微的喉部摩擦噪音。[80]

与鼻化相关关系相同，"闷音性相关关系"可以扩展至整个元音系统，也可仅扩展至元音系统的特定部分。前一类情况发生在埃及-苏丹地区的一种尼罗语族语言努埃尔语（Nuer）中，[81] 其他尼罗语族语言也有可能发生这样的情况。不过在阿布亚语中，据沃德博士的描述，"闷音性相关关系"仅出现在元音 e 和 o 中；在塔巴萨兰语中，据迪尔的描述，仅出现在 u 和 a 中，阿古尔语中可能也是同样的情况，"闷音性"u 实现为 o（非闷音性的 o 在本族语词汇中不作为独立的音位出现）。我们可以把前面提到的存在两个鼻化元音的语言与这些语言加以对比。

在所有类型的"共鸣特征对立"中，必须严格遵守那些将音位判断为单个音位和多个音位的规则。经常发生的情况是语音上的鼻化元音实际上是"元音+鼻音"构成的音位序列的语音实现形式，而伴随有喉部摩擦噪音的元音只不过是一个元音音位跟一个喉部辅音音位的组合而已。

4. 辅音特征

A. 发音部位特征

世界上没有哪种语言中辅音音位的发音部位特征不具备音系区别作用。当然，每种语言都存在一些发音部位特征不具备区别性的特殊辅音音位。但由于这些音位不合"常规"，所以它们总是在系统中占据某个特殊的位置。特定语言中，有些辅音音位具备的区别性部位特征可能一致（它们之间的区别仅在于除阻方式的不同或共鸣特征的不同）。一个发音部位系列指的是具备相同的区别性部位特征的所有辅音的总和，不管这个系列包含多个辅音还是只一个辅音。一个辅音系统中，不同的

第四章 区别性对立的音系学分类

发音部位类别彼此构成不同类型的对立关系。

a. 基本系列。构成异质性多边对立关系的不同发音部位的辅音系列，我们称作基本系列。有些基本系列几乎出现在世界上所有语言中，它们分别是软腭音（舌背音）系列、舌尖音（齿音）系列和唇音系列。在我们所了解的语言中，没有哪种语言没有舌尖音。例如，卡林西亚州的一些斯洛文尼亚语方言没有软腭音，特林吉特语（阿拉斯加）没有唇音。不过这些都是极为罕见的情况。除了这些语言，上面提到的三个发音部位的辅音系列出现在世界上所有语言中。这绝非偶然现象，肯定与这三个辅音系列的性质有关。可能最容易找到的解释就是双唇、舌尖以及舌背是可以移动的器官，最适合于在口腔内形成阻碍。因此，对唇音系列而言，相关特征为双唇的靠拢；对舌尖音系列而言，相关特征为舌尖的参与、舌体前伸和口腔前部的发音位置；最后，对软腭音系列而言，相关特征则是舌背的参与、舌体后缩和口腔后部的发音位置。[82] 发音器官的这三个部位可能被认为"最自然"，但绝非"与生俱来"。众所周知，儿童起初需要很费力才能学会利用这三个部位。儿童在咿呀学语期间自然发出的声音中，多半都比较接近唇音、舌尖音和软腭音。这三类辅音之所以是"自然的"，仅仅在于借助于口腔内可移动的发音器官，它们可以最轻松且最自然地完成以下工作，即发出具备各自特性且彼此之间还可以清晰区分的声音。这一点同样可以解释这些音跨语言的普遍性（或接近普遍性）。

与唇音、舌尖音和软腭音同样普遍的是咝擦音。根据本书作者的了解，几乎完全不存在"s"这个音的唯一一种语言是埃及-苏丹地区（埃控苏丹地区）的东部努埃尔语（Eastern Nuer）。发咝擦音时舌体表面形成凹槽，这与发音时舌体平展前伸的舌尖音不同，也跟发音时舌头拱起并后缩的软腭音不同。舌体表面形成的凹槽引导气流流向特定的方向，同时产生特定的声学效果。不过由于发咝擦音和舌尖音的过程中，共鸣腔的上半部分和后半部分形状大致相同，因此这两个发音部位系列表现出一定的关联性，而且在某些语言中，这两类辅音在某些环境下共同构成一个单独的系列。

124 　　除了上面四种常见和常提到的发音部位系列，某些语言中还存在其他的基本辅音系列。其中尤为特别的一类就是舌侧音系列。作为一个比较独特的系列，这类音出现在许多北美的土著语言和一些非洲语言中［祖鲁语、佩迪语（Pedi）、赫雷罗语（Herero）、桑达韦语（Sandawe）等］。[83] 另一类处于软腭音系列和唇音系列之间的发音部位系列是通常被称作"唇软腭音"的辅音系列。据我们所知，这一类辅音仅出现在所谓的苏丹语族语言中，似乎个别日语方言中也有这类音。该系列辅音的特点体现为发音时唇部和软腭位置同时阻塞。我更倾向于把它们叫做"软腭-唇音"。还有一类处在软腭音和舌尖音中间的发音部位系列体现为硬腭辅音系列，这类辅音出现在世界各地很多语言中。不少语言当中，该辅音系列可视作基本系列之一，但在某些语言中，这类辅音与软腭音系列或舌尖音系列构成双边对立关系。而且，硬腭系列的辅音在不同语言中的语音实现形式也不尽相同。[84] 最后，与其他基本系列相当，发音部位为喉部的辅音系列也应视作一个基本系列，至少在一部分具备这类辅音的众多语言中是这样。因此，除了上面提到的四个具有普遍性（或接近普遍性）的基本系列，还存在另外四个没那么普遍的辅音系列，即舌侧音系列、软腭－唇音系列（＝唇软腭音）、硬腭音系列和喉音系列。

不过，我们不应该把发音部位系列这个音系概念与发音位置这个语音概念相混淆。譬如捷克语中，浊喉音 h 与清软腭音 x（ch）构成可中和的对立，与"浊音、清音"之间的对立完全类同。但是，x 却与 k 处在双边的对应性对立关系中（$x:k=s:c=š:č$）。因此，捷克语的 h 并不属于特定的喉音系列，而且捷克语中也不存在喉音系列。这个音应该属于软腭音系列，因为从捷克语的音系系统来看，对软腭音而言只有双唇和舌尖不参与发音这一特点与音系相关。[85] 在格陵兰－爱斯基摩语（Eskimo）中，[86] 所有的擦音都有一个对应的闭塞音作为"搭档"。这些辅音分别属于同一发音部位系列：s-c、x-k、$x̌$-q、f-p。唯独边擦音 λ 没有对应的"闭塞音搭档"。然而，由于舌尖闭塞音 t 没有与之相对应的关系紧密的擦音，所以 t 就被认作 λ 的"闭塞音搭档"，也就是说，格陵兰语的 λ 发音时气流从舌两侧逸出这个特点与音系无关，相关的仅仅是舌尖作为发音部位这一特征。类似这样的例子可以找到很多。只有当相关的音位与另一发音部位系列中的音位并不处在对应性的双边对立关系中时，我们才可以说在音系意义上，这些相关的音位构成特定的舌侧音系列、硬腭音系列或喉音系列。正如上面所引用的例子中的情况，如果发音位置不同的辅音构成双边对立关系，而且这种对立还是对应性的对立，而且与其他同属一个发音部位系列的辅音之间的对立关系类同（捷克语和斯洛伐克语：h-x = z-s = ž-š，格陵兰语：t-λ = p-f = k-x = q-x̌ = c-s），那么这两个对立的辅音就应当归到同一个发音部位系列中。不应该把上面这种情况与发音部位不同的两个系列之间构成的双边对立关系相混淆。

b. 均等对立关系的相关系列。上面提到的每个基本系列彼此之间构成多边对立关系。然而，在个别语言中，某些基本系列中出现两个子系列，这两个子系列构成双边均等对立关系。对于唇音系列而言，可能出现的情况并不是以下唇的参与为特征的单独一个唇音系列，而是两个唇音系列，即一个唇音系列和一个唇齿音系列。这两个系列都属于唇音，但同时又有所差别。比如标准德语就是这种情况，唇音系列体现为 b、p 和 m，而唇齿音系列则体现为 v、f 和 p̌。这种情况在罗德西亚地区所使用的一种语言绍纳语中更为明显。绍纳语的双唇音系列中，闭塞音 p、b 与擦音 β 构成对立；而在唇齿音系列中，则是闭塞音（塞擦音）p̌ 和 ḅ 与擦音 v 构成对立。[87]很多语言中不单单存在一个以舌尖的参与为特征的舌尖音系列，而是有两个舌尖音系列，其一以舌尖上翘为特点，其二则以舌尖下弯为特点。根据不同语言中的情况，这两类辅音之间的对立可以是"卷舌"舌尖音和"普通"舌尖音之间的对立，[88]又或是"齿龈"舌尖音和"齿间"舌尖音之间的对立，[89]最后，还可以是"齿音"舌尖音和"硬腭前"舌尖音之间的对立。[90]这种对立关系在所有情况下都一致：在语音实现过程中，其中一个系列中舌尖的位置相对而言要高于另外一个系列。对于以舌背的参与为特征的"软腭音"系列而言,许多语言中存在的同样不是单独一个系列,而是两个不同的舌背音系列:"舌背后"系列和"舌背前"系列。这是许多北美土著语言中出现的情况,比如夸扣特尔语(Kwakiutl)、特林吉特语和海达语,以及爱斯基摩语和阿留申语(Aleut);还有被称作古西伯利亚语(Paleo-Asiatic languages)的多种语言[楚科奇语(Chukchi)、科里亚克语(Koryak)、堪察加语(Kamchadal)、吉利亚克语、愒语(Kettic)];此外还包括高加索语言的各种方言。有时是圆唇的软腭音和不圆唇的软腭音处在对立关系中,正如埃塞俄比亚的蒂格雷语(Tigre)。[91] 对于咝擦音系列而言,除了单独一个系列,也可以出现 s 和 $š$ 两个系列。咝擦音系列这种"一分为二"的情况常见于欧洲语言:英语、法语、德语、意大利语、匈牙利语、阿尔巴尼亚语、罗马尼亚语、所有的斯拉夫语族语言,以及立陶宛语和拉脱维亚语。这种情况在世界其他地区的语言中也很普遍。最后,对于以所有口腔器官的被动参与为特征的喉音而言,同样可能出现两个系列:一个纯的喉音系列和一个咽音系列,比如,索马里语、闪米特语族语言(Semitic languages)以及部分北高加索语言。

至于硬腭音系列,在一些语言系统中它或与舌尖音系列处在双边对立关系中,或与舌背音系列处在双边对立关系中,因此这一系列的辅音要么应该看作"舌尖下降的一个辅音系列",要么应该看作一个"舌背前辅音系列"。作为双边对立的属性可以通过它的可中和性得以客观地证明。在捷克语、斯洛伐克语、匈牙利语和塞尔维亚-克罗地亚语中,齿音和硬腭音之间的对立可以中和，那么这两个音位系列可以看作是舌尖音系列"一分为二"的情况。在中国中部的汉语湘潭方言中（湖南省），软腭辅音和硬腭辅音之间的对立在特定位置发生中和（u、a、i、$ã$ 和 $ĩ$ 之前），[92] 因此这两个系列应当看作舌背音系列"一分为二"的结果。

　　我们上面讨论的所有情况均涉及一个基本辅音系列"分裂"为两个"相关系列"，它们相互处在双边对立关系中，但是与同一系统内其他发音部位的辅音系列却处在多边对立关系中。不过，必须强调的一点是，只有当整个系统整体上需要这样一种区分时，才可以考虑是否对基本系列进行区分的问题。擦音往往不具备与闭塞音一致的发音部位。比如现代希腊语中，一方面存在发音部位为双唇、齿后、舌背的闭塞音和咝擦塞音（$π$、$τ$、$κ$、$τσ$），另一方面还存在发音部位为唇齿、齿间、舌背和舌尖的擦音（分别为 $φ$、$θ$、$χ$、$σ$ 或 $β$、$δ$、$γ$、$ζ$）。因此，仅限于舌背音和咝擦音系列中，闭塞音和擦音的发音位置一致。虽然如此，由于 $κ : χ$ 与 $τσ : σ$ 之间的关系与 $π : φ$ 和 $τ : θ$ 之间的关系对等，因此擦音 $φ$、$θ$ 的发音位置与相应的闭塞音 $π$、$τ$ 的发音位置不完全一致的事实可以看作与音系无关。这种情况并不涉及"一个系列一分为二"的情况，只不过是对发音部位这个概念稍加以扩展：此处的发音部位并非"双唇"和"唇齿"，只不过是"唇部"，也就是说，仅以下唇的参与为特征。发音部位也不是"齿后"和"齿间"，而只是"舌尖"，即以舌尖的参与为特征。但是在法语中，尽管单纯地从语音学的角度来看，唇齿擦音 f、v 与双唇闭塞音 p、b 的发音接近于现代

希腊语 φ、β、π 和 $\mu\pi$ 的发音，但绝不可以把它们看作单独的一个唇音系列，这是因为在法语整个辅音系统中，不存在任何一对音位之间的关系纯粹体现为"擦音：闭塞音"这样的关系（比如现代希腊语中的 $\chi:\kappa$、$\sigma:\tau\sigma$）。因此，这里只能认为存在两个发音部位不同的辅音系列，即双唇音系列和唇齿音系列。尽管这两个系列处在双边对立关系中，它们依然彼此有别。[93]

基本辅音系列分裂为两个相关的辅音系列遵循的原则是什么？在这种情况下，是否存在可以区分这两个相关系列的发音特征或声学特征？或者说，每一对相关系列是否都涉及另外一个不同的区别性特征？根据雅克布逊的分类，这样的基本系列中有些分裂为一个"刺耳性"辅音系列和一个"圆润性"辅音系列。这种对立对于特定系列的擦音而言尤为明显。同时，刺耳性擦音在听感上要比相对应的圆润性擦音更加清楚。比如，唇齿擦音 f 作为刺耳性擦音，要比圆润性双唇擦音 φ 听感上更清楚。刺耳性的咽腔擦音 $\underset{\cdot}{h}$ 同样要比圆润性的喉擦音 h 听感上更清晰。刺耳性软腭后擦音 $\check{x}$（与打鼾时发出的声音一样）要比圆润性软腭前擦音 x 听感上更清晰，刺耳性擦音 $\check{s}$ 要比圆润性擦音 s 听感上清楚（尽管 s 在听感上要比前面提到的所有圆润性擦音更清楚）。[94] 但是，并非所有的基本系列分为两个相关系列的情况都可以用上面的原则加以解释。舌尖音系列中的区分是对两个共鸣腔的体积和形状进行调整的结果，一个共鸣腔在发音位置之前，另一个位于发音位置之后。软腭音系列区分为软腭音和硬腭音是基于前端的共鸣腔长度的不同，软腭音系列区分为一般软腭音和唇软腭音这两个系列也是如此。由于共鸣腔的拉长在声学上可以转化为音色的暗沉，而它的缩短则可以转化为音色的提亮，有人可能会倾向于把音色相对的高低看作区分两个相关系列的区别性标记。但这仅适用于我们刚才提到的软腭音系列。对舌尖音而言，情况并非如此简单，因为这类音涉及两个共鸣腔，前共鸣腔和后共鸣腔。对于这两个共鸣腔而言，它们的拉长或缩短并不是以对等的方式发生。此外，除了共鸣腔体积的相对大小，共鸣腔的形状在改变辅音的声学特征上同样发挥作用。看一下所谓的卷舌音（又叫作"脑音"或"翘舌音"）与齿龈音或齿后辅音之间的关系这个极端情况，可能我们就很容易对上面问题做出解答。体现卷舌音的声学效果的最恰当的术语是"降音性音色（hohler Klang）"，与一般"齿音"的"平音性音色（flacher Klang）"相对。[①] 辅音"降音性"音色和"平音性"音色之间的关系同样存在于唇软腭辅音和一般的软腭辅音中（除了上面提到的音色高低的差别）。尽管并非那么清晰，但软腭音和硬腭音（"后硬腭音"）之间的对立、"齿音"和"齿－硬腭音"之间的对立都可以看作是以这个区别性标记为基础。同样，齿龈音和齿间音之间的对立关系或许也可以这样看待。

---

① 特鲁别茨柯依的"降音性－平音性"对立关系在大多情况下与雅克布逊"降音性－平音性"（现为降音性－非降音性）的二分法一致。不过，特鲁别茨柯依并没有像雅克布逊那样区分"降音性－平音性"和"平音性－尖音性"。相反，他认为这两类二项对立如果同时出现的话，均属于"降音性－平音性"的对立，那么也就体现出分级的特点。

特鲁别茨柯依也未把这种对立关系扩展至元音中。（参阅 Jakobson, Fant & Halle, *Preliminaries to Speech Analysis* [Cambridge, Mass., 1952], 31—36 页; Jakobson & Halle, *Fundamentals of Language*, 31—32 页。）——英文版译者

第四章 区别性对立的音系学分类

因此看来，在一个基本系列区分为两个相关系列的所有情况中，这两个相关系列之间的区别标记或是"刺耳性"／"圆润性"的对立，或是"降音性"／"平音性"的对立。这两类对立均为均等对立。

唇音系列、舌尖音系列、舌背音系列、咝擦音系列、喉音系列、边音系列、硬腭音系列和唇软腭音系列之间的关系体现为多边（异质性）对立关系。正如前文所讨论过的，这些基本辅音系列"分裂"后产生两个构成双边对立关系的辅音系列：唇齿音／双唇音、舌背后辅音／舌背前辅音等。但存在这样的情况，即一个基本系列分裂后产生的不是两个系列而是三个，并且这些系列彼此处在分级对立关系中。此类情况极为罕见。我们了解的例子仅有以下几种语言：（a）三种北美印第安语言钦西安语［纳斯方言（Nass）］、奇努克语（Chinook）和胡帕语（Hupa）中，发现存在三个软腭音系列：软腭后、软腭前和硬腭（后）三个系列；[95]（b）两种北高加索语族语言卡巴尔达语[96]和乌迪语（Udi）[97]中，发现存在三个咝擦音系列：s系列、$š$系列和$ŝ$系列，最后一个系列语音上位于s和$š$两者中间。低地索布语（Low Sorbian）（低地劳济茨－温德语）（Low Lusatian-Wendic）可能也属于这种类型，即除了s和$š$两类音，还存在一类居于两者之间的特殊音类$ŝ$。[98]卡巴尔达语和低地索布语中处在中间位置的这个咝擦音系列略微带有i的发音特点，这个特点或许可以看作一个音系上无关的次要发音现象。就此，同样可以认为塔巴萨兰语[99]（用于东高加索地区的达吉斯坦）和绍纳语[100]（用于南非罗德西亚地区）也属于这一类型，尽管这两种语言中居中的那个咝擦音系列体现出 u 或 ü 的发音特点。[101] 这样的例子数量并不少。不过，如果把第三类语言包括进来，也就是那些舌尖音系列分裂为三个处于分级对立关系中的辅音系列的语言，整个情况就变得截然不同。许多存在卷舌舌尖音和平音性舌尖音、齿龈舌尖音和齿间舌尖音的音系对立的语言中，同时还存在一个硬腭舌尖音系列。鉴于硬腭音的模糊属性，把这三个系列（分别是卷舌音、平音和硬腭音系列，或者齿龈音、齿间音和硬腭音系列）分别看作舌尖上翘或下降的三个不同高度是可能的。这种可能性客观上得以证实的唯一情况就是当硬腭音系列和其中一个舌尖音系列之间的对立可以被中和，因而这种对立关系是双边对立的时候。尽管如此，在个别非洲语言［赫雷罗语、努埃尔语和丁卡语（Dinka）］、现代印第安语言或达罗毗荼语系诸语言中，情况并非如此。就古印度语（梵语）而言，"硬腭音""齿音"和"脑音"之间的对立可以中和，而且需要注意的是这种对立不仅存在于舌尖音中，还存在于咝擦音中，所以更应当将这种情况看作是构成了一个关于音色特征的关联束（见 132 页）。因此可以认为，基本系列分裂为构成分级对立关系的多个相关系列的范围是十分有限的。

c. 次要系列（Nebenarbeitsreihen）。最后，许多语言当中，基本系列的辅音和相关系列的辅音各自分成两个处在有无对立关系中的系列。由于这些对立不仅属于有无对立，还属于对应性对立，所以就构成了相关关系。从发音的角度来看，这始终意味着就相应的基本系列或相关系列而言，无标记的那一个发音部位系列中，发音器官始终处于一个被认为是常态的位置，而在另一个有标记的系列中，同一位置上的发音器官（或者一部分发音器官）还涉及另外一个需要完成的特定的次要任务，而这个次要任务在基本系列的发音任务中并不直接涉及。由此产生的听觉上的效果或是增加一个具体的特征，即一个元音性的音色特征，或是产生喷音这样的一类音。因此，辅音的次要系列与相对应的基本系列或相关系列之间因相互对立形成的相关关系可以归到"音色相关关系"和"喷音相关关系"中。

α）从声学的角度来看，辅音音色特征的相关关系涉及的是把一个基本的发音部位系列或相关的发音部位系列与两个相对立的"音色特征"组合起来。其中一个音色特征被认为是"中性的"（即无标记的）。由于这种组合发生在若干发音部位系列中，有时甚至发生在所有发音部位系列中，因此这一相应的"音色特征"就可以从单个的辅音系列中抽离出来，并被看作独立的特征。根据哪一个音色特征作为相关关系的标记，我们可以区分不同类型的音色相关关系。

硬腭化相关关系可能最常见，即中性辅音与带有 i-（或 j-）音色特征的辅音之间的对立关系。比如在盖尔语（Gaelic）、波兰语、立陶宛语、俄语、乌克兰语、罗马尼亚语的摩尔达维亚方言（Moldavian）、莫尔多瓦语和日语中，[102] 这种相关关系作为唯一一个关于音色的相关关系出现。但对于所有语言而言，这一相关关系在辅音系统中涉及的范围并不相同：日语和立陶宛语中，该相关关系涵盖所有的发音部位系列，而乌克兰语和莫尔多瓦语中，仅涉及舌尖音系列和 s- 咝擦音系列。存在该相关关系的个体语言中，硬腭化辅音的语音实现形式也彼此大为不同。不过，有条原则在所有语言中都是一致的：硬腭化辅音带有类似 i 或 j 的音色特征，这个特征与这类辅音其他的语音特点组合在一起，而对应的"非硬腭化"辅音则不具备任何 i 或 j 的音色特征。硬腭化辅音具有 i 的音色特征是抬高舌体中央部分抵到硬腭的结果。为了突出强调这种对立，在发非硬腭化的辅音时，通常会向软腭的位置抬高舌体后部。[103]

舌位的这些变化经常会导致辅音发音上的一些辅助性调整。在一些情况下，硬腭化辅音和非硬腭化辅音的区别不仅在于"音色"的不同，还在于其他一些具体发音特征的不同。不过，从特定语言音位系统的角度来看，这些次要的发音差异与音系并不相关，尽管这些发音特征时常被非母语观察者所察觉。此外，硬腭化辅音和非硬腭化辅音之间的对立很大程度上还会影响邻近元音的语音实现。有时，一名非母语观察者仅注意到这些元音的组合性变体，却没觉察到辅音音色上的差异。然而，这仅是一种听觉上的幻觉，这种幻觉在其他辅音音色特征的相关关系中同样可以发现。存在硬腭化相关关系的语言中，辅音的"着色"（音色）总是至关重要。而在其他所有的发音特征中，可以觉察到的仅仅是特定辅音和它的"搭档"共有的那些特征。我们得出的一条结论就是，在以上这类语言中，硬腭音系列几乎不大可能作为一个独立的发音部位系列存在：它们总是可以理解为"硬腭化的舌尖音"系列或"硬腭化的软腭音"系列。在《波拉布语研究》(*Polabische Studien*) 这本书中，我们提出波拉布语存在硬腭化相关关系，同时还存在一个单独的硬腭音系列。这是个错误：波拉布语中，软腭音 *k-g* 和硬腭音

ℏ-ɦ之间的对立发生中和（k和g不出现在前元音之前，ℏ和ɦ不允许出现在辅音之前或词末）。由于硬腭化相关关系还存在于其他发音部位系列中，因此波拉布语的硬腭音可能还是要看作"硬腭化的软腭音"。（从音位的角度来看，波拉布语中以下词汇的标音应分别为：[牙龈]"g'uNsna"，[工作]"g'olü"，[面团]"k'ostü"，[黑暗]"k'αmǎ"，[男人]"k'arl"，[哪里]"k'edě"，[山脉]"g'öra"，[马]"k'ün"。）

强调性硬腭化相关关系。在东高加索地区的一些语言中，如车臣语、印古什语（Ingush）、巴茨语（Bats）、拉克语和乌迪语中，应该区分强调性硬腭化相关关系与一般硬腭化相关关系。[104] 在强调性的硬腭化过程中，似乎主要是通过喉头的向上移动以及由此带来的舌头向口腔前部的移动来缩小共鸣腔的腔口。在强调性的硬腭化辅音的发音过程中，喉头所处的特殊位置产生一种独特的"嘶哑式"摩擦噪音，这种摩擦噪音同时传递到相邻的元音上。由于舌头的特殊位移，邻近的元音也获得了一种更加明亮的特征，发音时开口度似乎更大：i的发音接近于e，a接近于æ，u接近于ö。一个非母语观察者很容易只注意到这些伴随现象：他可以听出来辅音后面嘶哑的喉部滑音，以及相邻元音嘶哑的、更加明亮和开口更大的发音特征。但这些伴随现象对于相应语言的音位系统是无关的。重要的只有辅音具体的音色特征，一名非母语观察者只有通过长期的训练才可以发觉这一点。

在存在一般硬腭化过程的语言中，硬腭音系列无法作为一个独立的发音部位系列，因为大家不可避免地会将其理解为

"硬腭化的舌尖音"系列或"硬腭化的软腭音"系列，因此，在存在强调性硬腭化相关关系的语言中，"声门"（或"咽腔"）辅音系列必须看作"硬腭化的喉音"系列。

就强调性硬腭化相关关系而言，有必要将其与强调性软腭化相关关系加以区分，后者在闪米特语言中发挥重要作用，尤其是阿拉伯语。阿拉伯语这种"强调性"辅音的特点就是舌根变厚，同时导致喉头的位移。"强调性"辅音和"非强调性"辅音之间的对立存在于舌尖音、软腭音、咝擦音和咽腔音系列中。发此类辅音时，所有的辅音系列中都会伴生有特定的发音位置的变化："强调性"舌尖音不仅发生软腭化过程（以上面描述的方式），而且与非强调性的齿后舌尖音相比，发音位置移至齿龈处。同样，强调性的咝擦音中，与相对应的非强调性音相比，舌尖提升的位置更高。强调性软腭音发音部位为舌背后，甚至到小舌的位置，而非强调性的辅音 k 发音部位则是舌背前或硬腭。在埃属苏丹地区的某些方言中，非强调性的辅音 k 对应的浊音几乎接近硬腭音。最后，强调性的喉音比较接近于咽腔音，而非强调性的喉音是纯粹的喉音。[105] 不过，应当忽略发音位置上这些伴随的差异。因为在阿拉伯语的音位系统中，强调性的软腭化辅音形成一个封闭的范畴，与非强调性的辅音构成对立关系。导致阿拉伯语的强调性软腭化相关关系稍微难以理解的一个事实是，每一个辅音系列中，并不是所有的辅音都囊括在这个相关关系内，而且该相关关系不可中和：

非强调性辅音：

t d θ δ n k g - s z š ž ʔ h - b f m r l

第四章 区别性对立的音系学分类

强调性辅音：

t^{α}　d^{α} - δ^{α} - q　γ　x　s^{α} z^{α} - - - $\hbar$　$ɦ$ - - - - -

因此，q、γ 和 x 这三个音位应当视作"强调性的软腭音"还是视作一组特殊的软腭后（小舌）辅音系列，$\hbar$ 和 $ɦ$ 是"强调性的喉音"还是构成一组特殊的咽音系列，都存在争议。然而，对于舌尖音和咝擦音而言，并不存在类似的问题，所以，可以认为强调性软腭化相关关系可能同样存在于软腭音和喉音中，而且相应地，可以把 x、q、γ、$\hbar$、$ɦ$ 看作 x^{α}、k^{α}、g^{α}、h^{α}、$ɦ^{\alpha}$。在存在辅音音色特征相关关系的语言中，对于发音部位系列之间构成的所有的双边对立关系，如果存在以上这种解释的可能，那么就该音色相关关系而言，这些双边对立关系可视作有无对立关系。

对于圆唇化或唇化相关关系而言，情况就十分简单明了。在一些北高加索地区使用的语言［卡巴尔达语、查库尔（Ch'ak'ur）、鲁图尔语（Rutulian）、列兹金语、阿古尔语、阿奇语、库巴其语（Kubachi）］和夸扣特尔语（北美地区）中，[106]还有可能在一些非洲语言中（尤其是班图语族语言），这一相关关系作为唯一一个音色相关关系存在。夸扣特尔语中，该相关关系只扩展至两个软腭音系列。在北高加索地区存在这一相关关系的语言中，该相关关系也主要与前软腭音和后软腭音相关，不过并不仅限于该辅音系列。在卡巴尔达语和列兹金语中，这一相关关系还包括舌尖音系列；在查库尔、鲁图尔语和阿古尔语中，这一相关关系涉及舌尖音系列和两个咝擦音系列；而在阿奇语中，还涉及边音系列。

不同类型的音色相关关系往往会组成关联束。我们熟悉的只有硬腭化相关关系和圆唇化相关关系组合后形成的关联束。这在切尔克斯语、尤比克语、阿布哈兹语、汉语东干话（Dungan Chinese）、朝鲜语（Korean）和缅甸语（Burmese）中均有发现。不过，这些关联束并不出现在所有的辅音系列中。比如在阿迪格语中，s 系列的辅音本身就具备三种音色类型（s、s'、s^o），而 $š$ 系列的辅音只具备硬腭化相关关系，两个软腭音系列和舌尖音系列则只具备圆唇相关关系（唇音系列、边音系列和喉音系列不存在任何音色上的区分）。[107] 在标准阿布哈兹语中，两个软腭音系列和 $š$ 系列辅音中出现三类音色的差异，但 s 系列中只出现硬腭化相关关系，舌尖音系列和喉音系列中只有唇化相关关系出现，唇音系列则不存在任何音色上的差别。[108] 缅甸语中，仅唇音系列就有三个音色不同的系列（p、p' 和 p^o），而其余的辅音系列，即两个舌尖音系列、软腭音系列、咝擦音系列和硬腭音系列，只存在唇化相关关系。[109] 不过在朝鲜语中，所有发音部位的辅音系列中似乎均存在两类音色相关关系。在这种语言中，整个关联束都可以中和，因而提升了该辅音系统的透明度。[110] 在目前讨论的所有情况中，硬腭化相关关系和唇化相关关系的组合最多可产生包含三个成分的关联束。然而，在阿布哈兹语 Bsyb 方言中，$š$ 系列的辅音却体现出四种类型的音色特征（中性的、纯硬腭化的、纯唇化的、"带有 $ü$ 特征的"硬腭化-圆唇化的音色特征）。类似的情况似乎出现在舒马赫（P. P. Schumacher）描写的一种班图语族语言金亚瓦达语（Kinyarwanda）中（*Anthropos*, XXVI）：双唇音系列区分四种音色类别；而唇齿音系列只有两种类别，即 $f\text{-}f^o$ 和 $v\text{-}v^o$。[111]

在梵语中，大概可以认为存在另外一种关于音色特征的关联束。因为任何前共鸣腔体积上的减小都会导致声学上高频泛音的增强，从而使音色听起来更明亮。很明显，梵语中"齿"闭塞音和咝擦音的音色肯定要高于"脑音（即卷舌音）"的音色，同时又低于"硬腭音"的音色。不过，不仅"齿音"和"硬腭音"之间的对立可以中和，"齿音"和"脑音"之间的对立也可以中和，因而它们之间的这种对立关系属于双边对立。所以在这种情况下可能存在一个关联束。那么，"齿"闭塞音和"硬腭"闭塞音之间的对立（$t\text{-}c$、$th\text{-}ch$、$d\text{-}j$、$dh\text{-}jh$）以及 s 与 $ç$ 之间的对立大概可以理解为一种硬腭化相关关系（类似于乌克兰语或莫尔多瓦语中的情况）。另一方面，"齿音"闭塞音和"脑音（卷舌音）"闭塞音之间的对立（$t\text{-}ṭ$、$th\text{-}ṭh$、$d\text{-}ḍ$、$dh\text{-}ḍh$）、鼻音 $n\text{-}ṇ$ 之间的对立、$s\text{-}ṣ$ 之间的对立可以看作一种独特的"卷舌化相关关系"。"脑音"系列音位的典型特征就是舌体的后缩和卷曲造成的口腔内前半部分共鸣腔的拉长（即舌头所处的最高点与口腔入口处的空间）和对应产生的每个辅音音色的降低。自然，这种情况下整个关联束就具备一定的渐进性。目前，尚无法确认梵语这种音色特征的关联束是否存在于其他语言之中。要想确认其存在与否，很大程度上取决于相关语言中"齿音"和"硬腭音"之间的对立是否属于双边对立，客观上这只能通过它们之间的对立是否可以中和来证明。

β）喷音相关关系在地理上的分布范围极为有限。即使在那些存在该相关关系的地区，也只涉及若干种语言。这种相关关系仅出现在一些南部班图语言里，其中祖鲁语是最为重要的一种。此外，在同样使用于南非、但不存在同源关系的霍屯督语（Hottentot）和布须曼语（Bushman）中，也发现存在这种相关关系；最后，这种相关关系还存在于东非乞力马廷代（Kilimatinde）地区使用的桑达韦语中，这种语言在地理和亲缘关系上同样比较孤立。

目前，喷音语音上的特征已得到充分的研究，我们可以获得优质的实验语音学录音材料和细致的描写材料。最近出版的一本专著从多种角度对"有关喷音的问题"进行了探讨。[112]该书作者斯托帕（Roman Stopa）对喷音的语音属性进行了详细的讨论，并对这类音产生的根源以及总体上语言的起源问题提出假设。不过，对于喷音音位在每种语言音位系统中的地位对这个问题，他竟没有提及。皮纳尔（P. de V. Pienaar）贡献的一篇较短的论文非常有价值。[113]虽然这篇文章并未搞清楚喷音的音位性的问题，但至少提供了十分重要的新的、可靠的语音材料。比奇（D. M. Beach）最近发表的一项研究[114]从一个新的角度讨论喷音的语音特性以及部分音位特性，这很难能可贵。正是得益于这项卓越的研究，现在我们掌握了关于霍屯督语极为可靠的描写材料，涉及这种语言的所有主要方言：那马语（Nama）、达马拉语（Damara）、格里夸语（Griqua）以及克拉那语（Korana）。至于其他相关的语言，从语音上来讲，祖鲁语的研究最为彻底。关于该语言语音系统的基础性工作，多克（Clement M. Doke）[115]的研究虽非我们所理解的音系学意义上的研究，但却使我们可以比较容易地归纳出这种语言的音位系统。桑达韦语也是同样的状况，大体上可以归纳出它的音位系统（至少辅音系统是可以的）。[116] 塔克博士关于苏托－茨瓦纳语族（Suto-Chuana group）语言的语音系统的描写也可以达到这种要求。[117] 不过，对于被认为是"最典型的喷音语言"的布须曼语而言，情况就稍微不太乐观了。布勒克（Wilhelm Heinrich Bleek）[118] 的详细注音对布须曼语的研究是极其重要的资源。但他提供的布须曼语的语音标注前后不一致，时有波动，这使得归纳布须曼语的音位系统，若有可能，则变得极为困难，至少在这位令人称赞的布须曼语研究学者的合作者没有提供注解的情况下，是不可能的。虽然麦瑞吉（P. Meriggi）成功地对这些混乱的记音材料进行了一定程度的梳理，[119] 但仍然无法完全理清楚。

　　关于非洲语言的喷音，音系学家面临的问题如下：这些语言中，喷音音位和非喷音音位之间的对立是发音部位的对立还是除阻方式的对立？研究喷音生理属性的语音学家把这些音独特的特点视作发音类型上的特点。把这些音"啧啧"（撕裂性的）的发音类型与其他的发音类型相比较（吸气音、内爆音、挤喉音等）。这种比较仅是不参考特定语言的辅音系统的一种笼统比较。音系学家必须对喷音音位在单个语言辅音系统中的位置加以研究。这样的研究获得了以下成果。祖鲁语存在舌尖喷音、硬腭喷音和舌侧喷音，同时还存在非喷音性的舌尖音、硬腭音和舌侧音。如果我们暂不考虑喷音，我们可以发现在包括舌尖音、硬腭音和舌侧音系列的每一个发音部位系列中，都存在一个浊辅音、一个回归式塞音、一个送气的清塞音和一个鼻音。[120] 如做适当调整，同样的对立亦存在于三个"喷音"系列中：每一系列中都包含一个以声带震动的（弱成阻的）元音起始的喷音，一个以"强成阻的"元音起始（声门爆破）的喷音，一个以送气的元音起始的喷音，最后一个是鼻化喷音。这些不同类型的喷音之间的对立都具有区别性。因此，祖鲁语中舌尖喷音、硬腭喷音和舌侧喷音构成一个特殊的系列，构成与非喷音辅音系列相平行的一个系列。在布须曼语中，同样存在这四种类型的喷音（即以声带震动、弱成阻起始的喷音，以声带不震动、强成阻起始的喷音，以声带不震动、送气起始的喷音，最后一个是鼻化的喷音），而且这四种发音类型同样存在于相对应的非喷音辅音中。因此，这种语言中舌尖喷音和硬腭喷音与非喷音性辅音之间同样存在平行的关系。桑达韦语同样呈现出类似的关系，后面将会有进一步的讨论。因此，祖鲁语中观察到的"喷音系列"与"非喷音系列"之间的关系似乎是"喷音"语言总体上的一个特点。如果"喷音"与"非喷音"在发音方式上的区别仅在于气流方向内向、外向之间的关系，那么，根据发音部位之间的对立来对其加以分类自然不可行。但近来越来越多的语音学研究已经表明，"喷音"总是对舌头的形状有专门的要求。除了双唇或舌面形成的用以发出不同类型喷音（唇喷音、齿喷音、卷舌喷音、硬腭喷音和舌侧喷音）的基本闭塞，每一个喷音还存在另外一个所谓的辅助性闭塞，这个辅助性闭塞总是在软腭位置形成（即该闭塞通过上抬舌背后半部分以抵到软腭形成）。这两个阻塞的存在，一个必须是软腭位置，另外一个可以是口腔前部的任何位置，构成喷音本质属性的一部分。向内的吸气动作使这两个闭塞之间的空间内空气变得稀薄。随着前边闭塞的放开，外界空气急速冲入这个空气稀少的空间。同时，后边软腭处的闭塞随即放开。从语音学的角度来看，喷音所有的这些特点同等重要。但从音系的角度来看，最重要的则是软腭处的闭塞，外加另外一个别处的闭塞（唇、舌尖、硬腭等），以及由此引起的舌头形状相应的具体调整，还有整个口腔共鸣腔内的配位。这种情况使我们可以将喷音与非喷音的发音之间的区别看作发音部位之间的对立，更具体一点，就是看作基本系列和次要系列之间的对立。由于这种对立逻辑上属于有无对立，而且出现在同一系统中若干发音部位系列中，所以可以称其为"喷音相关关系"。

　　软腭位置出现的"辅助性闭塞"自然而然会导致舌体前端发音位置的改变。因此，有时很难把一组喷音系列和特定的一组非喷音系列对应起来。在布须曼语中，非喷音辅音包括唇音、舌尖音、舌背音、硬腭音、咝擦音和喉音这六个系列。但另一方面，喷音系列则包括平音性舌尖音、"脑音"、硬腭音和舌侧音这四个系列。初看上去，只有舌尖音和硬腭音这两个辅音系列中可以确定存在喷音的相关关系。然而，关于霍屯督语中对应的音位，比奇（Beach，第81页及以下诸页）认为舌尖的卷曲是选择性的，并不是必要的，这一点可能也适用于布须曼语中的"脑音"喷音。对于"脑音"喷音而言，与"齿音"和"硬腭音"相比，唯一重要的特征是发音时它们位置上的后移，因此在口腔前部形成一个比较大的"置空"空间，也就是一个舌头未占用的空间。所以，"齿音"喷音和"脑音"喷音之间存在的关系可以跟非喷音的舌尖辅音和软腭辅音之间的关系相对应。"脑音"喷音可以认为是软腭辅音系列的一个次要系列。根据比奇第 75 页至第 82 页的描述，霍屯督语的喷音系统可归纳如下：存在两个爆破音喷音系列，其中一个依比奇的说法叫作"齿－龈音系列"，先前的观察者称之为"硬腭音系列"。在这一系列辅音中，口腔前部至牙齿的空间被舌头填充。另外一个系列，比奇称之为"齿龈音系列"，先前的观察者则称作"脑音"系列。在这一系列辅音中，口腔前面的部分未被填充，是空置的。除了这两个"爆破音"系列，还存在两个"塞擦音"系列，它们之间的关系与两个"爆破音"系列之间的关系完全一致。换句话说，在"齿音"系列中，口腔前部被舌头填充，而另外一个系列即舌侧音系列中，口腔前部则未被填充。对"爆破音"系列而言，发音时前面的闭塞除阻过程中，舌头被迫与硬腭分离，而对于"塞擦音"系列来说，则是让气流缓缓通过：在"齿音"系列中气流从舌头前端通过，在舌侧音系列中则是从两侧通过。"塞擦音"和"爆破音"系列之间的对立很明显不是发音部位不同的对立。所以霍屯督语中，喷音实际上只存在两个发音部位不同的系列，一个以口腔前部（被舌头）完全填充为特点，另外一个则以口腔前部的空置为特点。霍屯督语的非喷音辅音分为唇音、舌尖音（包括咝擦音）、软腭音及喉音。很明显，唇音和喉音不属于喷音相关关系。其余的辅音系列中，非喷音的舌尖音系列与"口腔前部被填充的喷音"相对应。因此，在霍屯督语中，不同发音部位的喷音系列和非喷音系列之间存在相关关系。

第四章 区别性对立的音系学分类

我们还应当对另外一种与喷音相关关系有关的次要辅音系列加以探讨，即"完全软腭化相关关系"①和"唇-软腭化相关关系"。这些相关关系出现在一些班图语族语言中，即绍纳语和邻近的文达语（Venda）。[121] 完全软腭化或纯软腭化的相关关系存在于非软腭化辅音和另外一类辅音的对立中，后者除了基本的发音动作还存在一个次要的软腭位置的发音动作，即抬高舌背以抵住软腭。舌头可被抬高至在软腭处几乎形成闭塞的程度［这种情况通常出现在中部绍纳语的泽祖鲁（Zezuru）方言中］。或者舌头可以抬得稍微低一点，仅在软腭处形成一个狭窄的通道［这种情况是东部绍纳语和中部绍纳语其他方言的特点，尤其是卡兰加（Karanga）次语支语言］。在泽祖鲁方言中，这种相关关系出现在双唇音和硬腭音中。唇-软腭化相关关系是完全软腭化相关关系和圆唇化相关关系的组合。这种相关关系独立于完全软腭化相关关系，出现在东部绍纳语和中部绍纳语的所有方言中，存在于舌尖音系列、硬腭音系列和两个咝擦音系列当中。对于一名非母语观察者而言，完全软腭化的辅音和唇-软腭化的辅音听起来感觉是多个辅音的组合（分别为 pk、ck、tkw、ckw，或 px、cx、txw、cwx）。尽管如此，还是应该把它们看作单个的音位，因为在它们所出现的语言中并不允许任何辅音丛出现。如果我们对喷音辅音和完全软腭化（或者唇-软腭化）的辅音加以对比，可以得出这样的结论，即

---

① 鉴于特鲁别茨柯依对 gutturalization 这一术语有明显喜爱，这里使用 gutturalization，而非 velarization。——英文版译者

它们之间的差别仅仅是语音上的，并非音系上的。初看起来，向内吸气的动作似乎是喷音特有，但其实这只不过是释放口腔前部阻塞的一种独特的方式。对于判定喷音在音位系统中的地位来说，这一点远不如软腭位置的"辅助性阻塞"重要。不过，在泽祖鲁方言、东部绍纳语和中部绍纳语的其他方言中，软腭位置的"辅助性阻塞"同样出现在完全软腭化的辅音和唇－软腭化的辅音中，尽管或许并不是以那么强烈的形式。

总之，可以说发音部位特征可以构成极为复杂的对立系统。不同的基本系列之间处在多边（异质性）对立关系中。但在很多语言中，有些基本系列可以各自分裂为两个相关系列，后者处于双边均等对立关系中，同时与同一系统内其他的辅音系列（基本系列或相关系列）构成多边对立关系。最后，每一个发音部位系列还可以区分为彼此处于（事实上或逻辑上的）有无对立关系中的辅音系列。如果这种一分为二的情况涉及同一个辅音系统内若干个发音部位系列，那么这种区分就体现为一种相关关系，可能是关于辅音音色特征的相关关系，也可能是喷音相关关系。

d. 发音部位系列之外的辅音音位

在许多语言中，可能还是大多数语言中，存在不属于任何发音部位系列的辅音音位（或者至少不属于任何一个未构成相关关系的发音部位系列）。"流音"和"h"往往属于这类辅音音位。不过不应当将该论述推而广之。有时，流音和 h 同样可以归到某一发音部位系列中。前面我们已经提到过吉利亚克语的 r 必须看作舌尖音系列中的一个浊连续音。[122] 在爱斯基摩语中，

第四章　区别性对立的音系学分类

r 总是实现为一个不颤动的小舌音，它在舌背后音系列中占据的位置与 *w* 在唇音系列和 *y* 在舌背前音系列中占据的位置一致。在舌尖音系列中，同样的位置被 *l* 所占据，*l* 还有一个清的擦音 λ 与之对应，所以可得出以下的辅音系统：[123]

p	*t*	*k*	*q*	*c*
φ	λ	*x*	*x̌*	*s*
w	*l*	*y*	*r*	
(*m*)	(*n*)	(*ŋ*)	(*ň*)	

在只有一个流音和一个硬腭发音部位系列的语言中，*w* 可看作唇响音，*y* 为硬腭响音，而这个唯一的流音则是舌尖响音。但是，这样的理解是否正确只能通过整个系统运作的方式或通过语法上的交替来证实。比如，在（塞拉利昂）门德语（Mende）中，*l* 是唯一一个流音，*t* 和 *l* 构成发挥语法作用的音系交替。这种交替与 *p-w* 之间的交替发生的条件相同。因此，可以建立这样一种对应性关系：*t*：*l*=*p*：*w*。[124] 在齐切瓦语中，唯一的流音有时实现为 *r*，有时实现为 *l*，在前缀 *m* 或 *n* 之后时变成 *ḍ*。在同样的条件下，*y* 被 *ǰ* 替代，*w* 被 *b̰* 替代。[125] 在这些情况下，存在客观的证据表明这个"唯一的流音"属于舌尖音系列。但有些情况下，并不存在类似的证据，把这些单个的流音归到特定一个发音部位系列中存在疑问。出现两个以上流音的语言中，常见的现象是至少有一个或两个流音属于某一特定的发音部位系列。比如在塞尔维亚-克罗地亚语［什托方言（Štokavian）］中，*l* 和 *ļ* 之间的关系明显与 *n*：*ń*、*t*：*ć* 和 *d*：*đ* 之间的关系类似。这一点证明可以把 *l* 归到"齿音"系列，*ļ* 归

到"硬腭音"系列。因此,只有 r 不属于任何发音部位系列。泰米尔语中的情况稍后将会给予讨论(第 141 页及下页)。

世界上大多数语言只有两个流音。只有在极为罕见的情况下,这些流音可以归到某一发音部位系列当中。[126] 通常情况下,它们不属于任何发音部位系列。它们构成双边对立关系,可以理解为逻辑上的有无对立关系。那么,r-l 之间的关系就可以视作"颤音性"/"非颤音性"或"非边音性"/"边音性"。在意大利语之类的语言中,r 始终是一个颤动的颤音,可能第一种理解更为合适,而在德语中,r 音"非颤音性"的变体形式常常是 r 这个音位语音上的实现形式,因此第二种理解就是唯一可能的解释。不过,由于特定语言中 r-l 之间的对立不可以中和,因此这种对立也仅仅是逻辑上的有无对立。所以无论何种情况,r-l 之间的对立都不会是发音部位之间的对立,而是除阻方式上的对立。这一点甚至适用于像德语这样的语言,其中 r 是一个"非边音性"流音,l 则是"边音性"流音。从音系的角度来看,只有当舌侧位置的发音同样为别的音位所共享,而且这些音位其他的区别性特征与别的基本系列(或相关系列)内的音位的除阻方式特征相同的话(比如佩迪语、桑达韦语、特林吉特语、奇努克语、阿迪格语、阿瓦尔语等语言中的情况),才可以把舌侧位置的发音看作发音部位特征。但在仅包含一个舌侧音音位的语言中,而且这个音位还与不属于任何发音部位系列的 r 处在双边对立关系之中,那么舌侧位置的发音(即舌侧与口腔"侧壁"之间气流无阻碍、无摩擦的向外流动)必须看作一种独特的除阻方式。舌侧位置的发音所具备的模棱两可的特性，给语音上的系统化造成了以上这些困扰，但这种模糊性可以很容易通过音系上的系统化得以消除，甚至变得更为清晰，这是因为在这种情况下唯一重要的是确定这个特定的"边音"音位与其他哪个音位处在对立关系中，以及该对立关系的属性。

就 h 而言，很多语言中这个音是个"总体上不确定的辅音音位"。但在其他很多语言中，它往往可以归到某一特定的发音部位系列，可能是以舌尖和双唇不参与发音为特点的"软腭音系列"，也可能是特定的喉音系列。后者主要发生在同一系统内还包含一个与 h 处在双边对立关系中的喉爆破音（声门塞音）的情况中。丹麦语中，只有在（清的）不送气弱辅音 b、d、g 与送气的强辅音 p、t、k 处在对立关系的语音位置上，h 出现。很明显，h 和音节首的不送气元音之间的对立关系与 p、t、k 和 b、d、g 之间的关系相同。[127] 因此，我们可以认为丹麦语中存在一个喉音系列，其中 h 是那个"送气音"（或"强辅音"）。另一方面，德语中 h 和音节首不送气的元音之间的关系与 p、t、k 和 b、d、g 之间的关系并不相同，因此 h 必须看作一个不属于任何发音部位系列的"不确定"音位（元音之间 h 是浊的，但 p、t、k 却是清的；词末 h 不出现，但 p、t、k 作为 p-b、t-d 和 k-g 之间的对立中和后的超音位出现。）。同样的情况还出现在许多其他语言当中。

B. 基于除阻方式的特征（*Überwindungsarteigenschaften*）

a. 阻塞程度和基于一级除阻方式的相关关系。前面已经提到（第94页），形成阻塞并对其加以消除构成辅音的本质属性。从这个角度来看，传统上将辅音分为闭塞音、摩擦音（或擦音）和响音的做法应当看作是基于阻塞程度的分类方法。闭塞音阻塞程度最高，擦音次之，响音最低（可能已经比较接近于元音"不存在任何阻塞"的特点，但尚未完全达到那种程度）。闭塞音是暂音，擦音和响音是连续音。但闭塞音和擦音还可以叫作阻塞音，与响音相对。因此，这三个不同级别的阻塞程度之间存在五种双边对立关系：(a) 响音/阻塞音，(b) 暂音[1]/连续音，(c) 闭塞音/擦音，(d) 擦音/响音，(e) 闭塞音/响音。这五种对立关系全部属于逻辑上的有无对立。如果特定系统中这些对立构成对应性对立关系，也就是说，它们出现在多个发音部位系列中，那么每项对立都会构成一个独特的相关关系。这一相关关系可叫作基于一级除阻方式的相关关系（Überwindungsartkorrelation ersten Grades）。

响音性相关关系，即响音和阻塞音之间双边的对应性对立关系，这只在闭塞音和擦音之间的对立与音系无关的语言中才有可能存在。关于这类情况的一个很明显的例子出现在泰米尔语中。[128] 该语言有五个阻塞音音位，根据所处环境的不同，它

---

[1] 以后的章节中 Momentanlaut（暂音）这个术语将会换成大家熟悉的术语"塞音"。本书作者使用这个术语仅仅是为了区分暂音（Momentanlaut）和连续音（Dauerlaut）。当与擦音/响音这些连续音作区分时，暂音（Momentanlaut）指的是"闭塞音"。

特鲁别茨柯依的这种区分似乎并不完全对等于雅克布逊的断音/连续音之间的对立（参照 *Preliminaries*，第 21 页）。据特鲁别茨柯依使用的术语，r 和 l 均包括在响音中，因此按照他的分类属于连续音，但雅克布逊认为这两个音是断音和连续音之间的对立。参考 Jakobson-Fant-Halle, *Preliminaries to Speech Analysis*, 第 19、21、22 页。——英文版译者

第四章 区别性对立的音系学分类

们实现为不同的语音形式：词首位置上以送气闭塞音的形式出现（p^h、t^h、$ṭ^h$、k^h、$ĉ^h$），词中元音之后的位置上以擦音形式出现（$β$、$δ$、$ḍ$ 为浊音，x 和 $ŝ$ 为清音），鼻音后面实现为浊的闭塞音（b、d、$ḍ$、g、$ȝ$），r 之后实现为清的不送气闭塞音（p、t、$ṭ$、k、$ĉ$）。因此这种情况下，浊的送气阻塞音和浊的不送气阻塞音之间、清的送气阻塞音和清的不送气阻塞音之间的对立关系，以及闭塞音和擦音之间的对立关系，由它们出现的语音环境决定，与音系无关。上面提到的泰米尔语中五个辅音音位的音系属性，一方面与它们属于哪一发音部位系列有关，另一方面与它们作为阻塞音的特点有关。泰米尔语的这五个阻塞音与五个响音相互对立：唇音音位 P 与 w 对立，平音性的舌尖音 T 与 l 对立，卷舌舌尖音 $Ṭ$ 与卷舌音 $ḷ$ 对立，硬腭啦擦音 $Ĉ$ 与 y 对立。软腭音音位 K 在泰米尔语中似乎对应的是响音 R（弗斯标为"ɹ"）。弗斯对该音的语音实现形式描述如下："这是一个无摩擦的连续音，带有一丝不太明确的后元音特征。发这个音时整个舌体后缩，舌的边缘向两边扩展，导致舌头变短、增厚和变钝，并靠近硬腭中间的位置"（XVI）。只有泰米尔语的 r 完全不属于任何发音部位系列，而且不跟其他任何一个音位处在双边对立关系中。[129] 因此，泰米尔语中存在响音性相关关系（或流音性相关关系，如果 w 和 y 也看作流音的话）。这一相关关系涉及整个辅音系统（r 除外）。我们不了解是否还有其他这种类型的例子。一般来讲，响辅音要么不属于任何发音部位系列，本身独成一类音位，在这种情况下它们彼此处于双边对立关系，与其他音位则处于多边对立关系。或者只有几个、并非全部的音位可以纳入发音部位系列构成的系统中，并与某一类阻塞音构成双边对立关系。

塞音和连续音之间存在双边对立关系意味着擦音和响音之间的对立与音系无关。纯粹从理论上来讲，这种情况似乎极少出现。至少，我们不知道哪个辅音系统是按照这条原则来组织的。不过存在这样的语言，其中（口腔）响音与擦音构成一类连续音音位，与所有或若干发音部位系列内的塞音音位相对立。但这种相关关系并不是单独出现，至少在我们所了解的情况中是这样。这种相关关系只跟其他的相关关系一起出现，因此按照这样的方式，要么塞音，要么连续音，或两类辅音都可以分为清的弱辅音和强辅音与浊的弱辅音和强辅音。比如，可以对比一下前面引用的爱斯基摩语（第138页）和吉利亚克语（第73页及以下诸页）的辅音系统。所以这种相关关系（可以称作塞音相关关系或连续音相关关系）始终只是关联束内的一个成员。

总体上，响音性相关关系和塞音相关关系比较罕见。通常，阻塞程度的三个级别（闭塞音、擦音和响音）两两之间可构成对立关系。多数情况下，这类对立关系只扩展至辅音系统部分辅音中。

对于同时存在于多个发音部位系列中的闭塞音和擦音之间的对立，我们使用声道收窄度相关关系或闭塞性相关关系这两个术语来表示。德语中，这一相关关系存在于舌背音、唇齿音以及 s 类咝擦音系列中（*k-x*、*p̌-f*、*c-s*）。波兰语、捷克语、斯洛伐克语和乌克兰语中，这一相关关系包括软腭音系列和所有的咝擦音系列。塞尔维亚－克罗地语和匈牙利语中，该相关关系仅限于两个咝擦音系列（塞尔维亚－克罗地亚语的 c-s、ǧ-ž、č-š；匈牙利语的 cs-s、dzs-zs、c-sz、dz-z）。阿尔巴尼亚语中，除了两个咝擦音系列（c-s、"x"-z、"ç"-"sh"、"xh"-"zh"），这一相关关系还包括唇音系列（p-f、b-v）和舌尖音系列（t-"th"、d-"dh"）。现代希腊语中，它涉及所有的发音部位系列（π-φ、τ-θ、κ-χ、τσ-σ）。英语中，非常明显，闭塞音和声道收紧的辅音之间的对立存在于 š 类辅音中（č-š、ž-ǯ）。然而，对于英语的舌尖音和唇音而言，情形就没那么明显：英语的 t 和 d 在发音时，舌尖上抬得相当高。词首的 t 在发音时伴随有强烈、类似于塞擦音的送气，因此可以听见类似于 š 的尾音，而英语的平音性舌尖擦音 θ 和 δ 在发音时舌尖的位置相当低（"齿间"）。同样，p 和 b 是"双唇音"，而 f 和 v 则是"唇齿音"。当然，现代希腊语和阿尔巴尼亚语中，事实上唇擦音和齿擦音与对应的闭塞音在发音位置上也并不完全相同。但在另外两个发音部位系列中（阿尔巴尼亚语的 s 和 š 系列，现代希腊语的 χ 和 σ 系列），存在这种完全一致的情况，因此形成一条"系统性的制约规则"。另外，p-f、t-θ 和 k-x 的对立在现代希腊语中可以中和，而且这些对立成分之间存在语法上的交替。由于这样的情形英语中并不存在（而且词首 t 和 p 类似塞擦音的送气特征明显表明这两个音跟 θ 和 f 在发音位置上存在语音差异），所以英语中 t、d 和 θ、δ 之间的对立与 p、b 和 f、v 之间的对立是否可以理解为"声道收窄度之间的对立"存有疑问。[130] 其他语言中也有类似情况出现。然而，可以说多数情况下，还是十分清楚的，而且声道收窄度相关关系虽然极少出现在所有发音部位系列中，但在世界上所有语言中，乃最常见的相关关系之一。

另一方面，一个响音和一个擦音构成双边对立关系是相当罕见的音系现象。捷克语中 r 和 ř 之间就存在这种对立关系；在祖鲁语和普韦布洛村庄的陶斯族印第安人使用的语言（Peublo Indians of Taos）（新墨西哥州）中，l 和 ɬ 之间也存在这样的对立关系。[131] 在其他一些语言当中，类似的关系似乎存在于 w 和 β（或 ʋ）之间。然而，每种情况中必须弄清楚 w 是一个真正的辅音还是元音 u 的组合性变体。暂不考虑这些有疑问的情况，其他存在"唇响音"/"浊的唇擦音"对立关系的语言只有少数几种（比如库里语、佩迪语、齐切瓦语和其他几种语言）。至于硬腭响音和硬腭浊擦音之间的对立，我们尚未发现一例。[132] 因此，实际上，仅仅通过有无摩擦这个特征对两个辅音音位进行区分的情况少之又少。任何一种语言中，这种对立关系似乎无法构成一个相关关系并扩展至多个发音部位系列。

响音和闭塞音之间的对立关系在那些不存在任何擦音的语言中尤为明显，比如埃属苏丹地区努埃尔语的东部方言。在这种语言中，五个浊闭塞音——b、d、齿间音 ḓ、g 和 j 均与相等数量的响音 w、l、r、γ、y 构成对立。[133] 响音 w、γ 和 y 很明显与 b、g 和 j 处于双边对立关系。同样，r 和 l 大概也可归到两个舌尖音的相关系列。响音和闭塞音之间的双边对立同样存在于其他语言。在塞尔维亚-克罗地亚语（什托方言 Štokavian）中，我们发现这样的对应性关系：b : ʋ = d : l = d́ : ʎ (lj)。黑山方言中，原始斯拉夫语的 x 已经演变为一个浊的软腭连续音，丢失了任何可感知到的摩擦音性质。[134] 上述对应性关系似乎已扩展至 g : ɣ̌ 这一对辅音。在丹麦语尤其是标准丹麦语中，弱辅音 b、d、g 和连续音 υ、δ、γ 之间存在一种对应性对应关系。由于丹麦语中 υ、δ、γ 发音时几乎没有摩擦，而且跟之前的元音组合在一起时，它们在韵律上相当于一个长的音节核（与"元音 + r/l"或"元音 + m/n"一样），因此，从丹麦语的辅音系统来看，可以将它们视作响音。[135] 所以，这种情况下，存在一个涉及所有弱闭塞音和部分响音的相关关系。从声学和发音的角度来看，闭塞音和响音涉及差异度最大的两类发音类型，所以这一相关关系可能最好称作（辅音的）对比相关关系。需要注意的是，在上面我们所讨论的所有情况中，（语音上）处于闭塞音和响音的阻塞程度中间的辅音，即浊擦音或弱擦音，是缺失的：东部努埃尔语中不存在任何擦音。塞尔维亚-克罗地亚语和丹麦语中，至少在构成"对比相关关系"的发音部位系列中，没有擦音。当然这也很容易理解，因为只有在这种情况下，闭塞音和响音之间的对立关系才可以是双边的。

b. 基于二级除阻方式的相关关系（Überwindungsartkorrelationen zweiten Grades）

根据上面的论述，显而易见，辅音不同阻塞程度之间的双边对立形成的相关关系涉及整个辅音系统的情况相对而言比较少见。通常情况下，会有一小部分辅音音位不受这样的相关关系影响；但是这些音位跟其他具备相同阻塞程度的音位可以构成独特的双边对立关系。阻塞程度相同（而且属于同一发音部位系列）的音位构成的双边对立形成特定的相关关系，这些相关关系可以称为基于二级除阻方式的相关关系，与之相对的是阻塞程度的三个级别之间的对立形成的基本相关关系。

在基于二级除阻方式的相关关系内，每个相关对中的两个对立成分必须具备相同的阻塞程度。但理论上而言，一个基于二级除阻方式的相关关系不受任何具体的阻塞程度的限制。不同的语言中，这一相关关系出现在不同级别的阻塞程度中。

基于二级除阻方式的不同，我们可以区分以下六种典型的相关关系：

辅音松紧的相关关系，或"强辅音"和"弱辅音"之间的对立。在该对立关系中，阻塞空间的大小和除阻的方式（气压）互相调整：如果口腔肌肉绷紧导致阻塞程度增加，气压也会相应地上升。相反，如果口腔肌肉变松弛，气压就会下降。

强度（或压力）相关关系，体现为阻力和气压之间不同类型的关系：当口腔肌肉放松时，气压变得极强。因此对立成分中"弱"的一方时长较短，可能伴有送气。当口腔肌肉绷紧时，气压的强度似乎刚刚可以完成除阻的任务。因此对立成分中"强"的一方时长相对较长，没有送气，而且需要花费较大力气才能完成除阻任务。

清浊相关关系，浊辅音和清辅音之间的对立。

送气相关关系，送气辅音和不送气辅音之间的对立（这种情况下只有送气与否与音系相关，其他发音特点均与音系无关）。

回归式辅音相关关系，肺部气流产生的辅音与喉部气流产生的辅音之间的对立。后者发音时，气流在闭合的声门上方聚集，然后闭合的声门通过类似于活塞的推动动作释放这些气流。[136]

除阻方式相关关系，口腔内除阻时伴随有爆破的闭塞音和其他以常规方式除阻的辅音之间的对立。[137]

前置送气相关关系。我们或许可以将该相关关系看作第七种基于二级除阻方式的相关关系，即送气的内爆破辅音和不具备这种爆破的辅音之间的对立。这种对立出现在一些美洲语言中，如福克斯语（Fox）和霍皮语（Hopi）。但这些语言中，"前置送气的"的辅音应当理解为单个音位还是多个音位（即 $h+$ 辅音），并不十分明确。[138]

所有基于二级除阻方式的相关关系均涉及一个"较强的"辅音和一个"较弱的"辅音之间的对立：

相关关系	强的对立项	弱的对立项
松紧相关关系	强辅音	弱辅音
强度相关关系	重辅音	轻辅音
清浊相关关系	清辅音	浊辅音
送气相关关系	送气辅音	不送气辅音
回归式辅音相关关系	声门下辅音	回归式辅音
除阻方式相关关系	爆破音	吸气音

在基于二级除阻方式的相关关系中，无标记项是"强的"对立成分还是"弱的"对立成分这个问题只能在最终的分析中，通过具体音位系统的运作来进行客观的确定。但是，任何基于除阻方式的相关关系中，发音时最小程度偏离正常的呼吸运动的那个对立成分，被认为具备"自然的"无标记性。自然而然，

与之对立的另一个成分就是有标记的一方。从这个一般或"自然的"角度出发，在松紧相关关系中有标记成分是强辅音；在强度相关关系中，有标记成分是重辅音；在送气相关关系中，送气的一方为有标记成分；在回归式辅音相关关系中，回归音是有标记成分；在除阻方式相关关系中，吸气音是有标记成分。按这种方式进行考察，一些难以确定的情况中可以判断一个基于二级除阻方式的相关关系的音系性质。某一语言中，如果浊的弱辅音和清的强辅音构成可中和的对立关系，而且在中和位置上超音位体现为一个清的强辅音，那么清浊相关关系存在于这种语言中。这意味着此情况下，仅有浊辅音和清辅音之间的对立与音系有关，辅音强度的不同或口腔肌肉的松紧是次要现象，与音系无关。在弱的回归音与强的送气辅音互相对立的语言中，如若中和位置上超音位体现为送气的强辅音，那么回归式辅音相关关系存在于这种语言中。如果特定的音位系统具备直接的证据可以证明对立成分的标记性或无标记性存在另一种（"不自然的"）分布模式，只有在这种情况下，才可以忽略上面提到的"自然度"的判定方式。

基于这些整体上的考虑，我们可以得出这样的结论，清浊相关关系存在于俄语、波兰语、立陶宛语、捷克语和斯洛伐克语等语言中，其中中和位置上清的强辅音作为超音位。但在拉普语（Lapp）中，基于二级除阻方式的相关关系中和后的超音位在词首时体现为弱辅音，显然，这里存在的是松紧相关关系。这种相关关系同样出现在高地德语中，其中阻塞音既非浊音亦非送气音，口腔内发音器官肌肉的紧张是唯一的区分方式。但在一些情况中，多个不同的区分规则相互交织，并且特定的相关关系无法中和，或者它们中和的方式不包含任何信息表明对立成分的有标记性或无标记性，所以要准确地确定一个基于二级除阻方式的相关关系的属性，实际上是不可能的。英语中 t、p 和 k 在重读元音前为送气的、清的强辅音，但在其他位置则读成不送气的、清的强辅音；另一方面，b、d 和 g 则总是浊的弱辅音。一方面，它们之间的相关关系在阻塞音前面发生中和，超音位由外部条件决定；另一方面，s 之后超音位体现为清的弱辅音，即体现为语音特点处于两个对立成分中间的辅音。因此，英语中存在的是松紧相关关系还是清浊相关关系，并不太好说。类似地，同样的情况出现在标准德语、法语、匈牙利语、塞尔维亚－克罗地亚语等语言中，其中清的强辅音与浊的弱辅音存在对立关系。这些对立中和的类型无法提供任何关于其性质的线索。丹麦语的情况同样没那么清晰，尽管这种语言并不涉及清浊的相关关系。丹麦语所有的阻塞音都是清音，但由于丹麦语中送气的强辅音与不送气的弱辅音相对立，那么应该将其判定为送气的相关关系还是松紧的相关关系，并不明确。根据乌尔达尔（H. J. Uldall）的描述（*International Journal of American Linguistics*, VIII［1933］, 第 74 页），阿丘马维语（Achumawi）中，大概有两类闭塞音处于互相对立的关系中，一类实现为送气的清辅音，另一类则选择性地实现为浊的弱辅音或清的弱辅音，又或回归音。类似的情况出现在很多语言中。这种情况中，似乎比较恰当的做法是把这些相关关系简单地称作基于二级除阻方式的相关关系，其中的对立成分则简单地称作"强"辅音和"弱"辅音。就同一级别的阻塞程度而言，如果音系上可以区分两种以上的除阻方式，那么这种情况往往比较清楚。然而，即便是这些情况，也不可避免地存在一定程度的不确定性，至少对于整个关联束其中的一部分而言是这样的。原则上，阻塞程度相同的一组音位的阻塞程度越高，根据二级除阻方式的相关关系对这些音位加以区分的力度就越大。这意味着，就除阻方式而言，闭塞音通常比擦音展现出较多的类别，而擦音又比响音展现出更多的类别。不过，这并非是一条定律，仅仅是总体的趋势。

α）在存在两级阻塞程度的辅音系统中，比如上面提到的东部努埃尔语，根据二级除阻方式的相关关系，闭塞音分成两类（*b-p*、*d-t*、*ḍ-ṭ*、*g-k*、*j-c*），而响音仅有一类（分别为 *w*、*r*、*l*、*γ*、*y* 和 *m*、*n*、*ŋ*、*ṇ*）。很多存在三个级别阻塞程度的语言中，根据除阻方式的不同，闭塞音可分成两类，而擦音和响音各自只有一类。譬如，这样的情形在以下语言中出现：丹麦语（闭塞音为 *b-p*、*d-t*、*g-k*，擦音为 *f*、*s*，响音分别为 *r*、*l*、*j*、*υ*、*δ*、*γ* 和 *m*、*n*、*ŋ*）；尤卡坦半岛（Yucatan）的玛雅语[139]（闭塞音 *p-p'*、*t-t'*、*c-c'*、*č-č'*、*k-k'*、*ƚ*，擦音 *s*、*š*、*h*，响音 *m*、*n*、*w*、*l*、*j*）；尤拉克－萨莫耶德语[140]（Yurak-Samoyed）（闭塞音 *b-p*、*d-t*、*g-k*、*c*、*ƚ*，擦音 *s*、*h*，响音 *m*、*n*、*ŋ*、*ṇ*、*w*、*l*、*r*、*j*）；兰巴语[141]（闭塞音 *b-p*、*d-t*、*g-k*、*ḍ-ṭ*，擦音 *f*、*s*、*ṣ*，以及响音 *m*、*n*、*ŋ*、*ṇ*、*r*、*l*、*υ*）。其他一些语言中，就除阻方式而言，擦音可以跟闭塞音一样分为两类，但响音就不可如此区分。这可能代表了最常见的辅音系统：在欧洲，这样的系统存在于英语、法语、荷兰语、俄语、德语、立陶宛语、拉脱维亚语、波兰语、白俄罗斯语、乌克兰语、斯洛伐克语、捷克语、匈牙利语、罗马尼亚语、塞尔维亚－克罗地亚语、保加利亚语以及意大利语等语言中。[142] 在世界其他地区，这种类型的辅音系统也绝不罕见。不过，基于相同的二级除阻方式的相关关系，不仅可以对闭塞音和擦音加以分类，还可以对响音加以分类，找到这样一种语言并非易事。在那些存在三个级别阻塞程度的语言中，每一级别的阻塞程度均可分成两类，每一类都与除阻方式相关。我们可以发现，情况或是每一级阻塞程度内的辅音都存在不同类型的基于二级除阻方式的相关关系（如巴拉岛上使用的苏格兰－盖尔语方言中，就除阻方式而言，闭塞音基于送气相关关系分为两类，擦音根据清浊相关关系分成两类，响音根据强度相关关系分成两类），[143] 或是至少响音涉及的相关关系与闭塞音和擦音涉及的相关关系不一致。[比如斯库台（Skutari）地区的阿尔巴尼亚语北部方言就是这种情况，闭塞音和擦音根据清浊相关关系分为两类，而响音根据强度相关关系分类。][144] 在我们所熟悉的所有语言中，只有爱尔兰语在所有三个级别的阻塞程度内，仅存在一种基于除阻方式的相关关系，即清浊相关关系。此外，爱尔兰语的独特之处还在于它的响音不仅涉及清浊相关关系，还涉及强度相关关系。因此，爱尔兰语中根据除阻方式的不同，响音具备的类别要比阻塞音多。[145]

对于闭塞音和擦音基于除阻方式的不同可以各自分为两大类的辅音系统而言，理论上，每个包含闭塞音和擦音的发音部位系列应该含有四个阻塞音。一些语言中情况的确如此，比如上面提及的斯库台地区的阿尔巴尼亚语北部方言。然而，对于涉及声道收窄度相关关系的发音部位系列而言，一个系列内往往并不出现四个阻塞音音位，而只是三个。例如捷克语就是这样的情况：p-b、t-d、t'-d'、f-v、k-ch-h、c-s-z、č-š-ž，dz、dž 和 g 仅出现在外来词中。[146] 同样的关系还存在于以下语言中：塞尔维亚-克罗地亚语的查方言 (Čakavian) (p-b、t-d、ţ-ḍ、f-v、k-x-γ、c-s-z、č-š-ž)，厄尔兹亚-莫尔多瓦语 (p-b、t-d、t'-d'、k-g、c-s-z、c'-s'-z'、č-š-ž)，上索布语 (Upper Sorbian) (p-b、t-d、ć-dź、k-x-h、c-s-z、č-š-ž) 和金亚瓦达语 (p-b、t-d、k-g、c-s-z、č-š-ž、p̌-f-v)。[147] 那么，作为多种没有亲属关系的语言中反复出现的一种现象，这种情况的出现应该有更深层次的原因。这里还应提到荷兰语。荷兰语中唯一一个涉及声道收窄度相关关系的发音部位系列，即舌背音系列，同时还是唯一一个缺少弱闭塞音的发音部位系列。[148] 我们有充分理由认为，在所有这些情况中，声道收窄度相关关系与基于二级除阻方式的相关关系相结合，形成一个"包含三个成分的关联束"。那么强擦音就是将整个关联束"维系在一起"的音位。但是，还存在另外一种涉及声道收窄度相关关系与基于二级除阻方式的相关关系，但却有所不同的关联束。晚期阿维斯塔语 (Late Avestan) 中明显存在声道收窄度的相关关系：p-f、t-θ、k-x、č-š。然而，阿维斯塔语还存在基于二级除阻方式的相关关系，但却无法准确确定该相关关系的性质。它有可能是清浊相关关系。尽管如此，对于该系列中较弱的那个对立成分而言，声道的闭塞或收窄均与音系无关，因为词首位置上它们实现为闭塞音，但在元音中间时却实现为擦音。因此，这些辅音可以看作 p、t、k、č 以及 f、θ、x、š 的"弱辅音"搭档，所以它们只能使相应的关联束"维系在一起"（s-z 之间的关系只有在 s 类辅音系列中是明确的，因为这一系列中不存在相应的强闭塞音。）。切列米斯语中，咝擦音系列中存在包含三个成分的关联束（c-s-z、ć-ś-ź，和 č-š-ž）。其他的辅音系列中，辅音音位则是成对出现，包括一个强闭塞音和一个弱擦音（p-β、t-δ、k-γ）。在鼻音后面，所有这些系列中的对立均发生中和，弱闭塞音作为超音位的体现形式出现在中和位置上。词首位置上，p-β 继续维持对立关系，t-δ 和 k-γ 的对立则发生中和，超音位分别体现为 t 和 k。然而，在词首位置上，咝擦音系列则体现为强的闭塞音和强擦音（c-s、ć-ś、č-š）。因此，看来真正意义上的声道收窄相关关系仅存在于咝擦音系列中，而在其他发音部位系列中，强对立成分的闭塞性和弱对立成分的收紧性应当看作是次要的；因此，唇音、舌尖音和舌背音这些发音部位系列可能只包含"总体上的阻塞音"，这些阻塞音仅仅根据二级除阻方式的相关关系来加以区分。斯洛文尼亚语的某些方言除了存在包含三个成分的关联束 c-s-z、č-š-ž 和 k-x-γ，在其他的发音部位系列中，还存在一个清闭塞音和一个浊擦音构成的音位对（p-β、t-δ）。在词尾位置上，浊擦音被清擦音所替代。因此，纯粹的声道收窄度相关关系存在于所有的发音部位系列中：p-f、t-θ、k-x、c-s、č-š。所以，对于唇阻塞音和齿阻塞音而言，只有声道收窄度的相关关系与音系相关；另一方面，只有对于两个咝擦音系列和舌背音系列当中的擦音而言，清浊相关关系与音系相关。这意味着我们可能会遇到一种不常见的情况,即在这些语言中,就除阻方式而言,擦音的类别要多于闭塞音。

所有的这些现象都指向以下结论,即虽然声道收窄度相关关系是基于一级除阻方式的相关关系,但在许多语言中,它与基于二级除阻方式的相关关系之间存在尤为紧密的联系。因此,这似乎提供了"构成关联束"的必要前提条件。

在一些辅音系统中,不同阻塞程度级别的辅音通过若干基于除阻方式的相关关系加以区分,这样的辅音系统并不罕见。当然,不可否认的是欧洲语言中,除了少数几种方言,对于每一级别阻塞程度而言,原则上最多只存在一个基于二级除阻方式的相关关系。而且往往很难确定哪一个特征应当看作相关标记。不过在全球许多其他语言中,以及一些欧洲语言的方言中,还存在另外一种基于二级除阻方式的相关关系。不过这种情况下,"辅音阻塞程度的级别越高、内部的区分度越大"的倾向得以维持。

β)闭塞音存在两类基于二级除阻方式的相关关系,而擦音和响音中不存在此类相关关系,这种情况在世界各地语言中均有体现。比如汉语的湘潭方言(湖南省)(闭塞音 b-p-p^h、d-t-t^h、g-k-k^h、ĝ-ḳ-ḳ^h、ʒ-c-c^h,擦音 x、χ、s,响音 m、n、ŋ、ṇ)[149] 和海达语(闭塞音 b-p、d-t-t'、g-k-k'、ǧ-ḳ-ḳ'、ʒ-c-c'、λ-ƛ-ƛ',擦音 x、x̌、s、ɬ、h,响音 m、n、ŋ、w、l、j)。[150] 古希腊语同样属于这种类型(一边是 π-β-φ、τ-δ-θ、κ-γ-χ,另一边则是 σ、ρ、λ、μ、ν)。在另外一类语言中,闭塞音包含两类相关关系,擦音仅包含一类,响音则不存在任何类似的相关关系。这一类型的例子涉及现代希腊语的萨空尼亚方言（Tsaconian），其中长的闭塞音变成送气音。因此，该方言构成以下系统：$b\text{-}p\text{-}p^h$、$d\text{-}t\text{-}t^h$、$g\text{-}k\text{-}k^h$、ʒ-c；v-f、δ-θ、γ-x、z-s、ž-š；r、l、ṛ、ḷ、m、n、ṇ；[151] [152] 此外还涉及的语言有：格鲁吉亚语（b-p-p'、d-t-t'、g-k-k'、ʒ-c-c'、ǯ-č-č'、ḳ；γ-x、z-s、ž-š；v、r、l、m、n）；藏语（$b\text{-}p\text{-}p^h$、$d\text{-}t\text{-}t^h$、$g\text{-}k\text{-}k^h$、ʒ-c-c^h、ŝ-ĉ-$ĉ^h$、ɟ-h、z-s、ẑ-ŝ；m、n、ŋ、ṇ、v、j、r、l）；[152] 阿姆哈拉语（Amharic）（b-p-p'、d-t-t'、g-k-k'、ġ-ḳ-ḳ'、ǯ-č-č'、z-s、ž-š；m、n、ṇ、r、l、w、y）；[153] 罗德西亚东北部的齐切瓦语（$b\text{-}p\text{-}p^h$、$d\text{-}t\text{-}t^h$、$g\text{-}k\text{-}k^h$、ǯ-č-$š^h$、ʒ-c、ḅ-p̆、z-s、v-f；m、n、ŋ、ṇ、w、l、γ）等。[154]

此外，其他一些语言中闭塞音和擦音涉及两类基于二级除阻方式的相关关系，响音则与这两类中的任何一类均不相干：比如卡巴尔达语就属于这种类型：b-p-p'、d-t-t'、g-k-k'、ʒ-c-c'、ḳ-ḳ'、ɟ-h、ẑ-ŝ-ŝ'、v-f-f'、l-ł-ł'（及 γ-x、y̌-x̌、z-s、ž-š、ḥ）。[155] 缅甸语闭塞音和擦音中存在两种基于二级除阻方式的相关关系，响音则只存在一种此类相关关系：$b\text{-}p\text{-}p^h$、$d\text{-}t\text{-}t^h$、$g\text{-}k\text{-}k^h$、$j\text{-}ḳ\text{-}ḳ^h$；z-s-s^h（及 δ-θ）；m-m'、n-n'、ŋ-ŋ'、l-l'、y-y'（及 w）。[156] 以上所有情况均证实这样一条规则，即较高级别的阻塞程度倾向于通过次要相关关系来实现更大程度的区分。然而，该规则的一个例外情况出现在钦西安语中，闭塞音中基于除阻方式的两种相关关系同样出现在响音中，但擦音之间却并非通过这两种相关关系当中的任何一种加以区分：b-p-p'、d-t-t'、g-k-k'、g̊-k̥-k̥'、ǧ-ḳ-ḳ'、ʒ-c-c'；x、x̥、x̌、s、h；l-l'-'l、w-w'、y-y'、n-n'、r。[157]

上面的例子很容易就可以找到很多。这些例子指向这样一个结论，即在那些闭塞音通过两种基于二级除阻方式的相关关系加以区分的系统中，其中一种相关关系为送气相关关系或回归式辅音相关关系，而另外一种相关关系，或是纯粹的松紧相关关系，或是松紧相关关系与清浊相关关系的"融合"（"清的强辅音"/"浊的弱辅音"）。如果认为回归式辅音相关关系中的无标记成分往往实现为送气音（这样是为了更加清楚地凸显与回归音的对立度，因为回归音发音时声门紧闭，几乎无气流通过），那么就必须意识到送气相关关系与回归式辅音相关关系之间的密切联系：它们之间的区别仅在于前一种相关关系中，对立成分中的"强"辅音是有标记项，而后一种相关关系中，则是对立成分中的"弱"辅音作为有标记项。语音上来讲，这种差别通过夸大"强度"（通过强烈的气压，即送气）或夸大"弱势"（通过声门的关闭来减弱气压）得以体现。通过与松紧相关关系（或清浊相关关系）相结合，可以产生一个包含三个成分的关联束，这三个成分构成一个分级的辅音系列。如果这个关联束中有一个成分属于送气相关关系，那么这个分级系列的"中间"成分就是一个不送气的、清的强辅音（d-t-t^h）。相反，如果回归式辅音相关关系是这个关联束中的一个成分，那么该分级系列中的"中间"成分则是一个声门下呼气气流的（浊或清的）弱辅音（t-d-t'）。在所有语言中，此类包含三个成分的关联束仅常见于闭塞音，其他级别阻塞程度的辅音仅通过一种基于二级除阻方式的相关关系来加以区分，而且这一基于二级除阻方式的相关关系（一般是清浊相关关系与松紧相关关系的结合）同样作为其中一种相关关系存在于闭塞音中。[158]

第四章 区别性对立的音系学分类

γ）在同一级别的阻塞程度内，存在两种以上基于二级除阻方式的相关关系，这样的语言十分罕见。东高加索语族的达吉斯坦语和切尔克斯语的西部方言中，呈现出松紧和清浊相关关系分别与回归式辅音相关关系和强度相关关系相结合的情况。这三种相关关系均在闭塞音中出现，而且在不同的语言中形成不同的"关联束"：阿瓦尔语中形成包含五个成分的关联束（虽然并非在所有发音部位系列中，如：*g-k-K-k'-K'*, *d-t-t'*）；拉克语中构成包含四个成分的关联束（*d-t-T-t'*）等。对擦音而言，强度相关关系出现在达吉斯坦所有语言中，除了库里语和鲁图尔语。就清浊相关关系而言，闭塞音和擦音之间的对立往往与之无关，而对于回归式辅音相关关系而言，则彻底不出现于擦音中。[159] 阿迪格语西部方言中，阻塞音中存在一个包含四个成分的关联束（*d-t-t'-T*）。就擦音而言，清浊相关关系与回归式辅音相关关系（咝擦音系列中似乎是强度相关关系）具备音系价值。[160] 所有这些语言共有的特征就是，以上提到的三种基于二级除阻方式的相关关系中，响音不涉及其中任何一种。[161] 因此，如前所述，北高加索语族语言呈现出这样一个趋势，即根据辅音阻塞程度的不同，再按照除阻方式的不同，可以将不同辅音类别的数量顺次排列。清浊相关关系（或松紧相关关系）与送气相关关系互相结合的情况，很可能存在于达科他语（Dakota）中［属于北美苏族语系（Sioux）］。[162] 就闭塞音而言，这三种相关关系构成一个包含四个成分的关联束［如庞卡（Ponka）方言：*b-p-pʰ-p'*、*d-t-tʰ-t'*、*g-k-kʰ-k'*，加上一个有缺口的关联束 *č-čʰ-č'* = 3-*č-čʰ-č'*］。然而就擦音而言，送气相关关系（z-s-s'、ž-š-š'、γ-x）与之无关，响音（m、n、w、y、l）则不涉及任何基于除阻方式的相关关系。信德语（Sindhi）中，清浊、送气和除阻方式相关关系互相结合，于闭塞音中形成一个包含五个成分的关联束（p-p^h-b-b^h-b'、t-t^h-d-d^h-d'、k-k^h-g-g^h-g'、c-c^h-j-j^h-j' 以及不完整的 ṭ-ṭ^h-ḍ-ḍ^h）。擦音只呈现出清浊相关关系（f-v、s-z 以及不完整的 s、h、x），响音则未呈现出任何基于二级除阻方式的相关关系。[163] 在同一阻塞程度内三个（甚至四个）基于二级除阻方式的相关关系互相结合的情况，可能还有相当多的此类例子。然而毋庸置疑的一点是这样的情况并不常见。

在总结这一部分关于二级除阻方式的相关关系的讨论之前，下面我们提供一些有趣的例子。这些例子表明，有时一个相关关系所属系统的环境可以改变该相关关系的属性，从而产生一种截然一新的相关关系。

东孟加拉语中发现存在清浊相关关系、送气相关关系和回归式辅音相关关系（至少词首位置上）。送气相关关系仅出现在闭塞音中，清浊相关关系仅出现在阻塞音中，但回归式辅音相关关系出现在所有级别的阻塞程度中：p-b-p'-b'-p^h，t-d-t'-d'-t^h，ṭ-ḍ-ṭ'-ḍ'-ṭ^h，k-g-k'-g'-k^h，有缺口的 c-ʒ-c'-ʒ'；f-v-f'，x-γ，š-š'，s；m-m'，n-n'，r-r'，l-l'。[164] 在这种情况下，发音部位系列中咝擦音是唯一一个缺失送气阻塞音的系列。如果认为 s（与 f、š 对立）缺少一个"回归音搭档"，那么就有充分理由将 s 看作咝擦音系列中的送气音位。因此，就咝擦音发音部位系列而言，东孟加拉语中的送气相关关系就被声道收窄度相关关系所替代（从历时角度来看事实也恰巧如此）。

就东部孟加拉语而言，我们只能给出大概的解释，但在其他语言中，送气和不送气辅音的对立与擦音和闭塞音的对立之间存在十分明显的对应关系。比如普韦布洛村庄的陶斯族印第安人使用的语言提瓦语（Tiva，美国－新墨西哥州）就属于这种情况。[165] 提瓦语中存在清浊相关关系（*b-p*、*d-t*、*g-k*、*l-lʽ*）和回归式辅音相关关系（但仅限于闭塞音：*p-p'*、*t-t'*、*k-k'*、*c-c'*），此外还存在声道收窄度相关关系和送气相关关系。但最后两种相关关系互相排斥，所以送气相关关系只出现在唇音和舌尖音系列中（*p-p'*、*t-t'*），而声道收窄度相关关系则只出现在软腭音、唇－软腭音和咝擦音系列中（*k-x*、*ḵ-x̱*、*c-s*）。此类情况中，大概可以认为只涉及一种相关关系而不是两种不同的相关关系。在这样的相关关系中，其中一个成分的特点体现为用力形成闭塞，随后利用所有的外呼气流进行爆破，另外一个成分则仅仅表现为对外呼气流的轻微阻塞。就不同的发音部位系列而言，这种轻微的阻塞可能体现为一种松弛的闭塞，抑或声道的收窄。因此，极易把这种相关关系等同于强度相关关系，那么就可以认定普韦布洛村庄的陶斯族印第安人使用的语言可能包含清浊相关关系、回归式辅音相关关系以及强度相关关系。

东非桑达韦语的辅音系统呈现出一种非常独特、有启发性的情形。这种语言的描写归功于邓普夫沃尔夫（Otto Dempfwolff），[166] 他列出的这种语言的辅音如下：(a) 浊的弱辅音 *b*、*d*、*g*、ɜ、λ（舌侧塞擦音）；(b)"半浊的弱辅音"，大概相当于富尔语（Ful）的 *'b*、*'d* 之类的辅音，因此应看作吸气音（b^v、d^v、g^v）；（c）不送气的强辅音 p、t、k、λ（舌侧塞擦音）；（d）送气的强辅音 p^h、t^h、k^h（k^h 仅出现在一个词中）；（e）回归式强辅音 k'、c'、λ'；（f）以"挤压"音结尾的回归式强辅音 $k^з$、$g^з$（这两个音可能恰好是 k' 和 λ' 的变体）；（g）清擦音 f、x、s、$ɬ$、h；（h）鼻音 m、n、$ŋ$；（i）流音 r、l、w、y。此外，桑达韦语还存在喷音，这里暂不考虑。对这些辅音的调查表明，（c）和（d）这两类音中强辅音之间的对立仅出现在唇音系列和齿音系列中，而（e）和（c）两类音之间的对立仅出现在咝擦音系列和边音系列中。不难发现这两种对立之间的相似性。这两种情况当中，外呼气流量较少的辅音与外呼气流量较多的辅音相对立：就 p-p^h 和 t-t^h 这两对辅音而言，其中一个对立成分通过声门的轻微打开完成发音，而另外一个对立成分则通过声门大开来完成发音；就 c-c' 和 λ-λ' 这两对辅音而言，其中一个对立成分通过声门完全紧闭完成发音，而另一方则无需如此。在软腭音系列中，k-k' 的对立也属于同一种相关关系。如果 k^h 和 $k^з$ 是两个真正独立的音位，这一点根据邓普夫沃尔夫提供的语料来看并不明显，那么 k^h 为 k 的强化形式，$k^з$ 则为 k' 的强化形式。至于 $\lambda^з$，显然应该采用与 $k^з$ 同样的理解方式。现在转到弱辅音，我们发现 b、d、g 由外呼气流产生，而 b^v、d^v、g^v 并非如此。这两类音之间的对立关系可以采用与 t-t^h、p-p^h 和 k-k'、c-c'、λ-λ' 同样的规则来理解：其中一方是全部、无约束的气流的外呼，另一方则是气流外呼受限或者完全没有外呼气流。因此，桑达韦语中，弱辅音和强辅音之间存在一种独特的相关关系。这种相关关系的本质在于完全（不受限的）气流外呼的闭塞音和不完全（受限的）气流外呼的闭塞音之间的对立。擦音、鼻音和流音不涉及这种相关关系，也不涉及其他任何一种基于二级除阻方式的相关关系。就喷音而言，可分为浊音、清的送气音、以"硬成阻"起始的清音和鼻化音。至少在清辅音中，这些辅音体现出以上气流的完全外呼和受限的气流外呼这两个特点之间的对立。[167] 根据邓普夫沃尔夫的描述，按照不同的发音部位系列，桑达韦语的喷音分成"舌侧音"、"齿音"和"脑音"系列。舌侧喷音与舌侧塞擦音 λ、ʎ、λ̇ 可归为一类，这无需再多做讨论。根据邓普夫沃尔夫的描述，以硬成阻起始的"齿音"喷音在听感上似乎与 ts' 十分接近。而且，听感上区分"脑音"回归式喷音和 k̇ 大概也比较困难（同上引，第 10 页）。因此，可以把"齿音"喷音与咝擦音归为一类，"脑音"喷音与软腭音系列归为一类。后一种归类的前提在于，对于桑达韦语的"软腭音"而言，与音系相关的特征不是舌头特定的某一部分或是舌头某种独特的形状，而仅仅是硬腭特定的部分与舌背或卷曲的舌尖之间的接触。所以，桑达韦语的辅音系统可用下图表示（保留邓普夫沃尔夫使用的注音方法）。[168]

最后，我们讨论一下霍屯督语的辅音系统。得益于比奇优质的调查研究工作，[169] 我们得以掌握霍屯督语的音位数量及这些音位的语音实现形式的基本特征的可靠数据。唯一尚未解决的问题就是确定这些音位之间的关系。霍屯督语中，或者更精确一点，那马（Nama）方言中，唇音系列里仅有一个闭塞音和一个鼻音，喉音系列里仅有一个闭塞音和一个擦音。初看起来，舌尖音系列与唇音系列似乎呈现出同样的结构（$t:n=p:m$），咝擦音系列似乎又与喉音系列呈现出同样的结构（$c:s=ć:h$）。然而，这种印象与以下事实相悖。首先，咝擦音系列中的闭塞音（塞擦音）c 有强烈的送气，而那马方言其他的闭塞音却是不送气或几乎不送气的清弱辅音。其次，那马方言软腭音系列中的情况也与以上关于其他发音部位系列的分析不相符。该方言的软腭音系列不仅有一个爆破音 k（语音实现为一个不送气的清弱辅音）和一个擦音 x，还有一个强送气的塞擦音 kx。显而易见，$kx:x$ 之间的关系与 $c:s$ 之间的关系相同。但 $k:kx$ 之间的关系又该如何解释？对于这对音位而言，音系上相关的是爆破音和塞擦音之间的对立，还是不送气闭塞音和送气闭塞音之间的对立？

辅音		唇音	舌尖音	软腭音		咝擦音		舌侧音		喉音	无发音部位
				简单音	喷音	简单音	喷音	简单音	喷音		
闭塞音	浊 完全呼气	b	d	g		!'	dz	/'	ḍ	//'	'	
	浊 受限呼气	ḅ	ḍ	g̱								
	清 完全呼气	ph	th	k, kh	!h	ts	/h	ṯ	//h	(h)	
	清 受限呼气	p	t	k', k³	!'	ts'	/'	ṯ'	ṯ'	//'	'	
擦音		f	—	x		s		s̱		h	
鼻音		m	—	ṅ		!n	n¹⁷⁰	/n		//n		
流音		w	—	—		—	—	—		l		y, r

送气的特点不能解释为辅音塞擦过程导致的语音上的后果。相反，辅音的塞擦化或许可理解为强送气带来的语音上的效果。因此，大概可行的方法是把那马方言的 *kx*（更精确一点是 *kxh*）看作一个送气的强辅音，塞擦的特点只是不相关的语音现象。但是，由于那马方言中 *kx* : *x* 之间的关系很明显应当与 *c*（= *tsh*）: *s* 之间的关系一致，所以 *c* 的塞擦过程必须同样视作与音系无关。换言之，*c*（= *tsh*）是一个强送气的清辅音，其与弱辅音 *t* 之间的关系，跟 *kx* 和 *k* 之间的关系一致。因此，就没有理由在那马方言中专门单列出一个咝擦音系列；相反，该方言仅存在一个舌尖音系列，其中送气音和擦音实现为咝擦音，而另一方面，不送气的清塞音和鼻音实现为非咝擦音性质的闭塞音。所以，采用音位注音方式，"*kx*"和"*ts*"应当标为 k^h 和 t^h。从音系的角度来说，就这几个音位而言，那马方言和克拉那语并无差别，它们实际上均实现为非塞擦化的送气爆破音。我们目前为止得出的结论可归纳如下：那马方言的非喷音辅音呈现出以下相关关系：(a) 送气相关关系，(b) 声道收窄度相关关系，以及 (c) 鼻音相关关系。无论送气相关关系，还是声道收窄度相关关系，均不出现在唇音系列中。喉音系列中，这两种相关关系发生合并（因此根据同样的道理，*h* 可认定为一个送气喉音或一个喉擦音。）。另一方面，鼻音相关关系仅在唇音和舌尖音系列中出现。"唯一的流音 *r*"游离于这些相关关系系统之外。这种关系如下图所示：

p	t	k	ʎ	
-	t^h	k^h	h	+r
-	s	x		
m	n	-	-	

至于喷音系列，前面讨论喷音相关关系时，我们已经了解霍屯督语中仅有舌尖音系列和软腭音系列涉及这一相关关系。[171] 我们进一步提到喷音分为"爆破音"和"塞擦音"两类。此时，我们暂不考虑这两类喷音之间的对立，而是对那马方言（Nama）每一个喷音系列中存在的不同的除阻方式加以关注。根据比奇的分析，存在五种不同类型的除阻方式：(a)"弱的软腭清爆破音类型"（第82页及下页）；(b)"强的软腭清塞擦音类型"（第83页及下页）；(c)"喉爆破音类型"（第84页及以下诸页）；(d)"喉擦音类型"（第86页及下页）；以及(e)"鼻音类型"（第87页及下页）。虽然至多只能说舌前（prelingual）的发音部位系列中存在喷音与非喷音之间精确的对应关系，但很明显喷鼻音与非喷鼻音相对应。那马方言中，软腭音系列不包含任何鼻音。但在该方言的音位系统中，类似的对称现象并不少见，并且喷音音位之间总体上的区分很明显。那马方言其他"类型"的除阻方式也不难理解。类型(c)和(d)的特点体现为口腔前端的闭塞和后端的闭塞（即"基础性闭塞"和"辅助性闭塞"）率先放开。只有除阻发生后，元音发音所必需的外呼气流才开始通过，也就是说，就(c)类音而言，以硬成阻起始（ʎ），而就(d)类音而言，则是以送气起始（h）。显然，类型(c)对应的是不送气的闭塞音，类型(d)对应的是

第四章　区别性对立的音系学分类

送气的闭塞音。类型（a）和（b）的特点体现为，气流的呼出发生在基础性闭塞放开之后、辅助性闭塞放开之前。因此，特殊的内吸气动作或吸气音之后，类型（a）辅音可听见一个 k，类型（b）辅音可以听见一个 kx。这些辅音听上去大致接近常规的 k 和 kx。我们知道，"kx"是一个送气音。因此，类型（c）和（d）之间存在的关系同样存在于类型（a）和（b）之间。那么，(a)：(c) 和（b）：(d) 之间的关系又该如何解释？比奇的描写表明，"喉音类型"[（c）类和（d）类]中，闭塞的解除非常迅速，而且气流外呼开始的时间要比"软腭音类型"[（a）类和（b）类] 更晚。（a）类喷音持续的总时长大概要比（c）类喷音短（同上引，第117页）。因此，最后对听觉效果发挥决定性作用的是气流外呼开始时间上的延迟。[172] 相应地，类型（a）与（c）[或（b）与（d）] 之间关系或许可以认定为强度相关关系。那么，外呼气流开始时发生加速的辅音类型［（a）和（b）] 就只能看作这一相关关系中的"弱"成分，而外呼气流开始时发生延迟的辅音类型［（c）和（d）] 就是其中的"强"成分。[173] 如何对喷音系列中"爆破音"和"塞擦音"之间的对立关系进行音系上的解读是最困难的一项工作。我们已经了解到非喷音系列中，塞擦音仅仅是送气辅音语音上的一种实现形式。因此喷音当中，k 和 "kx" 之间的对立（或 t 和 "ts" 之间的对立）对应的是类型（a）和（b）[或（c）和（d）] 之间的对立。但喷音中的对立关系与爆破音和塞擦音之间的对立又有所不同，因为（a）、（b）、（c）和（d）这四种类型不仅存在于爆破音系列中，还存在于塞擦音系列中。

不过，问题在于喷音系列中爆破音和塞擦音之间的对立是否无法与非喷音系列中声道收窄度的相关关系做对比。它们之间的对应关系肯定不是完整的。在准备发喷音的前期语音条件下，是无法发出一个真正的"紧缩音"或"擦音"的。每个喷音发音时必须以闭塞开始，这是此类音属性的一部分。剩下的就是骤然除阻（类似于爆破）和类似于擦音的除阻方式之间的对立，这种对立与闭塞音和紧缩音（擦音）之间的对立肯定不无相似之处。喷音中的"齿"塞擦音有点类似于"ts"，因此可看作喷音中与s对应的音。喷音中"舌侧"塞擦音与x之间的对立并不是太直接，正如喷音中"齿龈"爆破音（或"脑音"）与k之间的关系一样。不过由于发一个真正的软腭喷音基本上是不可能的，这里只能是相对的相似性问题。并且，如果认为舌侧喷音的摩擦位置要比齿音喷音的摩擦位置更靠后的话，这种关系大概可以与s和x之间的关系相比照。[174] 然而，即使我们提出的关于霍屯督语中塞擦喷音系列的解释被大家认可，音位系统中依旧存在某种不对称性：每个非喷音性的舌音系列中只有一个擦音（s或x），而对应的喷音系列中每个系列表明存在五个塞擦音或擦音。这些喷音通过鼻音相关关系和由送气相关关系与强度相关关系组成的关联束进行区分。以下图表可以阐明我们关于那马方言辅音系统的解释。我们采用比奇建议的拉丁字母标音法，其中不同的喷音通过连字符来表示。正如图中看到的，"塞擦音"所属的类别不明确。[175]

　　以上这些例子足以展示基于二级除阻方式的各种相关关系组合后产生的辅音系统的多样性。

辅音			唇音	舌前音		舌后音		喉音	
				一般	喷音	一般	喷音	（未给出）	
闭塞音	不送气	轻	p	t	≠ k	k	!k	h	+r
		重			≠		!		
	送气	轻		ts	≠ χ	$^k\chi$	!χ		
		重			≠ h		!h		
擦音	不送气	轻	-	δ	/k	χ	//k		
		重			/		//		
	送气	轻			/χ		//χ		
		重			/h		//h		
鼻音	爆破音		m	n	≠ n	-	!n	-	
	塞擦音				/n		//n		

c.双音性对立作为三级除阻方式的相关关系（Überwindungsartkorrelaton dritten Grades）。当然，只要两个对立成分可判定为单个的音位，基于二级除阻方式的相关关系也可看作此类相关关系。在乌克兰语等语言中，一个浊辅音加一个浊送气音的组合形式经常出现。然而由于这种组合总是超出单个辅音的时长，或分处于两个音节（比如"pid horoju"[在山脚下]，"vid-horodyty"[划定界限]），或语源上可切分开（"z-hodyty s'a"[联合，组合]），所以不能将这种组合分析为单独一个音位的实现形式，而只能是一串音位的实现形式（$d+h$，$z+h$等）。因此，乌克兰语中也就不存在送气相关关系的问题。不过，很多语言中存在所谓的双音性辅音。这些辅音与"简单的"或"非双音性的"辅音的区别在于前者时长较长，并且多数情况下发音更有力，这是强度相关关系的显著特点。在元音之间

时，双音性辅音分属两个音节，它们的"起始音"属于前面的音节，"收尾音"属于后面的音节。此外，某些语言中，这些双音化辅音的组合形式还出现在辅音丛允许出现的位置上。它们对其所处环境的影响与辅音丛一致，因此一般来说采用与处理辅音组合相同的方式来处理它们。所有这些特征都表明应该将其理解为多个音位，也就是说，需要将"双音性"辅音（或"双辅音"）解读为两个相同辅音的组合。[176] 在那些双音性辅音只出现在语素边界位置的语言中，这一点马上变得很清楚，如俄语或波兰语（借词除外）。然而，在那些双音性辅音不单单出现在语素边界位置的语言中（如梵语），特别是那些双音性辅音丛不出现在语素边界位置上的语言中（比如日语），双音性辅音介于单个音位和音位丛之间。从这些语言来看，双辅音是有别于其他辅音音位的特殊辅音音位，其特殊之处在于它们的起始部分和收尾部分在音系上作为两个独立的点存在，而其他所有辅音音位的起始部分和结尾部分合并为音系上的同一个点。

因此，一些语言中存在着一种特殊的辅音双音性相关关系。这种相关关系的相关标记体现为一个辅音音位起始部分和收尾部分是彼此独立存在、还是发生合并这两种情况之间的对立。显而易见，这种相关关系不可算作基于二级除阻方式的相关关系的一种。它的相关标记与前面列举的六种相关关系的标记存在根本上的差异（第四章，4Bb）。因此，双音性相关关系应当视作基于除阻方式的相关关系中的第三级别。

基于第二级别除阻方式的对立关系存在于单个级别的阻塞程度中，而双音性相关关系基本上出现在相应的不同除阻方式的辅音系列中。当然，在一些语言中，这一相关关系扩展至所有基于除阻方式区分的不同辅音系列，而在相当多的语言中，这一相关关系仅限于特定的几个辅音系列。比如，双音性辅音和非双音性辅音之间的对立在达吉斯坦的一些语言［塔巴萨兰语、阿古尔语、拉克语、达尔金语（Darghinian）、库巴其语、阿奇语和安迪语］中只出现在响音中，[177]日语中只出现在鼻音和清阻塞音中，[178]古希腊语［爱奥尼亚－阿提卡方言（Ionic-Attic）］中出现在"浊塞音"以外的所有辅音中，朝鲜语中只出现在响音和弱闭塞音中。[179]

有些语言不具备任何基于二级除阻方式的相关关系，只具备基于一级除阻方式的对立关系和双音性相关关系。属于这类语言的，比如有前面提到的泰米尔语，其中双音性相关关系涉及所有响音（r 和 R 除外）和所有的阻塞音，[180]此外还有沃古尔语（Vogul）［"曼西语（Mansi）"］，[181]奥斯加克语［"汉蒂语"（Hanti）］[182]和其他少数几种语言。实际上芬兰语也应当认为属于同一类型。芬兰语的 g 只出现在 "ng" 的组合中，从芬兰语的音位系统来看，这个组合应该看作一个双音性的软腭鼻音的实现形式，即 ηη（比如，"hanko"［叉子］，"hangon"［属格单数］；"lintu"［鸟］，"linnun"［属格单数］；"kampa"［梳子］，"kamman"［属格单数］）。因此 t-d 之间的对立，虽是双边对立，却属于孤立对立（凑巧的是芬兰语的 "d" 并不是一个真正的闭塞音）。因此，芬兰语没有任何基于二级别除阻方式的相关关系。而与此同时，芬兰语中所有的辅音均参与到双音性相关关系中（除了 j、v、d 和 h，这些音不允许出现在音节末尾）。[183]

不同的语言当中，双音性相关关系和强度相关关系之间呈现出不同关系。强度相关关系中的有标记成分往往要比无标记成分时长长（一些语言中，长度上的这种差别甚至是强制性的）。因此，强度相关关系和双音性相关关系之间存在极大的相似度。[184] 这两类相关关系之间的差异主要在于双音性辅音只出现在特定语言中同样允许辅音丛出现的位置上，而"重"辅音（即强度相关关系中的有标记成分）不局限于在这些位置上出现。如拉克语中，ll 和 mm 只出现在元音之间的位置上。这个位置上同样可以出现很多辅音的组合形式，尤其是"流音+辅音"、"辅音+流音"、"鼻音+辅音"、"辅音+鼻音"的组合。然而，"重"辅音 p·、t·、k·、ḳ·、c·、č·、x·、x̌·、s·、š· 除了出现在这个位置上，还出现在不允许辅音丛出现的音节起始位置上。[185] 在另外一些比较复杂的情况中，强度相关关系和双音性相关关系形成一个难以分析的关联束。比如拉普语就是这种情况，其中辅音的组合只能出现在元音之间。"长"辅音也只能出现在这个位置上。结果这些"长"辅音体现出不同的长度，并且长度上的差异具备区别作用。沿海地区的拉普语 Maattivuono 方言中，[186] 双音性辅音呈现出两种不同的具备区别作用的长度。但是同样的两种不同长度还存在于辅音丛中：就长度较长的辅音丛而言，第一个成分时长很长，发音有力，音节强度渐增。相反，在长度较短的辅音丛中，音节强度呈水平或下降趋势，并且第一个成分时长短，发音弱。显然，辅音丛中较长的第一个成分和较短的第一个成分之间的对立只能是强度的对立，而

第四章　区别性对立的音系学分类

不是双音性对立。在拉普语个别方言中，强度和长度在双音性辅音中的关系与它们在辅音的组合形式中的关系完全一致。因此，"较长的"双辅音应该理解为"重辅音"，而"较短的"辅音应该理解为"轻辅音"：拉普语 Maativuono 方言中的主格单数形式"boTtu"［灌木］跟属格宾格形式"bottu"之间的关系完全等同于主格单数形式的"luNtu"［弹药筒里的制动器］跟属格宾格形式"luntu"之间的关系（"重"辅音用大写字母表示）。其他一些拉普语方言中，音位层面上不单单可以区分两类辅音丛，还可以区分三类：第一个成分为"重辅音"的辅音组合，第二个成分为"重辅音"的辅音组合，两个成分均为"轻辅音"的辅音组合。在第一类辅音组合之前，只允许出现非常短的元音。在第二类辅音组合之前，区分短元音和半长的元音；在第三类辅音组合之前，区分半长的元音和长元音。因此拉普语这些方言中，可以区分三类双辅音。它们对前面元音的长度的影响一致，因此应当理解为 Tt、tT 和 tt（Pp、pP、pp 等）。[187] 在这些情况及类似的情况中，双音性辅音的强度并非一成不变：特定辅音的起始部分和收尾部分之间存在强度对立关系。拉普语当中，强度上的这些差异伴随的是双音性辅音不同程度的总时长（Tt 比 tT 长，tT 又比 tt 长）。然而从音系的角度来看，这种差异并不重要，也没有必要。似乎在另外一些语言里，一个双音性辅音起始部分和结尾部分强度上的差异并不影响该辅音的总时长。这种情况似乎发生在我们前面已经提到过的利比里亚的一种语言圭亚博语当中。[188] 这种语言区分三类双辅音：第一类双辅音与其他两类的区别在于它的时长较短，不过最主要一点在于它们发音时"较轻",即不太用力的发音方式(萨丕尔将此类音标音为 'b、'd、'm、'ṇ、'n、'ñ、'w、'y);第二类双辅音(根据萨丕尔的标音,'B、'D、'G、'GW、'GB、'DJ、'V、'Z、'M、'N、'Ñ)与第三类双辅音("B、"D、"DJ、"J、"W、"Y等)的区别在于强度(压强)的分布,这同样会对后面的元音产生影响。因此,这些语言以及拉普语的情况,涉及的均为双音性相关关系与强度相关关系结合的情况。

因此,区分双音性相关关系与强度相关关系实际上并不困难。有时候更难确定的是特定语言当中存在的是辅音双音性相关关系还是所谓的密切接触相关关系。然而对这个问题的充分探讨只能与韵律性特征相结合。[参考 199 页及以下诸页]

C. 共鸣特征

事实上,只有鼻辅音和"口腔"辅音之间的对立才属于辅音的共鸣特征。

一般鼻音以软腭下降、口腔通道关闭为特征。因此鼻音与闭塞音构成双边对立关系。世界上大多数语言当中,"闭塞音－鼻音"之间的对立关系不仅是双边对立,还是对应性对立,这是因为这种对立至少存在于两个发音部位系列当中,即唇音系列和舌尖音系列(d-n = b-m)。在极少数没有唇阻塞音的语言中,舌背鼻音(软腭鼻音)通常作为独立的音位存在,因此重新产生一种对应性的情况(t-n = k-$ŋ$)。这种情况真实存在于诸如阿留申语[乌南甘语(Unangan)]、[189] 胡帕语 [190] 和查斯塔－科斯塔语(Chasta Costa)[191] 等语言当中。在我们所熟悉的语

第四章　区别性对立的音系学分类

言中，只有特林吉特语"闭塞音/鼻音"之间的对立（d-n）呈现出一种孤立的关系。该语言中 n 是唯一一个鼻音，唇音发音部位系列完全不存在。[192]

在所有语言中（极少数语言例外），闭塞音和鼻音之间的对立关系属于双边的对应性对立关系，而且还可视作有无对立关系。因此这一对立关系可以看作一种相关关系。辅音的鼻音性相关关系出现在所有语言中，但却极少发生中和。这种相关关系在词末发生中和的一个明显例子就是奥斯加克－萨莫耶德语（或塞尔库普语）:[193] 闭塞音和鼻音之间的对立在词末位置与音系无关。这意味着同一个词在词末位置有时以一个清的口腔闭塞音形式出现，有时却以对应的鼻音形式出现。因而词末位置上，m 和 p（或 n 和 t，或 ŋ 和 k）是同一个超音位的选择性变体，而在其他位置上，m、n 和 ŋ，以及 p、t 和 k 互相区分，作为独立的音位出现。

除了喉音系列，基本上任何一个发音部位系列都可能有自己相对应的鼻音。不过只有在以下情况下才有可能对舌尖音系列中的鼻音和咝擦音系列中的鼻音加以区分，即这两个发音部位系列之间存在发音上的差异，而且这种发音差异不单单通过舌头形状的不同来明显区分，还要通过舌头与口腔上壁接触的位置来区分。可以引用圭亚博语作为例子。该语言中鼻音分为五个发音部位系列，唇鼻音、舌尖鼻音、硬腭鼻音、唇－软腭鼻音和咝擦音鼻音，其中鼻音"ṇ"对应的可能是舌尖音系列，"n"对应的可能是咝擦音系列。[194] 不过，通常情况下，咝擦音系列作为一个没有鼻音的系列而存在，因为不能把它认定为硬腭－咝擦音系列或咝擦音－硬腭音系列。除了纯咝擦音系列和喉音系列，每一个发音部位系列都有自己的鼻音，这样的语言数量相当庞大，非洲语言（努埃尔语等）、亚洲语言［泰米尔语、汉语中部方言（Central Chinese）、朝鲜语等］以及美洲语言（爱斯基摩语）中都可找到。但同时还存在这样的语言，即鼻音仅仅出现在部分发音部位系列中，这些语言同样存在于世界各地。尤为值得一提的情况是在众多这样的语言当中，同一发音部位系列中鼻音相关关系可以说与声道收窄度相关关系并不兼容。换句话讲，同一发音部位系列中，这两种相关关系互相排斥。捷克语和斯洛伐克语就属于该情况，其中鼻音相关关系存在于唇音、舌尖音和硬腭音系列中（p-m、t-n、t'-$ň$），而声道收窄度相关关系出现在软腭音和两个咝擦音系列中（k-ch、c-s、$č$-$š$）。这两种相关关系之间的关系同样还存在于以下语言中：上索布语（Upper Sorbian）（p-m、t-n、$ć$-$ń$~k-ch、c-s、$č$-$š$）和克罗地亚语查方言（Čakavian-Croatian）等欧洲语言，齐切瓦语[195]（p-m、t-n、k-$ŋ$、$ĉ$-$ņ$~c-s、$p̌$-f）等非洲语言，钦西安语［纳斯方言（Nass）：p-m、t-n~k-x、$ḳ$-$ẋ$、$ḳ$-$ẋ$、c-s］，[196]奇努克语（p-m、t-n~k-x、$ḳ$-$ẋ$、$ḳ$-$ẋ$、c-s、$č$-$š$、$λ$-l），[197]夸扣特尔语（p-m、t-n~k-x、$ḳ$-$ẋ$、c-s、$λ$-l）[198]和通卡瓦语（b-m、d-n~g-x、$ǧ$-$ẋ$、c-s、$ɜ$-h）[199]等美洲语言，以及阿瓦尔语（p-m、t-n~k-x、$ḳ$-$ẋ$、$č$-$š$、$λ$-l）[200]和拉克语[201]等高加索语言。所有的发音部位系列当中，似乎都存在塞音和连续音的对立，其中一个系列体现为声道收窄度的相关关系，而另外一个系列则体现为鼻音相关关系。由于鼻音属于响音，从而也是连续音。在部分这样的语言中，可以观察到声道收窄度相关关系与基于二级除阻方式的相关关系发生一种独特的合并，这种情况在前面已有提及（154 页及下页）。比如捷克语和上索布语就是如此（p-b-m~k-x-γ）。在齐切瓦语中，送气相关关系仅出现在那些同样存在声道收窄度相关关系的辅音系列中。同样的现象还出现在普韦布洛村落中陶斯族印第安人使用的语言中（p-pʰ-m、t-tʰ-n~k-x、kᵖ-xᵖ、c-s）。[202] 所有这些观察到的情况并不足以形成任何定律，甚至不足以提出任何结构类型。所以目前我们必须暂时搁置对以上所提到的现象的解释。

无论如何，可能需要突出强调的一点是鼻音相关关系和声道收窄度相关关系之间这种互相排斥的关系绝非普遍现象，它仅存在于一小部分语言中。多数语言当中，这两种相关关系或同时存在于同一发音部位系列（如 k-x-ŋ，t-θ-n 等），抑或任何一种相关关系皆不出现在单个的发音部位系列中。（立陶宛语就是这样的情况，其中软腭音系列包含两个闭塞音 k 和 g，没有任何鼻音和擦音。）

一个鼻辅音并不总是与某一特定的口腔闭塞音处在双边对立关系中。比如胡帕语、查斯塔－科斯塔语（Chasta-Costa）和阿留申语中，[203] m 是唯一的唇音音位。有些语言具备硬腭鼻辅音而缺少硬腭闭塞音，比如斯洛文尼亚语和法语。斯洛文尼亚语标准语中，硬腭鼻辅音（"nj"）可以与硬腭音 l（"lj"）构成双边的对应性对立关系：ṇ : ḷ = n : l，也可能 = m : v。然而法语中情况就截然不同，其中硬腭鼻辅音（写作 gn）只能与 j（写作 i、y、hi、ill）处在双边对立关系中。法语的音位系统中，

ṇ-j 之间的对立似乎是孤立的（在无意于将其与 m-v 之间的对立关联起来的前提下）。[204] 无论如何，这些情况可作为证据表明鼻辅音不仅可以与闭塞音构成相关关系，还可以与口腔响辅音构成相关关系。

在仅含有两个鼻辅音（通常为 m 和 n）的语言中，这两个鼻音之间存在双边对立关系。由于其作为双边对立的属性，这种对立与 b-d、p-t 这两个对立之间的对应关系并不十分显著。原因在于虽然 m 和 n 是仅有的两个鼻音，但 p 和 t 并非是仅有的两个清塞音，b 和 d 也不是仅有的两个浊塞音，以及其他诸如此类的。这就拉远了 m-n 和 p-t（或 b-d 等）这些音位对之间的关联。有时，m-n 之间的关系表明可以倾向于将其看作有无对立，m 视作有标记的对立项，n 视作无标记的对立项。在词尾位置上 m-n 之间的对立发生中和，超音位体现为 n，这种现象存在于很多语言中，譬如古希腊语、克罗地亚语查方言（Čakavian-Croatian）、意大利语、芬兰语、阿瓦尔语、[205] 拉克语、[206] 日语等语言。这些语言当中，m-n 之间的对立在词中辅音之前的位置上依然发生中和。此时，超音位的体现形式由外部条件决定，也就是说，鼻音的部位同化为后面辅音所属的发音部位系列。按照这种方式，在某些语言特定的位置上产生了一个发音部位不确定的鼻音音位，即一个音系上的特征仅仅为阻塞程度最小的音位。

在词末或辅音之前的位置上，鼻辅音之间的对立发生中和，这些不具备任何发音部位特征的鼻辅音音位同样存在于那些在其他位置上不仅区分 m 和 n、而且还区分其他鼻音的语言中，因此，不同的鼻辅音彼此处在多边对立关系中。例如，泰米尔语在元音之前的位置上区分五个鼻音音位（m、n、$ɳ$、$ŋ$ 和 $ɲ$）。但鼻音之间的这些对立在阻塞音前面消失，因为鼻音总是同化为之后的阻塞音的发音部位特征（mb-nd、ɳɖ、ŋg、nʒ）。类似情况还出现在中国中部的一些方言中，其中四个鼻音（m、n、$ŋ$ 和 $ɲ$）位于元音之前时音系上存在区分，但在词末这些对立发生中和。词末位置上，鼻音音位在后元音后面实现为 $ŋ$，前元音后面实现为 n。所有这些情况涉及的均为所有的鼻辅音之间的多边对立发生中和，而且只有通过这种方式才可能发生中和，也就是说，只有按照这种方式来考虑，才可以说产生了一个通过特定的音系特征与其他出现在同一位置上的音位有所区分的超音位。

正如前面已经提到的，这个"不确定的"鼻音（或者这个鼻音的超音位）具体的特征包括鼻腔共鸣和响音性特征（即阻塞度最小的特征）。这就是为什么这个超音位与鼻化元音关系比较紧密。确实，经常可以发现这个"不确定的"鼻音与鼻化元音之间存在十分密切的关联。这些鼻化元音往往并非独立的音位，而只是"元音＋不确定性鼻音"组合在一起的组合性变体。比如，这种情况出现在波兰语绝大多数方言中，其中不确定的鼻音（其语音形式由外部条件决定）只出现在闭塞音前面，鼻化元音只出现在擦音前面。但在标准波兰语（以及葡萄牙语）中，这些元音（"ę"、"ą"，即 $ẽ$ 和 $õ$）似乎是独立的音位，它们不单出现在擦音之前，还出现在词末。而在闭塞音之前，"e/o＋不确定的（与后面辅音同部位的）鼻音"的组合大概可以看作它们的组合性变体。正如许多非洲语言和一些南美洲语言一样，成音节性的鼻音在语音实现过程中同化为后面辅音的发音部位特征，在这些情况下，我们有理由认为存在一个不确定的成音节的鼻音或一个不确定的鼻化元音。

即使发音时口腔通道完全关闭，鼻音始终属于响音，即它们是阻塞程度最小的辅音：软腭的下降使得气流可以通过鼻腔流出，导致口腔通道的闭塞并不发挥作用。不过有些语言区分口腔通道完全关闭的鼻音与口腔通道部分关闭的鼻音。广为人知的例子就是古爱尔兰语，据说曾经区分口腔通道完全关闭的 m、n 跟口腔通道不完全关闭的"弱音" m、n。[207] 然而无论怎样，这样的语言并不常见。不过在其他一些语言中，还是应当对真正的鼻音相关关系和半鼻音性相关关系或辅音鼻化的相关关系加以区分。此类语言中，常规的闭塞音一方面与常规的鼻音构成对立，另一方面又与鼻化的内爆破音和非鼻化爆破音构成对立。这些半鼻化的闭塞音听感上产生的印象是一个极短的鼻音和一个闭塞音的组合。特定语言当中，这些半鼻化的闭塞音只有在与常规的（非鼻化的）闭塞音有所区分、同时还与"鼻音＋闭塞音"的组合形式有所区分的前提下，才可以作为独立的音位存在。此类情况比如就出现在富尔语中。该语言中，除了非鼻化的 d、b、g 和 j，半鼻化的ḓ、ḅ、g̃ 和 j̃ 作为独立的音位与真正的鼻音 n、m、ŋ、ṇ，以及鼻音的组合 nd、mb、ŋg、ŋj 构成对立关系。[208] 由于真正的鼻音属于响音，故为连续音，而"半鼻音"则可以视作塞音。ḅ：m 等辅音之间的关系可以等同于"塞音：连续音"之间的关系。在出现这种关系的语言中，m、n、$ŋ$、$ɲ$应当叫作"鼻连续音"，而$ḍ$、$ḅ$、$g̃$和$j̃$则应当称作"鼻塞音"。这些鼻塞音音系上的鼻音特点受它们非鼻化性质的爆破过程的影响极小，正如塞擦性质的闭塞音的特点受收尾擦音的影响极小一样。齐切瓦语中不仅存在浊的半鼻音$ḍ$、$ḅ$、$g̃$、$ʒ̣$、$ǯ̣$，还存在清的半鼻音$p̃$、$ṭ$、$ḳ$、$c̣$、$č̣$，以及半鼻化的擦音$ṿ$、$f̣$、$ẓ$、$ṣ$。因此在这种语言中，所有级别的阻塞程度和所有除阻的方式均出现在辅音的鼻化形式和非鼻化形式中。其他一些非洲语言也被认为存在类似的关系。不过由于"半鼻化"的辅音与对应的常规鼻音和非鼻化辅音的组合并不构成音系上的对立，所以并不能说存在辅音鼻化的相关关系。

鼻音相关关系或鼻化相关关系似乎是唯一的一种辅音共鸣腔相关关系。有些语言存在很多种元音的"闷音性相关关系"，在关于这些语言的描写中，往往认为发音性质的差异不仅存在于元音中，还存在于辅音中。但根据这些描写中获取的信息，似乎真正涉及的是辅音音位在特定的闷音性元音环境中的组合性变体。

5. 韵律特征

A. 音节核

绝大多数语言中，发现区别性韵律特征仅与元音相关。因此，有人可能会倾向于把这些特征视作元音的特征，把它们与响度级别和音色类别放在一起讨论。事实上，该书的作者在早先一篇文章中也采取这种做法。[209] 然而，该做法并不正确。韵律性特征并非如上述那样属于元音的特征，而是属于音节的特征。构成音节的音位中，有一部分可能与韵律无关，这些音位通常是辅音。不过这些音位也可以是元音，在这些元音"不具备音节性"的情况下。另一方面，某些语言存在不包含任何元音音位的音节，与韵律有关的成分由辅音音位来充当。该情况下，涉及的是"成音节的"辅音。最后可能出现的一种情况是，某些韵律性特征属于多个音位构成的音位组合（"元音+元音"或"元音+辅音"）。因此，不可以将韵律性特征看作诸如开口度或音色类别之类的元音特征，而应当将其看作音节特定部分的特征，而且对于不同的语言，对音节中这个特定部分的定义也应当有所不同。[210]

根据具体语言中的规律，我们把音节中承载区别性韵律特征的那一部分称作音节核（Silbenträger）。根据语言的不同，一个音节核可能包含（a）一个元音，（b）多个元音音位的组合，（c）一个辅音，或（d）"元音+辅音"的多音位组合形式。元音不充当音节核的语言不存在。世界上大多数语言当中，元音是唯一可以成为音节核的成分。比如古希腊语中，除了元音，多个元音音位的组合（ $αι$, $οι$, $ει$[①], $αυ$, $ου$, $ευ$, $υι$ ）同样可以充当音节核。塞尔维亚-克罗地亚语中，元音和流音 r 充当音节核；许多非洲语言中，如兰巴语、埃菲克语和伊博

---

① 英译文与德文有出入，德文为 ϵ，英译文为 ε。——译者

语，元音和"同部位的鼻音"充当音节核；祖鲁语中，元音和鼻音 m（除了在唇音之前）充当音节核；捷克语的哈纳克方言（Hanakian）中，元音和流音 r、l 充当音节核。斯洛伐克语中，可以充当音节核的成分包括元音、多个元音音位的组合以及流音 l 和 r（捷克语中并不这么明显）。只有在多个元音音位的组合具备充当音节核功能的语言中，"元音+响音"的组合似乎才可以具备充当音节核的相同功能，如丹麦语、立陶宛语、拉脱文尼亚语和暹罗语（Siamese）。所有这四种可能的音节核形式（元音、辅音、多个元音音位的组合和"元音+辅音"的多音位组合形式）均出现在某些汉语方言中，如北京话。

应当注意的一点是，在辅音中，只有所谓的响音，即鼻音和流音，可以看作独立的音节核或"元音+辅音"组合形式中音节核的构成成分。特定语言中，一个语音层面的"音节性"辅音是否可以分析为一个单音位的音节核主要取决于该语言当中是否存在一个不确定的元音，该元音被认作与这个"音节性"辅音几乎必然联系在一起的元音成分的语音实现形式。我们前面已经提到，这一点是塞尔维亚-克罗地亚语的"r"（如"srce"）与保加利亚语的"ăr"（如"sărce"［心脏］）之间存在差异的基础，前者被看作单个的音位，而后者则被看作多个音位。那些利用"音节性"辅音充当单音位音节核的语言的音系系统中不存在"不确定的"元音。这条规则适用于上面列举的所有语言，我们尚未发现任何例外。

比如汉语北京话中，类似于"l^4"［二］这样的词中音节核可能是一个流音（正如弗雷所认为的那样，有充分的理由认为

l 为音节核），[211] 但 s^4［四］、$š^2$［石］、$ž^4$［日］、s^2[①]［十］这些词当中音节核的确定就存在一定难度。语音上来讲，如果发音清楚，这些音节核体现为开口度极小、发音部位比 i 还要十分靠前的一类元音，所以在发音过程中可以听到类似于蜂鸣的摩擦噪音。这些位置上，成音节的 z 或 $ž$ 以自由变体的形式出现。一些情况下，尤其非重读的词末位置上，这个音位语音上完全没有实现。北京话中，这个音位仅出现在咝擦音之后（c、ch、s、$č$、$čh$、$š$ 和 $ž$）。弗雷把这个通常标音为 $ï$ 的音位称作"零元音"（voyelle zéro，第 128 页），而且人们也倾向于认为在类似于 $sï$［四］这样的词中存在音节性的 s。不过，由于北京话中咝擦音和常规的 i 的组合形式并不存在，所以 i 应当可以看作 i 在咝擦音后面的一个组合性变体。汉语其他方言中，这个"蜂鸣似的"（"齿龈的"）元音不单单出现在咝擦音后面。（有些方言，如湖南省的湘乡方言甚至区分前、后两个这样的元音。）不过，这个元音的实现形式总是取决于前面的辅音。这些方言中，这个元音可以称作"不确定"元音。非常特殊的一点是这些方言都没有成音节的流音。

  同一语言中，同一个音位可能有时充当音节核，而有时并"不构成音节"。总体而言，这两种功能由其所处的环境决定。譬如捷克语中，位于辅音之后且后面没有任何元音时，l 和 r 具备成音节性。而在其他所有位置上，它们不构成音节。然而在有的语言中，"成音节性"构成一个区别性特征，也就是说，

---

  ① 德文及其他译本都标为舌前 s，应该是原作者标注错误正确形式为 ș。——译者

这个特征并不完全由环境决定。如塞尔维亚－克罗地亚语就是这种情况：某些词中，辅音和元音之间的 r 和 l 具备成音节性，但在其他词中则并非如此：如"gr̀oce"［三音节：小喉］～"gròza"［两音节：恐惧］，"pìem"［拼写形式为 pijem，我喝］～"pièna"［拼写形式为 pjena，泡沫］。在元音和辅音之间也可以观察到同样的现象，不过这种情况下，完全取决于元音和 r 之间是否存在语素界限："zarđati"［生锈］、"varnica"［火花］、"zaimati"［借入］、"zàjmiti"［借出］。古捷克语中，r 和 l 在某些词中位于两个辅音之间时具备成音节性，但在其他词中则不具备：在诗文中，"mrtvý"［死的］、"plný"［满的］这些词是当作双音节词的，但"krvi"［血液］、"slza"［眼泪］这些词则当作单音节词。这些情况中，可以认为存在一种独特的成音节性相关关系。不过此类情况极为罕见。多数情况下，一个音位的成音节性或不成音节性由其所处的环境自动决定。

　　在音位是否具备成音节性由外部环境决定的情况中，会出现不同类型的特殊关系。标准德语中，i 不出现在元音前面；但另一方面，j 只出现在元音前面。因此，这里 i 和 j 并不是两个不同的音位，而只是同一个音位的组合性变体。[212] 但标准德语中存在一个短 i 和一个长 i，而且这种对立具备区别意义的作用（"Mitte"［中间］/"Miete"［租金］、"wirr"［混乱的］/"wir"［我们］、"Riss"［裂缝］/"Ries"［（一）令（纸）］等），但 j 始终是短的。因此对于 i 而言，长、短的对立在元音前中和。同样的现象还出现在其他一些音位的音节性由外部环境决定的语言当中：这些音位在它们以音节核形式出现的那些位置上仅仅具备韵律性特征。一种更为复杂的情况出现在保加利亚语当中，其中两个元音之间不可能出现成音节的 i，j 则可能出现；j 不出现在辅音后面，但 i 却可以，而且重读或不重读均可。(如："žìvoto"[生者]："živòtăt"[生命]；"nìe"[我们]："čèrnitat"[黑色的那个]；"vărvì"[一切正常]："kràvi"[牛]。) 在词首元音之前的位置上只允许出现 j，i 不可以出现；在辅音前只允许出现重读或不重读的 i，j 不可以出现（如："ìmam"[我有]："imàne"[身外之物]）。但是在词末元音的后面或一个元音和一个辅音之间，j 或重读的 i 都可出现，而该位置上非重读的 i 不允许出现（如"moj"[我的，单数形式]："moì"[我的，复数形式]；"dvòjka"[一对]："dvoìca"[双数]）。在这个位置上，重读与否的对立被是否具备成音节性的对立所替代。因此，保加利亚语的 i 和 j 必须看作彼此处在可中和对立关系中的两个音位。[213]

B. 音节和莫拉：音段长度的音系理解

前面关于可能出现的音节核类型的总结表明，音节核可以包含单个音位，也可以包含多个音位。有的语言仅存在单个音位的音节核，而一些语言除了单个音位的音节核，还存在多个音位的音节核。不过可能出现的一个问题是那些所谓的长音节核是否应该看作长音段。对所有语言而言，并不能给出一个标准答案；必须针对每种语言对该问题分别加以研究。不过还是有可能确立若干的类型。[214]

a. 在一些语言中，一个音节核的起始和收尾位置之间存在语素边界，那么应当十分确切地认为这个"长"音节核包含多个音位，即一个双音性的音节核。比如芬兰语中部分格形式以 a 或 ä 结尾："talo"［房子］：" taloa"。在以 a 或 ä 结尾的词中，最后的元音被拉长："kukka"［花］："kukkaa"；"leipä"［面包］："leipää"。所谓的进入格形式（illative）通常以词干末元音的拉长和 n 收尾："talo"［房子］："taloon"［房子里面］；"kylä"［村庄］："kylään"［到村子里面去］。在拉克语中，"maɣi"［屋顶］的复数形式为"maɣiu"，但"zunttu"［山］的复数形式是"zuntū"。动词"itan"［让］与第一类宾语和第三类宾语搭配的完成式是"iutra"，"qaqan"［弄干］是"qauqra"，但"utan"［放置］相对应的完成式却是"ūtra"。在所有此类情况中，长元音必须看作两个语音形式相同的短元音的组合。这种解释还可以扩展至同一语言中所有的长元音。

b. 把长的音节核理解为"两个相似的音节核在同一音节内的组合形式"，这种方法同样适用于那些根据系统的运行方式，将长的音节核和多音位的双元音等同对待的语言。斯洛伐克语一些中部方言和标准斯洛伐克语中有一条所谓的押韵规律。根据这条规律，长音节后紧随的长音节核需要变短。但是，长音节核的缩短不仅出现在包含长元音或长流音的音节之后，还出现在包含舌位移动式双元音的音节之后，比如 ie、uo（写作ô）、ia 和 iu。在包含长音节核（或双元音）的音节之后，这些双元音被短的单元音所替代。[215] 因此，长元音和多音位的双元音 ie、uo、ia 和 iu 的处理方式类似。可以得出，长的音节核可以理解为两个相似的元音在同一音节内的组合形式。

c. 同样的理解方式也适用于以下语言中的长音节核。在这些语言中，词界划分时音节核的长度按照"一个长的单位＝两个短的单位"的公式来计算（参照下文）。我们可以引用经典拉丁语作为大家都普遍熟悉的例子。该语言当中，可以划分词界的重音不能落在词末音节上，重音总是落在最后一个音节前面倒数第二个"莫拉"上，即如果倒数第二个音节是长音节，重音就落在该音节上；如果倒数第二个音节是个短音节，重音就落在倒数第三个音节上。以辅音收尾的音节被看作长音节，长元音因而等同于两个短元音或"一个短元音＋辅音"。

中古印度语（Middle Indic）也存在类似的规则，不过不单单局限于词末音节。该语言词末音节始终不重读，重音落在离词末最近的"长"音节上。不仅音节核为长元音的音节，还有"（短）元音＋辅音"组合形式的音节均被视作长音节。阿拉伯语口语中，如果词末音节以长元音＋辅音的形式或短元音＋两个辅音的形式结尾，那么重音只落在该音节上。因此可以得出，长元音在韵律上等同于一个短元音加一个辅音的组合形式。[216]波拉布语中，重音落在词中"倒数第二个莫拉"出现的音节上；换言之，重音要么落在词末音节上，若该音节为长音节，要么落在倒数第二个音节上，若最后一个音节为短音节。只有那些包含一个长音节核或一个双音位复合元音的音节，如 ou、αu、αi、ai，才被视作长音节。[217] 在乌托－阿兹特克语系（Uto-Aztecan）肖肖尼语族（Shoshonean）的南部派尤特语（Paiute）中，主要重音落在词的第二个莫拉上，如果该莫拉不属于最后一个音节。次要重音落在词的所有偶数音节上，即第四、第六个等音节上。长元音和复合元音被看作包含两个莫拉的音节核，短元音为包含一个莫拉的音节核。[218] 在乌托－阿兹特克语系图巴图拉巴尔语的抑扬格韵律中，主要重音落在词末莫拉上，次要重音落在倒数第二个莫拉、倒数第四个莫拉等位置上。[219] 在佩纽蒂语系（Penutian family）加利福尼亚语族迈杜语（Maidu）的东北部方言中，主要重音似乎始终落在词的第二个莫拉上。包含一个长元音或复合元音的音节，或者包含一个短元音的闭音节在这种语言中均被视为双莫拉音节，而包含一个短元音的开音节则被认为只包含一个莫拉。[220] 以上所有情况中，一个长音节核相当于两个短音节核。

  d. 以上将音节核长度判定为两个音位的情况，在那些长音节核上可区分两种区别性重音的语言当中，同样可以清楚地发现。这些不同类型的重音的语音特点并不重要，重要的是一个长音节核的起始部分和结尾部分在韵律上的处理方法有差异；不同的重音类型中，无论是音节核的起始部分还是结尾部分具备音高或呼气力度的凸显性，或缺乏这种凸显性，这些不同的处理方式均具备区别性作用。比如立陶宛语和斯洛文尼亚语就属于这种情况。这类语言中，与前面提到的相同的两种重音类型经常出现在包含多个音位的音节核上（复合元音或元音＋响音的组合）。因此，长音节核很明显应看作两个音位的组合，如立陶宛语、暹罗语和日语均属于这种情况。当然，长的音节核并不总是必然等同于包含两个音位的音节核。汉语北方方言区分较短的音节和较长的音节：较短的音节为高调或低调，而较长的音节为升调或降调。单元音和双元音无论在较长的音节还是在较短的音节中，处理方式都一样。如果认为汉语北方方言中较长的音节包含两个莫拉，较短的音节包含"一个莫拉"，那么就必须认为该音系系统同时还包含由单莫拉构成的多音位的复合元音。如此一来，在音节的韵律分析和音系分析之间，就出现了某种不对等的情况。[221] 就缅甸语而言，"单莫拉"音节中同样存在双元音，如果双元音的多音位属性无法证实，情况就变得不太明了。

e. 上文提到的有些语言中长音节核存在两类重读模式的情况，同样出现在那些长音节核包含所谓的斯特德音（Stød）的语言中（如丹麦语）。斯特德音在语音上体现为声门的完全闭塞，或者仅仅是强烈的收紧并不是最重要的。重要的是通过这种发音过程，长的音节核一分为二。[222] 相关语言中，长的音节核分为两类，一类音节核的起始和结尾之间不存在阻断，而另一类音节核的起始和结尾之间则存在阻断，但这种对立并不出现于短音节核中。该事实清楚地表明，在这些语言中，长音节核的起始部分和结尾部分作为两个不同的发音阶段仅仅对于长音节核有至关重要的意义。长音节核中存在"有斯特德音和无斯特德音"对立的语言中，同一对立还出现在复合元音和"元音＋响音"的组合中。这就为长音节核含有两个音位的属性提供了尤为明确的证据。比如，丹麦语和拉脱维亚语就属于这种类型。

因此，在目前讨论过的所有语言中，长的音节核可以认为是"双音性的"。它们的长音性，或更确切地讲，它们的可延展性，相对于短音节核的不可延展性，可以视作它们的可分割性的外部体现。换言之，长音节核的起始成分和结尾成分并未在一个点上合并，而是应该理解为时间跨度上的两个不同阶段①。雅克布逊总结了长音节核具备这种可分割性的条件，他认为对于存在长的舌位移动式复合元音的所有语言而言，长音节核一般情况下都可采用这种解读方式。这些语言是否可以归为上面列举的五种类型并不重要。除了长的音节核，一个音节内是否存在可以分析为两个音位的舌位移动式复合元音将会是确定一个"长的音节核"为双音位的第六条标准。[223] 我们似乎会认为这一假设多少存在一些问题。仅仅基于存在多音位的舌位移动式复合元音这一事实并不能充分证明长的单元音同样可以判定为两个相似的短元音在同一个音节内的组合形式。只有当特定语言中长的单元音确实采用和多音位的复合元音（类型b）相同的处理方式时，才可以认为这种判定方式是经过客观事实证明的。如果不存在可以将长音节核分析为两个音位的客观理由，情况就非如此。捷克语口语[中波西米亚语（middle Bohemian）]中，词首不可以出现长元音，而舌位移动式复合元音 ou 可出现在这个位置（如："ouřad"[权威]："oučet"[发票]）。另一方面，标准捷克语中，词首可出现长元音，但复合元音不可以（如"úl"[蜂窝]）。捷克语的音系系统中，似乎不存在任何证据表明需要把 ou 与长元音等同起来。

因此，在有些语言中，长音节核被视作两个长度相似的短

---

① 关于不同音节之间长度特征的差异，雅克布逊认为在长度特征上存在"常规的、短的、不可延展的音位与其他音节中长的、可持续的音位"之间的对立。（*Fundamentals of Language*，第 24 页；还可参考 Jakobson-Fant-Halle，*Preliminaries to Speech Analysis*，第 14 和第 59 页。）——英文版译者

音节核在单个音节内的组合。在这些语言中长音节核的可延展性仅仅体现它们由两个成分构成的属性。但这种由两个成分构成的属性，或合成性属性，还可以以不同的方式体现。许多非洲语言和美洲语言中，不同声调的使用具备区别作用。总体上来讲，每一个音节都有特定的一个声调。但某些情况下，一个音节的起始部分与结尾部分负载的音高并不相同。音节内音高可能有变化，从而产生（乐律上的）升调、降调和降升调音节。所有这些韵律类型都具备区别作用。对于存在这样的韵律系统的某些语言而言，调查者们明确表明那些起始部分和结尾部分负载不同音高的音节，要比那些负载单独一个"水平"调的音节长，如埃菲克语。[224] 不过在多数情况下，语言调查人员并没有指出这一点，但似乎也不大可能把他们在这一点上的沉默单单归因于他们的疏忽。相反，我们应该假设在许多具备完善的"声调系统"的语言中，一个音节核包含多个韵律成分的特点并非通过音段长度来体现，而是完全通过音节核本身承载的音高变化来体现。情况甚至还可能是这样，此类语言当中，一个音节核"由多成分构成的特征"的两种语音实现方式可能同时存在：两个成分负载的声调相同的音节核实现为"水平调"的长元音（或成音节的响音）；两个成分负载的声调不同的音节核实现为"非水平调的"（即降调或升调）短元音或成音节的响音。[225]

将长的音节核总体上理解为两个音位，或理解为由多个成分构成的做法可看作是对"音节核长度的算数理解"。存在这种理解方式的语言乃"莫拉计数型"语言，因为这些语言中最小的韵律单位并不总是音节。

与这类语言相对的是"音节计数型"语言，后一种语言中韵律单位始终相当于音节。长的音节核，如果这些语言存在的话，被认定为独立的单位，而不是若干个较小单位的总和。尤其是那些只有单音位音节核的语言，就属于这种类型，如匈牙利语、捷克语的哈纳克方言和车臣语。在车臣语里双元音在一部分情况中是单个的音位。但在另外一些情况中，它们被视作"元音 +j 或 w"，其中只有元音作为音节核出现，j 或 w 与 i 或 u 分别存在音系上的区分。同样属于音节计数型语言的还包括那些确实存在多音位的双元音、但其处理方式却有别于长音节核的语言，比如标准书面捷克语（literary Czech）。最后，德语、英语和荷兰语也应该视作属于音节计数型语言（可进一步参照下文内容）。

　　长音节核和短音节核之间的对立关系逻辑上始终属于有无对立关系。如果通过中和，这种对立关系变成事实上的有无对立关系，那么在莫拉计数型语言中，短音节核始终被证实为无标记的一方，而长音节核将会是有标记的一方。斯洛伐克语中，更确切地说是标准斯洛伐克语中，以及斯洛伐克语个别中部方言中，长音节核和双元音音节核后面只有短音节核可以出现；芬兰语中，只有短元音可以出现在元音前面（如：单数"puu"[树]：部分格 - 复数"puita"）。拉丁语中，只有短元音可以出现在词末辅音之前，s 除外。普拉克里特语（Prākrit）- 即中古印度语中，只有短元音可出现于闭音节中。诺维（Novi）使用的克罗地亚语查方言（Čakavian-Croatian）中，只有短元音可出现在承载长的降调重音的音节前。斯洛文尼亚语（和埃及阿拉伯语口语）中，只有短元音可出现在非重读音节当中。北罗德西亚地区（N. Rhodesia）的班图语族语言兰巴语和东非的干达语中，只有短元音可出现在词末。因此这些情况中，可认为音节核的双音性是相关标记。

就上面这一点而言，音节计数型语言中的情况并不是那么一致。捷克语中，尤其是中波西米亚语（Central Bohemian）中，词首只有短元音出现，大概可以把短音节核视作无标记的形式。这种情况下，长音节核的长度（或可延展性）或许可以看作相关标记。然而，如果把长度看作一种"强度特征"，且捷克语或其他任何一种此类语言中均不存在其他具备区别作用的强度特征，如匈牙利语或车臣语，[226] 那么我们可能更倾向于认为强度特征是相关标记，而长度或可延展性这一特点只是强度特征的一种实现形式。①

不过，德语、荷兰语、英语等语言却体现出大不相同的情况。这些语言中，强度特征实现为自由呼气（"力度"）重音。词末开音节中，音节核长度的对立发生中和。只允许长元音音位出现在词末重读开音节中。因此，长的音节核，而非短的音节核，应当视作无标记的关联成分。所以这里涉及的情况只能是常规的非急刹元音音位和发音受到其后辅音打断或阻止的元

---

① 关于强度和音段长度之间的关系，可参考 Jakobson-Halle, *Fundamentals of Language*（第24—25页）："那些音段的长度和重音都作为区别性特征出现的语言非常特殊，如果重音是个区别性特征，该特征往往通过羡余的音段长度特征来加以补充。""力度特征和音段的长度特征在不同音节之间发生变化，这一观察表明那些利用强度特征的韵律性区别特征和那些利用时长的韵律性区别特征很容易混杂在一起。"——英文版译者

音音位之间的对立。在这种情况下，相关标记是"密切接触"（scharfer Silbenschnitt）这一特征。就密切接触相关关系而言，长元音的长时长特征只是体现元音发音过程中无阻碍、发音充分完成这一特征的一种方式，短元音的短时长特征也只是体现发音过程当中其后辅音阻断元音的发音这一特征的一种方式。[①]

顺便提及一点，一种语言存在密切接触的相关关系，并不一定意味着这种语言是"以音节计数的"。乌托·阿兹特克语系（Uto-Aztecan）的霍皮语中，尤其是在亚利桑那州的Mishongnovi村庄使用的方言中，发现这种相关关系与韵律性双音性相关关系存在一种十分独特的组合方式。关于该语言的信息来自于沃尔夫（Benjamin L. Whorf）的一封私人书信，在此我们向他表达我们诚挚的谢意。霍皮语既没有复合元音，也没有分属多个音节的元音组合形式，也不存在调型的区别性差异（Tonverlaufunterschiede）。根据形态过程，它的长元音不

---

① 关于Silbenschnittkorrelation这一术语，这里我们使用"correlation of close contact（密切接触相关关系）"，而不是"correlation of contact（接触相关关系）"，目的在于更加清晰地与"opposition based on type of contact（基于接触类型的对立关系）"这一术语区分开，后者还包括"correlation of stød（Stosskorrelation）(斯特德相关关系）"。瓦海克使用"correlation of contact（接触相关关系）"来表达该译本中所使用的"correlation of close contact（密切接触相关关系）"表达的意思。但其讨论中并未提及"correlation of stød（斯特德相关关系）"，因此对"oppositions based on type of contact（基于接触类型的对立关系）"进一步的细分也就没有必要（见 J. Vachek, *The Linguistic School of Prague*, 第63页）。还可参考雅克布逊所使用的术语"密切接触 scharf geschnittener Akzent（close contact）"和"开放接触 schwach geschnittener Akzent（open contact）"，对此特鲁别茨柯依将其称作 *fester* 或 *scharfer* 和 *loser Silbenschnitt*（参考 *Fundamentals of Language*，第24页）。参考本书197页及以下诸页。——英文版译者

可切分。主要重音必须落在词的第二个莫拉上（如果该莫拉不属于词末音节），这条规则现在仅具有历史意义，因为这条规则不再适用于所有的语法范畴。原先包含一个莫拉或多个莫拉的非重读音节现在也不做区分。从霍皮语目前的音系系统来看，必须采用截然不同的方式对它的韵律关系进行分析。这种语言的独特之处在于元音作为唯一的音节核类型，存在三个具备区别作用的长度级别，如"păs"[非常]："pas"[田地]："pās"[安静的]，同样还有"těva"[坚果]："teva"[丢掉某物]、"qăla"[边缘]："qāla"[耗子]；"sive"[容器]："sīve"[木炭]。在音节核长度之间的对立发生中和的位置上（即所谓的前置送气闭塞音 ^hp、^ht、^hk、$^hk̯$、^hq、^hc 之前），作为超音位体现形式出现的既非短元音，亦非长元音，而是中等长度的那个元音。由此得出，像 ă-a-ā 这样的对立系列，涉及的并非是两个分级对立，而是两个有无对立。其中无标记的成分是"长度居中"的元音。这一点还在以下情况中得以证实，即只有一个对立发生中和，而不是两个对立发生中和。在词末重读开音节中，更确切地讲是词末负载次要重音的音节中，ă-a 的对立发生中和。ă 不允许出现在该位置上。换言之，与德语、荷兰语和英语一样，霍皮语的短元音只可出现于辅音之前。这一点似乎指向以下结论，即霍皮语中短元音短的特征只不过是密切接触这个特征的体现，ă-a、ě-e 等几对元音构成了一个密切接触相关关系。[227] 至于 a-ā、e-ē 等元音之间的对立，它们只出现在多音节词词中开音节中，此外，还出现在词末位置上，尽管比较罕见。[228] 相反，多音节词的闭音节中，这一对立发生中和，

第四章　区别性对立的音系学分类

超音位体现为"中等长度"的元音。不过据我们所知，此类情况的出现仅仅在莫拉计数型语言（日语、中古印度语等）中受到限制。这一限制似乎是由于这些语言中，音节末辅音相等于一个韵律性"莫拉"（ā=at），而且，一个音节包含的莫拉数量不能超过规定的最大数量。[229] 因此，"中等长度"的元音和"长"元音之间的对立应该视作一种韵律性双音性相关关系。从音系的角度来看，这种语言中"长"元音包含两个莫拉，"中等长度"的元音包含一个莫拉，所以 ā-a 之间（或 ī-i 之间）存在莫拉数量上的差异。相反，霍皮语中"短"元音和"中等长度"的元音之间的差异并不在于所包含的莫拉数量的差异（因为这两类元音均包含一个莫拉），而在于其中一个是急刹元音，换言之，即在于它们与后面辅音接触的类型。因此，霍皮语体现出密切接触相关关系和韵律性双音性相关关系一种独特的组合方式。[230]

在其他一些语言中，同样表明音节核存在三个（或更多！）具备区别作用的长度级别，不过实际情况并非如此。大多数这样的情况中，人们混淆了音节核的长度和调型（Tonverlauf）之间的关系。比如 19 世纪初克罗地亚语语法学家斯塔尔切维奇（Š. Starčevič）声称，就重读音节而言，他的母语包含三个音段长度级别：伊利里亚语（Illyrian）（克罗地亚语当时的名称），除了一个"短调"，据说还有一个"稍微拉长的"调和一个"完全拉长的"调。然而，如果我们仔细审查斯塔尔切维奇给出的例子，就会明白就这个"稍微拉长的"调而言，他指的是塞尔维亚－克罗地亚语中的一个长的降调，至于这个"完全拉长的"的调,他指的是一个长的升调。[231]他把调型之间的对立(降调-升调)理解成了长度之间的对立(较短的-较长的),或者更清楚一点,他把一个音系上无关重要的伴随现象,即承载升调的音节略微长一点的长度,看作是区别性的。[232]类似的情况似乎存在于北部阿尔巴尼亚语[盖格语(Geg)]中。该语言的重读元音往往被认为存在三个长度级别——短、长、特长。[233]实际上,不同调型之间的对立存在于"长和特长的"重读元音中,而这种对立大概可以认为具备音系上的区别作用。[234]爱沙尼亚语中,词首音节中的元音存在四个长度级别。许多名词的词干音节,如"piim"[牛奶]、"tuul"[风]等,在所有格中体现为第二长度级别,在部分格中体现为第三长度级别,在进入格中体现为第四长度级别。进一步观察表明,音节核调型的变化与长度级别的变化同步:二级元音长度体现为一个明显的降调,三级元音长度体现为一个水平调(后跟一个声调急降的音节),四级元音长度体现为一个降升调,其中升调部分比较凸显。由于在音节核为双元音的词干音节所对应的不同形式中,比如"poeg"[儿子],并未表现出长度上的任何差异,只有调型上相关的差异(降调、平调、降升调),[235]因此完全有理由认为这些调型的差异在音系上有区别作用,而长度上的差异仅仅是语音上的伴生现象。[236]根据不同语言调查者的描写,拉普语有些方言中同样发现音节核存在两个以上的长度级别。事实上,拉普语是一种"莫拉语言",因为长元音仅仅出现在明显包含两个音位的双元音出现的环境中。这种语言只存在单莫拉音节核与双莫拉音节核之间的音系对立。

但是，正如我们前面已经指出的一样（第164页），拉普语中辅音双音性相关关系和辅音强度相关关系相互结合，类似于一个关联束，双音性辅音要比非双音性辅音长，重辅音要比轻辅音长（而且一些方言中，降调的双音性辅音要比升调的双音性辅音长）。因为元音的语音长度与其后辅音的语音长度成反比关系，这就导致在拉普语不同方言中，元音存在五到八个级别的长度。然而这只是语音上的现象。从音位的角度来看，每一类辅音前面只出现两种具有区别性的音节核，即单莫拉的音节核和双莫拉的音节核（某些方言中，这种对立在重的双音性辅音前面发生中和。）。

除了以上霍皮语中完全独特的情况，即韵律性双音性相关关系和密切接触相关关系以独特方式发生组合，所谓的音节核要区分三个或者更多长度级别的所有情况，都被证实是错误的。一些存在声调的区别性差异的莫拉计数型语言中，除了单莫拉和双莫拉的音节核，还存在包含三个莫拉和四个莫拉的音节核。然后莫拉的数量主要通过音节中声调的分布情形来体现。不过还可能发生的情况是，一部分这些语言当中，含有莫拉数量较多的音节的特点体现为较长的音节长度。当然，这种情况只能看作与音系无关的伴随现象。

C. 与韵律有关的区别性特征

a. 分类。通过考察音节核不同长度之间的韵律关系，可以使我们得出以下结论，对于一些语言而言，音节，或者更精确地说音节核，是最小的韵律单位，但对于其他一些语言而言，莫拉则是最小的韵律单位。因此，不同的语言可以分成音节计数型语言和莫拉计数型语言。换言之，我们把特定语言当中最小的韵律单位，即音节计数型语言中的音节和莫拉计数型语言中的莫拉，称之为韵律性音位。

韵律特征可分为有区别作用的特征和基于接触类型的特征（Differenzierungs-und Anschlussart-eigenschaften）。有区别作用的特征对韵律性音位本身加以区分，而基于接触类型的特征并不描述韵律性音位本身的特征，仅仅描述它们与后面的音系成分之间接触的类型。

音节计数型语言中，韵律性音位之间通过音强来区分；莫拉计数型语言中，则通过音高来区分。在韵律性音位之间的差异仅具备区别性功能的情况中，每个韵律性音位都具备自身的区别性特征。因此在一个包含若干个韵律性音位的词当中，所有的韵律性音位可能具备相同的区别性特征，又或不同的韵律性音位可能按照不同的次序彼此排列。这就意味着，在这样的音节计数型语言中，一个多音节词当中所有的音节都可重读（如捷克语"říkání"[谈话]），或者所有的音节都不重读（如捷克语"lopata"[铁铲]），又或重读和不重读的音节按照不同的次序排列（如捷克语"kabátek"[礼服]、"zásada"[原则]、"znamení"[符号]、"mámení"[欺骗]、"pořádný"[整齐]、"bídáci"[那些悲惨的人]）。类似地，莫拉计数型语言中，不同音高的莫拉可能在一个词中以不同的次序出现：比如伊博语中，"ˉoˉsiˉsi"[木棍]、"ˉnˉke-ta"[狗]、"ˉi-ji-ji"[苍蝇]、"ˉn_kaˉta"[对话]、"_o_loˉma"[橙子]、"ˉanˉwen_ta"[蚊子]、

"ˉn_ne_ne"［鸟］、"_o_to_bo"［犀牛］、"_nˉde ̄de"［木翻轮］、"_ɛˉti_ti"［中间的］、"_uˉdo-do"［蜘蛛］。[237] 然而在一些语言中，韵律性音位之间的差异不单单具备区别性功能（即辨义功能）。在这些语言中，韵律性音位的分布方式体现为每一个词中，只有一个韵律性音位由于自身的区别性特征而比其他的韵律性音位更凸显；同一个词中其余的韵律性音位表现出相反的区别性特征。比如在俄语之类的音节计数型语言中，"sămăvar"［俄国式茶饮］这个词中只有第三个音节是加强的（重读的），"bŭmagă"［纸］中只有第二个音节重读，而"patăkă"［糖浆］中则是第一个音节重读，这些词其他所有的音节都不重读（加强）。在立陶宛语这样的莫拉计数型语言中，"lóva"(ˈlo.ova［床］)这个词中只有第一个音节的第一个莫拉为"高调"，"lõstas"(.loˈostas［类型］)中只有第一个音节的第二个莫拉为高调，"lošéjas"(.looˈše.ejas［赌徒］)中只有第二个音节的第一个莫拉为高调，"lovỹs"(.looviˈis［通过］)中只有第二音节的第二个莫拉为高调。同一个词当中其余所有的莫拉均为"低调"。在这些情况中，音节计数型语言中韵律性音位之间基本上通过拉长韵律主峰所在的音节来进行区分，而在莫拉计数型语言中，则是通过提高韵律主峰所在的莫拉的音高来区分。不过其他一些因素同样发挥作用，尤其是发音过程中增强韵律主峰所在的韵律性音位的呼气力度。这往往还伴有主峰音节音高上的提升或者主峰莫拉长度上的增加。这个时候，具有音系上重要意义的仅仅是韵律性主峰音位整体上的凸显性，即这个韵律性音位要比其他的韵律性音位更突出这一事实。而另一方面，获得这种凸显性的途径却属于语音学的范围。韵律主峰音节或莫拉的凸显性通常被称作"重读"或"重音"。目前没有理由来更换这个术语。我们把"重读的"韵律性音位和"非重读的"韵律性音位之间的相关对立称作重音相关关系。在莫拉计数型语言中，通过重读或不重读一个双莫拉音节核中的一个莫拉产生的相关对立关系（如立陶宛语中"锐调"和"抑扬调"之间的对立），我们称之为调型相关关系。

因此，与韵律有关的区别性对立可以分为凸显性对立和非凸显性的对立。重音相关关系和下一级的调型相关关系属于凸显性对立。就非凸显性区别性对立而言，音节计数型语言中的韵律性强度相关关系和莫拉计数型语言中的声调或调域相关关系就属于这种类型。这种分类整体上以韵律性音位这个概念为基础。在音节计数型语言中，韵律性音位相当于音节核，自然而然，韵律性音位之间的差异只能体现为音节是否重读和拉长这两种形式。但在莫拉计数型语言中，除了重音相关关系、调型相关关系和调域相关关系，还存在另外一种区别性对立关系，这就是韵律性双音性相关关系，即音节核包含一个莫拉还是两个莫拉的差别。这种相关关系是莫拉计数型语言的一个基本特点，并且可以与其他的区别性特征相互组合。在仅存在这种相关关系的情况下，即不涉及调域、重音和调型相关关系的时候，它很容易与韵律性强度相关关系相混淆。附带地提一下，这种情况同样发生在辅音双音性相关关系中，有时需要十分费力才能区分辅音双音性相关关系与辅音强度相关关系。

b. 韵律性强度相关关系和双音性相关关系。我们前面已经

第四章 区别性对立的音系学分类

讨论过韵律性强度相关关系和双音性相关关系（173页及以下诸页），共列出五条标准来证明如何判定长音节核含有两个莫拉，从而证明可以将长音节核和短音节核之间的对立判定为韵律性双音性相关关系。凡不符合这五条标准的情况，则没有理由认为长的音节核包含两个莫拉。那么长音节核和短音节核之间的对立就必须解释成强度相关关系。可能需要注意的一点是，（非韵律凸显性）强度相关关系相对而言是比较少见的现象。任何情况下，韵律双音性相关关系出现的频率都要更高一点（顺带提一下，同样的关系还存在于辅音强度相关关系和辅音双音性相关关系当中）。

　　此外，我们已注意到音长并不是体现韵律双音性特征（即存在两个莫拉）唯一可能的语音形式，某些语言当中，音节核包含的莫拉数量不是通过音长来体现，而是通过音节核内部音高的变化来体现。

　　c. 调域相关关系。对于欧洲语言来说，不同调域之间的区别性对立是一种完全陌生的韵律现象。但在欧洲语言之外，这种现象相当普遍。调域之间的区别性对立一定不能与所谓的音调重音相混淆。在那些存在此类区别性对立关系的语言中，由于这些语言均为莫拉计数型语言，所以每一个音节，或者更准确一点，每一个莫拉的特点不仅仅通过它所投射的音位得以体现，还通过某一特定的相对调或调域来体现。在那些存在所谓的音调重音的语言中，每个词必须包含一个音高峰。然而，这在存在调域的区别性对立的语言中，并非必须：一个多音节词可能完全由乐律上高调的莫拉或低调的莫拉构成，或者由以任何次序排列的乐律上的高调莫拉和低调莫拉构成。每个莫拉的声调仅取决于它所表达的意义。以刚果的一种语言隆昆多语（Lonkundo）为例："_bɔˉkoˉŋgɔ"［后面］~ "_bɔˉkɔˉŋgɔ"［沙子］~ "_boˉkɔˉŋgɔ"［某专有名词］；"_lo_ko_lo"［棕榈果］~ "_loˉkoˉlo"［驱魔］。[238] 正如其他语言中同一个词不同的语法形式可以通过音位的变化来区分（如德语动词的不同变形："sieh"［看见，现在时］~ "sah"［过去时］；"verbinden"［现在时］~ "verbanden"［过去时］~ "verbunden"［被动形式］；法语动词的不同变位："allez"［去，第二人称复数现在时］~ "allait"［第三人称单数未完成过去时］~ "alla"［第三人称单数简单过去时］；俄语名词的不同变形："vĭno"［红酒］~ "vĭna" ~ "vinu" ~ "vĭne"；动词的不同变形："l'ak"［躺下］~ "l'ok"［他躺下了］；名词的不同变形："kărovĭ"［牛－复数］~ "kărov'ĭ"［到牛群里］），在那些存在区别性声调变化的语言中，语法上的差异通常仅取决于单个莫拉的声调。比如隆昆多语："_aˉta_oˉma"［你们今天还没有杀死］~ "_aˉta_oˉma"［你们昨天没有杀死］。埃菲克语中，[239] 动词词根始终包含两个莫拉。这两个莫拉或都为高调，或都为低调，或第一个低调而第二个高调。比如第一人称单数的不定过去式："ˉNˉkeˉre"［我想］，"ˉN_do_ri"［我躺］，"ˉN_feˉhe"［我跑］。但在虚拟式中，所有词根的第一个莫拉获得高调，第二个莫拉获得低调，如第一人称单数 ˉNˉke_re，ˉN_do_ri，ˉN_fe_he。伊博语中，[240] 被限定成分和限定词之间的关系，如名词和形容词、动词和宾语之间的关系，通过抬高被限定成分中最后一个莫拉和限定词中第一个莫拉的音高来体现，诸如此类的。

如果对存在区别性声调变化的语言进行更细致的分析，我们会发现这些语言区分两个或三个音系意义上的声调。比如刚果的隆昆多语和北美的阿丘马维语[241]只有两个声调，而埃菲克语、伊博语、兰巴语[242]等则有三个声调。

对于那些表明存在三个以上调域的情况，进一步分析会证明事实并非如此，至少从音系的角度来看是错误的。比如阿金斯基（Ethel G. Aginsky）认为她所描写的门德语（Mende）中有四个声调。[243]然而，她承认取决于说话人所期望达到的强调程度，最低的那个声调（标为1）可以随意地降低。但是，仔细观察阿金斯基女士提供的数据后发现，"第一"或最低的那个声调仅出现在动词中，不出现在名词、代词和形容词中，而"第四个"声调或最高的声调常出现在名词、代词和形容词中，从不出现在动词中。附在语法最后部分的文本给出了这个谜题的答案："第一"声调出现九次，而且所有的九次均出现在句末之前：(38) ve$_3$la$_1$., (61) li$_2$la$_3$ a$_1$., (77) ye$_3$e$_1$., (167) na$_1$., (176) gbe$_3$e$_2$ŋga$_1$., (189)=(224) hũ$_1$.［之内］。其中，(167) na$_1$.［那里］，可与出现在句中的(82) na$_2$［那里］进行对比；(189)=(224) hũ$_1$.［之内］，可与出现在句中的(87) hũ$_2$、(142) hũ$_2$、(175) hũ$_2$、(197) hũ$_2$、(203) hũ$_2$、(214) hũ$_2$［之内］加以比较。因此可以认为，门德语与埃维语、埃菲克语、伊博语等语言一样，只存在三个具备区别作用的声调，但句末位置上所有词的音高都要降低，所以在这个位置上所有的声调经历了一个调域级别的变化（然而词内的相对音高并未改变），并且最低的那个声调还获得一种不寻常的意义。由于该语言有一条规则，只有动词出现在句末，因此这个低调只影响动词形式。[244] 作为一位值得称赞的研究南非语言的学生，多克为祖鲁语列出了九个声调。[245] 然而，似乎音节核所承载的声调往往受周围辅音和邻近音节承载的声调的影响。要把这些外部环境的影响分离出来，并决定每个位置上出现的区别性声调的数量，并非易事。令人遗憾的是多克自己并未意识到要这么做；而且由于他的研究未提供一个词汇表，所以读者也不大可能完成这项工作。尽管如此，多克提供的数据表明，祖鲁语中具备区别作用的声调的数量极有可能应该从九个减为三个。多克区分了词所负载的不同的"声调类型"（音节核）。比如，三音节词可以区分六种这样的声调类型。Ⅰ型、Ⅱ型、Ⅲ型和Ⅵ型的特点为词末音节上的低调（"9"）。而Ⅳ型和Ⅴ型的特点则体现为词末音节上的中调。Ⅰ型第一音节的声调要低于第二音节的声调：第一音节可能是降调，第二音节可能为升调，但均高于第三音节的声调。Ⅱ型第二音节可能跟第三音节同为低调，或者该音节的起始调值略高一点（即从调"8"降至调"9"）。但第一音节的声调要远远高于其他两个音节的声调。Ⅲ型声调的特点体现为第二音节音高的骤降（或者可能是升降调），第一音节的声调相对而言略高一点。Ⅵ型第一音节的声调高过第二音节的声调，不过这两个音节的声调均远高于第三音节的声调。就Ⅳ型而言，第一和第三音节的声调大致都为同一个中调，第二音节则为一个降调（"2"—"4"或"3"—"5"）。Ⅴ型第一音节声调高于第三音节，并且这两个音节的声调均高过第二音节。双音节词、四音节词及其他词中同样表明存在类似的声调类型。多克给出了一个相当长的词表，列出了仅仅通过音节所负载的声调（或声调变化）来区分意义的词对。这个词表表明，相对应的两个词始终属于两个不同的"声调类型"。比如，声调为"5""3""9"（Ⅰ型）的一个三音节词可以与一个"包含相同音位"、但声调为"2""7"和"4"（Ⅴ型）或"3""3"至"8""9"（急降，类型Ⅲ）的词区别开，诸如此类。但是这个词却无法与声调为"4""2"和"9"的词区分开，原因在于后者同样属于"类型Ⅰ"。换言之，祖鲁语中具备区别作用的不是这九个声调，而仅仅是不同的声调类型。另一方面，这些声调类型仅仅是这三个不同级别的声调（高、中、低）的特定组合方式。因此就祖鲁语而言，我们可以得出一个包含三个声调级别或三个区别性调域的系统。另外一个例子是我们前面已经多次提到的利比里亚的圭亚博语。根据萨丕尔提供的信息，该语言存在四个区别性的调域。[246] 萨丕尔给出的例子清楚地表明，这四个调域是真正的区别性单位，并非如祖鲁语当中的九个声调那样只是语音上的变体。然而书中第 35 页却提到圭亚博语存在一种独特的共鸣相关关系，其中纯元音的声调体现为所谓的常规调或第二个声调，而其余的三个声调则是"喉元音"或"非纯"元音的特点。由于"第二"（"常规"）调域和"第三"（"中间"）调域之间存在的纯粹音高上的差异不可能具备非常重要的作用，并且"常规"调域总是与纯元音相关联，而"中间"调域始终与非纯元音相关联，因此"常规"调域与"中间"调域的对立大概可以视作纯元音和非纯元音之间的对立伴生的一个不相关现象。另一方面，圭亚博语中，高调和低调始终与非纯元音相关，所以这一点只能看作具体的语音事实，对于最高和最低的两个声调而言，并不具备音系意义。因此，圭亚博语并不存在四个区别性的调域，而是三个：高调域、中调域和低调域。此外，中调域元音当中，存在"闷音性相关关系"，其中纯元音的声调要略高于相对应的非纯元音的声调。因此，迄今为止我们尚未碰到任何确切的例子表明哪种语言存在三个以上的区别性调域。[247]

对以上事实的解释必须从声调对立的本质当中寻求答案。当然，绝对音高显而易见在这里并不具备任何重要意义。正如基尔德曼（O. Gjerdman）[248]正确观察到的那样，语言并不单单是为拥有完全优秀听力的人创造的。而且，基尔德曼还认识到应当严格区分相对音高这个概念。因为对女性嗓音而言可能"低"的声音，对男性嗓音而言则可能是高的。尽管如此，声调的对立却存在于每一言语社团的所有成员当中。每一位听话人可以迅速明白说话人想要传达的是哪一个"声调"，即使他从未听过该说话人讲话。最后，基尔德曼正确指出，语言创造出来并不单单为了适应于大声讲话的场合，还适应于悄声低语的时刻。这位瑞士语音学家从中得出一个结论，而且在我看来也是非常正确的结论，即就声调之间的对立而言，与之相关的因素是那些与音高变化有关的元音特点和嗓音特点。如果认同这个假设，那么或许可以解释在声调的对立当中，为何音系上存在两到三个至关重要的调域级别。由于低声讲话时，不大可能分辨出很多不同的声调，即使存在附带的嗓音性质上的细微差别。高声讲话时，也只有那些听觉上对乐律有特殊听辨能力的人可能分辨出更多不同的声调。另一方面，根据一个说话人讲话时元音和嗓音的特点，任何人都可以立即分辨出这个说话人是以常规的（"中间的"）音高讲话，还是以高于或低于常规的音高讲话。因此，最多可产生三个调域的级别。

188

不过，要确定具体情况中涉及的是调域的相关关系（Registerkorrelation）还是调型的相关关系（Tonverlaufskorrelation），并非总是那么容易。同一个词当中，当一个低调的音节出现在两个高调的音节中间时［比如祖鲁语三音节词负载类型 V 声调的情况，或前面提到的隆昆多语的情况（"_aˉta_oˉma"）］，毫无疑问，存在的是调域的相关关系，因为调型相关关系存在的前提是词中存在重读的音节，即每个词中某个音节或某个莫拉表现出"凸显性"。然而在那些一个词原则上不可以含有两个以上莫拉的语言中，这条标准并不适用。不过事实上，这些语言同样提供了某些迹象，使我们可以做出明确的判断。比如，就包含两个莫拉的音节核而言，汉语南方方言的粤语区分六个"声调"：低平调、高平调、低降调、高降调、低升调和高升调。[249] 显然，要对该系统加以解释，只能假设该系统存在三个调域级别（"fan"这个音节根据声调的不同可表达六种含义，可理解为下面的意思："faṇ"［分享］，"faṅ"［睡觉］，"faṅ"［粉］，"faṇ"［烦躁］，"fàn"［分割］，"faṇ"［焚烧］）。因此这里的两个"短"（单莫拉的）的声调不应当理解为重读或不重读，而应当理解为"高调"和"低调"。然而北方汉语只有四个"声调"（两个较长的声调，即包含两个莫拉的声调，加上两个较短的声调,即两个包含一个莫拉的声调。),所以没有必要假设存在不同的调域:这种情况下,出现的是"重音":双莫拉词中,凸显的是第一个莫拉或第二个莫拉;而单莫拉词中,这个重音可出现,也可不出现。

d. 重音相关关系。在这一章关于语音的区别性功能的讨论中,我们仅仅讨论所谓的自由重音。换句话讲,我们即将讨论的这类重音,在词中的位置不受外部条件决定,而且某些情况下可以区别词义(如俄语的"mùkǎ"[折磨]:"mǔkà"[面粉])。重音可以定义为一个韵律性音位的主峰凸显性。这种凸显性可通过语音上的不同方式得以体现:通过增加呼气强度、提高音高、拉长音段或通过相关元音或辅音更充分和更强势的发音方式。对于存在自由重音的语言而言,与音系有关的一个首要特点就是这种凸显性在每个词当中只出现在一个位置上。那么,这个词当中这个特定的韵律性音位或特定的音段就比其他的韵律性音位更加突出,而且在凸显性上不亚于其他任何一个韵律性音位。与音系有关的第二个特点就是在具备相同数量的韵律性音位的词当中,并不总是同一个韵律性音位是凸显的,因此有可能存在这样一对词,它们完全通过凸显的韵律性音位的位置来互相区分。

自由重音在不同语言中呈现出多种形式。此时,音节计数型语言和莫拉计数型语言之间的区分就尤为重要。在那些重音相关关系作为唯一的韵律性相关关系的音节计数型语言中,情况可能是最不复杂的。欧洲语言当中,葡萄牙语、西班牙语、意大利语、现代希腊语、保加利亚语、罗马尼亚语、乌克兰语和俄语就属于这种类型。在部分这些语言中，重读的元音变长，而不重读的元音在长度和发音方式上都发生弱化。在那些除了自由重音，还存在基于接触类型的韵律性相关关系，即密切接触的相关关系的音节计数型语言中，情况就变得较为复杂，比如德语、荷兰语和英语。这些情况中，两种韵律性相关关系相互交织。语音实现上，这两种相关关系均体现出与时长存在一定的联系：重读的音节核要比不重读的音节核长，非急刹性（vollablaufender）音节核要比急刹性（abgeschnittener）音节核长。此外，还存在语法条件决定的次要重音，这就使得与韵律有关的情形尤为复杂。在那些不存在密切接触相关关系的音节计数型语言中，这些情况似乎从不出现。

在存在自由重音的莫拉计数型语言中，一个词的凸显位置可以是一个单莫拉音节，或是一个双莫拉音节的第一个莫拉，又或是一个双莫拉音节的第二个莫拉。据此，"短"音节（单莫拉音节）可以分为重读音节和不重读音节；另一方面，"长"音节（双莫拉音节）可以分成降调重音音节、升调重音音节和非重读音节。通常认为在此类情况中，短音节只有"一个重音"，而长音节有两类重音。双莫拉音节中这两类重音之间的对立可以称为"调型之间的对立"或调型相关关系（Tonverlaufskorrelation），属于有无对立。除了以上独特的非平调形式的语音实现方式（降调重音或升调重音），这种对立还可以有一个"平调"作为可选的变体形式。在这两类调型当中，哪一类是无标记的一方，完全取决于所讨论的具体语言。

以上语言中存在五种音节类型，即重读的单莫拉音节、不

190 重读的单莫拉音节、不重读的双莫拉音节和两类重读的双莫拉音节。除此之外，有些语言只有四种音节类型。这些语言中，要么所有的重读音节都包含两个莫拉，比如卡舒布族人使用的斯洛温方言（Slovincian），[250] 要么所有的非重读音节只包含一个莫拉，比如斯洛文尼亚语。因此出现以下情况：后一类型的系统存在一个低调的单莫拉音节、一个高调的单莫拉音节、一个升调型的双莫拉音节和一个降调型的双莫拉音节；而在前一类型系统中，存在一个始终不重读的单莫拉音节、其中一个莫拉具备显凸性的双莫拉音节和两个莫拉均不重读的双莫拉音节。很明显，双莫拉音节中的两个莫拉均不具备显凸性的情况基本上等同于一个双莫拉音节中两个莫拉的凸显程度均等的情况。因此，斯洛温语的韵律系统基本上与前面描述过的爱沙尼亚语的韵律系统一致（见第180页）。虽然如此，还可能出现的情况是，两个莫拉凸显程度相同的一个双莫拉音节与两个莫拉均不凸显的一个双莫拉音节处在区别性对立关系中。这样的话，这两类音节与升调重音的双莫拉音节和降调重音的双莫拉音节均构成区别性对立关系。按照这种方式，就产生了包含六种不同韵律特点的音节类型的音系系统，比如某些汉语方言就体现出这种情况。

调型相关关系没有必要一定出现在所有存在自由重音的莫拉计数型语言中。有些莫拉计数型语言存在自由重音，但长音节核（双莫拉音节核）上只出现一种重音类型。我们所知道的最明显的例子，一是丹麦语，另外一个就是前面提到的霍皮语。这两种语言中除了存在基于接触类型的韵律性相关关系，还存

第四章 区别性对立的音系学分类

在自由重音（丹麦语中的斯特德相关关系，霍皮语中的密切接触相关关系），这大概并非偶然现象。

正如前面已经提到的，主峰凸显性可以扩展到一个双莫拉音节中的两个莫拉上，并且在一些极少见的情况当中，甚至可以跨越音节之间的界限扩展至整个莫拉序列。此类情况出现在日语西部方言中。[251] 京都方言中，这样一串高调的音节（莫拉）序列只可以出现在词首，可能包括词干和紧跟词干的韵律上依附于词干的后缀，如"ùśi"［牛］、主格形式"úśigà"（但限定式为"ùsimaḍe"）。但在土佐（现为日本高知县）方言（Tosa）中，这样一串高调的莫拉序列可以出现在词内任何位置上，如"aṣàgà"［大麻－主格］。波利万诺夫提供的日语西部方言的示范课文（同上引，第 135 页及以下诸页）表明，这种负载高调的莫拉序列有时可以相当长（达到七个莫拉）。[252] 虽然如此，以上这种情况，即词的音系峰涵盖若干个韵律单位的情况，经证实仅出现在世界上相当少的语言中。但这些语言至少对于音节计数型语言而言，是不可思议的。

正如我们刚才所指出的，主峰凸显性有时可涉及一串莫拉，大家可能会问，反过来，它是否可以只涉及一个莫拉的一小部分或特定的部分？在存在自由重音的情况中，是否可能出现调型的区别性差异只涉及一个莫拉的情况？关于这个问题，我们认为可给出一个否定回答。在一些情况中，曾经观察到一个莫拉上存在调型的这种对立关系，不过这些对立被证明是重读的莫拉和不重读的莫拉之间的对立的一种实现方式。以下两个例子尤为典型：前面提到的日本西部的京都方言区分涉及整个莫拉的水平调（波利万诺夫在相应的莫拉左边标记为「）和涉及单个莫拉的降调（波利万诺夫在相应的元音符号上标为＾）。比如："ᴌa「sa"［大麻］："ᴌasâ"［晚上］；"ᴌka「me"［花瓶］："ᴌkamê"［乌龟］；"ᴌku「зu"［旧东西］："ᴌkuзû"［面粉］。不过，在这种方言中，莫拉呈平调凸显性的情况或出现在词首（涉及词的第一个莫拉或一整串莫拉构成的序列），或出现在词的最后一个莫拉上。第二种情况当中，如果该词之后的词以重读的莫拉起首，则该词最后一个莫拉的凸显性丧失。此外，在第一音节重读的较长的词中，最后一个音节也可以非强制性地具备显凸性（参阅波利万诺夫关于"「aᴌtamani「wa"和"「kokuᴌmocu「wo"的解释，同上引，第 136 页，nn. 16&20）。对于一个词首不重读的词干来说，如果后面加上一个所谓的低调后缀（如附加成分后缀"-mo"）。参考波利万诺夫在示范文本中给出的形式"ᴌćot「toᴌmo ki:「deᴌmo"和"nan「deᴌmo"）。这个平调重音就必须强制性地落在词干的最后一个莫拉上。但是，如果一个韵律上中性的词缀加在一个词首不重读的词干上，这个平调重音就转移到最后一个音节上，即转移到整个词中后缀所在的音节上，比如"ᴌa「sa"［大麻］：主格形式"ᴌasa「ŋa"。所有这些事实证明，只有落在词的第一个莫拉上（或落在词首的一串莫拉上）的平调重音才具有区别作用，在其他所有位置上，它的出现仅实现分界的功能。相反，只落在单个莫拉上的降调重音始终只出现在某些词干的第二个音节上，而且不管后面附加哪类后缀，总是出现在这个位置上（参考前面提到的示范文本中这些词："madôwo""arâśimaheŋ""hayêśimaheŋ"）。

换言之，这个降调重音落在词的第二音节上时实现的功能与平调重音落在词的第一个音节上时实现的功能完全相同。因此，京都方言中短的降调重音只能视作具有区别作用的高调在一个词的非词首莫拉上的组合性变体。另一方面，非词首莫拉（该莫拉不作为一个多音节词的韵律峰的最后一个成分）上只涉及单个莫拉的平调重音就必须视作发挥标界作用的无调形式的组合性变体：它标明一个不重读的形态单位和其后起始莫拉不重读的形态单位之间的界限。在汉语锦州方言（Kin-chow-fu）中，北方汉语两个所谓的短调实现为以下形式："二声"为升调，"四声"为降调。不过，这里涉及的仅仅是"莫拉的凸显性"和"莫拉的非凸显性"的实现方式。这一点在以下事实中非常明显，在该方言中，"一声"包含两个莫拉，第一个莫拉凸显，第二个则不凸显，于是该调实现为升－降调。同样，"三声"的特点往往体现为第二个莫拉凸显，第一个莫拉则不具备凸显性，于是该调就实现为降升调。[253]

重音的"自由程度"并非始终没有限制。在存在自由重音的音节计数型语言和莫拉计数型语言中，均存在一些限制。在库里语、阿奇语和东高加索地区的其他一些音节计数型语言中，重音可能仅出现在一个词的第一音节或第二音节上。同样的限制条件同样适用于霍皮语这样的莫拉计数型语言。在属于音节计数型语言的现代希腊语和意大利语中，重音只能落在词末三个音节中的其中一个上。同样，古典希腊语［爱奥尼亚－阿提卡方言（Ionic-Attic）］当中，重音也只能落在一个词最后三个音节其中之一上。不过，由于古典希腊语属于莫拉计数型语言，实际的重音模式略微更复杂一些。根据雅克布逊的观点，阿提卡方言的重音规则可表达为：词内重读的莫拉和词末莫拉之间的间隔不可超越一个音节的范围。[254] óoo（στέφανος）和 ó-o（δέδωχα）这样的组合形式是可能的，但 óo- 这种组合形式则不可能存在（在重读的莫拉和末尾莫拉之间隔着"一个音节+一个莫拉"的距离）。拉脱维亚语中，词首音节始终重读，但该位置上长音节核中存在调型相关关系。换言之，一个词中，只有词首两个莫拉中的一个可以重读，且只有当这个莫拉属于词首音节的时候。爱沙尼亚语中，如前文所述，除了一个短调重音，还区分三个长调重音（即长度级别），分别为降调、平调和升调重音，拉脱维亚语中相同的规则基本上同样适用于爱沙尼亚语。不过在一些词首音节为短音节的借词当中，第二音节重读，所以从这种语言目前的情况来看，不仅词首音节的两个莫拉可以是凸显的，而且一个词前两个莫拉中的其中一个莫拉，无论这两个莫拉属于同一音节还是不同音节，都可以凸显。在所谓的单音节语言中，一个词，或更准确一点，一个语素[255]的音节内包含的莫拉不能少于两个，也不能多于两个。这一事实同样是对自由重音的一种限制，假若这些语言存在此类重音的话。属于这类情况的语言，如北方汉语、[256] 暹罗语和缅甸语。

存在区别性（自由）重音相关关系的语言中，每个词当中不一定非得重读某个韵律性音位。几乎每种语言中都存在不重读的前附着成分和后附着成分，而且就语法功能而言，这些附着成分同样是"依附性的"。除了这些附着成分，许多语言中还存在语法上"正常的"、独立的词，但这些词不包含任何重读的音节。这些词只能在句法环境中选择性地获得一个特定重音。这个重音应当看作不重读形式的一个组合性变体，发挥标界的功能。比如古典希腊语中，"升调"重音在某些词的组合形式和某些句法位置上，落在词末莫拉上。而在其他所有情况中，该重音被"降调"重音所替代，即没有重音。类似地，在日语西部方言的京都方言中，一个多音节词最后一个莫拉上的平调重音同样只不过是不重读形式的一个组合性变体（见第191页）。斯洛文尼亚语标准语中，在那些不存在任何双莫拉音节的词当中，最后一个（单莫拉）音节负载重音。如果该音节为开音节，重音可选择性地前移到倒数第二个音节上（同样是单莫拉的音节）。然而，斯洛文尼亚诗歌当中关于重音分布情况的数据统计结果告诉我们，短的重读音节是当作不重读音节来处理的。[257] 这一结果理所当然，因为一个词中短的重读音节的位置并不自由，由外部因素决定，所以它并不能区分两个韵律结构相同的词。[258]

作为塞尔维亚-克罗地亚语标准语的基础，什托方言（Štokavian）的重读模式同样可以按这种方式加以解释。这些方言存在两类短重音，这一点本身就比较独特。我们已经了解到只要短的音节核呈现出调型的差异，那么这两个"短的重音"当中，其中一个必然视作不重读形式的（组合性或非组合性）变体。[259] 在塞尔维亚-克罗地亚语标准语中，真正的"自由"重音落在短音节和长音节上，体现为音高的上升。重读音节之后的音节起始部分的音高与重读音节收尾部分的音高相同。对后面音节重音的这种影响，对塞尔维亚-克罗地亚语当

194 中自由重音的语音实现至关重要。因此，重音的自由程度受到以下事实的制约，即这个重音不能出现在词末音节上。作为一条规则，自由（升调）重音可以选择落在多音节词当中任何一个长音节和短音节上。许多成对的词之间的区别仅在于重音所在位置的不同，比如："màlina"［覆盆子］："malìna"［少数］；"pjèvačica"［布谷鸟］："pjevàčica"［女歌手］；"ràzložiti"［审判］："razlòžiti"［拆卸］；"ìmānje"［信用］："imánje"［财产］。这个重音在词中的位置完全不受句法环境的影响。这种情况与所谓的短的降调重音和长的降调重音截然不同。"降调"重音不同于"升调"重音，后者的特点几乎完全体现在它的音高上，而且由于它不出现在词首音节中，所以与呼气气流的大幅度增强没有关联；相反，"降调"重音主要体现在呼气气流上。只有落在长音节上时，音高上的这种降低才可以多多少少被清晰地感知。另一方面，"短的降调"重音往往只实现为呼气强度上的加强，调型为乐律上的平调，调域相对较低。"升调"重音后面的音节听起来十分响亮，而"降调"重音后面的音节听起来则十分低沉，几乎相当于耳语。很明显，这一点突出强调了"降调"重音的响度，即降调重音呼气强度上的加强。然而"降调"重音的特点，尤其跟"升调"重音相比时，应该是它的不自由性。塞尔维亚－克罗地亚语标准语中，"降调"重音只能出现在词首音节上，或者结合紧密的词组的第一个音节中。"升调"重音无论处在任何句法环境中，在词内的位置始终不变，但是对于"降调"重音而言，一旦其所在的词与前面的词关系密切，它就会从词首音节的位置消失。比如："jàrica"［夏小麦］：

"za jàricu"［为了夏小麦］，但"jàrica"［小山羊］："zȁ jaricu"［为了小山羊］却是如此；"prèdati"［传送］："ne prèdati"［未传送］，但"prȅdati"［受到惊吓］："nȅ predati"［未受到惊吓］。因此，塞尔维亚－克罗地亚语标准语的"降调"重音，即长的降调重音和短的降调重音，只不过是不重读形式的组合性变体，发挥标明词界的功能。这个重音标明它所在的词与前面的词并不构成一个关系紧密的单位。这一点还解释了早期的塞尔维亚－克罗地亚语语法学家为何不把这个"短的降调"重音标示出来，并且采用与不重读的长音节相同的符号来标记"长的降调"的做法。[260]

以上讨论的例子当中，未负载区别性重音的词与某一音节或莫拉负载区别性重音的词构成对立。但是依然需要注意的一点是，在一些语言当中，如日语西部方言，重音的凸显性可以涉及一整串韵律性音位，而且这个凸显的韵律性音位的序列可能包含整个词（比如京都方言中，"「uśiga"［母牛（主格和属格形式）］）。我们可以设想出一种只存在两类词的语言：一类词当中，所有的韵律性音位都是凸显的；而在另一类词中，则不存在这种韵律性音位的凸显性。这种类型的语言似乎真实存在。根据波利万诺夫的描写，日本长崎县三重（Mie）村使用的方言，在我们看来应当属于这一类型。[261] 波利万诺夫自己并未提及韵律上凸显的词和韵律上不凸显的词，但却提到末尾音节重读的词（oxytone）和末尾音节不重读的词（barytone）。他认为就第一类词而言，重要的是乐律上的升调，而就第二类词而言，则是乐律上的降调。不过他的描写表明，"末尾音节不重读的"多音节词中的元音，尤其是 i 和 u，往往实现为清化元音，有时在词末时还会完全丢失（ki̯ta［北］、ki̯ku、kiku̯［聆听］，haśi̯、haś［桥］）。在"末尾音节重读的"的词中，这种情况却从不发生。他的描写进一步表明，"末尾音节重读的"词当中，乐律上的升调并不总是完全涉及最后一个莫拉，这个莫拉经常以降调收尾。在强调性发音当中，比如在祈使句和感叹句当中，末尾这个莫拉的音高甚至要低于倒数第二个莫拉的音高。因此我们认为三重村使用的方言中，对于这两类词而言，具备音系区别作用的并不是调型之间的对立，而是整个词的完全凸显性或完全不凸显性之间的对立。这种对立既存在于单音节词中，也存在于多音节词中。

　　正如前面说明的那样，一些自由重音语言有时可能存在无重读音节的词，而有些语言却存在一些词包含多个重读的音节。当然，这些音节当中只有一个可视作该词的音系顶峰，其他音节承载的仅仅是次要重音。当然，这里指的只是与音系相关的次要重音。在存在自由重音的任何一种语言中，所有非重读音节的弱读程度并非全部一致，它们的音调高低也不尽相同。不过多数语言当中，非重读音节的力度或音高级别由特定韵律规则以非常自动的方式决定，多半按照以下的方式：从最凸显的韵律音位开始向后或向前数，所有的偶数韵律音位要比奇数的韵律音位稍微凸显一点，又或词末音节或词首音节获得一个次要重音，诸如此类。所有这些现象皆不具备区别作用。不过，有的语言当中次要重音的位置并非自动决定，而是由"词源"决定，因此也就具备区别作用。比如德语中，复合词除了一个主要重音，还有一个次要重音落在每一个词根音节上（"Eísenbàhn"[铁路]、"Hóchschùle"[高等学校]）。某些前缀和后缀也被当作词根音节（"ùnternéhmen"[承担]、"Júdentùm"[犹太人]、"Bótschàft"[消息]等）。由于德语中重音是自由的，即主要重音的位置可以区分两个词的词义，所以涉及的始终是"主要重音"/"次要重音"之间的对立（比如"ü´bersètzen"[转移]/"ü`bersétzen"[翻译]）。类似的情况还出现在其他日耳曼语言当中，因为这些语言的重音同样为自由重音。不过，在存在自由重音的罗曼语族语言、斯拉夫语族语言和波罗的语族语言当中，与词源有关的次要重音就不太为人所知。相反，这在某些美洲语言中则是常见的情形，如霍皮语、提瓦语（Tiva）等。由于所有的现代印欧语系语言当中，日耳曼语言表现出最强烈的复合词构词趋势，而美洲语言则以它们的"多语素综合法"而闻名，所以或许可以把这种大量利用词根的内部整合的方式看作区别性次要重音存在的前提条件。要对整个的现象加以分析调查，必须与语音的韵律凸显功能相结合。

最后，我们就重音的语音实现问题略做评述。原则上，莫拉计数型语言中重音与音高的上升相关，音节计数型语言中则与音节拉长相关。不过，许多音节计数型语言中，除了音节的拉长和呼气强度的增加，同样发现重读音节存在音高的上升。实际上，在很多音节计数型语言中，重读音节和非重读音节并不存在时长上的差异。相反，倒是一些莫拉计数型语言中，重读音节调型上的差异体现为呼气强度的不同，而不是音高的不同。这些语言当中，不少语言还会拉长重读音节（或莫拉）的时长。北卡舒布语（North Kashubian）和立陶宛语当中，与重读的音节核相比，不重读的双莫拉音节核实现为略短（"一半长度"）的形式。在立陶宛语二合元音构成的音节核当中，如果出现降调重音（锐调，gestossener），第一个成分的时长要大于第二个成分的时长，但在升调（抑扬调，geschliffener）重音出现的情况中，第一个成分的时长要小于第二个成分。爱沙尼亚语中，不同调型的实现形式与单元音音节核不同的长度级别有关。所有这些例子表明，韵律性音位主峰凸显性的实现形式没有必要一定要与那些区分韵律性音位的非主峰凸显方式之间的对立保持一致（这种区分方式在莫拉上表现为音高，在音节上表现为音强）。如果一种语言中除了区分韵律性音位的非主峰凸显方式，还存在自由重音，那么这种区分方式所采用的方法不能用于重音的语音实现。这条规则解释了塞尔维亚-克罗地亚语中与韵律有关的情形，因为上面的陈述表明，这种语言中自由重音几乎完全实现为重读音节音高的提升。[262] 另一方面，塞尔维亚-克罗地亚语并不是莫拉计数型语言，它不具备辨识莫拉计数型语言的六项特征当中的任何一项。（"vrâta"［脖子（属格）］："vráta"［门］这两个词中调型的差异无法证明任何事情，因为相同的差异同样存在于短音节核中，参照"jàrica"［小山羊］："járica"［夏小麦］。）因此，塞尔维亚-克罗地亚语可以看作是一种音节计数型语音。其中自由重音完全通过音高来实现，这种情况似乎与塞尔维亚-克罗地亚语除了自由重音，同时还存在区分韵律性音位（音节核）的非主峰凸显方式这个事实有关。如同其他任何一种音节计数型语言，区分韵律性音位（音节核）的非主峰凸显方式是通过韵律性的音强相关关系完成的。我们不知道是否还有别的例子呈现出自由重音和非主峰凸显的韵律区分方式相关关系共存的情况。

D. 基于接触类型的韵律性对立关系

a. 斯特德（Stød）相关关系。存在两种基于接触类型的韵律性对立关系：声调阻断相关关系（Tonbruchkorrelation），或者更确切地说是斯特德相关关系（Stosskorrelation），以及密切接触相关关系（Silbenschinittkorrelation）。在前文的不同情况中（第175页及以下诸页），我们已对这两种相关关系有所提及，但这里还是应当对其给予更为细致的分析。

首先，必须提请大家注意的是，不要把斯特德相关关系与其他一些语音上十分相像但音系上截然不同的现象混淆起来。并非任何一个元音加上声门的完全闭塞或部分闭塞的组合形式都可看作斯特德相关关系所涉及的那个"斯特德元音"。在那些声门塞音作为独立音位存在的语言当中，这样的组合形式只能视作一个音位串（即包含两个音位）。在这些语言当中，*a?a*包含两个音节。此外，斯特德相关关系也不存在于阿丘马维语这样的语言中。在该语言中，当一个双莫拉元音的第二个莫拉与第一个莫拉的调域不同时，会出现一种带有声门音特点的音（"重新发音"）。[263] 这里，声门的闭塞完全是一个双莫拉音节核内部调域变化所带来的语音上的伴生现象。在缅甸语之类的语言中，同样不存在真正意义上的斯特德相关关系：两个以喉塞成分收尾的"较短的"或单莫拉的调元与两个"较长的"调元

198 相对立。在短的高调出现的情况中，声门闭塞的形成要比低调中声门闭塞的形成更有力。[264] 在这种情况中，声门的闭塞必须看作只有一个莫拉载调的辅助性标记。

如果不考虑以上及类似的例子的话，仍有相当一部分语言和方言中存在真正的斯特德相关关系。有些语言中，这一相关关系仅出现在双莫拉音节核中。而在其他语言中，这种相关关系不仅出现在双莫拉音节核中，还出现在单莫拉音节核中。尽管如此，似乎没有哪种语言中斯特德相关关系仅存在于短音节核（即单莫拉音节）而不存在于长音节核（即双莫拉音节核）中。我们也没有发现哪种语言当中存在斯特德相关关系，但却不存在元音长度的差异。而且，由于元音长度的差别与斯特德相关关系的结合必须看作韵律性双音性的相关关系，结果就是斯特德相关关系仅出现在具有韵律性双音性相关关系的语言中，即莫拉计数型语言当中。

对于双莫拉音节核而言，斯特德相关关系意味着这两个"莫拉"彼此接触的类型构成对立关系。在出现斯特德的音节核当中，第一个成分与第二个成分被声门的完全闭塞或不完全闭塞隔开，这就造成了听觉上两个连续的音的感觉，或者是同一个音从正常的嗓音忽然转到窃窃私语或耳语的状态。相反，在不出现斯特德的音节核当中，起始成分向收尾成分的过渡是渐进的、直接的，不存在任何可感知到的中断。对于单莫拉音节核而言，斯特德相关关系体现的是音节核与后面的辅音接触类型之间的对立。单莫拉音节核（通常是一个短元音）可以通过声门的完全闭塞、继而产生的完全停顿与后面的辅音隔开，也可以与后面的辅音直接接触。[265] 因此，就双莫拉音节核而言，斯特德始终出现在音节核的内部，而对于只有一个莫拉的音节核而言，斯特德只能出现在其末尾位置上。以上任何一种情况当中，存在斯特德的音节核与正常发音的音节核构成对立，后者即那些元音中间或末尾不出现任何中断的音节核。因此，涉及的始终是一个莫拉与后面的成分产生接触的类型，也就是说，要么与一个双莫拉音节核（包含一个长元音、一个复合元音或元音与响音的组合形式）的第二个莫拉接触，要么与不属于音节核的后面的辅音接触。更具体一点，我们需要回答以下问题，即这种接触是直接的还是以声门的骤然关闭，即元音的骤然中断为标记？

b. 密切接触相关关系（Silbenschnittkorrelation）。显然，密切接触相关关系（或音节的间断）也是一种基于接触类型的韵律性对立关系。事实上，这仅仅是一个元音性音节核与其后辅音之间所谓的密切接触和开放接触之间的对立。如果"密切"接触的元音听上去比"开放"接触的元音短，这只是语音上的伴随现象。在密切接触的情况中，元音的发音过程尚未跨过其正常的上升-下降轨迹的顶峰时，辅音的发音业已开始；而在开放接触的情况中，元音的发音过程在辅音开始之前已充分完成。这种密切的接触，可以说"抑止"了元音的末尾部分。所以，以这种方式被"抑止"的元音（急刹性元音）肯定要比正常的未被抑止的元音（非急刹性元音）短。因而密切接触相关关系以有无对立关系为基础，其中无标记项是"非急刹"元音，该元音发音动作完成充分，与其后的辅音没有密切接触。这一点也解释了这种相关关系发生中和后的结果：它在词末或元音之前发生中和。当然，出现在中和位置上的只有（语音上为长或半长的）非急刹性元音（如英语、荷兰语、德语、挪威语、瑞典语、苏格兰-盖尔语、霍皮语）。这种情况下，元音的长度并无音系区分作用，这个事实可以从超音位实现为一个"开放接触"的短元音的那些情况中观察到，比如德语非重读音节中的情况（"le-béndig"［生存］、"Ho-lúnder"［老树］、"spa-zíeren"［散步］、"Ka-pi-tä′n"［船长］，等等）。

斯特德相关关系只出现在莫拉计数型语言中，但密切接触相关关系与莫拉计数型语言和音节计数型语言的分类之间的关系并不那么清晰。德语、荷兰语和英语中，密切接触相关关系存在于负载主要重音和次要重音的音节当中，这些语言很明显属于音节计数型语言，它们不具备莫拉计数型语言的任何特征。另一方面，霍皮语中，密切接触相关关系同样存在于主要重音和次要重音所在的音节之中，但该语言却是莫拉计数型语言。霍皮语中，密切接触相关关系只出现在负载主要重音和次要重音的单莫拉音节核（元音）中，双莫拉音节核中并不存在该相关关系。因此，该语言中斯特德相关关系和密切接触相关关系形成一个包含三个成分的关联束："密切接触的单莫拉音节核""非密切接触的单莫拉音节核"和"（非密切接触的）双莫拉音节核"。在非重读音节当中，整个关联束发生中和。

此外，基于密切接触的相关关系和韵律双音性相关关系组合后形成的关联束似乎同样存在于挪威语和瑞典语中。得益于博里斯特伦（Carl H. Borgström）的研究，我们获得了关于标准挪威语细致的音系描写。[266]博里斯特伦认为"标准挪威语的音节核不再细分为莫拉"(同上引,第261页)。然而我们认为该观点尚有疑问。挪威语存在调型的区别性对立,这一事实支持挪威语作为莫拉计数型语言的看法;比如"lyˊse"[光]是升调重音,"lyˇse"[发光]则是降-升调重音。事实上,该调型相关关系不仅出现在长元音中,还出现于短元音中。这一点似乎是前面博里斯特伦持这种主张的主要理据。不过,这一难题其实很容易解决。博里斯特伦十分正确地认识到挪威语中重读的音节核受密切接触相关关系所控;而且从客观角度来看,挪威语当中重读的音节始终为长音节,"因为这些音节要么包含一个短元音和一个长辅音,要么包含一个长元音和一个短辅音"(同上引,第264页及以下诸页)。另一方面,博里斯特伦也承认在一个出现"短"元音(急刹性元音)的重读音节中,调型不仅涉及元音,还扩展至后面的辅音。"一个短元音加上其后一个清辅音造成的印象就是,调型中不发声的那一部分是暗示性地存在的。"不过其中存在的对立关系十分清晰:在后面的辅音为浊时,如"bønner"[农民]:"bønner"[豆子]中,一部分调型明显地由后面的辅音负载"(同上引,第261页)。因此,调型可以由一个"非急刹性"元音、一个二合元音或一个"急刹性"元音加后面辅音的爆破过程的组合来负载。后一类型当中,后面的辅音没必要一定为响音,阻塞音也可以,这就是瑞典语-挪威语这一类语言的独特之处。所有这三种类型的重读音节核均可视作含有两个莫拉。调型之间的相关关系清楚地表明这两个莫拉的存在。在非重读音节当中,这三种类型的双莫拉音节核同样全都出现，而且还出现了单莫拉的音节核，即一个与后面的辅音不发生密切接触的"短"元音（同上引，第265页及以下诸页）。因此，与北卡舒布语［斯洛文思语（Slovincian）］一样，挪威语中同样存在四种可能的音节结构类型；不过与密切接触相关关系相结合后，挪威语存在以下音节类型："非重读的单莫拉音节""非重读的双莫拉音节""负载无标记调型的重读双莫拉音节""负载有标记调型的重读双莫拉音节"。密切接触相关关系在挪威语中只出现在双莫拉音节核中，此类音节核最后的部分相当于非急刹性元音的最后部分，或相当于与前面元音发生密切接触的辅音。因此，密切接触相关关系与韵律双音性相关关系两者结合起来，在挪威语中同样产生一个包含三个成分的关联束。然而，这个关联束的结构与霍皮语的并不一致，因为挪威语当中密切接触相关关系并不存在于单莫拉音节核中，相反，却存在于双莫拉音节核中。至于瑞典语，似乎存在与挪威语相同的音系上的韵律情况，不过在语音实现上略微不同。[267]

具体语言当中，确定存在的是密切接触相关关系还是辅音双音性相关关系并不总是一件易事。在芬兰语、匈牙利语或泰米尔语等语言中，长元音和短元音之间的对立在单辅音和双音性辅音之前均具备区别作用，自然而然，密切接触相关关系的存在毫无疑问。然而就意大利语而言，就可以提出这样的疑问。意大利语的重读元音在元音或元音之间的单辅音之前时，始终为长元音，但在双音性辅音之前时，始终为短元音。但双音性辅音和单辅音之间的对立不仅存在于重读元音之后，还存在于非重读元音之后，并且单辅音前面的非重读元音并不比位于双音性辅音之前时长。因此，很明显，意大利语的辅音双音性相关关系应当被看作一个独立现象，而非密切接触相关关系的一个伴生现象。另一方面，意大利语的重读元音不仅在双音性辅音之前是短的，在所有的辅音串之前也是短的，除了"辅音+r、w、j"之前和词末位置上。因此，元音长度上的差异由外部环境决定，重读元音在非双音性辅音之前的长度、在"辅音+r、w、j"之前的长度和另一个音节的元音之前的长度，可以看作组合性变体。因此，密切接触相关关系在意大利语中并不存在。

然而，在存在密切接触相关关系的语言中，双音性辅音和单辅音之间的对立仅仅是一个与音系无关的伴生现象。在这些语言当中，实际上并不应该采用双音性辅音的叫法，而应该只称作与前面的元音发生密切接触的辅音，这些辅音相对较长的长度仅仅是这种密切接触造成的语音上的结果。

E. 分辨句子的韵律对立

区别性辅音特征和元音特征可以用来分辨不同的词，但韵律性特征不仅可用来区别词义，还可用来区别多个词构成的整个词组的意义和句子的意义，用作此用途的包括调型（句调）的对立、调域的改变、句重音和停顿。

在目前的研究阶段，处理句子音系时不可能具备跟处理词的音系时一样的确定度和细致度。因为可以获得的材料少之又少，而且到手的材料还大多失之可靠性。在可以获得的多数关于"句子的语音"的描写材料中，甚至尚未区分语音的表征功能、感召功能和身份表达功能。即使做了这样的区分，也不总是按照严格的应用原则来进行；而且多数情况下，这些描写出于明确的实用目的。它们主要是为演员、表演者和演讲者而准备，对他们而言，严格区分表征功能和感召功能并不重要。所有这些不太理想的状况使得从句子的表征音系学的角度来研究和分析韵律性对立发挥的作用比较困难。[268] 因此，对这个问题，我们不得不满足于只提供少许评论。

首先，必须做的一个基本的区分是，一项韵律性对立在特定语言中是否既可以用来区分句子，又可以用来分辨词义。如果一项对立可以区分句子但不可以分辨词义，这项对立的使用不需要任何特定的限制。但是当一项句法上的区别性对立还可以同时用来分辨词义的时候，由于这两种功能的交叉和其中一种功能对另外一种功能的从属，时常会出现十分复杂的情形。

a. 句调。由于多数欧洲语言中并没有可以分辨词义的调型的对立，[269] "语调"在这些语言中仅作为用以区分句子的音系手段。最常用作此用途的是上升语调和下降语调之间的对立。升调往往发挥"非完结"的功能，即表明句子尚未结束，而降调则发挥"完结"功能。通常情况下，每个语调仅落在停顿前的最后一个词上面，这是因为只有在那个位置标明句子是否完结方才重要。

在调型的对立也可用来分辨词义的语言当中，必须在停顿之前对这些对立加以相应调整，目的在于使这些对立可以服从于句子的语调。比如瑞典语中，可以分辨词义的调型对立的特点体现为重读音节上的声调曲线和其后音节上的声调曲线的不同。但取决于不同句调的性质，这些声调曲线的实现方式也有所不同。承载主要重音的音节，若非最后一个音节，在"重声词"中体现为降调，在"锐声词"中体现为一个水平调（或稍微上升的调型）。但是，"重声词"重读音节之后的音节，在承载非句末语调的情况下，体现为上升的调型；在承载句末语调的情况下，体现为升-降调。在"锐声词"中，这些音节在承载非句末语调的情况下，体现为一个稍微下降的调型；在承载句末语调的情况下，则体现为一个骤降调。[270] 在卡思图阿（Castua）地区［现为克罗地亚卡斯塔夫地区（Kastav）]的克罗地亚语查方言（Čakavian-Croatian）中，重读的双莫拉音节核音系上区分两类调型，其中词末音节上的降调重音，不管句调如何始终保持下降的态势。但词末音节上词源上为长调的升调重音，只有在停顿之前、非句末语调的情况下（或者当突出强调这个词时），实际上才实现为一个升调重音。在句子中间（即非停顿之前），这个重音实现为一个长的平调重音。在不突出强调、且在停顿之前的句末语调的情况下，这个重音变为一个降调重音，尽管从诗人杜基奇（Ante Dukić）贡献的可用的描写材料中，尚且无法确定这两个长的重音在这个位置上是否发生合并，或者它们是否依然存在区分。至于词末单莫拉音节上的"短"重音，它的调型对于词的区分并不重要。在非句末语调的情况下，它实现为一个升调重音，而在句末语调的情况下，则实现为一个降调重音。[271] 遗憾的是，关于欧洲其他存在可以区别词义的调型相关关系的语言中的句调，并没有令人满意的可用数据，更别说系统的描写。欧洲之外的语言中的句调，尤其是那些声调的相关关系可以区分词义的语言中的句调，研究的甚至更少。前面提到的门德语（第185页及下页）的例子体现了在使词的声调曲线契合句子的声调曲线的过程中，此类语言中出现的各种复杂情况。门德语位于句末的词当中所有的莫拉承载的声调都下降了一个级别，显而易见，这与一种特殊类型的句末下降的语调有关。

除了非句末的语调和句末的语调，往往还存在一种列举性语调。与另外两种语调不同，这种语调具备区别作用。列举式语调和非句末语调之间的区别性对立在俄语等一些语言中尤为明显。俄语中所谓的名词性从句是一种相当常见的句法结构。比如，一边是"l'ud'ĭ"［人类］、"zver'ĭ"［动物们］、"pt'icĭ"［鸟类］，另一边则是"l'ud'ĭ-zver'ĭ"［人类乃一种动物］。

在其他认为欧洲语言存在特定的句调的所有情况中，均将表征功能、感召功能和身份表达功能混为一谈。这些句法层面的区别性语调之间产生的差异并不在于表达概念意义，而在于传达句子或词组的情感内容。当然，个别"奇特"语言当中存在与此截然不同的情况也并非不无可能。但在使用关于这些语言的句调的数据时，须万分谨慎。通常，一些调查者非但未能区分比勒提出的三种功能，而且在表征功能的范围内，还混淆了那些用以分辨词的调型的区别性对立跟那些用以分辨句子的调型的区别性对立。需要强调的一点是，那些存在可以区别词义的调域相关关系的语言会利用调域之间的不同（从而还会利用调型之间的不同）来构成不同的语法形式，正如德语利用元音本身的分级或元音的变音产生的元音分级来实现相同的目的。在德语以下这些词中："gib"［给－现在时］:"gab"［给－过去时］,"geben"［给－不定式］:"gaben"［给－过去时复数］,"Bruder"［兄弟］:"Brüder"［兄弟－复数］,元音之间的对立对句子而言无法认为具有区别性,只有针对词而言才具有区别性。同样,在一些情况中,比如芳蒂语［加纳阿散蒂省（Ašanti）］中 ɔ̄_hwɛ［他看－现在时/进行体］:ɔ̄ˉhwɛ-ɛ［他看－过去时］,[272]我们只能说存在区别词义的调型对立,而不能说存在"句法层面的声调"。但令人遗憾的是这种观点甚至出现在一本面向学生的颇有价值的手册当中。

b. 区分句子的声调差异。一定不能把区分句子的声调之间的对立与句调相混淆。由于可以区分词义的声调之间的对立对于世界上多数语言来讲都很陌生,所以利用声调的对立来区分句子,并不存在任何阻碍。不过在多数语言当中,这种可能性要么完全没有利用,要么只是少数情况。

相当多的语言在是非疑问句当中（与信息陈述句相反）,都有一个音高上升的语调。这个升调通常只是通过较高的音高与非句尾的语调相区分。它一般只在句子中提出疑问的成分所在的位置上开始。[273]因此,音高的高低在这里用来区分一个疑问句和一个尚未完结的陈述句。比如德语当中,"er soll kommen?"［他会来吗?］,"er soll kommen... und sich selbst ueberzeugen"［他会过来并且使自己信服］。或者俄语当中,"on l'ub'ĭt ĭgrat' f-karty?"[205]［他喜欢玩牌吗?］和 "on l'ub'ĭt ĭgrat' f-kartў... no tol'kă n'ĭ-năden'gĭ"［他喜欢玩牌,但不是为了钱］。

对插入的从句和句法环境之外的词（比如直接称谓等）来

说，它们的音高通常要低于正常的水平。以下从句可作为例子："ich kann nicht kommen, *sagte er*, den ich bin zu Hause beschäftigt"〔我来不了，他说，因为我在家很忙〕，"sehr gerne, Herr Doktor"〔我很乐意，大夫〕（参看 Karcevskij，同上引，第 217 页及以下诸页）。[274] 通过降低音高，内插的从句和正常的句子之间得以区分。不过，降低音高绝非是标示插入句的唯一途径。在这些情况中，还可以将其与一种特殊的"水平"语调（即不降也不升）和语速的加快联系起来。

因此，欧洲语言中通过改变音高来区分句子似乎从来不是独立发生的，它似乎总是与特定的句调有关。欧洲语言当中，音高的独立改变仅仅出现在感召功能或身份表达功能所涉及的范围内。这种情况或许还可以解释为什么音高的改变相对来说并不常用于区分句子。

c. 句子重音。许多语言还可以利用重读音节呼气强度的加强来区分不同的句子。内容上需要突出强调的词，在呼气力度上也要增强。在那些呼气型重音所处的位置并不同时具备区分词义功能的语言中，情况相对而言比较简单。比如捷克语，一个含有四个词的句子 "tvoje sestra přinesla knihu"〔你的妹妹带来了一本书〕中，每个词都可以通过加强第一个音节的呼气型重音来突出强调。因此，这个句子也就获得具有细微差异的四种不同的意义："你的妹妹，不是我的妹妹"，"你的妹妹，不是你的母亲"，"……已经把书带来了，并没有忘记"，"带来的是书，而不是其他物件"。由于其余非重读单词的词首音节上得到的重音较弱，因此每一情况中，均产生一个重音的层级；

一个主要重音，以及与句子所含单词数量相当的次要重音。只有在一个主句伴随有一个从句（或多个从句）的情况中，可能出现一个稍微更加复杂的三个级别的重音层级。不过在任何情况下，每种情况涉及的无非是呼气强度上的一种分级。

德语当中，句重音同样也是仅通过呼气强度的级别来区分。根据强度上的分级，词重音服从于句子重音。就德语而言，每个复合词除了主要的词重音，可能还有多个次重音，仅这个事实就使情况变得更复杂。基本上，这种情况与捷克语当中可能设想的情况并无差别。捷克语当中，词内重音的位置并不具备区别性，但是句子当中主要重音的位置则具备区别性。而在德语当中，复合词之间只能通过主要重音的位置来加以区分（"ü'bersètzen"[转让] / "ü`bersétzen"[翻译]）。这种情况始终涉及"主要重音/次要重音"的对立。同样的对立还适用于德语的句子。因此德语当中，重音的力度取决于句子的意义（即词群）和复合词的意义（即词干群）。

有些语言呈现出截然不同的情况，比如俄语中词重音是真正意义上完全自由的重音（即使对复合词之外的词而言），而且重音位置的对立经常被用来实现词汇性目的，但次要重音并不具备音位价值。在俄语当中，重音的力度取决于句子所表达的意义。换言之，可以通过加强句子当中特定词的重音，同时减弱其他成分的重音来改变句子的意义。对于未受句重音影响的句子成分来说，那些词源上重读的音节总体上并未表现出呼气强度的增加。虽然如此，这些音节与词源上不重读的音节相比依然有别，一方面是因为它们时长略长，另一方面是因为它们当中的元音不受元音性质弱化的影响。因此可以说在俄语当中，重读音节和非重读音节中元音性质上和时长上的差异，对于词重音而言具备音系上的相关性，而每一个句法成分中重读音节呼气力度上的差异，对于句子重音而言具备音系上的相关性。[275] 俄语单词只有一个重音。俄语的复合词中并不存在区别性的次要重音。不过句子中则区分主要重音和次要重音："ĭvàn păjd'ót"［伊万将要走了］中次要重音落在主语上，"ĭvan păjd'ót"［伊万将要走了］中不存在次要重音，"ĭván păjd'òt"［伊万将要走了］中，主要重音落在主语上，次要重音落在谓词上。因此俄语当中，句重音与词重音的区分十分明显。但在德语中，情况并非如此。德语的句子和词当中存在区别性的次要重音，但并不存在任何仅仅与句重音相关的客观的重音特征，或仅仅与词重音相关的重音特征。

这些为数不多的例子可能已足以展示不同语言中，句子重音的处理方式也大为不同。[276]

d. 句子停顿。在区分句子的不同手段当中，停顿可能是唯一一种在区分词的韵律性特征中不存在确切对应形式的手段，除非有人希望把"有停顿/无停顿"的对立与斯特德相关关系等同起来。任何情况下，句子的停顿与其他所有区分句子的手段一样，都是一种韵律性手段，而且可以认为属于基于接触类型的韵律性特征。通常情况下，句子停顿用来划分单句之间的界线，或者划分句子不同的组成部分。换言之，它主要实现的是界线（分界）功能。不过"有停顿/无停顿"之间的对立往往也具有区别作用。比如俄语中"ruskaj|armininli gruzin"（俄

国人、亚美尼亚人和格鲁吉亚人）："ruskaj armininli gruzin"（俄国的亚美尼亚人和格鲁吉亚人）。

e. 总论。总而言之，可以说，尽管用作区别词义的韵律性相关关系所利用的语音特征同样可以用来区分句子，但区分句子所利用的手段不但与区分词所利用的韵律性音系特征在根本上有别，而且与区分词所利用的其他手段在根本上也有所不同。这种根本性差异可能在于这么一个事实，即区分词义的韵律性特征本身从未作为语言符号，而只是语言符号的构成部分。音位 m 自身并不具备任何符号性价值，它并不指称或表示任何事物。它仅仅是不同语言符号（词、语素）的一部分，比如德语的"Mann"［男人］、"Mutter"［母亲］、"Mist"［粪］、"dumm"［愚蠢的］、"dem"［定冠词：阳性－单数－与格］、"immer"［始终］、"Imker"［养蜂人］，等等。但是，区分句子的手段属于独立的语言符号。非句末的语调表明句子尚未结束。声调的降低表明这一特定的言语片段与前面或后面的片段并不相关，诸如此类。就这一点来说，区分句子的这些成分，即句法上的区别性成分，相当于分界的手段或者计数的手段。[277]

6. 非常规的区别性成分

除了常规的音系系统，许多语言还存在其他一些独特的音系成分，它们呈现出非常独特的功能。

属于这一类的成分尤其涉及那些"外来语音"，即那些从另外一种语言的音系系统中借来的音位。这些音位主要出现

208 于借词中，因此突显某个词的外来身份。在标准德语－尤其是南部方言中，鼻化元音和 š 对应的浊音（或弱辅音）就属于这类音。捷克语中的音位 g 和塞尔维亚－克罗地亚语中的音位 ǧ（dž）同样是外来音位。需要注意的是，通常这些外来音位的实现方式并非与各自所属的外来语中的实现方式完全一致，而是被本族语系统所同化。比如，ž 在德语中（尤其在维也纳）并不是一个浊辅音，而是一个清的弱辅音，这是因为高地德语不具备任何浊的阻塞音。相反，g 在捷克语中是一个真正的浊闭塞音，不过很多情况下它用来代替高地德语中清的弱辅音 g。此外，还需要注意的是，这些"外来音"一旦进入本族语当中，它们的发音并不总是十分"到位"。这是它们作为外来形式的一种标记。因此，它们可能出现在被认为是借词的词当中，不管这些音出现在这些词当中是否合理。比如在维也纳，借词 "Telephon" 发音时常有一个鼻化的元音（telefõ）。在 "plakat"[海报]、"balkon"[阳台] 等借词中，捷克语使用者会用 g 来代替 k。[278] 经常发生的情况是，一个词作为外来词的感觉会慢慢消失，这些外来音会纳入本族语的音系系统。甚至还有可能发生新的本族语词汇由这些外来音位构成的情况。比如，俄语中 f 和 f′ 这两个音位就属于这种情况。起初这两个音位只出现在借词当中，如今他们还出现在 "prăstăf'il'ă"[傻子]、"fŭfajkă"[厚夹克] 等词当中。不过，由于这些借词"本地化"的时间比较短，所以它们使用的范围仅局限于一些俚语。因此，这些音位保留了一项特别的功能：它们表明俚语词汇共有的外来特性和表达上独特的亲近度。

具备独特功能的音位还出现在感叹词、拟声形式和对动物的命令或呼叫当中。因此，它们构成词汇中特殊的一部分，而这对于常规的音系系统是不可行的。即使在欧洲语言中，也有一些特殊的音只用于此类词，如感叹词"hmm"、用来赶马的喷喷声、让马停下来的唇音 r，又或用来表示颤抖哆嗦的感叹词"brrr!"。在一些"奇特的"语言中，这些音位虽不属于音系系统，但却大量存在。比如，班图语族语言中有大量的词用来指称动物的喊叫或移动。很多情况下，几乎不存在真正的拟声词的问题。(如狮子的吼叫用一个成音节的硬腭音 ṇ 来表示。)这些词当中还存在一些在这些语言的其他词当中均未发现的特殊音位。在塔克尔马印第安人（Takelma Indians）关于动物的寓言当中，灰熊的话语中每一个词前面都加缀一个清的边擦音，这个音不出现在塔克尔马语（Takelma）其他任何地方。[279]

1 L. Hjelmslev, "On principles of phonematics", *Proceedings of the Second International Congress of Phonetic Sciences*（1935），第 52 页。

2 L. Hjelmslev, "Accent, intonation, quantité", *Studi Baltici*, VI（1936—1937），第 27 页。

3 甚至在法语这种每个元音皆可独自成词的语言中（où、a、ai、est、y、eu、eux、on、an、un），我们也能看到 rrr! 这样的叹词（让马停住的命令）。因此叶尔姆斯列夫的定义对法语而言也不成立。

4 P. Menzerath, "Neue Untersuchungen zur Steuerung und Koartikulation", *Proceedings of the Second International Congress of Phonetic Sciences*, 第 220 页。

5 其他关于元音和辅音之间差异的定义,参阅第 222 页,脚注 213。

6 斯特森(Raymond Herbert Stetson)已经十分明确地强调了这一点。他在考察音节的语音学属性方面贡献颇大。可参阅以下文章:"Motor Phonetics", *Archives néerlandaises de phonétique expérimentale*(1928);"Speech Movements in Action", *Transactions of the American Laryngological Association*, IV(1933),第 29 页及以下诸页(尤其是第 39 页及以下诸页);概述性文章见"The Relation of the Phoneme and the Syllable", *Proceedings of the Second International Congress of Phonetic Sciences*, 第 245 页及以下诸页。

7 在那些韵律单位只包括元音的语言中,韵律特征似乎附加在元音特征之上。但是,韵律特征始终自成特殊的一类,在任何分类中都不应当将它们与元音的特征混为一谈。

8 此方面的内容,可参阅罗素(George Oskar Russel)令人赞赏的研究"The Vowel","Speech and Voice"(New York, 1931),以及他的总结性文章"Synchronized X-ray, oscillograph, sound and movie experiments, showing the fallacy of vowel triangle and open-close theories", *Proceedings of the Second International Congress of Phonetic Sciences*, 第 198 页及以下诸页。

9 因此，在重新构拟某种语言的历史年代时，我们应当避免提出此类的假设条件。不过令人遗憾的是，有时还是会有此类做法。

10 与接下来的讨论相关的内容，可参阅 N. S. Trubetzkoy，"Zur allgemeinen Theorie der phonologischen Vokalsysteme"，*TCLP*，I，第 39 页及以下诸页。附带一提，这篇文章目前在某些方面已经有点过时。

11 在尚未提出新的关于这些概念的令人满意的声学术语前，可以有所保留地继续使用这些术语。

12 参阅 M. Rešetar，"Der štokavische Dialekt"（*Schriften der Balkankommission der k. k. Akademie der Wissenschaften in Wien*）。

13 参阅 P. Jaworek，*Materyaty i prace komisji językowej*，VII。ů 可理解为 u 和 o 之间居中的元音，y 则可理解为央元音系列中的一个元音，开口度位于 i 和 e 中间。o 和 e 在鼻音前为闭口元音，在其他位置则是开口元音。该系统当中，只有唇状展圆之间的对立具有区别力，这一点同时还影响单个音位的实现形式。比如，y 不是一个前元音，而是央元音系列中一个不圆唇的元音，o 和 u 发音时以介音 u̯ 开始，尤其位于软腭音和唇音后面以及词首位置上时。在元音系统结构相似的不少波兰语方言中，圆唇的特征独立于音色为圆唇的元音类别，因此这些元音语音上实现为双元音：åu、u̯e、u̯y。

14 E. D. Polivanov，"Uzbekskaja dialektologija i uzbekskij

literaturnyj jazyk"(Taškent, 1933), 第 14 页。

15　这一点同样会影响发音，对元音 o 而言，圆唇作为一个专门的特征被分离出来，因此俄语的 o 几乎实现为双元音，如 oʋ、uɔ、uɛ，尤其在女性话语中。

16　N. S. Trubetzkoy, "Die Konsonantensysteme der ostkaukasischen Sprachen", *Caucasica*, VIII (1931), 第 44 页。

17　与此相关的特征是，u、o 和 a 的舌位在特定的环境中（ḥ 和 ʂ 附近）发生前移。参阅 A. Dirr, "Arčinskij jazyk", *Sbornik materialov dlja opisanija mestnostej i plemen Kavkaza*, XXXIV (1908), 第 1 页。

18　W. Steinitz, "Chantyjskij (ostjackij) jazyk", *Jazyki i pis'mennost' narodov Severa*, I (1937), 第 200—201 页。

19　在这些条件下，可能就容易理解日语的 u（似乎多数情况中）为何实现为一个完全没有任何圆唇特征的元音。

20　参阅 N. S. Trubetzkoy, "Polabische Studien", *Sitzb. Wien. Akad., Phil.-hist. Kl.*, CCXI, 第 4 期, 第 128 页及以下诸页。

21　波拉布语元音音位在语音实现过程中的一些独特之处似乎与此相关。比如，波拉布语的 a 似乎读成一个不圆唇的后元音（参阅 N. S. Trubetzkoy, "Polabische Studien", *Sitzb. Wien. Akad., Phil.-hist. Kl.*, CCXI, 第 4 期, 第 42 页及以下诸页）。而另一方面，ü 和 ö 发音时似乎带有"不均衡的圆唇特色"，也就是说，大致接近于 üi 和 öe，因此圆唇的成分得以突出强调（同上，第 50 页及以下诸页）。

22　参阅 G. S. Lytkin, "Zyr'anskij kraj pri episkopach permskich i zyrjanskij jazyk"(St. Petersburg, 1889)。

23　Alfred Bouchet, "Cours élémentaire d'annamite"(Hanoi-Haiphong, 1908)。

24　P. K. Uslar, *Etnografija Kavkaza*, Č. I, "Jazykoznanije", vyp. 6（Kjurinskij jazyk）(Tiflis, 1896)。

25　Walter Trittel, "Einführung in das Siamesische", *Lehrb. d. Semin. f. oriental. Sprachen zu Berlin*, XXXIV (1930)。

26　参阅A. J. Emel'anov, "Grammtika votjackogo jazyka"(Leningrad, 1927)。

27　参阅 V. L. Ščerba, "Vostočnolužickoje narečije"(1915)。

28　参阅 Ödön Beke, "Texte zur Religion der Osttscheremissen", *Anthropos*, XXIX (1934)。

29　中和发生在非词首音节中，选择哪个形式作为超音位由外部条件决定（前一音节的元音决定）。比如，在包含 *u*、*o*、*a* 和 *ə* 的音节后面，*a* 作为开口度最大的元音出现；在含有 *ü*、*ö* 和 *ä* 的音节后面，开口度最大的元音中只有 *ä* 可以出现。在包含 *e* 和 *i* 的音节后面，开口度最大的元音体现为 *à*，等等。

30　参阅 G. N. Prokofjev, "Sel'kupskij (ostjacko-samojedskij) jazyk", *Naučno-issled. Associacija Instituta Narodov Severa, Trudy po lingvistije*, IV, vyp. 1 (Leningrad, 1935)。

31　J. van Ginneken, *De ontwikkelingsgeschiedenis van de systemen der menschelijke taalklanken* (Amsterdam, 1932)，第5页。

32　参阅 P. K. Uslar, *Etnografija Kavkaza*, Č. I, "Jazykoznanie",

Vyp. IV（Lakskij jazyk）(Tiflis，1890），第 4—5 页。但这篇文章关于元音如何发音的描述极不清晰。我们的陈述是基于我们自己的观察。不过必须强调的是，只有在传统拼写中才使用字母 *ä*、*e* 和 *ö*。

33 凑巧的是，吉内肯（J. van Ginneken）似乎并不否认这一点：上引的同一著作第 6 页中，他引用阿拉伯语和现代波斯语作为三元音系统的例子。

34 参阅 W. H. T. Gairdner，"The Phonetics of Arabic"，*The American University of Cairo Oriental Studies*（Humphrey Milford，Oxford University Press，1935），第六章（元音的描写）和第七章（辅音对元音的影响）。

35 恰好在现代波斯语中，长元音和短元音性质上的差异非常明显，所以有人可能会倾向于提出一个包含六个元音音位（*u*、*o*、*ɔ*、*æ*、*e* 和 *i*）的四边形元音系统，并认为 *u*(:)、*ɔ*(:)、*i*(:) 的长度并不重要。然而，这将会与波斯语的韵律原则相抵触。

36 关于这两种语言，参阅 John R. Swanton，*Bulletin of the Bureau of American Ethnology*，XL（=*Handbook of American Indian Languages*，by Franz Boas I）。

37 参阅 Harry Hoijer，*Handbook of American Indian Languages*（University of Chicago Press），Vol. III。

38 更确切地说，在如今的标准列兹金语和乌斯拉尔（Baron P. K. Uslar）研究的方言中（"Etnografija Kavkaza"，I，*Jazykoznanije*，Vyp. VI [*K'urinskij jazyk*][Tiflis，1896]），

o 仅仅是 u 的一个随意的组合性变体，而 ä 一方面是 e 的组合性变体，同时还是 a-e 的对立位于咽腔闭塞音前面时的超音位体现形式。

39 库里语中，某些辅音之间的对立在与闭口元音 u、ü 和 i 相邻的位置上发生中和。由于"环境决定的"的中和通常发生在与有标记对立项邻近的位置上（可参考第五章，2d），因此库里语中，闭口元音（u、ü 和 i）可以视作有标记的成分，而开口元音（a 和 e）则可以视作无标记的对立项。关于保加利亚语的情况，参阅本书第 114 页。

40 参阅 Carl Hjalmar Borgström, "The Dialect of Barra in the Outer Hebrides", *Norsk Tidsskrift for Sprogvidenskap*, VII (1935)。

41 A. Martinet, "La Phonologie du mot en danois"(Paris, 1937), 第 17—19 页（*BSL*, XXXVIII [1937], 2）。

42 参阅 Ida C. Ward, *An Introduction to the Ibo Language* (Cambridge, 1936)。

43 需要强调的是，这里展唇元音要比对应的圆唇元音发音时开口度更大。因此，单纯从语音学的角度来看，这个系统绝对不是对称的。沃德博士用 ɵ 来标注第二级别开口度的圆唇元音。我们这里冒昧使用 u 来替代这个符号。

44 参阅 J. Winteler, *Die Kerenzer Mundart des Canton Glarus* (Leipzig, 1876)。

45 参阅 D. Westermann & Ida C. Ward, *Practical Phonetics for Students of African Langauges* (London, 1933), 第 172 页

及以下诸页。

46 Edward Sapir, "Notes on the Gweabo Langauge of Liberia", *Language*, VII (1931), 第 31 页及以下诸页。

47 参阅 A. Thumb, "Handbuch der neugriechischen Volkssprache", 第 6 页; B. Havránek, *Proceedings of the International Congress of Phonetic Sciences*, I, 第 33 页。

48 参阅 R. Jakobson, *TCLP*, II, 第 89 页。

49 参阅 A. V. Burdukov, "Rusko-mongol'skij slovar' razgovornogo jazyka, spredislovijem i grammatičeskim očerkom N. N. Poppe"(Leningrad, 1935); N. N. Poppe, "Stroj chalcha-mongol'skogo jazyka"(= *Stroj jazykov*, no. 3)(Leningrad, 1935), 第 8—10 页。

50 Carl Hjalmar Borgström, "Zur Phonologie der norwegischen Schrift-sprach", *Norsk Tidsskrift for Sprogvidenskap*, IX (1937), 第 251 页。

51 Charles F. Voegelin, "Tübatulabal Grammar"(*University of California Publications in American Archeology and Ethnology*, XXXIV, no.2, 第 55 页及以下诸页)。

52 U 和 A 的语音实现形式由前一音节元音的性质决定,在后元音和 a 后面 U 实现为 u,在 $ü$、$ö$ 和 e 后面实现为 $ü$; A 在 u 和 a 后实现为 a,在 o 后实现为 o,$ü$ 和 e 后实现为 e,$ö$ 后则实现为 $ö$。参阅 N. N. Poppe, "Stroj chalcha-mongol'skogo jazyka", 第 10—11 页。

53 参阅 V. Brøndal, "La structure des *systèmes vocaliques*",

TCLP，VI，第 65 页。

54　R. Jakobson，*TCLP*，II，第 78 页；B. Havránek，*Proceedings of the International Congress of Phonetic Sciences*，I，第 28 页及以下诸页。

55　参阅 B. Havránek，*Proceedings of the International Congress of Phonetic Sciences*，I，第 31 页及以下诸页；A. Rosetti，*Bulletin linguistique* II（1934），第 21 页及以下诸页。

56　A. Isačenko，"Les parlers slovènes du Podjunje en Carinthie, description phonologique"，*Revue des études slaves*，XV（1935），第 59 页。

57　关于荷兰语，德格鲁特已提过类似的分类方法，即将元音音位分成二合元音和单元音两类，见 *TCLP*，IV，第 118 页。

58　参阅 Daniel Jones，*An Outline of English Phonetics*，3rd ed.（Leipzig，1932）；*English Pronouncing Dictionary*（Leipzig）。

59　"Über die phonologische Interpretation der Diphthonge"，*Práce z vědeckých ústavů*，XXXIII。

60　"A Phonological Analysis of Present-day Standard English"，*Práce z vědeckých ústavů*，XXXVII。

61　"Some Observations on the Phonology of the English Vowels"，*Proceedings of the Second International Congress of Phonetic Sciences*，第 131 页及以下诸页。

62　"Phonemes and Phonemic Correlation in Current English"，*English Studies*，XVIII（The Hague，1936），第 159 页及以下诸页。

63 可对比帕尔默（H. E. Palmer）提出并由琼斯采用的术语"中心化的二合元音（centring diphthongs）"。

64 据前所述，对于向心性元音音位而言，它们的音色类型应当根据其起始位置来确定，而对于离心性元音音位而言，它们的音色类型应当根据它们结束的位置来确定。这应该可以消除劳伦森的疑问，即不应当将音位"au"归到音色"暗沉"一类的音位中（关于 oi，见后面的内容）。

65 当然，只有同属一个音节的"aə"和"aə"可被视作单个的音位。在诗歌中，这两个音位被视为同属一个音节的组合形式（Daniel Jones, *An Outline of English Phonetics*, 第59页）。如今，英语研究学者可能需要确定在何种程度上，这些同属一个音节的发音形式是符合规范的。如果不合规范，那么向心性元音音位应该只具备三个级别的响度。

66 明智的做法是根据相应的音系事实，采用更恰当的标音方法来标记每个音位。由于 o 和 e 对于离心性元音音位来说，仅作为起始位置，而 ɔ 和 ɛ 对于向心性元音音位来说，也仅作为起始位置，因此用不同的字母来区分它们没有意义：将它们标记为 o^u、$o^ə$、e^i 和 $e^ə$ 完全不会造成歧义。对于第三响度级别的元音，可以使用 $α^u$、$α^ə$、a^i 和 $a^ə$ 的标记形式，相应地，第一响度级别的元音也应该标记为 u^u、$u^ə$、i^i 和 $i^ə$。那么，发音活动的方向就可以清晰地通过 ^{u}、^{i} 和 ^{ə} 这三个指数来标明，响度级别和音色类别则通过 u、o、α、a、e 和 i 来标明。

67 相关内容可对比 A. Isačenko, "A propos des voyelles nasales",

BSL，XXXVIII（1937），第 267 页及以下诸页。

68　J. R. Firth, "Alphabets and Phonology in India and Burma", *Bull. of the School of Oriental Studies*，VIII，第 534 页。

69　Carl Hjalmar Borgström, "The Dialect of Barra in the Outer Hebrides", *Norsk Tidsskrift for Sprogvidenskap*，VIII。

70　G. S. Lowmann, "The Phonetics of Albanian", *Language*，VIII（1932），第 281 页及以下诸页。

71　参阅 A. Isačenko, "Les dialects slovènes du Podjunje en Carinthie", *Revue des études slaves*，XV，第 57 页及以下诸页。

72　根据 A. Isačenko 提出的规则，这样的情况只能存在于由非鼻化元音构成的四边形元音系统语言中。目前，这条规则应当看作一条尚未被充分验证的假设。这条假设有其可取之处，但我们可以用来证实该假设的数据仍然很少。

73　参阅 E. N. & A. A. Dragunov, "K latinizacii dialetov central'nogo Kitaja", *Bull. De l'Acad. Des Sciences de l'U.d.R.S.S.*，*Classe des Sciences Sociales*（1932），no. 3，第 239 页及以下诸页。上面的图表以德拉古诺夫（Dragunov）提供的语音描写为基础。多数元音实现为二合元音。*u* 相当于一个开口度非常小的 *o*，且闭口度渐增。在咝擦音和舌尖音之后，它完全不圆唇；对其他位置来说，它也只有在起始位置上为圆唇。*o* 和 *e* 收尾部分要比起始部分开口度更大（*oɔ*、*eæ*）。*υ* 和 *ü* 是很多汉语方言特有的齿龈元音。

74　参阅 Anton Pfalz, "Die Mundart des Marchfeldes", *Sitzb. Wien. Akad.*，*Phil.-hist. Kl.*，CLXX，no. 6（1912）；还可参

阅 N. S. Trubetzkoy, *TCLP*, IV, 第 101 页及以下诸页。

75 例如，博格拉兹曾在楚科奇语（位于堪察加半岛）中观察到这些"闷音性"元音，他说这些元音发音时"喉部变紧"，"相当于发音时的音高更用力"（*Jazyki i pis'mennost' narodov Severa*, III, 第 12 页）。

76 A. N. Tucker, "The Function of Voice Quality of the Nilotic Languages", *Proceedings of the Second International Congress of Phonetic Sciences*, 第 125 页及以下诸页。

77 Ida C. Ward, "Phonetic Phenomena in African Languages", *Archiv. Für vergl. Phonet.*, I (1937), 第 51 页。

78 J. R. Firth, "Phonological Features of Some Indian Languages", *Proceedings of the Second International Congress of Phonetic Sciences*, 第 181 页。

79 A. Dirr, "Grammatičeskij očerk Tabassaranskogo jazyka", *Materialy dlja opisanija městnostej i plemen Kavkaza*, XXXV (1905), otd. III, 第 2 页。

80 A. Dirr, "Agul'skij jazyk", *Materialy dlja opisanija městnostej i plemen Kavkaza*, XXXVII (1907), otd. III, 第 2 页。

81 J. P. Grazzolara, "Outlines of a Nuer Grammar", *Linguistische Bibliothek "Anthropos"*, XIII (1933), 第 3 页。

82 唇音系列中，声学效果主要由气流与表面柔软、宽大但却较短的双唇发生接触产生；舌尖音系列则通过腔体的共鸣产生，腔体底部边缘由平坦伸长的舌头形成，顶部和后边的边缘则由硬腭和软腭形成；软腭音系列也是通过腔体的共鸣产生，腔体底部和后面的边缘由后缩的舌根的圆形表面和下齿形成，顶部边缘则由上齿、硬腭，可能还有软腭前面的部分形成。

83 这个辅音系列的特点就是在舌体两侧形成一个共鸣腔。（因此舌侧辅音可以叫作"舌颊音"[Zungenwangenlaute]）。舌体可以平直前伸，舌尖指向口腔前部，或者可以后缩，舌背朝口腔中央或后面拱起。对于单独构成一个发音部位系列的舌侧音而言，第二种方式并不重要。然而，在不存在独立的舌侧辅音系列的情况下，具体的舌侧音的舌侧共鸣特征可能也就不重要了，这些音可以判定为舌尖音系列或软腭音系列辅音音位的语音实现形式。

84 然而，该类辅音典型的特征始终是舌头后缩的形状和口腔前部的发音位置。听觉上人们有可能区分"更像 kj"的硬腭音或"更像 tj"的硬腭音，又或是听觉效果确实完全处在"ti"和"ki"之间的硬腭音，再或是齿音化的硬腭音，等等。参阅 E. Šramek, "Le parler de Boboščíca, en Albanie", *Revue des études slaves*, XIV（1934），第 184 页及下页。布洛赫（O. Broch）在"斯拉夫语语音"（"Slavische Phonetik"）中给出了详细的语音上的分类（第 15 段，第 20—22 页）。

85 参阅 N. S. Trubetzkoy, "Zur Entwicklung der Gutturale in den slavischen Sprachen", *Miletič-Festschrift*（1933），第 267 页及以下诸页。关于斯拉夫语的 h，参阅 L'. Novák, "Fonologia a študium slovenčiny", *Spisy jazykového odboru Matice slovenskej*, II（1934），第 18 页。

86 参阅 William Thalbitzer,"A Phonetic Study of the Eskimo Language", *Meddelelser om Grönland*, XXXI, 第 81 页。

87 参阅 Clement M. Doke,"A Comparative Study in Shona Phonetics"(Johannesburg, 1931)。

88 例如很多非洲语言,如斯瓦希里语(Swahili)[班巴拉(Bambara)方言]、赫雷罗语等(见 Carl Meinhof, *Grundriss einer Lautlehre der Bantu sprachen* [Berlin, 1910]),以及印度的多数语言,涉及印欧语系语言和达罗毗荼语系语言。

89 譬如努埃尔语和丁卡语(Dinka)(埃控苏丹地区)。参阅 J. P. Crazzolara,"Outline of a Nuer Grammar", *Linguistische Bibliothek "Anthropos"*, XIII; 以及 A. N. Tucker, *The Comparative Phonetics of the Suto-Chuana Group of Bantu-languages* (London, 1929)。

90 例如捷克语或匈牙利语中的情况(见下文讨论)。

91 参阅 J. Schreiber, *Manuel de la langue Tigraï* (Vienna, 1887)。

92 参阅 E. N. & A. A. Dragunov,"K latinizacii dialektov central'nogo Kitaja", *Bull. de l'Acad. Des Sciences de l'U. d. R.S.S., Classe des Sciences Sociales* (1932), no. 3, 第 239 页及以下诸页。

93 同样的理由,认为法语存在闭塞音和擦音的对立也是不合理的:某些发音位置与相应的发音器官更有力的闭合有关(尤其是 p、t、k 这三个音的发音位置);而其他发音位置则与发音器官比较松弛的收紧有关(尤其是 s、$š$、f 这三个音的发音位置)。不过,认为法语中闭塞程度与发音位置没有关联是不合理的。因此,我们认为我们应该对古热南（G. Gougenheim）给出的法语辅音音位的分类方法提出质疑 [G. Gougenheim, Éléments de phonologie française (Strasbourg, 1935), 第 41 页及以下诸页]。

94 这一点可能还可以解释为何即使在基本系列没有一分为二的情况下，唇音系列中的擦音实现为 f，软腭音系列中的擦音实现为 $x̌$（例如荷兰语）。

95 参阅 Bulletin of the Smithsonian Inst. of Ethnology, XL。

96 参阅 N. Jakovlev, "Tablicy fonetiki kabardinskogo jazyka", Trudy Podrazrjada issledovanija severokavkaszskich jazykov pri Inst. Vostokovedenija, I (1923)。

97 参阅 A. Schiefner, Versuch über die Sprache der Uden (St. Petersburg, 1863); A. Dirr, "Udinskaja Grammatika", Sborn. Mat. dlja opis. městn. i plemen Kavkaza, XXXIII (1904)。

98 参阅 K. E. Mucke, Historische und vergleichende Laut- und Formenlehre der niedersorbischen Sprache (Leipzig, 1891), 第 151 页以下诸页。

99 参阅 N. S. Trubetzkoy, "Die Konsonantensysteme der ostkaukasischen Sprachen", Caucasica, VIII。

100 参阅 Clement M. Doke, A Comparative Study in Shona Phonetics (Johannesburg, 1931)。

101 不无可能的是，绍纳语（Shona）中的 $š$ 系列并非另外两个咝擦音系列的一个相关系列，而是单独构成一个硬腭音系列。

102 参阅 R. Jakobson, K charakteristike evrazijskogo jazykovogo

sojuza（Paris，1931），该书详细列举了具备硬腭化相关关系的欧亚语言（即东欧语言和北亚语言）；还可参考 R. Jakobson，*TCLP*，IV，第 234 页及以下诸页，以及 *Actes du IVème Congrès International de Linguistes*。

103 汤姆森（A. Thomson）对该硬腭化过程进行了详细的语音描写，可参考 A. Thomson，"Die Erweichung und Erhärtung der Labiale im Ukrainischen"，*Zapysky ist. fi. viddilu Ukr. Akad. Nauk.*，XIII-XIV（1927），第 253—263 页。

104 参阅 N. S. Trubetzkoy，"Die Konsonantensysteme der ostkaukasischen Sprachen"，*Caucasica*，VIII。

105 参阅 W. H. T. Gairdner，*The Phonetics of Arabic*（Oxford，1925）。

106 参阅 Franz Boas，*Bulletin of the Bureau for American Ethnology*，XL。

107 参阅 N. F. Jakovlev，*Kratkaja grammatika adygejskogo（kjachskogo）jazyka dlja školy i samoobrazovanija*（1930）。

108 参阅 Gerhard Deeters，"Der abchasische Sprachbau,"*Nachr. v. d. Ges. d. Wiss. zu Göttingen*，*Phil. hist. Kl.*，*Fachgr.* III，no. 2（1931），第 290 页及以下诸页.

109 参阅 J. R. Firth，*Bull. of the School of Oriental Studies*，VIII，第 532—533 页。

110 参阅 A. A. Cholodovič，"O latinizacii korejskogo pis'ma"，*Sovetskoje jazykoznanije*，I（1935），第 147 页及以下诸页。这里"辅音 + w"的组合被认为是单独一个音位。

111 另一方面，日语长崎方言中的情况应该给以不同的解释。该方言有四类软腭音：软腭音、硬腭化的软腭音、唇化软腭音和唇化－硬腭化的软腭音。但在这种情况下，由于唇化相关关系不存在于其他发音部位系列中，而硬腭化相关关系则包括所有系列，因此似乎有理由认为圆唇的软腭音（听起来更像是唇音）是一个单独的相关系列（"唇化软腭音系列"）。而且正如其他系列中那样，这个唇化的软腭音系列中还存在硬腭化相关关系。

112 Roman Stopa, "Die Schnalze, ihre Natur, Entwicklung und Ursprung", *Prace Komisji Językowej*, no. 23（Kraków, 1935）。

113 P. de V. Pienaar, "A Few Notes on Phonetic Aspect of Clicks", *Bantu Studies*, II（March 1936），第 43 页及以下诸页。

114 D. M. Beach, *The Phonetics of the Hottentot Language*（Cambridge, 1938）。

115 Clement M. Doke, "The Phonetics of the Zulu Language", *Bantu Studies*, II（1962），专刊。

116 见第 155 页及下页。

117 A. N. Tucker, *The Comparative Phonetics of the Suto-Chuana Group of Bantu-Languages*（London, 1929）。

118 W. H. Bleek and L. C. Lloyd, *Specimens of Bushman Folklore*（London, 1911）。

119 P. Meriggi, "Versuch einer Grammatik des χam-Buschmännischen", *Zeitschrift f. Eingeborenensprachen*,

XIX。

120 少数几个辅音系列同样包含清擦音，且唇音系列中有个"内爆破的"浊塞音。

121 Clement M. Doke, *A Comparative Study in Shona Phonetics*（Johannesburg，1931），第 109—119 页，以及第 272、273 页的腭位图。

122 参阅本书第 72 页及下页。

123 参阅 William Thalbitzer,"A Phonetical Study of the Eskimo Languages", *Meddelelser om Grönland*, XXXI，第 81 页。

124 参阅 Ethel Aginsky,"A Grammar of Mende Language", *Language Dissertations*（Ling. Soc. of America），no. 20（1935）。

125 参阅 Mark H. Watkins,"A Grammar of Chichewa, a Bantu Language in British Central Africa", *Language Dissertations*（Ling. Soc. of America），no. 24（1937）。

126 前面我们已经提到了吉利亚克语和爱斯基摩语。在某些班图语言中，其中一个流音是常规的（齿龈）*l*，另外一个则是一个卷舌的 *l*（有时比较像 *r*）。这些语言当中，这两类流音常常"可以定位"，比如斯瓦希里语（Mombesa 方言）中，卷舌音系列与普通的舌尖音系列处在对立关系中；此外佩迪语（Pedi）中，卷舌的 *l* 很明显属于舌尖音系列，而齿音 *l* 则属于舌侧音系列。关于这些语言的辅音系统，可参考 Carl Meinhof, *Grundriss einer Lautlehre der Bantu-Sprachen*（Berlin，1910）。

127 参阅 A. Martinet,"La phonologie du mot en danois"(Paris,1937)(*BSL*, XXXVIII [1937], 2)。

128 J. R. Firth, *A Short Outline of Tamil Pronunciation* (Appendix to the second edition of Arden's *Grammar of Common Tamil*)[1934]。

129 泰米尔语的辅音系统中 r 占据独特的位置,这使得 r 是唯一一个可以后跟其他辅音(p、t、k、n)的响辅音,而且 r 不仅可出现在元音后,还可出现在辅音后(尤其是 t 后面)。l 后面允许出现 p 和 v,但似乎只在借词中,如"reyilvee"[铁路]。

130 任何情况下,英语的 h 绝不可以视作软腭音系列中的擦音。[217] [在这一点上马龙和马丁内(A. Martinet)是正确的,而特恩卡则持相反观点。]就法语的情况,见前面第 126 页的陈述。

131 根据 G. L. Trager, *Maître phonétique*, 3me série, no. 56。

132 根据贝里奇(A. Belič)和马莱茨基(M. Malecki)的观点,北部查方言(North Čakavian)中,源于原始斯拉夫语的 j(如"jaie"[鸡蛋])与其他来源不同的 j(如 zaja [口渴])有区别;前者从音系的角度来看并非一个辅音音位,而是元音音位 i 与其他元音直接接触时的组合变体。

133 参阅 A. N. Tucker,同上引。

134 参阅 R. Bošković, "O prirodi, razvitku i zamenicima glasa h u govorima Črne Gore", *Juž. Fil.*, XI(1931),第 179 页及以下诸页。

135 马丁内（La phonologie du mot en danois）认为丹麦语的 v、δ 和 γ 为擦音。然而，他的观点并不正确，因为丹麦语当中，这些音位被当作与 r、l 和 j 一样的音位。丹麦语中真正的擦音只有 f 和 s。不过由于这些音位不与任何闭塞音构成对立关系，而且它们是各自所在的发音部位系列中唯一的代表音段（唇齿音系列为 f，咝擦音系列为 s），因此它们的摩擦性质不具备音系意义。关于 v-f 之间的关系，参阅 A. Martinet，同上引，第 38 页。

136 就这些辅音，已经提出了各种名称。可能最常见的就是"伴有声门闭塞的辅音"这个术语。但这个术语在某种程度上依然含糊不清，因为一个声门塞音也可以是一个独立的音位，并且声门的关闭并非是这些辅音独有的特征。同样的理由，"声门闭塞音"这个术语也必须丢弃，我曾经在拙文"Die Konsonantensysteme der ostkaukasischen Sprachen"（*Caucasica* VIII）中使用过该术语。雅科夫列夫（N. Jakovlev）（"Tablicy fonetiki kabardinskogo jazyka"一文中）建议的术语"声门上呼气辅音"同样不恰当，并且没有充分清晰地体现这些辅音真正的属性。英国语音学家（尤其是研究非洲语言的学者）使用的术语"挤喉音（ejectives）"更准确地描述了该类辅音的特征。这里指的是闭合的声门向上有力地推动，如同活塞一样将声门上面的气体"排出"。本书作者1922年在 *BSL*（XXIII）的文章中选择"回归式辅音"这个术语时，所持观点与之相同（顺便提及，早在关于俄罗斯－高加索语的研究中，就

第四章 区别性对立的音系学分类 *317*

已经使用过该术语）。同样的术语如今还在印度学研究文献中使用；这个术语大概由特纳（R. L. Turner）在 *Bull. of the School of Orient. Stud.*（III，第 301 页及以下诸页）中首次使用［不过似乎是相对于"内爆破音（injective occlusive）"而言］，现在印度语言学家查特吉（Suniti Kumar Chatterji）依旧还在使用该术语（参阅其著作 *Recursives in New-Indo-Aryan*, The Linguistic Society of India, Lahore, 1936）。

137 此处指的是被英国语音学家称作"声门吸气音（injectives）"的闭塞音。气流吸入后，声门闭合然后下降。这就造成口腔和声门闭合形成的空间中空气变得稀薄。然后在没有呼气的辅助作用下，口腔内的闭塞仅通过相应的发音器官的活动得以打开，随后外界空气冲入口腔；不过这些气流随即就被正常的呼气气流驱出。

138 布龙菲尔德把福克斯语的前置送气辅音分析为辅音的组合（hp、ht、hk、$hč$）("Notes on the Fox Language", *International Journal of American Linguistics*, III, 第 219 页及以下诸页）。霍皮语中，前置送气辅音前不允许出现长元音（^hp、^ht、^hk、^hk_o、^hq、^hc）。根据霍皮语中的规律，这似乎表明这样一个事实，即该语言中"前置送气辅音"必须视作辅音的组合。

139 参阅 Benjamin Lee Whorf, "The Phonetic Value of Certain Characters in Maya Writing", *Papers of the Peabody Museum of American Archeology and Ethnology*, Harvard

University, XIII（1933）, no. 2, n. 3。

140　参阅 G. N. Prokofjev,"Neneckij（jurasko-samojedskij）jazyk", *Jazyki i pis'mennost' narodov Severa*, I, 第 13 页。

141　参阅 Clement M. Doke,"A Study of Lamba Phonetics", *Bantu Studies*（July 1928）。

142　很难确定现代希腊语是否属于此类。这取决于现代希腊语的浊闭塞音 *b*、*d* 和 *g* 被视作单个的音位，还是仅是组合性音位变体。词中位置上，它们仅出现于鼻音前，无论是 π、τ、κ，还是浊擦音 β、δ、γ 都不允许在该位置上出现。仅在借词中发现 *b*、*d*、*g* 单独出现在词中位置上。因此很难说这些浊塞音被同化的程度如何。

143　参阅 Carl Hjalmar Borgström,"The Dialect of Barra in the Outer Hebrides", *Norsk Tidsskrift for Sprogvidenskap*, VIII（1935）。

144　参阅 G. S. Lowman, *Language*, VIII（1932）, 第 271—293 页。

145　参阅 Alf Sommerfelt,"The Dialect of Torr, Co. Donegal", I（Christiania, 1922）。

146　参阅 D. V. Bubrich, *Zvuki i formy erzjanskoj reči*（Moscow, 1930）; N. S. Trubetzkoy,"Das mordwinische phonologische System verglichen mit dem Russischen", *Charisteria Guilelmo Mathesio*（Prague, 1932）, 第 21 页及以下诸页。

147　参阅 P. P. Schumacher, *Anthropos*, XXVI。

148　德语中的情况更为复杂：唇齿音系列和咝擦音系列中，缺少弱闭塞音（p̆-f-v，c-s-z），而在舌背音系列中，则缺少弱擦音（k-g-x）。

149　E. N. & A. A. Dragunov, "K latinizacii dialektov central'nogo Kitaja", *Bull. De l'Acad. des Sciences de l'U.d.R.S.S., Classe des Sciences Sociales*（1932），no. 3，第239页及以下诸页。

150　参阅 R. J. Swanton, *Bulletin of the Bureau of American Ethnology*, no. 40，第210页及以下诸页。

151　参阅 G. P. Anagnostopulos, "Tsakonische Grammatik", *Texte und Foschungen zur Byzantinisch-neugriechischen Philologie*, no. 5（Berlin-Athens, 1926）。

152　参阅 H. A. Jäschke, "Tibetan Grammar", *Trübners Collection of Simplified Grammars*（2nd ed.），VIII（1883）。

153　参阅 Marcel Cohen, "Traité de langue amharique", *Travaux et Mémoires de l'Institut d'Ethnologie*, XXIV（Paris, 1936），第30页及以下诸页。

154　参阅 Mark Hanna Watkins, "A Grammar of Chichewa, a Bantu Language"（*Ling. Soc. of America, Language Dissertations*, no. 24 [1937]）。Watkins 将音位 *b* 描写为一个擦音。但根据该音位在系统中的位置，它应该是一个闭塞音（弱塞擦音？）。

155　参阅 N. Jakovlev, *Tablicy fonetiki kabardinskogo jazyka*（Moscow 1932）。关于舌背辅音，这里并未考虑圆唇相关关系。

156　参阅 J. R. Firth, "Alphabet and Phonology in India and Burma",

Bull. of the School of Oriental Studies（1936），第 534 页；不过，我们暂不考虑音色相关关系。

219 157 参阅 Franz Boas, *Bull. of the Bureau of American Ethnology*, XL, 第 291 页。

158 绍纳语中（罗德西亚地区的一种班图语族语言），闭塞音中存在包含三个成分的关联束:"清爆破音"—"浊爆破音"—"浊吸气音"（p–b–b^u、t–d–d^u）。就擦音而言，只存在清浊相关关系；就响音而言，不存在任何基于除阻方式的相关关系（参阅 Clement M. Doke, *A Comparative Study in Shona Phonetics* [Johannesburg, 1931]）。该辅音系统的结构与我们前面讨论的结构并无二样，同样的系统还存在于富尔语（Fulful）中。

159 更多细节，见 N. S. Trubetzkoy, "Die Konsonantensysteme der ostkaukasischen Sprachen", *Caucasica*, VIII。

160 参阅：N. Jakovlev, "Kurze Übersicht über die tscherkessischen (adyghischen) Dialekte und Sprachen", *Caucasica*, VI (1930), 第 1 页及以下诸页；N. S. Trubetzkoy, "Erinnerungen an einen Aufenthalt bei den Tscherkessen des Kreises Tuapse", 出处同上注, II, 第 5 页及下页。

161 我们认为塔巴萨兰语（Tabarasan）中响音参与强度相关关系的假设基于一个错误的事实（*Caucasica*, VIII, 第 25 页及以下诸页）。这里实际上涉及的是双音性相关关系，斯瓦迪士（Morris Swadesh）向我指出了这一点。

162 参阅 Boas & Swanton, *Bulletin of the Bureau of American*

Ethnology, XL, 第 880 页。达科他语早期的研究者并未注意到送气相关关系。这似乎表明该语言中辅音送气特征十分微弱。辅音的这种弱送气特征同样是北高加索语族语言中回归式辅音相关关系和强度相关关系中无标记成分的特征。因此，有可能我们在达科他语中发现的并不是送气相关关系，而是强度相关关系。

163 参阅 R. L. Turner, "The Sindhi Recursives or Voiced Stops Preceded by Glottal Closure", *Bulletin of the School of Oriental Studies*, III, 第 301 页及以下诸页。

164 参阅 Suniti Kumar Chatterjee, *Recursives in New-Indo-Aryan* (The Linguistic Society of India, Lahore)。

165 参阅 G. L. Trager, "ðə lɛŋwiɟ əv ðə pweblow əv Taos (*nuw meksikow)", *Le Maître phonétique*, 3me série, no. 56, 第 59 页及以下诸页。

166 参阅 Otto Dempfwolff, "Die Sandawe", *Abhandlungen des Hamburger Kolonialinstituts*, XXXIV (1916)。

167 从语音学的角度看，喷音的发音完全与呼吸动作无关（因此也就与呼气无关）。但在桑达韦语中，喷音从不单独出现：此类音总是伴随着一个"软的"，即浊音性质的起始成分（与 *g* 是自由变异的关系），或伴随有送气特征，又或伴有一个"硬音性质的"起始成分。由于所有的这些组合形式还可出现在词首，而该位置上不允许其他辅音串出现，因此这些喷音应当视作单个音位。在"齿音"和"舌侧音"喷音系列中，送气的喷音与"喷音 + *k*"的组合形式构成自由变异的关系。在"卷舌的"喷音系列中（我们称作软腭音），送气的喷音只能实现为"喷音+k"的组合形式。

168 这里没有考虑辅音音色的差异：唇音除外的所有阻塞音在桑达韦语中存在两种不同形式，圆唇的（dw、kw、sw、λw 等）和展唇的。

169 参阅 D. M. Beach, *The Phonetics of the Hottentot Language*（Cambridge, 1938）。我们这里限定在那马（Nama）方言中（Btergdama 方言与该方言基本上一致）。

170 词首的鼻音之后，辅音中只允许出现呼气不受限的同部位的浊闭塞音。词首位置上，mb、ηg、ndz 的组合形式可以出现，但 nd 的组合形式从不出现。这证明 n 并不属于舌尖音系列，而属于咝擦音系列。

171 对于霍屯督语这样的语言来讲，关于各个喷音系列之间存在的对比关系，或许恰当的做法是用"舌尖音"这个术语来替换"舌前音"，"软腭音"替换"舌后音"。

172 对于类型（b）和（d）在音长上的关系，比奇并未给予评论。他只指出这两类喷音的时长要大于类型（a）中喷音的时长。

173 在辅音强度相关关系中，"弱的"对立项（即轻辅音）自然是无标记的一方。同样的情况也适用于送气相关关系中的不送气辅音。这与比奇的观点一致，他认为类型（a）喷音是"霍屯督语中最简单的喷音"（第 83 页），在标音中也就没有使用任何附加符号来标示此类音。

174 可能有人会提出以下疑问，即为何在舌头处于卷曲的情况下，舌后塞擦喷音的除阻发生在"舌侧"而非"前端"位置上？我们或许可以认为后者的语音实现方式在声学上并不能充分地得以区分，并且很容易与喷音系列中的舌前塞擦音或舌后爆破音相混淆。因此，鉴于舌后摩擦喷音在语音实现上的难度问题，舌侧位置的除阻似乎是唯一的解决办法。

175 另外一个特别之处在于舌尖音系列和软腭音系列作为仅有的两个舌音系列，甚至构成可以中和的双边对立关系：k 和 kx 不允许出现在 i 之前。该位置上，t 和 ts 应当视作"一般的舌闭塞音"。

176 参阅 N. S. Trubetzkoy, "Die phonologischen Grundlagen der sogenannten 'Quantität' in verschiedenen Sprachen", *Scritti in onore di Alfredo Trombetti*（Milan, 1936），第 167 页及以下诸页；"Die Quantität als phonologisches Problem", *Actes du IVème Congrès International de Linguistes*（Copenhagen, 1938）；以及 Morris Swadesh, "The Phonemic Interpretation of Long Consonants", *Language* XIII（1937），第 1 页及以下诸页。

177 参阅 N. S. Trubetzkoy, "Die Konsonantensysteme der ostkaukasischen Sprachen", *Caucasica*, VIII。

178 参阅 O. Pletner & E. Polivanov, *Grammatika japonskogo razgovornogo jazyka*（Moscow, 1930），第 150 页。

179 参阅 A. Cholodovič, "O latinizacii korejskogo pisma",

Sovetskoje azykoznanije，I，第 147 页及以下诸页。

180 参阅 R. J. Firth，出处同上引。这种情况中，双音性阻塞音实现为不送气的清闭塞音（伴有持续的闭塞过程）；换言之，这些音与"r+ 阻塞音"的组合形式有相同的语音实现方式（只是闭塞持续的时间更长）。

181 参阅 V. N. Černecov, *Jazyki i pis'mennost' narodov Severa*，I，第 171 页。

182 参阅 W. Steinitz，出处同上，第 201 页及下页。

183 参阅 Morris Swadesh, *Language*, XIII，第 5 页。

184 这一相似之处甚至经常在以下事实中变得更明显，即双音性闭塞音不送气，而对应的非双音性闭塞音却送气，譬如可参考泰米尔语和阿奇语中的情况。

185 参阅 N. S. Trubetzkoy, *Caucasica*, VIII。

186 参阅 Paavo Ravila, *Das Quantitätssystem des seelappischen Dialekts von Maattivuono*（Helsinki, 1932）。该书没有提供音系上的描述，但却给出了细致的语音描写。

187 这似乎是伊纳里（Inari）方言中的情况。Frans Äimäs 提供了准确的语音描写，但根据他的描写（"Phonetic und Lautlehre des Inarilappischen"，*Mémoires de la Société finno-ougrienne*, XLII& XLIII），不太可能得出该方言的音系系统。尽管如此，根据拉维拉（Paavo Ravila）收集并编辑的文献材料，还是有可能实现这一点（"Reste lappischen Volksglaubens", *Mém. De la Soc. finno-ougrienne*, XLVIII）。

188 参阅 E. Sapir, "Notes on the Gweabo-Language of Liberia", *Language*, VII, 第 36 和 37 页; 以及 N. S. Trubetzkoy, *Scritti in onore di Alfredo Trombetti*(Milan, 1936), 第 169 页及以下诸页。

189 参阅 V. Jochel'son, "Unanganskij (aleutskij) jazyk", *Jazyki i pis'mennost' narodov severa*, III, 第 130 页及以下诸页。

190 参阅 Pline Earle Goddard, *Handbook of American Indian Languages*, I。

191 参阅 E. Sapir, 出处同上, II, 第 9 页。

192 参阅 John R. Swanton, *Bulletin of the Bureau of American Ethnology*, XL。

193 更准确地说是该语言的塔兹(Taz)方言。可参阅 G. N. Prokofjev, "*Sel'jkupskaja (ostjakosamojedskaja) grammatika*"(Leningrad, 1935), 第 5 页、22 页及以下诸页。

194 参阅 E. Sapir, *Language*, VII, 第 37 页。

195 参阅 Mark Hanna Watkins, "A Grammar of Chichewa", *Language Dissertations*, no. 24。

196 参阅 Franz Boas, *Handbook of American Indian Languages*, I, 第 289 页。

197 参阅 Boas, 同上引, 第 565 页。

198 参阅 Boas, 同上引, 第 429 页。

199 参阅 Harry Hoijer, "Tonkawa, an Indian Language of Texas" (重印自 *The Handbook of American Indian Languages*, III),

第 3 页。

200 参阅 N. S. Trubetzkoy, *Caucasica*, VIII。

201 参阅 N. S. Trubetzkoy, 同上。

202 参阅 G. L. Trager, *Le maître phonétique*, 3me série, no. 56, 第 59 页及以下诸页。

203 参阅 V. Jochel'son, 上述引文中。

204 这里情况并不明确。任何情况下，n-ṇ 之间的对立在法语中都十分明显，要比 n 和一个非鼻音辅音之间的对立承载更多的功能负荷量。(参阅 Gougenheim, "Éléments de phonologie française" (1935), 第 44 页及以下诸页。)

205 参阅 P. K. Uslar, *Etnografija Kavkaza*, Č. I., "Jazykoznanije", vyp. 3 (*Avarskij jazyk*) (Tiflis, 1889), 第 9 页。

206 参考文献同上, I, vyp. 4 (*Lakskij jazyk*) (Tiflis, 1890), 第 7 页。乌斯拉尔补充到，词末的 n 在 b 之前读 m。他指出:"这可能只是听觉上的印象，因为即使是本地人也不能确定确切的发音"——这是区别性对立发生中和的典型特征。

207 在我们所熟悉的现存语言的描写中，我们尚未发现此类情况。(尼日利亚南部)约鲁巴语中，鼻化的 ỹ 和 w̃ 似乎是硬腭鼻音和唇-软腭鼻音唯一的(可选性?)变体(参阅 D. Westermann & Ida Ward, *Practical Phonetics for Students of African Languages* [London, 1933], 第 168 页及以下诸页)。斯洛文尼亚语某些方言当中，鼻化的 j̃ (源于原始斯拉夫语的硬腭鼻音 ṇ，标准斯洛文尼亚语为 nj)作为一个独立音位出现（参阅 A. Isačenko, "Les parlers slovènes du Podjunje en Carinthie", *Revue des études slaves*, XV ［1935，第 57 页］）。然而，除了 j̃，具体方言中并没有任何口腔完全闭合、可跟 j̃ 构成双边对立关系的硬腭鼻音。

208 参阅 D. Westermann, *Handbuch der Ful-Sprache*（Berlin, 1909），第 197 页；Henri Gaden, *Le Poular, dialecte peul du Fouta Sénégalais*（Collection de la Revue du monde musulman, I［Paris, 1913］），第 2 页。值得一提的有趣现象是，在语素边界位置上，*m* 和 *b* 的接触既不产生 ḅ，也不产生 *mb*，而是一个双音性的 *bb*（H. Gaden，同上引，I，第 8、9 和 15 页）。而另一方面，*l*、*d*、*t*、*b* 与 ḅ、ḍ、g̃、j̃ 接触时，产生的是组合形式 *mb*、*nd*、*ŋg*、*ŋj̃*（同上，第 9 页，第 15 段，第 6 页）。位于鼻音后面时，ḅ、ḍ、g̃、j̃ 与 *b*、*d*、*g*、*j* 之间的对立被中和（超音位体现为 *b*、*d*、*g*、*j*）。但 *m*、*n*、*ŋ*、*ṇ* 与 *b*、*d*、*g*、j̃ 之间的对立在 *b*、*d*、*g*、*j* 之前发生中和（超音位体现为 *m*、*n*、*ŋ*、*ṇ*）。

209 *TCLP*，I，第 50 页及以下诸页。

210 参阅 N. S. Trubetzkoy, *Anleitung zu phonologischen Beschreibungen*（Brno, 1935），第 21 页及以下诸页。

211 参阅 *Bulletin de la Maison franco-japonaise*，VIII（1936），no. 1，第 126 页及以下诸页。像北京话"*l*⁴"［二］之类的情况明显与叶尔姆斯列夫上面的观点相悖（B. Trnka, *TCLP*，VI，第 62 页，似乎也倾向于这样的观点），他认为单音位词只能包含一个元音：与德语的 *s!*、法语的 *rrr!*

和俄语的 *s!c!* 相反，汉语的 *i*ʳ［二］不是一个感叹词，而是一个完全正常的数词。

212　这一点仅适用于标准德语的舞台语言发音。在方言和带有方言色彩的标准德语发音中，*i* 和 *j* 乃不同的音位。比如在那些 *ü* 变为 *i*、从而允许 *ji* 组合出现的方言中（*jiŋər*＝jünger，*jidiš*＝jüdisch），就出现这样的情况；或者还可以出现在德语北部方言中，其中 *j* 仅仅是擦音 γ 的一个组合性变体（分别位于前元音之前或非后元音之后时）。

213　在那些音节核全部可判定为单个元音音位的语言中，元音音位之间的差异可定义如下：元音是那些可充当音节核的音位，辅音则是不可充当音节核的音位。或许还可在该定义基础上更进一步：由于没有哪种语言中元音不作为音节核出现，因此元音可定义为那些基本变体形式可充当音节核的音位，或那些在音节性相关关系中充当有标记成分的音位，而辅音则可以定义为那些基本变体形式不具备音节性的音位，或那些在音节性相关关系中充当无标记成分的音位。这一定义为雅克布逊所赞成，但我们可以提出若干条反对的理由。首先，客观地确立音位的基本变体形式并不总是可行。其次，只有在那些具备区别性的韵律特征的语言中，才可以谈及音节核。比如亚美尼亚语或格鲁吉亚语并不具备任何韵律特征，"音节"并不是一个音系概念，而是一个语音概念，只能在"元音"这个概念的基础上对其定义，而绝不能作为定义元音这个概念的基础。因此以

第四章　区别性对立的音系学分类

上关于"元音"和"辅音"之间的差别的定义（第 94 页）必须继续加以证实。

214　参阅 N. S. Trubetzkoy, "Die phonologischen Grundlagen der sogenannten Quantität in den verschiedenen Sprachen", *Scritti in onore di Alfredo Trombetti*（Milan, 1936），第 155 页及以下诸页; "Die Quantität als phonologisches Problem"（*Actes du IVe Congrès International de Linguistes*［Copenhagen, 1938］）; 以及 R. Jakobson, "Über die Beschaffenheit der prosodischen Gegensätze", *Mélanges offerts à J. van Ginneken*（Paris, 1937），第 24 页及以下诸页。

215　然而，"下降式"二合元音在斯洛伐克语中的处理方式并不相同；只有第一个元音被视作音节核。这个元音受韵律规则影响，不过只有当它为长元音时。那些第一个元音为短元音的下降式二合元音（如 *aj*、*au*）被视作一个短元音加一个辅音的组合。因此，它们不会造成后面音节的长元音变短。参阅 R. Jakobson, "Z fonologie spisovné slovenštiny", *Slovenská miscellanea*（Bratislava, 1931），第 156 页及以下诸页。

216　参阅 H. W. T. Gairdner, "The Phonetics of Arabic", *The American University of Cairo Oriental Studies*（1925），第 71 页。

217　参阅 N. S. Trubetzkoy, "Polabische Studien", *Sitzb. Wien Akad., Phil. Hist. Kl.*, CCXI, no. 4, 第 126 页及以下诸页。

218　Edward Sapir, "Southern Paiute, a Shoshonean Language",

Proceedings of the American Academy of Arts and Sciences, 65, nos. 1-3, 第37页及以下诸页。

219 Charles F. Voegelin, "Tübatulabal Grammar", University of California Publ. in Amer. Archeol. and Ethnol., 34, no. 2, 第75页及以下诸页。长音节中只有第一个莫拉可重读。根据抑扬式节律规则，如果次要重音落在长元音的第二个莫拉上，这个重音就要移到该元音的第一个莫拉上，然后次要重音继续以一个莫拉为间隔按序指派。

220 这一点可以从狄克森（Roland B. Dixon）出版的著作的数据中发现（极少数不符合该规律的情况也可以很容易得以解释。）（Handbook of American Indian Languages, I, 第683页及以下诸页）。似乎迈杜语次要重音的指派规则与派尤特语（Paiute）次要重音的指派规则一致：狄克森指出在存在两个重音的词当中，第二个重音始终落在某一个"偶数"莫拉上（如："külü'nanamaāt't"[将近黄昏]，"basa'kömoscū'mdi"[树枝的末端]等）。某些情况中，狄克森只能听到这个次要重音（可参阅以下标音"ūnī'di"、"ākā'nas"、"ātsoia"、"āā'nkano"、"sāmō'estodi"等）。凑巧的是，迈杜语东北方言在地理上与派尤特语相邻。

221 在一些汉语北方方言中，"短的低调"实现为降调，而"短的高调"则实现为升调。"长的升调"因此有两个峰（即降升的模式），而"长的降调"则是升降的模式，因此较长的音节在韵律上可等同于两个短音节的组合。参阅 E. D. Polivanov & N. Popov-Tativa, Posobije po kitajskoj

第四章 区别性对立的音系学分类 331

transkripcii（Moscow，1928），第 90 页及下页；以及 E. Polivanov，*Vvedenije v jazykoznanije dl'a vostokovednych vuzov*（Leningrad，1928），第 118 页及下页。

222 参阅 R. Jakobson，*TCLP*，IV，第 180 页及下页。

223 *Mélanges... van Ginneken*，第 32 页及下页。

224 参阅 Ida C. Ward，*The Phonetic and Tonal Structure of Efik*（Cambridge，1933），第 29 页："负载升调或降调的元音一般来说要比负载高平调或低平调的元音长。"

225 埃维语 Gẽ 方言可能是这样的情况。"非平调"的音节似乎略微短一点，即使在缩合产生的音节中也是这样的情况，比如 ".eléy.i"［他要走］（源于 ".el.e" "'ey.i̯"）。另一方面，长音节似乎总是负载平调，至少在阅读韦斯特曼（D. Westermann）和沃德（Ida C. Ward）关于该方言的描写材料时，并且从他们提供的例子和样本文本中，我们获得的是这样的印象（*Practical Phonetics for Students of African Languages*，第 158—166 页）。

226 这些语言中，送气的增强（"力度重音"）仅限于词首音节。因此，这个特征并不具备区别作用，只发挥标界的作用。

227 这里应该提一下霍皮语中元音实现方式的一个独特之处。前面已经指出，存在密切接触相关关系的语言中，非急煞性元音音位倾向于实现为移动式二合元音（参考第 116 页及以下诸页关于英语元音的讨论）。类似的情况似乎发生在霍皮语中。该语言最暗沉的元音音位和闭合度最大的元音音位在中等长度的音节和长音节中实现为 ou，但在短音节中，则实现为 U。

228 虽然长元音出现在该位置上，但只是极少数情况。沃尔夫（B. L. Whorf）在给我们的信中写道："词末元音不出现具备三个长度单位的情况……如果这样的元音重读的话，它具备中等长度，*极少出现长元音的情况*"（斜体为我们自己的观点）。

229 然而，霍皮语闭音节中长元音和中等长度的元音之间对立发生中和时受到一些限制。首先，以 y 和 w 收尾的音节被视作开音节（换言之，处于音节末位置上的 y 和 w 前面，"元音的这三个长度"全部区分）。其次，在"辅音+元音+辅音"类型的单音节词中，同样允许出现元音的这三个长度。有人可能会认为霍皮语音节末位置上的 y 和 w 可视作特殊的音节（yi、wu?），单音节词可理解为包含两个音节（比如前面的例子"păs"[非常]、"pas"[田野]、"pās"[安静的]）。

230 就呼气性重音而言，霍皮语的主要重音在双音节词中落在第一音节上，在两个音节以上的词中则落在第一或第二音节上。次要重音落在主要重音后的第一个音节或第二个音节上（取决于相应的语法范畴）。其余的重音每隔一个音节指派一次。在不具备任何重音的词中（既无主要重音也无次要重音），密切接触相关关系和双音性相关关系被中和。不重读的元音要比中等长度的重读元音略微短一点。

231 参阅 Stjepan Ivšić, *Rad Jugoslov*, *Akad.*, CXCIV, 第 67—

68 页。

232 参看 R. Jakobson, *TCLP*, IV, 第 168 页。

233 最近的研究可参考 G. S. Lowman, "The Phonetics of Albanian", *Language*, VIII (1932), 第 286 页。

234 参阅 Boh. Havránek, "Zur phonologischen Geographie", *Archives néerlandaises de phonétique expérimentale*, VIII-IX (1933), 29, n. 7。

235 波利万诺夫（E. D. Polivanov）详细描写了爱沙尼亚语的语音情况（*Vvedenije v jazykoznanije dlja vostokovednych vuzov*, Leningrad, 1928, 第 197—202 页）。对于那些通过词干末辅音长度的不同来区分属格、部分格和进入格的情况（比如，"tükk"[件]，属格"tüki"中 k 具备第二级别的长度，部分格"tükki"中 k 具备第三级别的长度，进入格"tükki"中 k 具备第四级别的长度），应该注意到不仅辅音长度有差别，还有辅音强度分布也不同（"下降式"、"平稳式"和"上升式"双辅音），以及词干音节和词末音节的重读关系都发挥作用。

236 只有短元音（单莫拉）和非短元音（双莫拉）之间的对立可能被视作真正的"量的对立"（算术意义上）。

237 参阅 Ida C. Ward, *An Introduction to the Ibo Language* (Cambridge, 1935), 第 38—41 页。

238 参阅 G. Hulstaert, "Les tons en Lonkundo (Congo Belge)", *Anthropos*, XXIX。

239 参阅 Ida C. Ward, *The Phonetic and Tonal Structure of Efik*

(Cambrige，1933）。

240 参阅 Ida C. Ward, *An Introduction to the Ibo Language*（Cambridge，1935）。

241 参阅 H. J. Uldall, "A Sketch of Achumawi Phonetics", *Internat. Journ. of American Linguistics*, VIII（1933），第 73 页及以下诸页。

242 参阅 Clement M. Doke, "A Study of Lamba Phonetics", *Bantu Studies*（July 1928），第 5 页及以下诸页。

243 参阅 Ethel G. Aginsky, "A Grammar of the Mende Language", *Language Dissertations published by the Linguistic Society of America*, no. 20，第 10 页。

244 阿金斯基本人似乎也暗示这一点。她在 105 页对文本的分析中，认为 ye_3e_1（77）这个词词干实际上应该是 ye_4e_2："这里较低的声调形式是由于出现在句末的缘故。"

245 参阅 Clement M. Doke, "The Phonetics of the Zulu Language", *Bantu Studies*, II（July 1926），专刊。

246 *Language*, VII（1931），第 33 页及以下诸页。

247 这一点与调域系统并不抵触，比如霍屯督语那马方言（Nama Hottentot）（参阅 D. M. Beach, *The Phonetics of the Hottentot Language*，第 9 章，第 124—143 页）。该方言存在三个调域，每个调域又分别区分升调和降调。高调域的升调似乎需要声调从高调域向甚至更高的调域移动。类似地，低调域的降调则需要声调从低调域向甚至更低的调域移动（那马方言的低降调实际上只落在双音节词上，其他词上则是"平调")。事实上,每个调域不应该视作一个点,而应该视作一个范围,在该范围内那马方言的声调发生移动。另外重要的一点是,声调的这些移动涉及的时长相当短:高升调和中降调包含一个声调的长度,低升调和高降调包含半个声调的长度(参阅比奇给出的图表,同上引,第 131、141 页)。只有中升调涉及第三个长度(即四个半调),真正体现出从中调域向高调域的移动。

248 参阅 O. Gjerdman, "Critical Remarks on Intonation Research", *Bull. of the School of Oriental Studies*, III, 第 495 页及以下诸页。

249 参阅 Daniel Jones & Kwing Tong Woo, *A Cantonese Phonetic Reader*(University of London Press);以及 Liu Fu, *Études expérimentales sur les tons du Chinois*(Paris-Peking, 1925);目前还可参阅 Jaime de Angulo, *Le maître phonétique*, 3e série, no. 60(1937),第 69 页。

250 参阅 F. Lorentz, *Slovinzische Grammatik*(St. Petersburg, Akad. der Wiss., 1903);N. S. Trubetzkoy, *TCLP*, I, 第 64 页。

251 参阅 E. D. Polivanov, *Vvedenije v jazykoznanije dl'a vostokovednych vuzov*(Leningrad, 1928),第 120 页及以下诸页。

252 参阅 R. Jakobson, *TCLP*, IV, 第 172 页及下页。

253 参阅 E. D. Polivanov, 同上引, 第 118 页及以下诸页;以及 E. D. Polivanov & N. Popov-Tativa, *Posobije po kitajskoj*

transkripcii（Moscow，1928），第 90 页及下页。

254 参阅 R. Jakobson,"Z zagadnień prozodji starogreckiej", *Prace ofiarowane Kaz. Wóycickiemu*（Wilno,1937），第 73—88 页。

255 参阅 A. Ivanov & E. Polivanov, *Grammatika sovremennogo kitajskogo jazyka*（Moscow，1930）。

256 但汉语南方方言绝非如此！可对比已经讨论过的粤语（参考本书第 188 页）。

257 参阅 A. V. Isačenko,"Der slovenische fünffüssige Jambus", *Slavia* XIV，第 45 页及以下诸页（特别是第 53 页）。

258 R. Jakobson，*TCLP*，IV，第 173 页及下页。

259 参阅 R. Jakobson，同上引，第 174 页。

260 更多细节，参阅 R. Jakobson 的开拓性研究"Die Betonung und ihre Rolle in der Wort- und Syntagmaphonologie", *TCLP*，IV，第 164 页及以下诸页（特别是第 176 页及以下诸页）。

261 E. D. Polivanov, *Vvedenije v jazykoznanije dlja vostokovednych vuzov*，第 70 页及以下诸页。

262 这里重读的音节不仅音高较高，而且音高呈上升模式（至少大多情况下如此），这一事实似乎基于"组合音系"方面的考虑，即尽可能清晰地区分自由重音和发挥分界功能的重音。对于后一种重音，最基本的特点就是呼气的力度。不过由于该重音还有音高方面的特征，所以是降调。

263 参阅 H. J. Uldall,"A Sketch of Achumawi Phonetics", *Intern.*

Journal of American Linguistics, VIII（1933），第 75、77 页。

264 参阅 J. R. Firth, "Notes on the Transcription of Burmese", *Bulletin of the School of Oriental Studies*, VII, 第 137 页及以下诸页。

265 在丹麦语一些方言中，存在与斯特德共现的短元音。摩勒教授（Prof. Dr. Christen Møller）[奥尔胡斯市（Aarhus）]的母语方言中就有这种独特的元音，他非常诚恳地提供了一些例子给我。我的印象是这个短元音的总长度加上声门闭塞后面的停顿时间，大致相当于一个正常的单位时间长度。在存在斯特德的双韵素音节中，摩勒教授的发音中并未听到任何停顿。不过，音节核明显分为一个响亮的部分和一个不响亮的部分。这两个部分之间的界限标记得十分清楚。它们总体的时长大致还是相当于一个正常的单位时间长度（即相当于没有斯特德时的长度）。关于立沃尼亚语（Livonian），凯图宁（Lauri Kettunen）提供了类似的材料。（"Untersuchungen über die livische Sprache", *Acta et Commentationes Universitatis Dorpatensis*, VII, 3 [Tartu, 1925]，第 4 页及以下诸页，尤其是后面所附的记波图。）埃克布洛姆（R. Ekblom）关于拉脱维亚语的锐音重音（Stossakzent）的观察同样有启发性（*Die lettischen Akzentarten*（Uppsala, 1933），尤其是第 23 页及下页、第 42 页和第 47 页及下页。）。

266 Carl Borgström, "Zur Phonologie der norwegischen Schriftsprache", *Norsk Tidskrift for Sprogvidenskap*, IX

（1937），第 250 页及以下诸页。关于挪威语东南部方言韵律系统的语音描写，请特别关注布罗克（Olaf Broch）可作为典范的清晰准确的描述（"Rhythm in the Spoken Norwegian Language"，*Philological Society Transactions*（1935），第 80—112 页）。

227 267 参阅 W. Stalling, *Das phonologische System des Schwedischen*（Nijmegen, 1934）。在这个让人误解的题目下，该书提供了关于瑞典语语调优秀的纯实验语音学研究，但该书绝非音系学的研究。

268 参阅 S. Karcevskij, "Sur la phonologie de la phrase", *TCLP*, IV, 第 188—228 页。

269 欧洲语言中，通过调型的相关关系来区分词义的仅有挪威语、瑞典语、立陶宛语、拉脱维亚语、卡舒布语北部方言［斯洛温语（Slovincian）］、斯洛文尼亚语、塞尔维亚–克罗地亚语、北部阿尔巴尼亚语［吉克语（Geg）］，还有个别德语和丹麦语方言。可参阅 R. Jakobson, "Sur la théorie des affinities phonologiques", *Actes du IVe Congrès International de Linguistes*（Copenhagen, 1938）。

270 参阅上面提到的施塔林（Stalling）的著作，*Das phonologische System des Schwedischen*（Nijmegen, 1934）。

271 参阅 Ante Dukié, *Marija devica čakavska pjesma*（Zagreb, 1935）。该书给出了这首诗使用的方言的韵律系统的简短描写。还可参考 A. Belić, "O rečeničnom akcentu u kastavskom govoru", *Juž. Fil.*, XIV（1935），第 151 页及

以下诸页。该文包括从前者的诗歌作品中获得的大量丰富的证据。

272　D. Westermann & Ida C. Ward, *Practical Phonetics for Students of African Languages*（London, 1933），第 178 页。

273　关于不同语言中疑问句的语调，参考 P. Kretschmer, "Der Ursprung des Fragetons und Fragesatzes", *Scritti in onore di Alfredo Trombetti*（Milan, 1936），第 29 页及以下诸页。

274　如大家所知，《梨俱吠陀本集》中插入的呼语用低调来标示。

275　俄语词单念时，重读的音节不仅具备完整的（未弱化的）音段长度和特征，而且在呼气力度上要比不重读的音节强。这一点可通过一个单念的词应视作一个独立的句子这个事实得以解释。

276　还可参阅 A. Belić, "L'accent de la phrase et l'accent du mot", *TCLP*，IV，第 183 页及以下诸页。

277　参阅雅克布逊在以下著作中的论述：*Mélanges offerts à Jacques van Ginneken*（Paris, 1937），第 26 页及以下诸页；以 *Bulletin du Cercle ling. de Copenhague*，II（1936—1937），第 7 页。

278　参阅 V. Mathesius, "K výslovnosti cizích slov v češtině", *Slovo a slovesnost*，I，第 36 页及下页；以及 "Zur synchronischen Analyse fremden Sprachguts", *English Studies*（1925），第 21—35 页。

279　E. Sapir, "The Takelma Language of South-western Oregon", *Handbook of American Indian Languages*, II, 8（and no. 2）。

本书第 107 页："low/nonlow（低／非低）"，"high/nonhigh（高／非高）"这些术语是德语术语"breit"和"eng"的翻译（字面意义为"宽"和"窄"）。埃森（Otto v. Essen）对德语"weit"（此处为 breit）和"eng"这两个术语的定义与"offen（开）"和"geschlossen（闭）"的意义相同。特鲁别茨柯依使用"breit"和"eng"这两个术语时，似乎并不是采用这个含义，至少不是始终采用这一含义。着重参考第 109 和第 110 页，除了"breit"和"eng"这两个术语（译为"low"和"high"），他还使用了"offen"（open）和"geschlossen"（close）这两个术语。然而参考第 235 页时，"eng"与"offen（开）"一起使用，前者表达的意义同"geschlossen（闭）"。——Otto v. Essen, *Allgemeine und Angewandte Phonetik*（Berlin: Akademie-Verlag, 1962），第 75 页。——英文版译者

第五章　区别性对立中和的类型

1. 总体观察

个体语言之间的差异不仅体现在它们各自的音位系统和所利用的韵律手段，还体现在这些区别性成分的使用方式。德语有 η（"ng"）这个音位，但只用于词末和词中，"确定性"元音之前的位置上从来不用。在埃文基语（Evenki）（通古斯语族）中，同样的一个音位 η 可出现在所有位置上，不仅词中和词末，还可出现在词首和所有元音之前。另一方面，音位 r 在德语中可用在词末、词中和词首，但在埃文基语中却不能出现在词首。所有语言中均存在类似的关于某些音位在使用上的限制条件。与音位系统之间的差异一样，这些限制条件同样体现了个体语言和个体方言的音位系统所具有的特色。

就这点而言，十分重要的是音系对立发生中和。中和在特定的位置上发生。因此，这些特定位置上出现的音位的数量要小于其他位置上出现的音位数量。除了音位或韵律特征构成的整体系统，相应地，还存在局部系统。这些局部系统仅存在于特定位置上，并且它们仅体现整个音位系统中所存在的音系方式的一部分。中和规则依语言的不同而不同，甚至不同方言中也不尽相同。不过最终分析之后，还是有可能发现一些基本的类型，这些类型构成各种语言和方言中发生的所有类型中和现象的基础。[1]

尤其应当区分两种中和的类型，即由环境决定的中和和由结构决定的中和。这一区分根据一项音系对立是在特定的音位构成的环境当中发生中和，还是与音位无关、仅在词中特定的位置上发生中和。此外，根据中和发生在"某成分"之后或"某成分"之前，还应当区分逆向中和和顺向中和。不过以上的分类并不全面。有些情况中，中和过程既非完全逆向，又非完全顺向，而是两者兼有。

2. 环境决定的中和的类型

由环境决定的中和分为异化中和与同化中和两类。这种分类的依据完全在于，就某一语音特点而言，相关的音位是与"环境音位"变得不同还是被该音位同化。因为该过程总是涉及一个音系特征的丢失，很明显，异化中和只发生在那些具备这个音系特征的音位前后，而同化中和则只发生在不具备这个音系特征的音位前后。

A. 异化中和

就异化中和而言，应区分另外不同的子类。对于那些音系对立在其前后位置上发生中和的"环境音位"而言，它们自身可具备中和过程涉及的特定音系特征，或仅具备音系上相关的一个特征。另外，环境音位可能只是肯定性地具备这个特定的音系特征（或一个相关的特征），还有可能是不仅肯定性地而且否定性地也具有该音系特征。换句话讲，就同一对立关系或相关的（有无）对立关系来说，中和过程可能发生在该对立关系的有标记项之前或之后，也有可能发生在有标记项与无标记项两者之前或之后。因此，就产生了四种可能的异化中和类型。

a. 一项音系对立的中和发生在与该对立所包含的两个成分相邻的位置上。在相当多的语言中，清阻塞音和浊阻塞音的对立不仅在与浊阻塞音相邻的位置上发生中和，在与清阻塞音相邻的位置上也发生中和（这种情况下，超音位的体现形式由"外部环境决定"，即清浊特征与环境音位保持一致。）。比如塞尔维亚-克罗地亚语"srb"[塞尔维亚人，阳性]："srpski"[塞尔维亚人]："srpkinja"[塞尔维亚人，阴性]；"naručiti"[命令，动词]："narudžba"[命令，名词]。法语中，鼻化元音和非鼻化元音之间的对立在所有元音前发生中和，即在鼻化元音和非鼻化元音前发生中和。（此时非鼻化元音作为超音位的体现形式，因为它们是该对立中的无标记项。）

b. 一项音系对立在与该对立当中的有标记项相邻的位置上发生中和，但与无标记项相邻的位置上却保持对立。比如斯洛伐克语中，长元音和短元音之间的对立在含有一个长音节核的音节之后发生中和。（此时无标记的短元音作为超音位的体现形式。）关于这种类型的一个罕见的例子发生在梵语当中。齿音 n 和"卷舌音" n 的对立在卷舌音 $ṣ$ 后面发生中和。（中和不仅发生在与卷舌音 $ṣ$ 直接相邻的之后位置上，还发生在中间有元音、唇音或软腭音隔开的位置上。）然而，它们依然保持对立的位置不仅包括非卷舌音 s 后面，还包括其他所有卷舌辅音后面的位置（ḍ、ḍh、ṭ、ṭh）。

c. 一项音系对立在与一项与之相关的音系对立所包含的两个成分相邻的位置上发生中和。此处，"相关性"以前面章节中所阐释的音系对立的分类为基础。例如，在列兹金语（库里语）中，圆唇辅音和非圆唇辅音的对立在高元音（u、ü、i）之前和之后的位置上被中和，这是由于这些元音构成"圆唇"／"展唇"音色的对立。相反，低元音 a 和 e 就与该对立无关。[2]

d. 一项音系对立在与一项与之相关的对立当中的有标记项相邻的位置上发生中和，但在与相对应的无标记项相邻的位置上却保持其音系上的有效性（对立性）。比如日语、立陶宛语和保加利亚语当中，硬腭化辅音和非硬腭化辅音之间的对立仅在后元音前面具备音系上的有效性。前元音之前，这一对立发生中和。（在此情况中，超音位的选择在保加利亚语中由内部环境决定，在立陶宛语中由外部环境决定，在日语中位于 e 之前时由内部环境决定，i 之前时由外部环境决定。）莫尔多瓦语当中，硬腭化舌尖音和流音与非硬腭化舌尖音和流音的对立（t-t′、d-d′、n-ń、r-ŕ、l-l′）在前元音之后发生中和。（超音位的选择此时由外部条件决定。）[3] 在东高加索地区的语言中，存在辅音的圆唇相关关系（查库尔语、鲁图尔语、阿奇语、阿古尔语、达尔金语、库巴其语），该相关关系在圆唇元音前发生中和（超音位的体现形式由内部条件决定）。[4] 法语当中，鼻化元音和非鼻化元音的对立在鼻辅音之前发生中和（即在辅音鼻化相关关系中的有标记项之前）。这至少适用于一个语素内 m 之前的位置上（n 之前的位置上，只存在一个例外情况：ennui）。在沿海地区拉普人（Sea Lapps）使用的马提佛诺（Maattivuono）方言中［以及伊纳里方言（Inari）和其他一些方言］，长元音（双莫拉）和短元音（单莫拉）之间的对立在长的双音性辅音之前被中和。[5]

有时，一项对立在与另外一项与之相关的对立中的有标记项相邻的位置上发生中和，这证明这两项对立之间存在"相关性"。比如塞尔维亚－克罗地亚语的什托－埃瓦奇方言（Štokavian-Evakian）中，舌尖音系列和咝擦音系列"一分为二"，也就是说，它们分别体现为两个系列，因此整个辅音系统呈现出以下格局：

(p)	t	ć	(k)	c	č
(b)	d	đ	(g)	[dz]	[dž]
(m)	n	ń			
(v)	l	ḷ			
				s	š	(h)
				z	ž	

t 和 ć 这两个系列之间的对立关系，虽然是双边的，但却是均等对立。c 和 č 这两个系列之间的对立关系亦如此。这两项均等的双边对立都可以发生中和。这些情况中，中和过程由环境决定：t 和 ć 这两个音位的中和发生在 t 和 ć 这两个音位之前（类型 a）；音位 s 和 š 之间的对立在 č 之前被中和（类型 b）。此外，s(z) 和 š(ž) 之间的对立在 ć 类音位之前被中和（该情

况下，超音位体现为 š、ž 或介于 ŝ 和 ẑ 中间的一个特殊的辅音）。这种现象表明，从这些方言的音系系统来看，t 和 ć 这两个系列之间的对立与两个咝擦音系列之间的对立相关（但却不对等）。在东部巴伐利亚方言（East Bavarian）中（如维也纳使用的方言），i、e、äi 和 ü、ö、äü（分别源于 il、el、eil 和 ül、öl、äul）之间的对立出现在所有位置上，流音之前除外：i、e 和 äi 可出现在 r 之前，而 ü、ö 和 äü 可出现在 l 之前。元音圆唇特征的对立在流音之前发生的这种中和（历史原因在于德语不存在 lr 的音位组合形式），导致 i–ü（以及 e–ö 等）的对立和 r–l 的对立之间产生了一种相关性。就所提到的方言而言，r 可视作较明亮的流音，l 可视作较暗沉的流音。因此，仅依据总体上的讨论，并不总是可以确定具体的音系系统当中，某些单项对立之间存在相关性的结论。

B. 同化中和

在由外部环境决定的同化中和过程中，对立项在与某些音位相邻的位置上丢失它们的对立标记，而这些音位并不具备这一特定的对立标记。比如东部切列米斯语中，清闭塞音（p、t、k、c、ć、č）和浊擦音（β、δ、γ、z、ź、ž）之间的对立在鼻音后发生中和。（这里特殊的浊闭塞音 b、d、g、ʒ、ʒ́、ǯ 充当超音位的体现形式，它们也仅出现在该位置上。）[6] 鼻音既非清辅音，亦非擦音，也就是说，它们并不具备切列米斯语中阻塞音之间的对立所特有的那个对立标记。但另一方面，它们是发音过程中口腔完全闭塞的浊辅音。p–β、t–δ 等音位之间的对立在鼻音后面发生中和,这样的话,超音位就不再具备阻塞音的区别性标记(因为就切列米斯语而言,阻塞音要么是清闭塞音,要么是摩擦音)。不过,这个超音位依然与鼻音有所区分,因为它并未获得鼻音的特性,即鼻腔发音的特性。

这个例子表明,在同化中和过程中,环境音位应当与被中和的对立成分共同具备某些特征。它与被中和成分之间的关系,某种程度上,应当比它跟同一系统中其他音位的关系更加密切。然而,对于被中和的对立成分相互之间区分的标记,环境音位应当完全不具备。

前面已经提到,开口度的大小是元音特有的特征。因此,开口度大小的对立只能在以下辅音前发生同化中和,即与其他所有辅音相比,这些辅音在某种程度上体现出与元音更多的相关性,但这些辅音依然为辅音。在标准德语中,η(ng)这个音位就属于这一类型。在该音位前面,ü-ö 和 u-o 这两个对立事实上发生中和。(超音位体现为这两个分级对立中的"外缘"成分,即 ü 和 u。)作为一个响音以及利用舌背发音的音,η 要比德语其他所有的辅音更接近元音。在许多语言和方言中,开口度上的一些差异在鼻音或流音前被中和(尤其同一音节内的鼻音或流音前)。这一点可通过以下事实得以解释,即与其他辅音相比,鼻音和流音更接近元音,不过它们依然不是元音。换句话讲,它们的开口度不具备任何区别作用。为了诱发不同的开口度发生同化中和,环境音位必须在某些方面要比其他辅音更接近元音。流音和鼻音比较接近元音,这是因为它们体现出最小程度的阻碍(即最低的阻塞程度)。换言之,它们所具备的辅音特有的特征最少。不过,我们还可以从另外一个角度来看待元音,即从发音部位之间的协调的角度出发。例如在波拉布语中,ü-ö之间的对立在软腭音、唇音和硬腭化辅音之前被中和(当然,超音位始终体现为ü。)。如果考虑到软腭音以舌背发音为特征,唇音以唇的参与为特征,硬腭化辅音以整个舌体前移为特征,那么可以理解的一点就是,这些发音部位系列尤其与圆唇的前元音最为接近。当我们讨论英语元音系统时,我们发现对于标准英语中的非急刹性元音音位而言,独特之处在于发音过程中离心位移方向和向心位移方向之间的对立。这种独特的元音特征的对立只在 r 之前发生中和。(发生向心位移的元音音位,即 $u^ə$、$ɔ^ə$、$α^ə$、$a^ə$、$ɛ^ə$ 和 $i^ə$ 充当超音位。)在英语所有辅音中,r 最接近元音。不过它还是缺少与辅音接触的类型和发音时位移方向这两个元音特有的标记。

C. 环境决定的组合式中和

　　环境决定的组合式中和现象,指的是同化中和与异化中和结合在一起的任何中和过程。比如在保加利亚语、立陶宛语和波拉布语中,硬腭化辅音和非硬腭化辅音之间的对立在所有辅音前发生中和,这即为环境决定的一种组合式中和过程:在自身属于硬腭化相关关系的辅音前面,显而易见,这种中和的性质为异化中和。但在不涉及硬腭化相关关系的辅音前面,这种中和就是同化中和。关于环境决定的组合式中和过程,列兹金语(库里语)提供了一个复杂但富有启发性的例子。[7] 在这种语言中,辅音强度相关关系只出现在清(非回归式)闭塞音中,

即在重读元音前,区分重、轻两类清塞音。但以下情况中,这一对立关系发生中和:

(a)在由"清的、非回归式闭塞音+一个高元音"组成的音节之后(超音位体现为重清塞音)。如:"kit·àb"[书]。

(b)在由"清擦音+高元音"组成的音节之后(超音位体现为重清塞音)。如:"fit·è"[面纱]。

(c)在由"清的回归式闭塞音+元音"组成的音节之后(超音位体现为轻清塞音)。如:"č'utàr"[跳蚤(复数)]。

(d)在由"浊闭塞音+开口元音"组成的音节之后(超音位体现为轻清塞音)。如:"gatùn"[打击、敲打]。

显然,位置(a)上的中和为异化中和,其余的位置(b)、(c)和(d)上的中和则是同化中和。在(b)、(c)和(d)中,前一音节中的第一个辅音总是与清的非回归式闭塞音具备一些共同的特征:(b)的共同特征是均为清辅音;(c)是均为清辅音和闭塞音;(d)是均为闭塞音。但是,这些辅音并不参与到强度相关关系中。因此,在与这些辅音相邻的位置上,强度相关关系的中和可以视作同化性质的中和。但在那些以响辅音(r、l、m、n、w和j)或浊擦音(v、g、z、ž、γ)起始的音节中,或者在以元音收尾的音节中,重的清闭塞音和轻的清闭塞音依然保持对立。原因在于响音、浊擦音和元音,与清闭塞音并不具备共同的特征(除了声门下的呼气机制,但这是一个相当笼统的特征)。例如:"rüq·èdin"[灰烬－属格]:"rug·ùn"[发送]; "mekü"[其他的]:"mak·al"[镰刀];"jatùr"[小腿]:"jat·àr" [水－复数];"akà"[炉孔]:"ak·ùn"[看];"γucàr"[上帝]:

"γelc·ìn"[雪橇－属格]。同样在该语言中，回归式闭塞音和非回归式闭塞音之间的对立在重读音节前、后跟任意一个阻塞音的闭口元音前发生中和。(此时超音位体现为一个非回归式闭塞音。)然而，在重读音节前的开口元音前面，这一对立依然保持。比如："kašàr"[沉重的呼吸]："k'ašàr"[长柄锤]。毋庸置疑，不重读的闭口元音所具备的元音特有特征最少，所以它们是最接近辅音的元音。

3. 结构决定的中和类型

结构决定的中和分为两类，离心中和与衰减性中和。

A. 离心中和

就离心中和而言，一项音系对立在词边界或语素边界的位置上发生中和。换言之，这一对立要么在起始位置或末尾位置上被中和，要么在这两个位置上均发生中和。比如，浊辅音和清辅音之间的对立，在厄尔兹亚语－莫尔多瓦语中仅在词首发生中和，在俄语、波兰语和捷克语等语言中仅在词末发生中和，而在吉尔吉斯语（Kirghiz）[以前称作卡拉－吉尔吉斯语（Karakirghiz）]中词首和词末均发生中和。[8] 标准德语中，强辅音和弱辅音之间的对立在词末中和，但是两类 s 音（"软"弱辅音 s 和"尖"弱辅音 s）的对立在词首也可以中和。巴伐利亚－奥地利方言（Bavarian-Austrian）中，弱辅音和强辅音之间的对立并不在词末中和，仅在词首中和。在标准德语、荷兰语、英语、挪威语和瑞典语中，长元音（非急刹性元音）和短元音（急刹性元音）之间的对立在词末被中和。捷克语口语中［中期波西米亚语（Middle Bohemian）］，长元音（重元音）和短元音（轻元音）之间的对立在词首发生中和。（超音位此时体现为短元音。）立陶宛语中，负载升调重音的元音和负载降调重音的元音之间的对立在词末发生中和。（超音位此时体现为负载升调重音的元音。）在大多数存在辅音的双音性相关关系的语言中，这一关系非但在词首发生中和，在词末也发生中和。

B. 衰减性中和

衰减性中和，指的是一个词内除构成音系峰的音节外，其余所有音节中均发生音系对立的中和。这个主峰音节一般通过"重读"来标记（即通过呼气强度的增加或音高的升高）。这类中和可区分以下两类。

a. 主峰音节的位置不固定，且具备区别作用。这种情况下，这一音节始终"重读"，也就是说，我们利用凸显的方式对韵律性音位加以区分。此类情况中，某些音系对立只出现在重读音节中。在所有非重读音节中，这些音系对立发生中和。例如俄语南部方言中，$o\text{-}a$ 和 $e\text{-}i$ 这两个对立在非重读音节中发生中和，在保加利亚语各方言和现代希腊语中，$o\text{-}u$ 和 $e\text{-}i$ 这两个对立同样在非重读音节中发生中和，以及斯洛文尼亚语的长元音（双韵素）和短元音（单韵素）之间的对立亦如此。在卡林西亚-斯洛文尼亚语（Carinthian-Slovenian）的尧恩方言中，元音鼻化特征的对立在非重读音节中也被中和，诸如此类。

所有提到的这些情况中，中和的发生是双向的，即重读音节之前和重读音节之后均发生中和。不过，单纯的顺向中和（重读音节前）或单纯的逆向中和（重读音节后）的例子也并不少见。在塞尔维亚－克罗地亚语标准语中，元音长度的对立在承载主要重音的音节前发生中和。在列兹金语（库里语）中，正如前文已经提到的，回归式闭塞音和非回归式闭塞音之间的对立在重读音节前的高元音之前的位置上发生中和，在重读音节后的音节中却保持对立。不过同样在该语言中，圆唇化辅音和非圆唇化辅音之间的对立、重的强辅音和轻的强辅音之间的对立在重读音节后的元音之前的位置上发生中和。

b. 主峰音节的位置不自由，受词界所限。换言之，所有词中，音系峰或由词首音节构成，或由词末音节构成。某些音系对立从而只出现在特定的主峰音节中，在词内其他所有音节中则被中和。在巴拉岛（Barra Island）上使用的苏格兰语中，[9] e 和 æ 之间的对立，以及辅音送气与不送气的对立，在词首音节除外的所有音节中发生中和。在车臣语中，回归式辅音和声门下辅音之间的对立（q-q' 这对辅音除外），以及"强调性硬腭化相关关系"，同样只在词首音节中具备音系区别性。[10] 东孟加拉语（Eastern Bengali）中，回归音相关关系和送气相关关系只出现在词首。[11] 在前面已经提到的沿海地区的拉普人使用的马提佛诺方言中，元音双音性相关关系在词首音节除外的所有音节中被中和。此外，辅音双音性和强度相关关系也仅出现在词首音节的元音（或二合元音）后面。在存在广为人知的"元音和谐"现象的突厥语族语言、芬兰－乌戈尔语系语言、蒙古语族语言和满洲语支语言（有可能指的是满－通古斯语族）中，某些元音音色特征之间的对立（通常是舌位特征之间的对立，不过有时是唇状特征的对立）只在词首音节中与音系完全相关。其余音节当中，这些对立被中和。超音位体现形式的选择由外部条件决定。换言之，就舌位而言，非词首音节中的元音始终与词首音节的元音属于同一类。以上所有情况当中——而且很容易发现很多这样的情况——第一个音节均为主峰音节。极少情况下，主峰音节这个角色由最后一个音节扮演。比如法语当中，$é$（语音上为 e）和 $è$（语音上为 $ε$）之间的对立只在词末开音节中才具备区别作用。[12]

如果仔细观察音系峰的位置固定的那些语言，就会发现多数情况下，这个音系上的主峰音节在呼气强度上也比较突出。当然，这里涉及的仅是一个不具备任何区别作用的分界重音。因此，限于特定词边界处出现的这个主峰音节，体现的只是对这个重音而言最恰当的位置，完全没有必要将这个音节与分界重音关联起来。很多语言当中，这个受限制的分界重音的位置并不与词内受约束的音系峰的位置重合。多数突厥语族语言就属于这种类型。元音和谐现象表明词的音系峰出现在第一音节上。但是多数突厥语族语言中，发挥分界作用的呼气力度重音并不落在词首音节上，而是落在词末音节上。[13]

还有可能出现的情况是，有些语言当中，音系峰固定在倒数第二个音节上。前面已经描述过的祖鲁语的调域系统（见第168页）表明，这种语言的词末音节只区分两个声调——低调（类型Ⅰ、Ⅱ、Ⅲ和Ⅵ）和中调（类型Ⅳ和Ⅴ）。倒数第三个音节同样只区分两个声调,即高调(类型Ⅱ、Ⅲ、Ⅴ和Ⅵ)和中调(类型Ⅰ和Ⅳ)。但在倒数第二个音节上,全部三个声调均可区分:一个类型Ⅰ中的高调,一个类型Ⅵ中的中调,一个类型Ⅱ和Ⅴ中的低调,此外,还有一个降调(类型Ⅲ和Ⅳ)。因此,声调之间的对立存在于倒数第二个音节上,在其他音节上则被中和。倒数第二个音节从而成为主峰音节。需要注意的是,祖鲁语词中倒数第二个音节(多数班图语族语言基本上也是如此)在呼气力度上同样得以加强(纯粹发挥分界作用)。[14]

有些语言当中,比如拉脱维亚语或爱沙尼亚语,调型的韵律性对立只在边界音节中与音系相关,这种情况较难判定。最终分析当中,调型之间的差异通过"突出长音节核中单个莫拉的调值"来体现,所以这些语言中重音是自由的(在对莫拉利用韵律凸显的方式进行区分的意义上)。另一方面,重音的这种自由性仅针对词首音节的两个莫拉而言。因此,该音节就成为音系峰。不过,必须把古典希腊语中的情况与此类情况加以区分。初看时,似乎古典希腊语中"升调(锐调)"重音和"降调(扬抑调)"重音之间的对立只在词末音节中具备区别作用。扬抑调重音不能出现在倒数第三个音节上。在倒数第二个音节上,调型的对立自动地受到词末音节长度的限制。但事实上,词末音节的升调重音并非真正意义上的重音,而只是由外部条件决定的、词末莫拉上音高的升高而已。音高的这种提升出现在停顿之前,并以该词中没有其他高调的莫拉为前提;音高的提升还可出现在后附着语素前面,如果该词倒数第二个莫拉不是高调(如:*ἀγαθός ἐστι*,*δῆμός ἐστι* = déemós esti 和 *ἄνθ* ρωπός έστι）。因此，古典希腊语中，就倒数第二个音节和最后一个音节而言，调型的差异由外部环境决定。[15]

C. 结构决定的组合式中和

以上两种由结构决定的中和类型可以相互结合。在所谓的突雷尼（Turanian）语言中，经常发生的情况是某些辅音之间的对立在词首发生中和（离心中和），而某些元音的对立或韵律性对立却在非词首音节中发生中和（衰减性中和）。切列米斯语当中，辅音清浊的相关关系在词首被中和。不过，这种语言当中还存在严整的元音和谐现象。正如前文所提，元音和谐要求在非词首音节中，元音音色之间的对立应当发生中和。在沿海地区拉普人使用的马提佛诺方言中，元音的双音性相关关系和辅音的双音性相关关系，以及辅音的强度相关关系在非词首音节中发生中和，而辅音的松紧相关关系却在词首发生中和。[16]

4. 混合型中和

最后，由结构决定的不同中和类型可以与由环境决定的不同中和类型相结合。在诺维（Novi）[17]和卡斯图阿地区（现为克罗地亚卡斯塔夫地区）[18]使用的塞尔维亚-克罗地亚语查卡维安方言中，长音节核（双莫拉）和短音节核（单莫拉）之间的对立在一个承载降调式主要重音的音节前发生中和（超音位自然体现为短的音节核）。由于这些方言中，[19]降调重音是调型对立关系中的有标记项，而且调型的对立只出现在重读的长音节核上，所以这里涉及的是一项对立在与另一项相关对立中的有标记项相邻的位置上发生中和。换句话讲，这是一种由环境决定的（d）类型的异化中和。但与此同时，该中和过程还涉及一项对立在非重读音节当中发生中和的情况，即由结构决定的（a）类型的衰减中和。在切尔克斯语（阿迪格语）语当中，开口度最大的元音（a）和开口度居中的元音（e）之间的对立在某些位置上被中和。在这些位置上，开口度最大的元音 a 始终作为超音位的体现形式。首先，如果重读音节后面的音节包含一个 e，那么中和发生在重读音节当中。此外，中和还发生在词首，无论之后的音节包含哪个元音。第一种情况涉及的是由环境决定的（b）类型的异化中和，第二种情况涉及的则是由结构决定的离心中和类型。在拉丁语当中，u 和 o 之间的对立在词末音节中的鼻音之前发生中和。（超音位始终体现为 u，如以下词尾当中：-um、-unt。）这是由环境决定的同化中和类型与由结构决定的离心中和类型相结合的一种情况。

5. 不同类型的中和的结果

多种中和类型相互结合，可以产生两种相反的结果。它们彼此限制，使得一项可中和的对立实际上仅在非常少的位置上可发生中和，绝大多数位置上，该对立依然维持其区别力。不过这些不同类型的中和还可能产生累积效果，以至于某一可中和的对立只在相当有限的位置上具备区别功能。在立陶宛语、波拉布语和保加利亚语东部方言中，硬腭化辅音和非硬腭化辅音之间的对立仅存在于后元音之前（换言之，只出现在与硬腭化辅音不具备任何共同音系特点的音位前）。其他所有位置上，硬腭化相关关系在这些语言中被中和，辅音之前发生的是环境决定的组合式中和，前元音之前发生的是由结构决定的（d）类型的异化中和，词末发生的是由结构决定的中和。

许多语言当中，可以观察到某些类型的中和过程更易于发生，或者某些特殊的中和位置上更易于发生中和。在某些位置上，若干音系对立发生中和，而在其他一些位置上，所有的音系对立继续保持对立关系。因此，同一语言中产生了音位区分度最小的位置和音位区分度最大的位置。[20] 不过顺便提及的是，元音音位的区分度和辅音音位的区分度之间并非必然存在任何对等的关系。比如保加利亚语辅音之间的重读音节和词末的重读音节当中，区分所有的元音音位。但在非重读音节当中，u-o、i-e 和 $ǎ$（Ъ）-a 之间的对立被中和（至少在保加利亚语东部方言的读音中如此）。因此这些音节当中，仅区分三个超音位（u、i、a）。在非重读的元音 u 和 a 之前，重读元音只出现在借词中，并且非重读的元音 i 在元音后不构成任何音节。至于辅音，后元音前面区分全部的 36 个辅音音位（p、$ṕ$、b、$b́$、m、$ḿ$、t、t'、d、d'、n、$ń$、k、$ḱ$、g、$ǵ$、x、c、$č$、s、$š$、z、$ž$、$ć$、$dź$、$ś$、$ź$、f、f'、v、$ú$、l、l'、r、$ŕ$、j）。在响音（m、$ḿ$、n、$ń$、l、l'、r、$ŕ$、j）和前元音（i、e）前面，硬腭化相关关系被中和，因此这些位置上仅区分 21 个辅音音位。在阻塞音之前和词末，不但硬腭化相关关系发生中和，清浊相关关系也发生中和。相应地，这些位置上仅区分 14 个辅音音位（p、m、t、n、k、x、c、s、$č$、$š$、f、l、r、j）。因此保加利亚语当中，没有哪一个位置可区分所有的音位。但这里可以确定四个典型的位置：元音区分度最大的位置（重读的、辅音之间的位置）、辅音区分度最大的位置（后元音之前）、元音区分度最小的位置（非重读元音之前）和辅音区分度最小的位置（阻塞音之前或词末位置）。类似地，在世界上多数语言中同样可以发现存在这四种类型的位置。

某些语言还体现出对特定方向的中和过程（顺向中和或逆向中和）的偏爱。似乎这种情况往往是与特定语言的形态音系结构和语法结构有关联的一个问题。[21]

1 参阅 N. S. Trubetzkoy, "Character und Methode der systematischen phonologischen Darstellung einer gegebenen Sprachen", *Archives néerlandaises de phonétique experimentale*, VIII-IX（1933）; "Die Aufhebung der phonologischen Gegensätze", *TCLP*, VI, 第 29 页及以下诸页。

2 参阅 N. S. Trubetzkoy, "Die Konsonantensysteme der ostkaukasischen Sprachen", *Caucasica*, VIII。

3 参阅 D. V. Bubrich, *Zvuki i formy erz'anskoj reči*（Moscow, 1930），第 4 页。

4 参阅 N. S. Trubetzkoy, "Die Konsonantensysteme der ostkaukasischen Sprachen", *Caucasica*, VIII。

5 参阅 Paavo Ravila, *Das Quantitätssystem des seelappischen Dialektes von Maattivuono*（Helsinki, 1931）。

6 关于切列米斯语（Cheremis）的文献，可参考如 Ödön Beke 出版的"Texte zur Religion der Osttscheremissen", *Anthropos*, XXIX（1934）。

7 参阅 N. S. Trubetzkoy, "Die Konsonantensysteme der ostkaukasischen Sprachen", *Caucasica*, VIII。

8 参阅 P. M. Melioranskij, *Kratkaja grammatika kazak-kirkizskago jazyka*（St. Petersburg, 1894）, I, 第 24 页。

9 参阅 Carl H. Borgström, "The Dialect of Barra", *Norsk Tidsskrift for Sprogvidenskap*, VIII。

10 参阅 N. S. Trubetzkoy, "Die Konsonantensysteme der ostkaukasischen Sprachen", *Caucasica*, VIII。

11 参阅 S. K. Chatterjee, *Recursives in New-Indo-Aryan*（Lahore, 1936）。

12 参阅 Gougenheim, *Éléments de phonologie française*（Strasbourg, 1935）, 第 20 页及以下诸页。

13 参阅 N. S. Trubetzkoy, *TCLP*, I, 第 57 页及以下诸页；以及 R. Jakobson, *Mélanges...van Ginneken*, 第 30 页。

14 参阅 Clement M. Doke, "The Phonetics of the Zulu Language", *Bantu Studies*（1926）, 专刊。

15 参阅 R. Jakobson, "Z zagadnień prozodji starogreckiej", *Prace ofiarowane Kaz. Wóycickiemu*（Wilno, 1937）。

16 参阅 Paavo Ravila, *Das Quantitätssystem des seelappischen*

Mundart von Maattivuono（Helsinki，1931）。

17 参考以下文献中的数据：A. Belić，"Zametki po čakavskim govoram"，*Izvestija II*，*Otd. Akad. Nauk.*，XIV，第 2 页；N. S. Trubetzkoy *TCLP*，VI，44 n.13。

18 参阅 Ante Dukić，*Marija Devica*，čakavska *pjesma s tumačem riječi i naglasa*（Zagreb，1935）。

19 可以在卡斯图阿方言中更清楚地认识到这一点。前面提到（第 203 页）该方言中"升调"重音的语音实现形式并不统一（与"降调"重音相反，后者无论在句中任何位置的实现形式都完全统一），这一点似乎证明"升调"重音的音系内容主要是否定性的，也就是说，该重音作为调型相关关系中的无标记项。而这种情况下，该方言的"降调"重音必须是有标记项。

20 参阅 N. Jakovlev，*Tablicy fonetiki kabardinskogo jazyka*（Moscow，1923），第 70、80 页。

21 参阅 N. S. Trubetzkoy，"Das mordwinische phonolgische System verglichen mit dem russischen"，*Charisteria Guilelmo Mathesio oblato*（Prague，1932），第 21 页及以下诸页。

第六章 音位的组合

1. 音位的功能分类

在组合关系的音系学研究中，音系对立的中和必然是最重要的现象，但绝非唯一重要的现象。只有双边对立可被中和，而且众所周知的一点是此类对立在任何系统当中始终少于多边对立。若某个音位不允许出现在特定的语音位置上，这一情形在很多情况且可能是多数情况下，事实上并不导致任何对立的中和。但是，对音位出现环境的这种限制是一种非常重要的现象，该现象对于特定音系系统的类型划分具有重要意义。因此，描写一种语言的音系系统时，对单个音位的使用和它们的组合以某种方式加以限制的任何一条规则都应始终给以细致的说明。

音位的分类往往可以以这些规则为基础进行。这种功能性的分类是对其他对音系对立加以逻辑分析得出的分类的一种补充。

关于这种分类方法的一个典型例子就是古典希腊语（尤其是阿提卡方言）。古典希腊语中仅出现在词首的音位只有一个：送气音（the spiritus asper）。[1] 词首位置上可出现在送气音之后或可单独出现的音位是元音。其他所有音位均为辅音。这些音位中，$ρ$ 只能位于送气音之后时才可以出现在词首，其他

243 所有辅音从不出现在该位置。那些可出现在词首且 ρ 之前的辅音构成塞音或爆破音这一类辅音。其余的所有辅音都是连续音，其中只有一个音位，即擦音 σ 可以出现在词首爆破音之前。剩下的连续音都是响音，其中两个流音可以在词中出现在 σ 之前。另外两个连续音不能出现在 σ 之前，它们为鼻音。流音当中，只有 ρ 可出现在词末。因此，ρ 可认为是 ρ-λ 这个双边对立中的无标记项。鼻音当中，只有 ν 可出现在词末，因而 ν 可视作 μ-ν 这个双边对立中的无标记项。此外，只有 σ 出现在词末，爆破音不允许出现在此位置上。塞音或爆破音中，只有三个辅音可出现在其他爆破音之后，它们是舌尖音或齿音。在那些不可以出现在其他爆破音之后的爆破音中，有三个音同样不允许出现在 μ 之前，这三个音属于唇音。另外还有三个爆破音可出现在 μ 之前，它们是软腭音。爆破音当中，只有 π 和 κ 可出现在 τ 之前，φ 和 χ 可出现在 θ 之前，β 和 γ 可出现在 δ 之前。含有 θ、φ 或 χ 的音节不可以出现在含有 θ、φ 或 χ 的音节之前。但是，含有 π、τ 或 κ 的音节却可以出现在这些音节之前。因此，θ-τ、φ-π 和 χ-κ 这三个双边对立发生中和；τ、π 和 κ 为无标记项，作为超音位的体现形式出现。因而，这两组爆破音的特点体现出以下定律：π、τ 和 κ 属于清塞音，φ、θ 和 χ 属于送气音。至于其余的爆破音，它们可以在希腊语固有词中发生双音化，这使得它们成为一类特殊的浊塞音。其他所有的辅音，即连续音和塞音（爆破音），在元音后面均可以双音化，那些长的送
244 气音听起来像 τθ、πφ 和 κχ。在 σ 之前，"清塞音"/"浊塞音"之间的双边对立和"清塞音"/"送气音"之间的双边对立发生

中和，所以该位置上只有单独一类爆破音出现。然而，这类爆破音的性质从 ζ、ψ 和 ξ 这些拼写形式中已经看不出来了。

因此，根据那些支配音位组合的规则，可以得出古典希腊语中辅音完整的分类，而且还可以将元音和辅音严格区分开。不过此类情况相对而言并不常见。有些语言中，音位组合规则只能对所有的音位进行一个初步分类。比如缅甸语中，基于组合规则只能将音位分成两大类。元音是那些允许出现在词末的音位，辅音则是那些不可以出现在词末的音位。缅甸语中所有词都为单音节，由一个前面可以出现辅音的元音（或一个单音位的二合元音）构成。所有可能的组合形式均按照这一框架出现。因此根据这些组合形式，音位只能分成元音和辅音两大类。但是，缅甸语的音位系统极为丰富：包含 61 个辅音和 51 个元音（如果考虑韵律方面的差异的话）。

在诸如缅甸语之类的语言中，音位的功能性分类受到不同类型词的形式高度统一性和音位组合的有限可能性的极大限制。不过相反，在另外一些语言中，词的类型和音位组合的可能性过于多样，以至于对音位进行清晰的功能性区分几乎不太可能。以上所有的这些特性对于划分世界上各种语言的音系类型，极为重要。

2. 支配音位组合的普遍定律问题

每一种语言当中，音位的组合皆要遵循特定的规则。但问题在于这些规则当中，是否至少存在某些规则适用于所有语言？特恩卡曾试图解答这一问题。[2]

　　但特恩卡的尝试未能取得彻底成功，原因在于他从一种老旧、已经过时的关于音系对立的分类方法出发，即将音系对立分成相关关系和析取关系。虽然如此，特恩卡在其文章中提出一些颇为有用的想法，对该问题的解答仍有所贡献。他认为可制定一条普遍性原则，根据该原则，一个关联对当中的两个成分在同一语素内不可以在相邻位置上出现（同上引，第 57 页及以下诸页）。按照这种形式，这条原则可能难以站住脚。在那些一向存在声道收窄度相关关系的语言中，摩擦音与跟其对应的闭塞音的组合形式非常易于接受。比如：波兰语"ścisłość"[精确性、紧密性]、"w Polsce"[在波兰]、"szczeć"[猪鬃]、"jeździec"[骑手]、"moždžek"[小脑]；阿布哈兹语"ačša"[雌性家畜]；钦西安语"txâ'xk"det"[他们吃（过去时）]。很多语言中存在 üi 和 uü 这两个组合形式。比如（奥地利）布尔根兰州（Burgenland）的许多方言区分源于中古高地德语（Middle High German）的二合元音 ui（如"fuis"[食物]）与源于 ul 的复合元音 uü（如"guün"[钱币名]）。芬兰语当中虽不常见，yi（= üi）这个出现在单语素内的组合形式依然在使用，如芬兰语的"lyijy"（发音为 lüijü [引导]）。安南语当中，iü 和 üi 也十分常见。最后，还可以对比法语中"huit"、"huile"、"je suis"等用法。某些语言中，两个性质相近、但长度有别的元音的组合也可出现在同一语素中，不过极为少见，如海达语（参照"ǯāada"[女人]、"sūus"[讲（第三人称）]等）[3] 和普拉克里特语（中古印度语），[4] 后者允许非鼻化元音和鼻化元

第六章　音位的组合　　　365

音的组合出现在同一语素中。[5]因此，特恩卡所制定的原则，甚至就他自己所认为的构成相关关系的对立而言，都不适用。不过，最不符合实际情况的例子可能体现为辅音鼻化的相关关系，因为 mb、nd、bm 和 dn 等组合形式存在于世界大多数语言当中。特恩卡自己也认识到这一点。然而，他认为他可以排除这些例外情况，即通过使用"平行关系"这个术语而非"相关关系"这个术语来指称这些情况（同上引，第 59 页）。但与此同时，他发现有些语言中并不允许无法构成关联对（根据现在使用的这一音系学术语的意义）的音位出现在（同一语素内）相邻的位置上。比如：s 和 š，或者捷克语的 n 和 ň。于是，特恩卡决定把这样的音位对也称作关联对，从而与先前使用的术语不一致。前文我们已将一个关联对定义为一个对应性的有无对立。（这基本上符合《音系学术语标准化方案》，TCLP，IV，第 313 页及以下诸页）给出的定义。）然而，一方面，特恩卡并不想如此看待鼻音相关关系（b-m、d-n、g-ŋ 等），而且正如上面所表明的，他同样无法认可声道收窄度相关关系、ü-i 和 u-ü 之间的元音相关关系，以及"音段长度相关关系"也是如此。另一方面，他把 s-š 或 n-ň 之类的均等的双边对立关系称作相关关系。因此，他需要重新定义"相关关系"这个术语。在上文提到的那篇文章的第 59 页中，他实际上也如此做了，他说道："因此，有必要将这种类型的音位关系与相关关系区分开，后者体现出十分密切的相似性，以至于同一个关联对内的成员在同一语素内的组合形式当中，丧失了作为彼此对立的个体音位的能力。"对特恩卡而言，这就是他关于相关关系的唯一可能的定义：相关关系这个术语用来指称两个音位之间的关系，这种关系太过密切，以至于这两个音位在单个语素内的组合形式当中，无法作为单独的音位区分开来。然而，如果用这个定义来替换特恩卡所制定的"定律"当中的"相关关系"，就会发现整条定律只不过是同义反复：在同一语素结构内，那些无法出现在相邻位置上的音位在同一个语素结构内，不能出现在相邻的位置上！特恩卡把他的这条定律定义为"最小音系对立定律"（同上引，第58页）。与他上面给出的错误定义相比，这个术语要更接近于问题的本质。

真正关键的地方在于，那些在一个语素内彼此直接接触的音位（或更贴切一点，音系单位），应当表现出某种最小程度的差异。这一点应归功于特恩卡，正是他注意到这一事实。如果从这个角度来考虑音位的组合，我们发现事实上有些音位的组合在世界上任何语言当中都不允许出现。我们可以确定存在两类这样普遍不被允许的音位组合。其一，两个辅音音位的组合中，这两个音位仅通过二级除阻方式的相关关系的特征来区分彼此（辅音强度相关关系除外）。[6] 其二，两个辅音音位的组合中，这两个音位的区别仅在于它们分属两个"相关的"的发音部位系列。（换言之，这两个音位处在有无双边对立关系或均等双边对立关系中。）那些通过单独一个音系标记来区分彼此的音位构成的所有其他的组合形式，均出现在不同语言当中。[7]

以上两类"普遍不被允许的"音位组合形式是通过归纳的方法得出的，无法通过任何通用公式统一起来。每种语言中还存在其他不被允许的音位组合。因此，这些"普遍不被允许的"

音位组合在任何语言当中皆无法构成一个完整的系统。它们始终仅构成一种语言中不被允许的音位组合系统的一部分。合法的音位组合中的那些成分必须具备某种最小程度的音系区别性，而这种区别性的最小程度在不同语言中的确定方式不尽相同。比如缅甸语中，辅音和元音之间的对立就被视作具备这种最小程度的区别性。在一个语素当中，两个辅音或两个元音的组合形式均不被允许。（那些转写为"辅音+y和辅音+w"的音位实际上是硬腭化辅音或唇化辅音。hl、hm等形式表示清的 l'和 m'，二合元音应看作单个的音位。）单个语素内唯一合法的组合形式是"辅音音位+元音音位"。安南语不仅允许单个语素内出现"辅音+元音"（和元音+辅音）之类的组合，还允许两个或三个元音的组合出现。但两个辅音的组合不被允许。因此在这种语言中，辅音之间的所有对立（即基于除阻方式的对立、发音部位的对立和共鸣腔的对立）被认为太过微弱，所以目前暂时无法达到最小程度的区别性。但另一方面，元音之间的对立被认为超过所要求的最小对比度。捷克语哈纳克方言［摩拉维亚方言（Moravian）］呈现出截然相反的情形。这些方言不允许任何元音的组合形式出现在一个语素当中，但却允许大量不同的辅音组合出现。因此，应该针对每一种语言的情况来单独确立最小对比度，并给出具体的定义。在这个问题上，"普遍不被允许的"音位组合这个概念并无大用。

　　正如特恩卡正确认识到的那样，只有"辅音音位+元音音位"的组合大概可视作普遍被允许的音位组合（同上引，第59页）。这些组合可能是元音和辅音得以存在的逻辑上的前提条件。否则，元音就不会与辅音形成对立。只有通过与另一个音位构成对立，一个音位方可存在。任何情况下，不存在"辅音＋元音"组合的语言是难以想象的。

根据特恩卡的观点，闭塞音与同部位鼻音的组合只存在于那些具备"辅音＋元音"组合形式的语言中。但由于后者出现在世界上所有语言当中，这条规则仅说明鼻音与同部位闭塞音的组合在世界上某些语言中允许出现。不过，特恩卡制定的另外两条规则还是可以接受的。

特恩卡提出的一条规则规定（上述引文中），那些差别仅在于分属不同发音部位系列的两个阻塞音的组合形式（如 *pt*、*xs*、*sf*），只出现在那些允许其他辅音与阻塞音组合形式（如 *sp*、*tr*、*kl*、*rs*）的语言中。就我们从可用的数据中观察到的情况来看，事实的确如此。特恩卡提出的另一条规则规定：那些允许词首或词末位置上出现辅音组合的语言，同样允许词中位置上出现辅音的组合。这条规则对于单个词由多个音节构成的语言而言，似乎切实可用。但对于那些只有单音节词的语言而言，只有在词首或词末才有可能出现辅音丛（比如暹罗语中，阻塞音＋*r/l* 允许出现在词首）。[8] 然而，不可能在词中位置上发现此类组合形式。

总之，可以认为，那些适用于世界上所有语言的音位组合的一般性定律，由于通过归纳得出，涉及的仅是可能出现的音位组合形式中相当微不足道的一部分。因此，在组合关系音系学中，这些定律并不能发挥至关重要的作用。

3.组合关系音系学的研究方法

据上所述，可以得出每一种语言当中，音位的组合受仅适用于特定语言的定律和规则所支配，应当针对每种语言来分别确定这些定律和规则。初看时，各式各样的组合类型似乎导致不太可能对组合关系音系进行统一的处理。根据语言的不同，采用的方法也应该有所不同。有些语言中仅存在极少的组合规则。前面我们已经提到，缅甸语中所有的词都是单音节的，由一个元音音位或"辅音音位+元音音位"的组合形式构成。甚至对于日本这样词内音节数量不受限制的语言来说，组合规则在数量上也超不过八条：(1) 词首不允许出现辅音的组合；(2) 辅音组合中，只有 N+辅音的组合可出现在词中；(3) 只有元音或元音+N(n) 的形式可出现在词末；(4) 硬腭化辅音不可出现在 e 之前；(5) 非硬腭化辅音不可出现在 i 之前；(6) 长元音（双莫拉）不可出现在长辅音之前或音节末 N 之前；(7) 半元音 w 只能出现在 a 和 o 之前；(8) 半元音 y 只出现在 u、o 和 a 之前（出现在词首的 e 前面时，y 仅是自由变体，在该位置上并不能看作一个独立的音位）。然而，其他语言则具备大量的组合规则。在特恩卡一项叫作《当代标准英语音系分析》(A Phonological Analysis of Present-day Standard English) 的研究中,[9] 列举出来的英语组合规则占不少于 22 页的内容（见第 23—45 页）。尽管可以或多或少地使这些规则更加简短，但它们的数量依然十分庞大。

虽然就组合规则而言，存在多种语言类型，但对于音位组合的研究而言，设想出一个尽可能统一的方法不仅值得期待，亦完全有必要，因为各种语言类型之间的比较只能以此为前提。与此同时，若无这样的比较，语音的类型学分类同样无法确定。可按照以下方式来确定对音位组合的统一方法进行研究所依据的那些原则。

首先，组合规则始终以它们所适用的某个更高层级的音系单位为前提。但是这一较高层级的音系单位不一定总是词。许多语言当中，被视作这个较高层级音系单位的结构并非是词，而是语素，语素是出现在若干个词当中的音位复合体，并且始终与同一意义（实质的或形式上的意义）相关联。譬如，德语即是这种情况。词中间的位置上允许出现的辅音组合几乎没有数量上的限制。如：kstšt "Axtstiel"［斧子柄］，ksšv "Fuchsschwanz"［狐狸尾巴］，pstb "Obsbaum"［果树］。对任何一类组合规则加以确切的表述，均非易事。不过，构成德语单词的语素的音位结构，却相当清晰，受非常明确的组合规则的支配。因此，只有在语素的框架内，而非词的框架内，研究音位的组合规则才更适宜。在任何类型的音位组合的研究中，首要任务就是确定基于哪一级的音系单位，我们可以最为适当地对组合规则加以讨论。

在关于音位组合的任何调查中，第二项任务就是根据音系结构合理区分不同的"结构单位"（词或语素）。在缅甸语之类的语言中，这项任务自动解决，因为这些语言中所有的结构单位都具备相同的结构。但在德语这样的语言中，这项任务极为重要。对不同结构的区分只能从这种区分对音位组合的研究是否适宜的角度来进行。比如德语中，根据语素的语法功能划分不同的语素（如分为前缀、词根、后缀或词末语素）就不合适。从研究德语音位组合的角度出发，唯一有效的语素划分方法是将它们分成可承载重音的语素和不可承载重音的语素。属于前一类的语素可在复合词中承载主要重音和次要重音（如 *aus-*、*-tum*、*tier-*，分别出现在"Auswahl"［选择］、"Eigentum"［财产］、"tierisch"［兽性的、残忍的］这些词中），属于不可承载重音的一类语素包括那些从来不负载主要重音或次要重音的语素（如 *ge-*、*-st*、*-ig* 这些语素，出现在"Gebäude"［建筑］、"wirfst"［你投］、"ruhig"［平静的］这些词中）。德语可以负载重音的语素数量最多。它们在结构上也多种多样。根据它们所包含的音节的数量，这些语素还可以进一步分为单音节语素（如"ab"［关闭的］、"Axt"［斧头］、"-tum"［后缀 -dom］、"-schaft"［后缀（-i）ty］、"schwarz"［黑色的］）、双音节语素（如"Wagen"［四轮马车］、"Abend"［晚上］、"Arbeit"［工作］、"Kamel"［骆驼］）、三音节语素（如"Holunder"［接骨木果］），以及四音节语素（如"Abenteuer"［冒险］）。另一方面，德语中那些不能负载重音的语素，要么不构成任何音节（如"gib-st"［你给予］、"fein-st-e"［最佳的］两词中的 *-st*），要么只构成一个音节（如"vierzig"中的 *-zig*［四十］）。因此，根据所包含的音节数量对语素进行划分也不可行。不过，更为有效的一种方式是将德语中无法承载重音的语素分为前附着语素和后附着语素，一类语素总是直接出现在一个可负载重音的语素之前，如"behalten"［保持］中的 *be-*，另一类语素仅出现在另一个语素后面,如"wählerisch"[好挑剔的]当中的 -er 和 -isch。这种划分同时还与不同的音位结构类型保持一致。无法负载重音的前附着语素总是由一个含元音 e 的音节构成。换言之,这个音节要么由"浊塞音 + e"组成（be-、ge-）,要么由"（一个辅音 +）er-"组成（er-、ver-、zer-）,或者由"e + 鼻音 + 清塞音"组成（ent-、emp-）。后附着语素或不包含任何元音,或包含元音 u、i 和 ə。它们包含的辅音包括：t、d、g、x、s、š、l、r、m、n、ŋ。在这些辅音中,š、x 和 g 只出现在 i 后面（-ig、-lich、-rich、-isch）,d 只出现在 n 之后（-end）,n 仅出现在 u 或 i 后面（"Jüngling"[年轻人]）,s 出现在 i、ə 和 n 之后或不包含元音的形式中（-nis、-es、-ens、-s、-st）,n 出现在 ə 和 i 之后或不包含元音的形式中（-en、-in、-n）;其余的后附着语素（-l、-m、-r、-t）出现在 ə 后面或不包含元音的形式中。在"辅音 + 元音"之类的组合中,只有 n/l/r + i（-nis、-lich、-ling、-rich）和 t + ə 的组合可出现在此类语素中。在辅音的组合形式中,只发现有 nd、ns 和 st 出现在此类语素中。[10] 对于可承载重音的语素而言,根据所含音节的数量划分出的基本类型还可进一步细分。比如,可承载重音的单音节语素可分成九个不同的子类。划分的标准是根据它们是以一个元音音位、一个辅音音位还是辅音丛起始或收尾（"Ei"[鸡蛋]、"Kuh"[母牛]、"Stroh"[稻草]、"Aal"[鳗鱼]、"Sohn"[儿子]、"klein"[小的]、"Ast"[分枝]、"Werk"[工作]、"krank"[不舒服]）。至于包含两个音节、三个音节和四个音节的语素,依然可以得出更多的子类。

第六章　音位的组合

把这些结构划分为不同的结构类型之后，就可以对这些结构类型中的音位组合加以研究。很明显，在这些研究中必须对两方面区别对待，一方面是特定结构当中的不同位置（起首、中间和末尾），另一方面是音位组合的三种基本形式（即元音音位之间的组合形式、辅音音位之间的组合形式和元音音位跟辅音音位的组合形式）。

对这些音位组合加以研究所采用的方法，是此项研究需要回答的问题带来的逻辑上的必然结果。首先，必须确定在特定位置上哪些音位可以互相结合以及哪些音位互相排斥。其次，必须确定特定位置上这些音位出现的次序。其三，还应当指出特定位置上一个音位组合中允许出现的成分数量。从方法论的角度来看，马龙[11]关于英语单音节词的音系结构的研究堪称典范。马龙分别研究了词首、词中和词末位置上允许出现的音位组合形式，并且针对每一个位置制定三类划分规则：(a) 关于可参与的组合形式的限制（组合成分的限制），(b) 对音位组合的次序的限制（对组合成分次序的限制），(c) 一个组合可包含的成分的数量限制。这三类限制条件详尽回答了上面提出的关于音位组合的研究中至关重要的三个问题。

作为例示，这里我们对德语中可以承载重音的语素在起始位置上允许出现的辅音组合形式加以研究。

a. 组合成分的限制。(1) s ("ss")、z ("s")、x ("ch")、h 和 η ("ng") 不能参与到任何组合当中。(2) 浊塞音和清塞音互相排斥（即一个浊塞音和一个清塞音不能同时出现在同一组合中）。(3) 闭塞音互相排斥。(4) 摩擦音互相排斥（f、$š$）。

(5) 响辅音互相排斥 (r、l、m、n、v)。(6) 摩擦音不能与 b、d、g、ř ("pf") 组合。(7) t、d 不能与 l 组合。(8) f 不能与闭塞音组合。(9) v ("w") 不能与唇音和唇齿音结合。(10) c ("z") 不能与 r、l、s、f 组合。(11) n 只能跟 š ("sch")、k、g 组合。(12) m 只能与 š 组合。

b. 组合成分之间次序的限制。(1) 摩擦音 (f、š) 只能作为组合的第一个成分。(2) 响音 (r、l、m、n、v) 只能作为组合的最后一个成分。(3) š 和 v 之间不能出现其他辅音。

c. 可包含的组合成分数量的限制。(1) 含有三个成分的组合形式中，只允许 štr、špr、špl。(2) 不允许超过三个成分的组合形式。

根据以上所有关于可承载重音的语素的限制条件，德语语素起始位置上可能出现的辅音组合有：br、pr、dr、tr、gr、kr、řr、fr、šr；bl、pl、kl、řl、fl、šl、*gn、kn、šn；šm、dv、(tv)、(gv)、kv、cv、šv；št、(šk)；štr、špr、špl。

对于可承载重音的语素的末尾和中间位置上，同样可以制定类似的音位组合规则。此外，针对多音节语素还可以提出一些特殊的规则。对于以此方式发现的规则，必须对其进行互相的比照。可能会发现一部分规则运用的范围要更为普遍。比如，上面列出的"关于组成成分的限制"中的规则（2）、（4）、（6）和（9）不仅适用于德语语素的起始位置，还适用于所有位置。某些规则的制定应具备更大的概括性。比如"对组合成分次序的限制"中的第二条可以用两条适用于德语语素内所有位置的规则替代：(α) 流音中 (r、l)，r 只能出现在与元音直接接触的位置上，*l* 可出现在与元音或 *r* 直接接触的位置上。(β) 鼻音中，只有 *m* 和 *n* 可与元音或流音直接接触，而 *η* 只能出现在元音之后。

只有采用同样的方法对尽可能多的语言中音位的组合进行研究之后，通过比较不同的语言方可得出关于音位组合的类型学分类，同时才可以对音位组合的规则是否合理这个问题进行充分探讨。

4. 异常的音位组合

音位组合的规则赋予每种语言独特的特点。它们对一种语言的特点的体现程度不亚于该语言所具有的音位系统。有些语言中，音位的组合规则涉及并严格贯彻于所有的词汇当中。这些语言中，甚至借词都要按照这些规则进行调整，它们要遵守适用于本族语词汇的那些常规的组合规则。然而，在其他一些语言中，对借词的改造少之又少，即使它们与本族语的组合规则相抵触。这些借词继续作为外来户存在于词汇当中。德语就属于此类语言，如 "Psalm"[圣歌]、"Sphäre"[范围]、"Szene"[场面]、"pneumatisch"[充气式的] 这些词中，词首出现"非德语特色的"辅音组合形式。当然，一般情况下，此类词确实仅限于技术或"学术"词汇的领域。它们中很多词在借入德语日常词汇时，是符合德语常规的组合规则的。[12] 只有在双语程度相当高的情况下，这些含有非本族语音位组合的词才大量渗入到口语中，导致人们不再觉察它们外来词的身份。这就意味着，特定语言中音位的组合规则已经历相应的调整。

借词不遵循本族语组合规则的程度似乎取决于很多因素，尤其是一种语言可允许的音位组合的种类。在日语这样的语言中，只允许极少的音位组合出现，因此可被接受的音位组合的数量不会大量增加。但对德语而言，它已经具有大量不同类型的音位组合形式，所以可以再增添一些外来的组合形式到已有的被允许的形式中。然而，这不得违反一些基本规则，比如浊塞音不能出现在与清塞音相邻的位置上，r 不能出现在与元音不直接接触的位置上，等等。例如，格鲁吉亚语的"gvçrtvnis"［他让我们练习］不经过调整就无法被德语所接纳。

语素边界位置上出现的特定的音位组合形式，在借词借入的过程中同样发挥重要作用。特恩卡基于充分的理由对这一点加以强调。[13] 德语不允许 sc、sf、pn 出现在单个语素内。但在多语素词（合成词）的语素边界处，这些组合形式却可以出现（如："Auszug"［大批人的外出］、"misfällig"［令人不快的］、"abnehmen"［减少］）。这就有利于这些组合形式可以不加调整而保留在借词当中，如"Szene"、"Sphäre"、"pneumatisch"中，这些组合形式转移到了词首位置上。同样，"Psalm"和"Psychologie"等词当中，词首的音位组合也得以保留，这得益于这些组合形式可以出现在本族词词中的位置上，如"Erbse"［豌豆］。但日语当中，辅音的组合（N + 辅音除外）完全不出现在单个语素内部和语素边界处，产生的后果就是借词不加改造无法借入日语中。

以上所论述的关于外来的音位组合的情况同样适用于方

言和古语中的音位组合形式。标准语或书面语一般只接纳方言词汇修改后的对应形式。那些含有书面语中不存在的音位组合的方言词汇，给书面语词汇造成外来语的印象，所以仅限于特定领域的词汇。以德语以下词汇为例："Kaschperl"（击打）、"Droschke"［马车］、"Wrak"［残骸］、"Robben"［海豹们］、"Ebbe"［退潮］。至于那些借自比较古老的语言、含有现在已不再使用的音位组合形式的词来说，它们同样属于词汇的一个特殊部分（诗歌或行政语言使用的词汇）。许多语言当中，专有名词（即人名和地名）形成一类特殊的词汇，这是因为特别是在此类词当中，外来的、古老的和方言性质的成分未经改造而得以保留在标准语中。例子包括以下德语名称：Leipzig、Leoben、Altona、Luick、Treischke、Pschor，这些词要么包含不常见的音位组合形式，要么属于比较罕见的语素类型。[14]

　　顺便提及的一点是，就音系系统和形态系统其他一些方面而言，专有名词的表现也非常特殊。

　　异常的音位组合出现的最重要的一个领域体现在感叹词、拟声词、对动物发出的召唤或者命令当中，以及带有"感召"色彩的词汇当中。马泰休斯（V. Mathesius）和克里内克（J. M. Kořínek）[15] 业已对这个话题进行讨论，可以认为这个问题已经彻底弄清楚，没有必要再做任何进一步的探讨。

254

1　词中间的位置上，送气音仅与双音性的 ρ 组合在一起出现。不过由于该位置上始终存在这个特征，所以该特征并不具备任何区别作用,即不具备音位功能。

2 B. Trnka, "General Laws of Phonemic Combinations", *TCLP*, VI,第 57 页及以下诸页。

3 参阅 John R. Swanton, *Handbook of American Languages*, I (*Bureau of Ameican Ethnology Bulletin*, XL),第 122 页及下页。

4 根据雅各比(Hermann Jacobi)提供的词汇表(*Ausgewählte Erzählungen im Mâhârâshṭrí*, Leipzig, 1886,第 87 页及以下诸页),我们可以发现以下证据:"āara"[尊敬]、"īisa"[如此的]、"ghaṛa-čhāaṇiā"[家庭主妇]、"nāara"[同乡人]、"paāna"[给予;游行、离开]、"pāava"[树]、"pāasa"[牛奶]、"vāasa"[乌鸦]、"saāsa"[出席]、"sāara"[海洋],以及时间状语词"kaā"[当……时]、"ĭaā"[自从]、"taā"[那时]、"saā"[始终],这些词中可以提取出后缀 aā。Māhārāshṭrī 语中长、短元音之间的对立可发生中和[正如所有普拉克里特语方言(Prakrit)一样]:长辅音和"鼻音+辅音"的组合形式之前,所有的元音均为短元音。

5 参考雅各比(Jacobi)在马哈拉施特拉语的著作中提供的同一词汇表中的以下单词:"saā"[甚至]、"saaā"[始终]"vaãsa"[同伴、朋友]。普拉克里特语中,元音鼻化的相关关系在鼻音和闭塞音之前发生中和。

6 爱沙尼亚语、拉普语和圭亚博语等语言中,音系上区分轻的双辅音和重的双辅音,或者区分强度增强的双辅音和强度减弱的双辅音,这里涉及的是辅音强度相关关系中,一个关联对的两个成分在单个语素中组合出现。

7 这里需要特别强调的是，毫无疑问，仅通过一个韵律特征得以区分的两个韵律性音位的组合形式是允许出现的。这类组合实际上仅出现在莫拉计数型语言中。它们导致承载下降、上升调型的双莫拉、三莫拉音节核的出现。"伴有斯特德的长元音"实际上同样是两个莫拉的组合，前者为斯特德相关关系中有标记的一方，后者为无标记的一方。

8 参阅 Walter Trittel，"Einführung in das Siamesische"，*Lehrbücher der Seminars für orientalische Sprachen zu Berlin*，XXXIV（1930）。

9 *Studies in Englsih by Members of the English Seminar of the Charles University*，Prague，V（*Práce z vědeckých ústavů*，XXXVII［1935］）。

10 雅克布逊使我们注意到德语后附着语素的音位结构与它们的语法功能相关。后缀语素要么不包含任何元音，要么包含元音 ə，这个元音仅与 n、r、l 组合在一起出现在派生语素中。辅音中，后缀语素仅包含 s、t、n、m、r，以及 ns、nd 和 st 这三个组合形式。那些含有其他音位或音位组合形式的可重读的后附着语素为派生语素。

11 Kemp Malone，"The Phonemic Structure of English Monosyllables"，*American Speech*（1936），第 205 页及以下诸页。

12 很多德国人在读"Sport"这个词时，第一个音已经是 š。按照这种语音形式，这个词已不再带有借词的标记。维也纳语中,"Sport"作为一种香烟的品牌,发音始终是 š。

13 参阅 B. Trnka, *TCLP*, VI, 第 60 页及以下诸页。

14 需要注意的是,这些词里同样发现了那些通常只出现在语素边界位置的组合形式。如:"Leipzig"[莱比锡] ~ "Abzug"[出发]、"Leoben"[莱奥本] ~ "beobachten"[观察者]、"Luick" ~ "ruhig"[安静的]、"Treitschke" ~ "Deutschkunde"[德国研究者]、"Pschorr" ~ "Abschied"[出发]。

15 V. Mathesius, "O výrazové platnosti některých českých skupin bláskových", *Naše řeč*, XV, 第 38 页及以下诸页; 以及 J. M. Kořínek, "Studie z oblasti onomatopoje", *Práce z vědeckých ústavů*, XXXVI(Prague, 1934)。还可参考 V. Skalička, "O mad'arských výrazech onomatopoických", *Sborník filologický*, XI(1937)。

第七章　音系统计学

1. 两种统计方法

音系统计和音系成分的功能负荷这两个问题与音系组合的研究密切相关。音系统计已经有人进行研究，并且被用于各种实际用途和科学用途。当然，就音系上的用途而言，应该相应地对其加以修正：统计的应该是音位和音位的组合，而不是字母或语音。在专门的音系学研究文献中，首次强调统计学在音系学研究中的重要性的学者乃马泰休斯。[1] 前面我们提到的特恩卡的那本著作中，他对英语音系系统的统计有所贡献。[2] 特沃德尔也曾尝试对德语的辅音系统和辅音的组合进行统计性研究。[3] 齐普夫（George Kingsley Zipf）则进行了广泛的音系学统计研究。[4] 因此，目前来看并不缺少音系统计的调查研究。然而，此类调查研究还远远不够，而且每项研究使用的方法各不相同。迄今为止，尚未形成统一的音系统计研究的方法。所以，我们不得不对这个话题稍做评论。

统计对于音系学具有双重意义。首先，音系统计必须表明特定语言中，某个具体的音系成分（音位、音位的组合、词类或者语素的类型）在言语当中出现的频率。其次，它必须表明这个音系成分或某个具体的音系对立所具有的功能负荷的重要性。就前者的目的而言，必须对连贯的语篇进行数据统计；就后者而言，则必须对词典中的词汇进行统计分析。这两类情况中，无论是只研究音系成分实际出现的次数的绝对值，还是研究这些数值与根据音位组合规则得出的音系成分在理论上出现的次数的比值，都是可行的。

2. 两类数据：语体决定的数据与语言决定的数据

每一类音系统计调查都有其自身的难题。研究一个特定的音系成分在连续文本中出现的频率时，语篇的选择至关重要。打开比勒[5]的《言语理论》(*Sprachtheorie*)，随机翻到第23页，然后截取包含200个单词的任何一部分（从"soll les also…"至"im Schosse① der Sprachwissenschaften längst"，即从该页靠上第3行到第28行）。这部分包含248个可重读的语素，其中204个为单音节语素，37个为双音节语素，7个为三音节语素。随后另外选择一个文本，再次截取200个单词长度的一部分，如迪尔的《高加索童话故事》(*Kaukasischen Märchen*)中第一个故事的开头部分。[6]我发现这一部分只包含总共220个可承载重音的语素，其中210个单音节的，10个双音节的，没有三音节的。选取的这两篇文本在词的长度上同样

---

① 德文原著为 Schoße，英文中全部用 ss 替代 ß。——译者

存在差异。在比勒的文本中，发现词的长度变化为一到九个音节。而在迪尔的文本中，只出现单音节词、双音节词和三音节词，其中单音节词占绝大多数。

词内音节数	比勒 单词数量		迪尔 单词数量	
	绝对值	比例	绝对值	比例
单音节	95	47.5	134	67
双音节	57	28.5	56	28
三音节	27	13.5	10	5
四音节	7	3.5	—	—
五音节	6	3	—	—
六音节	6	3	—	—
七音节	1	0.5	—	—
八音节	—	0	—	—
九音节	1	0.5	—	—
	200	100	200	100

比勒书中选取的文本中，音节总数为400个，而迪尔书中选取的文本中，音节总数为276个。这表明比勒书中词的平均长度是2个音节，而迪尔书中词的平均长度则是1.4个音节。由于德语中只有元音可充当音节核（非重读音节中音节性的 n、r、l[①] 在音系上被视作 ən、ər、əl），所以音节的数量还暗示元音音位的数量（比勒中是400个，迪尔中则是276个）。就辅音而言，选自比勒书中的文本包含636个辅音音位，选自

---

① 还包括 m = əm。——英文版译者

迪尔的书的文本包含 429 个。也就是说，在比勒的文本中，一个词平均包含 3.2 个辅音，而在迪尔的文本中，一个词平均包含 2.1 个辅音。这两个文本中，元音和辅音之间的比率大致相同。所有音位中，辅音占 61%，元音占 39%。但对于比勒的文本而言，音位总数是 1036，迪尔的则是 705。因此，大概的比率为 3∶2。我们不能认为在更长的文本中，这种差异会消失。这种差异与语体风格的差异密切相关。面向知识水平较高读者的学术性语言以长度较长的词为特点，而面向初级知识水平读者的简单叙述性话语中，则倾向于使用短的单词。就德语而言，受过教育人士言辞的另一个独特之处就是大量使用辅音组合形式。在迪尔的文本中，只出现了 55 个辅音组合，涉及 116 个辅音，占所有辅音音位总数的 27%，但在选自比勒的《言语理论》的文本中，出现了 127 个辅音组合，涉及总共 281 个辅音音位，占所有辅音音位总数的 44%。就这些辅音在词或语素内部的分布情况而言，在这两个文本中，多数组合形式出现在词内语素连接之处（迪尔的占 40%，比勒的占 42%）和语素末位置上（迪尔的占 33%，比勒的占 32%）。在语素起始位置和语素中间的位置上，两个文本均表现出大不相同的关系。迪尔的文本中，所有的辅音组合中有 22% 出现在语素起始位置上，5% 出现在语素中间的位置上，但在比勒的文本中，所有的辅音组合中有 12% 出现在语素起始位置上，14% 出现在语素中间的位置上。此外，比勒的文本中，语素中间的位置上发现 *cj*（"Situation"）、*gm*（"Dogma"）、*skr*（"deskriptiv"）这样的组合形式。这些组合形式不仅在我们所节选的迪尔文本中不存在，而且在他的整部高加索童话故事选集中甚至一次也没出现。这是大量使用借词的结果，是任何一类学术性语言的特点。

我们选作示例的两种风格的语言，即理性的学术语言和模仿原始人的、特意简单的叙述性话语，是两个极端类型。在这两个极端类型之间，存在各种其他风格类型的语言，这些语言各有特色。每一种文本都属于某一类型的风格。如果我们打算通过一个文本研究特定语言中某些音系成分出现的频率，我们尤其应该自问哪一类型的文本最适合该研究目的。这个问题似乎存在两种解决方案：可以选择一个"中性语体风格"的文本，或者从若干个语体风格不同的文本中节取多个部分。然而，这两个方案都不十分令人满意。问题在于哪些文本应该视作"语体风格中性的"？以及应该按照怎样的比例对不同语体风格的文本加以分析？

因此，要使音系统计完全不受不同语体风格类型的影响，似乎不大可能。在音系统计的研究中，必须考虑不同类型的语体风格具有的具体特质。首先应该确定哪些音系现象由语体风格决定，哪些现象与语体风格无关。我们已经发现至少对德语而言，语义单位（词或语素）的长度和辅音组合出现的频率由语体风格决定。而另一方面，单个音位出现的频率，似乎与文本的语体风格不大相关。

例如，可以比较一下上面提到的选自比勒和迪尔的两个文本中元音音位出现的频率（百分比）：

260

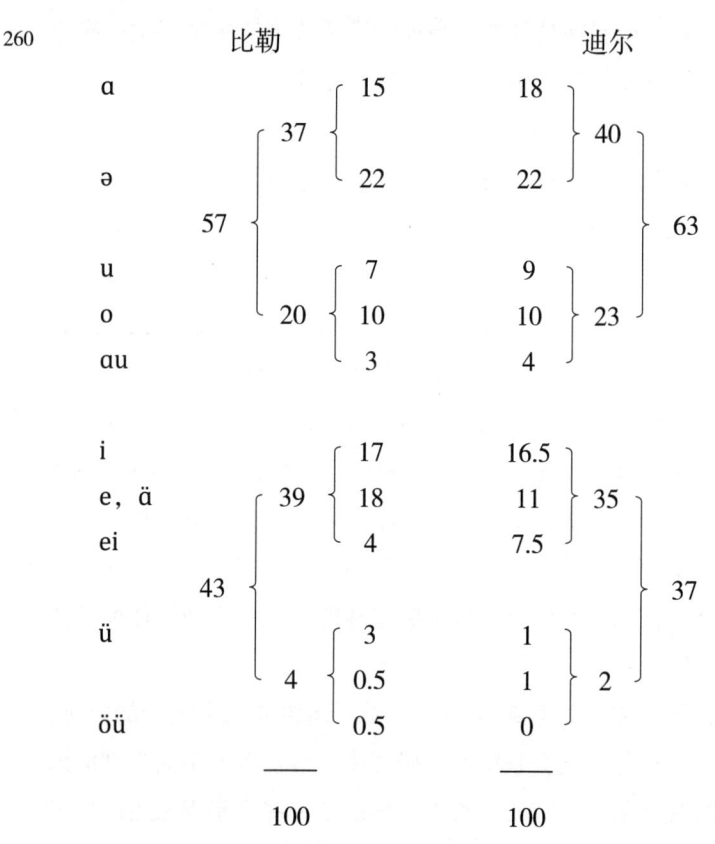

	比勒			迪尔		
a		15		18		
	37				40	
ə		22		22		
	57					63
u		7		9		
o	20	10		10	23	
au		3		4		
i		17		16.5		
e, ä	39	18		11	35	
ei		4		7.5		
	43					37
ü		3		1		
	4	0.5		1	2	
öü		0.5		0		
	100			100		

a、*e* 和 *ei* 出现频率上的细微差异很难归因于语体风格的影响。对更长篇幅的文本进行统计研究之后，这些差异可能就会消失。

因此，音位出现的频率似乎并不受语体风格的控制，至少在德语中是这样。可以选择任何文本对音位出现的频率进行统计研究。(诗歌和专门创作的散文文本除外，因为为引起特定的效果，该类文本创作过程有意人为地偏离了音位出现的自然频率。)[7] 不过谨慎起见，还是应该尽量消除不同的语体类型对此类研究的影响。最适合此类研究目的的材料似乎是记录各种日常对话的文本,[8] 或者是各种语体风格都有体现的报纸（政治头条、电报、科普文章、官方公报、体育报道、经济报道、连载小说等）。[9]

3. 音位出现频率的初步解释

目前，对音位出现的频率进行过统计研究的语言少之又少。因此，对统计数据做出解读并且就这个问题加以概括尚未成熟。不过，目前并不缺少此类研究。冯·吉内肯就不同语言中个体音位出现频率上的差异的成因，提出了一套理论。[10] 根据他的理论，每个人天生地对某些类型的发音存有偏爱。讲话过程中，说话人会本能地选择那些出现这类（他所偏好的）音的词。但由于所有民族均通过不同种族的混合形成，所以不同的遗传性种族特征混合在一起，存在于特定民族的每一个体当中。这些特征也对应着发音偏好的特征。进一步看，由于同民族内不同个体具有的种族构成成分相同，所以对于所有人来说，音位系统也相同。音位出现频率的个体波动可通过同民族内不同个体所包含的不同种族成分数量上的不同配比来解释。该理论既非通过演绎的方法获得，亦非从具体的事实中归纳总结出来。确切地说，它是一种先验性的设想。它所使用的音位材料并不作为该理论的基础，也不是对该理论的验证，只不过是被其所阐释。这种阐释始终停留在纯粹的假想层面上：如果特定语言中，某个音位显示出特别高或特别低的出现频率，可以认为该民族的种族特征偏好或抑制这个特定的发音动作。但是这种假设值得商榷。首先,它必须表明连续话语中,一个音位出现频率的高低取决于说话人的种族特征。非洲语言中音位出现的频率与北美的印第安语言中音位出现的频率不同。但是这绝对不能证明音位出现的频率取决于种族特征,因为非洲语言和印第安语言的区别不仅仅在于音位出现频率的不同,还在于它们音位系统和语法结构的不同。客观的证据只能来自于实验,实验中要把相关的因素与其他所有因素完全分离。例如,两个实验对象属于不同的种族,但母语和受教育水平相同,就可以对他们进行关于音位出现频率的研究调查。(他们的言语也必须属于同一风格。)然而,只有对来自不同种族的个体、就不同的语言重复几百次这种实验,实验的结果才能取得科学价值。只有那时方可对这个问题加以讨论。

另外一个关于音位出现频率的理论由齐普夫提出。[11] 根据该理论,一个音位的实现方式越简单,它出现的频率就越高。在该理论中,齐普夫完全从科学的角度出发。因此,在检验该理论的合理性时,必须同样从严格的科学角度出发。不过,发音的复杂程度并不能单单从自然科学的角度来衡量。发浊塞音时,声带紧张,但与此同时,口腔内的器官却是放松的。相反,在发清塞音时,声带松弛,但口腔内器官却是绷紧的。哪一个发音更复杂?在送气辅音的发音中,声门大开,即维持在与正常呼吸时一致的位置,但在发不送气辅音时,声门必须在辅音除阻的同时转换位置,以防产生送气。但是另一方面,气流越大,口腔内器官越紧绷。因此,就送气与否的对立而言，很难说是送气辅音还是不送气辅音"更复杂"。这一点同样适用于所有基于除阻方式的对立关系。在基于发音部位的对立关系当中，复杂的程度甚至更难确定。齐普夫指出 m-n 之间的对立可以作为一个例子。他认为，根据很多语言中 n 比 m 出现频率高，因此可以得出 m 是"更复杂的音"的结论。但是 m 的发音是通过双唇的紧闭和软腭的下降完成的。换句话讲，发音器官处在完全放松的位置（除了声带绷紧），而 n 的发音则需要舌尖抬升至齿或齿龈的位置，而且通常伴随有下颚相应的移动（除了与 m 共有的声带的绷紧）。因此，毫无疑问，这个理论同样不应该被接纳，至少在其目前的设想中。

上面讨论的两种理论受到批判主要是因为它们试图借助于生物的、语言之外的因素来解释音系事实。不过可以说，齐普夫的理论还是可以"转换成音系意义上的解释"。科恩（Marcel Cohen）在讨论齐普夫的著作时，已经暗示了这一点。[12] 从音系的角度，这个理论大致可以这样阐述："在构成有无对立关系的两个成分当中，无标记的成分在连续的话语中出现的频率要高于有标记的成分"。这种阐述总体上是合理的，但绝不可以看作一个无例外的定律。我们必须区分可中和的对立和不可中和的对立，并且还要考虑它们可中和的程度。在俄语中，硬腭化辅音和非硬腭化辅音的对立存在于 12 对音位中，但中和规则只用于 11 对音位。实际上，非硬腭化辅音 p、b、f、v、t、d、s、z、m、n、r 要比对应的硬腭化辅音 p'、b'、f'、v'、t'、d'、s'、z'、m'、n'、r' 出现的频率高（比率大概为 2 : 1）。但这条规则并不适用于这对音位 $l : l'$：硬腭化的 l' 在俄语中出现的频率要

高于非硬腭化的 l（$l:l'=42:58$）。l–l' 之间的对立只能在 e 之前发生中和，而 p–p'、t–t' 等对立在其他位置也可以发生中和（舌尖音、咝擦音和硬腭化唇音前），这可能并非偶然。俄语中清浊相关关系可以发生中和：词末、停顿前或者以响音起始的词之前的位置上，只允许出现清阻塞音。这表明清阻塞音是清浊相关关系中的无标记成分。然而，音位 v（以及对应的硬腭化 v'）则占据一个独特的位置：一方面，它不能出现在词末；而且词中它被 f' 替代，即它在清辅音前对应的清音。另一方面，清辅音可出现在 v 之前（如"tvoj"［你的］、"svad'ba"［婚礼］、"zakvaska"［酸面团］）。其他浊阻塞音之前则不允许出现这种情况。换句话讲，v 对其他阻塞音的影响并不跟清浊相关关系中有标记的一方对阻塞音的影响一致。这可能与 v 的出现频率是 f 的四倍这个事实有关。相反，在清浊相关关系中其余的音位对中，浊音出现的频率是清音出现频率的四分之一。[13]

齐普夫提供的例子可用上边的公式统一解释。由于存在清浊相关关系的语言中，清阻塞音为无标记的对立项，正如存在送气相关关系的语言中，实现该功能的是不送气的阻塞音一样。在列兹金语（库里语）等语言中，送气的闭塞音为辅音强度相关关系中的无标记项。[14] 这些语言告诉我们，送气本身并不重要，重要的是对立关系。在这种情况下，作为一条规则，送气的闭塞音要比对应的不送气闭塞音出现的频率高（p^h 1.8 : P 0.8；t^h 5.2 : T 2.2；k^h 8.8 : K 0.7；c^h 9.0 : C 0.1）。对于发音部位为软腭后的辅音系列而言，关系正好反过来（q^h 1.6 : Q 3.8）。这里需要注意的是，与列兹金语中其他所有基于辅音强度相关关系的对立相反，$q^h : Q$ 之间的对立在重音之后的音节中并不发生中和。

毋庸置疑，无标记的对立项和有标记的对立项之间的差异，以及可中和的对立与不可中和的对立之间的差异，可以影响音位出现的频率。不过清楚的一点是，仅这个事实并不足以解释音位不同的出现频率之间的关系。很多语言中总是存在一些对立关系，它们作为有无对立的性质无法客观地得以确定。比如法语，清浊相关关系是有无对立和可中和的对立。然而，这一相关关系仅发生由环境决定的异化中和过程［类型（a）］。在这种情况下，超音位体现为何种形式由外部条件决定，以至于该对立关系中哪一个成分是无标记项并不能客观地证明。[15] 整体上，法语中清阻塞音出现的频率要高于浊阻塞音（大概为 60：40）。但对个体音位对而言，这个比率并不一致：ž 和 v 出现的频率要远高于 š 和 f；d 和 t 出现的频率大致相同，而在其他音位对中（p-b、k-g、s-z），清音出现的频率要远远高于浊音出现的频率。

4. 实际频率与预期频率

一般而言，关于音位出现的频率，确立严格的规则似乎并无成功的希望，这是因为音位出现的频率乃一系列驱动因素整体上作用的结果。音位出现频率的绝对数值具有的价值是次要的。真正有价值的只有这些数值与理论上预期的音位出现频率的数值之间的关系。因此，计算一个文本中音位实际出现的频率之前，必须认真估算所有理论上的可能性（了解所有的音位中和规则和组合规则）。譬如，我们可以想象一种语言，其中某一项辅音音位之间的对立在词首和词末发生中和，而且中和位置上出现的只有无标记的对立项。因此在这种语言中，这一对立的无标记项既可以出现在每个音节首音的位置上，还可以出现在词末位置上，而有标记项则可以出现在所有音节的起始位置上，词首音节除外。如果这种语言每个词包含的音节平均数量等于 α，可以预料到无标记的对立项出现的频率与有标记的对立项出现的频率之间的关系，体现为 α+1 比 α-1 的关系。车臣语中，双辅音只出现在词中位置上（正如大多数存在双音性相关关系的语言中的情况），而且每个单词平均包含 1.9 个音节（至少在民间故事中如此），因此，双音性辅音出现的频率与相对应的非双音性辅音出现的频率之间的比值应该是 9∶29（即将近 1∶3）。实际上，统计后得出以下数值：

     tt∶*t* 12∶90 （4∶30）
     qq∶*q* 6∶45   （4∶30）
     čč∶*č* 25∶59 （13∶30）
     ll∶*l*   16∶32 （15∶30）[16]

  据此，双音性的 *čč* 和 *ll* 的使用频率要比人们理论上预期的频率更高，而双音性的 *tt* 和 *qq* 则极少使用。车臣语闭塞音还存在回归音相关关系（超音位体现为非回归式的闭塞音）。但这一相关关系只出现在词首，词中和词末则发生中和。因此，这一对立中的有标记项在词首只能出现 $\frac{\beta}{\alpha}$ 次（如果将一个文本

中音节总数视作 β，单个词包含的音节平均数量为 α 的话）。另一方面，相对应的无标记项既可以出现在每个音节首音的位置，还可以出现在词末，也就是说，它们可以出现的次数为 $\beta+\dfrac{\beta}{\alpha}$。因而，预期出现的频率体现为 $\dfrac{\beta}{\alpha}$ 与 $\beta+\dfrac{\beta}{\alpha}$ 之间的比值关系，即 1 比 α+1。由于车臣语每个词所包含的音节平均数量为 1.9，我们获得的比值为 1：2.9。实际上得到的数据如下：

    t' : t 33 : 90 （11 : 30）
    k' : k 38 : 47 （24 : 30）
    q' : q 21 : 45 （14 : 30）
    c' : c 17 : 97 （5 : 30）
    č' : č 5 : 59 （2.5 : 30）
    p' : p ? : 27 （?）[17]

  整体上，回归音和非回归音出现频率的比值大致相当于预期的比值（114 : 365 = 0.9 : 2.9）。但是，两类音中单个音位出现的频率在很大程度上均偏离该比值。不过无标记项出现的频率依然始终高于有标记项。要将所有理论上的可能性做成图表，并非始终如上面引用的例子那般简单。不过，我们不应因为制表过程当中的技术困难而沮丧。因为只有在此类制表的基础上，通过与我们所获得的关于音位可能出现的频率的数据作对比，关于音位实际出现频率的数值才有价值。它们体现特定语言中一个音位使用频率的高低。

  在考察一个文本中音位出现的频率时，不应单单考虑一个音位总体上出现的频率，还应考虑该音位在特定位置上出现的频率。比如，如果一项可中和对立中的无标记项（超音位的体现形式）以特定的频率出现在中和位置上，这就证明该对立在此位置上并未得以充分利用。但是，如果这个无标记的对立项在某个相关的位置上极为频繁地出现（换句话讲，如果它出现的频率高于理论上预期的频率），这就表明这个位置"偏爱"使用该对立。包括不可中和的对立在内的不同对立关系的不同利用程度也可以通过数据统计确定。在很多语言里，有些位置上只允许极少数音位出现，相应地，也就只存在极少的区别性对立。根据这些对立出现的频率超出或低于理论上预期的频率，可以确定这些对立的利用程度的大小。

因此，应该用更详细的、更具体的表格替代总体性的统计表格对音位进行统计。此类表格关注的对象不再以音位为中心，而是以音位对立为中心，因为在音系学以及其他所有领域中，应该时刻记住音系学研究的真正对象不是音位，而是音位之间的对立关系。

5. 音系统计与词汇

上面的讨论明确表明，仅仅对文本进行统计调查不足以获得各种音系成分相对的利用程度的总体情况，必须通过本质上也是统计研究的词汇考察对此类研究加以补充。这里还应考虑实际数据与理论上可能的数据之间的关系。马泰休斯和特恩卡在这方面已进行重要尝试。马泰休斯的研究非常清楚地证明此类调查对不同语言音系系统进行分类的重要性。如果对不同语

第七章 音系统计学

言中由两个音位构成的词进行一番比较，人们会很容易相信这一点。在德语中，18 个辅音可以出现在词首（*b*、*p*、*m*、*d*、*t*、*n*、*k*、*g*、*c*、*z*、*š*、*f*、*v*、*p̌*、*h*、*r*、*l*、*j*），14 个辅音可以出现在词末（*p*、*m*、*t*、*n*、*k*、*ŋ*、*x*、*c*、*s*、*p̌*、*f*、*š*、*r*、*l*），但所有重读的元音音位均可出现在词首和词末（即 10 个音位，如果不区分 *ä* 和 e 的话）。不允许出现的是以下组合形式：*j*+*i*，*au*+*r*，*au*+*ŋ*，*eü*+*r*，*eü*+*ŋ*，*ai*+*r*，*ai*+*ŋ*，*o*+*ŋ*，*ö*+*ŋ*。因此，德语中理论上可能存在 179 个（[18×10]-1）词以"辅音+元音"的结构类型出现，132 个词（[14×10]-1）以"元音+辅音"的结构类型出现（暂不考虑接触类型的差异）。事实上，德语中具备"辅音+元音"结构类型的词有 57 个：

"du"[你], "Kuh"[牛], "zu"[到……去], "Schuh"[鞋], "wo"[哪里], "loh"[闪耀的、明亮的], "roh"[生的], "Bau"[结构], "Tau"[绳子、露水], "kau"[咀嚼, 命令式], "Gau"[省], "Pfau"[孔雀], "Vau"[v], "Sau"[母猪], "schau"[看, 命令式], "hau"[砍倒], "lau"[不冷不热的], "rauh"[粗糙的], "die"[定冠词], "nie"[从不], "Vieh"[牲畜], "wie"[如同], "zieh"[拉、画], "sie"[她、他们], "hie"[在这里], "lieh"[借给], "mäh"[割草, 命令式], "Tee"[茶], "näh"[缝, 命令式], "Weh"[疼痛], "Zeh"[脚趾], "See"[海洋], "je"[曾经], "geh"[去往, 命令式], "bei"[接近于……、在……], "weih"[保佑], "zeih"[指控, 命令式], "sei"[是, 命令式], "reih"[安排, 命令式], "leih"[借给, 命令式], "Küh'"[牛（复数）], "Höh'"[高度], "neu"[新的],

"scheu"［害羞的］，"Heu"［干草］，"Leu"［狮子（诗歌用语）］，"Reuh'"［懊悔］，"da"［那里、自从］，"nah"［接近］，"sah"［锯成小块］，"ja"［是的］，以及字母"Be"［b］，"Pe"［p］，"De"［d］，"Ha"［h］，"Ka"［k］。

具备"元音+辅音"结构类型的词有37个：

"Uhr"［手表］，"Ohr"［耳朵］，"ob"［是否］，"Aug'"［眼睛］，"auch"［也］，"aus"［来自于……］，"auf"［在……上］，"ihr"［你们；她（与格）］，"im"[在……里］，"in"［在……里］，"iß"[1]［吃，命令式］，"er"［他］，"El"［字母l］，"Em"［字母m］，"En"［字母n］，"eng"［紧的］，"Eck"［角落］，"ätz"［腐蚀，命令式］，"es"［它］，"Esch'"［白蜡树］，"Eid"［誓言］，"ein"［某一个］，"eil"［紧急做某事，命令式］，"Eich"［橡树］，"Eis"［冰］，"Eul'"［猫头鹰］，"euch"［你们］，"Aar"［老鹰或任何一种猛禽（诗歌用语）］，"Aal"［鳗鱼］，"am"［在……，与格］，"an"［在……］，"ach"［哦］，"aß"［吃（过去式）］，"Aff'"［猿］，"ab"［从……脱离（下来）］，"Asch'"［灰烬］。

在法语中，允许出现在词首的辅音有15个（b、p、d、t、g、k、v、f、s、š、ž、m、n、r、l），允许出现在词末的辅音有18个（b、p、d、t、g、k、v、f、z、s、š、ž、m、n、ŋ、r、l、j）。元音音位中，可以出现在闭音节中的有12个（u、o、ɔ、a、ɛ、i、ø、y、õ、ã、ɛ̃、ø̃），出现在开音节中的有13个（加上e）。法语还不允许出现"鼻化元音（õ、ẽ、ø̃、ã）+m、n、ŋ、r、l、j"

---

[1] 英译本 ß 拼写为 ss。——译者

的音位序列。因此，理论上可能存在195个词（15×13）具备"辅音+元音"的结构类型，192个词（[12×18]-[4×6]）具备"元音+辅音"的结构类型。事实上，有142个词体现为"辅音+元音"的结构类型，50个词体现为"元音+辅音"的类型。换言之，对于理论上可能具备"辅音+元音"结构类型的词而言，德语中只实现了31.8%，而法语中则实现了73%。对于"元音+辅音"的类型，两种语言对理论上可能存在的词的实现程度大致相同：德语为28%，法语为26%。然而，德语中由两个音位构成的所有单音节词中，这类词占40%，但是法语中这类词只占这些单音节词的26%。因此，可以发现，即使在如此小的范围之内，不同语言的个性也是显而易见。马泰休斯在《布拉格语言学会论丛》首卷中就捷克语和德语中音系手段的利用情况进行对比。他发现，在由两个或三个音位组成的词中，元音起始的词在德语中占25.2%，但在捷克语中只占8.2%。此外，德语在词末位置上使用辅音的组合形式较多，而捷克语在词首位置上使用辅音组合的形式较多。

所有这些赋予每种语言各自特点的特性，都可以用数据来体现。通过这种词汇调查的方法，还可以用数据的形式来确定每种语言区别性地利用单个音系对立的程度（它们的功能负荷），而且还可以从总体上确定音位平均的负荷量。由此得出两类语言："节约型"语言和"浪费型"语言。"节约型"语言中，仅通过一个音位就可以彼此区分的词的数量庞大，而且理论上可能的音位组合在实际情况中实现的比例也相当高。而"浪费型"语言就倾向于通过多个音系成分来区分词，并且理论上可能的音位组合实现的比例较低。

在对词汇进行音系统计研究的基础上，对连贯的文本进行音系统计的研究呈现出新的意义。可以说，关于音位出现频率的数据获得了双重相关性，因为问题在于要确定音位组合规则所决定的、并在词汇中得以实现的所有理论上的可能性在连贯的话语中被利用的程度如何。一类词含有的音位数量越大，这类词理论上可能存在的数量就越大。对词汇的统计研究可以显示这些理论上的可能性得以实现的比例，即具有特定词汇意义的一类特定的音位组合的数量。但是这种统计并不能表明这类词在正常连续的话语中实际出现的频率。只有对多个文本加以统计研究才可以为这个问题提供更多的信息。可能出现的情况是，那些理论上的可能性得以实现的比例较高的那类词要比实现的比例很低的那类词出现的频率低。至少目前来讲，不大可能说是否存在这样的具备普遍合理性的规律，或者说不同的语言在这一点上存在差异，因为音系统计方面的工作做得太少。在这个领域中，任何情况下都应该明确地引以为戒的做法是不要得出任何尚未成熟的结论和理论。

总之，应该指出的一点是，对词汇的统计研究肯定经常面临类似于文本统计研究中发现的问题。并不是所有领域的词都具有相似性和可比性。有些技术性术语仅仅为一小圈子的专家所了解，虽然从这些词常用的意义上看，它们并非外来词。这些术语是否应当包括在统计研究之内？有些词可能仅仅在词典中才可以找到它们的书写形式，它们的语音形式仅存在于方言中，因为根据它们所指代的事物，它们属于方言的范围（各种农业生活的技术术语，等等）。哪些语音形式应当用作统计的目的？几乎在任何一种语言的词汇统计研究中，此类问题皆会出现。但是对于某些东方语言的书面语而言，这些问题几乎难以解答。在任何情况下，都不应该认为这个问题太过简单。

1 见其文章"La structure phonologique du lexique du tchèque moderne"（*TCLP*, I, 67-85）和"Zum Problem der Belastungs- und Kombinations fähigkeit der Phoneme"（出处同上，IV, 第148页及以下诸页）。

2 B. Trnka, "A Phonological Analysis of Present-day Standard English", *Práce z vědeckých ústavů*, XXXVII（Prague, 1935）, 第45—175页。

3 W. F. Twaddell, "A Phonological Analysis of Intervocalic Consonant Clusters in Modern German", *Actes du IVe Congrès International de Linguisties à Copenhague*（1938）。

4 G. K. Zipf, *Selected Studies of the Principle of Relative Frequency in Language*（Cambridge, Mass.: Harvard University Press, 1932）, 以及 *Psycho-Biology of Language*（Boston-Cambridge, Mass.: Riverside Press, 1935）。

5 Karl Bühler, *Sprachtheorie*（Jena, 1934）。

6 "Kaukasische Märchen", A. Dirr 节选并翻译，出自 *Die Märchen der Weltliteratur*, ed. by Friedrich von der Leyen and Paul Zaunert（Jena, 1920）。

7　参阅 J. Mukařovský, "La phonologie et la poétique", *TCLP*, IV, 第 280 页及下页。

8　按照这样的方式进行转写的基础上, Peškovskij 提供了俄语口语的语音统计数据(Peškovskij, *Des'at' tys'ač zvukov russkogo jazyka* [Sbornik statej, Leningrad, 1925], 第 167—191 页)。瑞典语也有类似的研究, 依据的是瑞典议会发言的速记标音。遗憾的是, 这两种情况涉及的皆是语音的统计数据, 而非关于音位的统计数据。

9　可参阅如 B. Eldridge, *A Thousand Common English Words* (Buffalo: The Clement Press, 1911)。

10　参阅 J. van Ginneken, "Ras en Taal" (*Verhandl. d. Kon. Akad. van Wetensch. te Amsterdam*, Aft. Letterkunde, N. R. XXXVI, 1935); *De ontwikkelingsge-schiedenis van de systemen der menschelijke taalklanken* (Amsterdam, 1932), *De oorzaken der taalveranderingen* (Amsterdam, 1930); 以及 "La biologie et la base d'articulation", *Journ. de psychol.*, XXX, 第 266—320 页。

11　G. K. Zipf, *Psycho-Biology of Language*, 第 68 页及以下诸页。参阅特鲁别茨柯依在 *Slovo a slovesnost* (II, 1936, 第 252 页及下页) 中的参考文献。

12　参阅 Marcel Cohen, *BSL* XXXVI (1935), 第 10 页。

13　此外, 俄语中浊音 $\check{z}$ 出现的频率要比清音 $\check{s}$ 高。不过这一例外情况并不发生在那些将 $\check{s}$ 读成 $\check{s}\check{c}$ 的俄国人中。

14　关于列兹金语中音位的数据, 统计的是 P. K. Uslar "Kjurinskij

jazyk"(*Etnografija Kavkaza*, 第 291—299 页)附录中的第五个神话故事。

15 参阅 A. Martinet, *TCLP*, VI, 第 51 页及以下诸页。

16 Karl Bouda 选取的数据中的四号文本"Tschetschenische Texte"[*Mitteilungen des Seminars für orientalische Sprachen zu Berlin*, Jahrg. XXXVIII, Abt. II *Westasiatische Studien*(Berlin, 1935), 第 31—35 页]中的统计如下：tt、t、qqq、čč、č 的统计覆盖整个文本，ll 和 l 的统计仅涉及前 300 个单词。

17 整个调查的文本中，回归音 p 从未出现。

第二部分

关于标界成分的理论——语音的标界功能

第一章　导言[1]

　　除了用以区分个体意义单位［义素（sememe）］的音系手段，每一种语言还具备很多手段用来划分这些个体意义单位之间的界限。应当仔细区分语音的这两项功能，即辨义功能和分界功能。就语言本身而言，辨义功能不可或缺：为避免混淆，每一个对应不同意义单位的语音复合体必须有所差别，这一点是绝对有必要的。对于每一个个体特点足够鲜明的语音复合体而言，它应当在特定的序列中具备特定的"语音标记"。这些根据特定规则组合成有意义的语音复合体的"语音标记"，在每一种语言中的数量是有限的。语言只能以这样的方式运行；这与人类言语的本质有关。然而，另一方面，对有意义的语音复合体进行外部分界，却并非必不可少。连续的语流中，这些语音复合体可以连续出现并没有必要标明它们之间的界限。在这些"语音标记"（=音位的具体实现）中，一个特定标记出现在一个有意义的语音复合体（=词或语素）的末尾，还是出现在紧随其后的语音复合体的开头，多数情况下可以从整个语境中推测出。大多数情况下误解的可能性很小，尤其是通常情况下，当一个人听到一句话，他已经调整到特定的、非常有限的概念范围中，他只需考虑与这个范围相关的词汇要素就可以。

不过，每种语言都具备一些特定的音系手段来标明在语音连续体的某一个特定位置上是否存在句子边界、词边界或者语素边界。不过这些手段仅仅是辅助性的策略。可以把它们比作街道上的交通信号。直至今日，甚至大城市都还没有此类信号灯。即使今天，并非所有城市都引入了这些设施。没有它们人们也可以生活：只是需要谨慎和小心而已。因此并不是每条街道上都可以看见这些设施，只有一些街道上有这样的设施。与此类似，语言中的分界成分一般来说并不出现在所有有关的位置上，只是偶尔出现。它们之间的区别在于交通信号灯总是出现在"十分危险的"十字路口，而语言中分界成分的分布在多数语言中似乎相当随机。这可能是由于交通状况的调控是人为和理性的，而语言的形成和发展是自然的。不过，根据它们的心理属性，语言中的标界成分的确类似于交通信号灯：时不时地，人们可以放松一下注意力。

我们把语言中分界的手段称作边界标志。根据不同的原则，可以把它们分成以下几类：第一，基于它们与区别功能的关系；第二，基于它们的均一性或合成性；第三，根据它们标明边界的存在还是不存在；第四，根据它们所标明的边界类型（即涉及的是词边界、语素边界还是句子边界）。为了描写一种语言的特点，很重要的一点就是确定该语言中哪些类型的边界标志占主要地位，以及它们使用的频率。因此，语音的标界功能需要专门的统计研究。

1 N. S. Trubetzkoy, *Anleitung zu phonologischen Beschreibungen* (Brno, 1935), 第 30 页及以下诸页; "Die phonolgischen Grenzsignale", *Proceedings of the Second International Congress of Phonetic Sciences* (Cambridge, 1936), 第 45 页及以下诸页。

第二章　音位性与非音位性边界标志

在前面关于结构决定的中和类型的讨论中（第235页），我们注意到在有些语言里，一些区别性对立仅出现在意义单位（词或语素）的起始或末尾位置上。在其他所有位置上，它们发生中和。在这些情况中，特定对立关系中的有标记项除具备音位的价值（即区别性功能），还具备边界标志的价值，因为它们只出现在意义单位的（起始或末尾）边界位置上。这种情况适用于以下语言，如巴拉岛上使用的苏格兰-盖尔方言（Scottish-Gaelic）中的送气闭塞音，东部孟加拉语中的送气辅音和回归音辅音，车臣语中的回归式闭塞音和强调性硬腭化辅音，等等。同样，巴拉岛上使用的苏格兰方言中的鼻化元音、长元音和央元音系列（y、$ø$、$ə$），以及北奥斯加克语（North Ostyak）[卡济姆（Kazum）方言][1]中所有的圆唇元音（$ū$、u、$ō$、o）既是音位，同时还作为边界标志，这是因为它们只出现在第一个音节中。但是在这个位置上，它们还与对应的无标记的元音构成区别性对立（区别意义的对立）。以上所有这些例子涉及的情况均为"非边界位置上"，所有相关关系发生衰减性中和。因此在"边界位置"上，有标记的音位构成的整个一类音位成为边界标志。但还有可能发生的情况是，仅有无对立关系而非整个相关关系，单独发生衰减性中和。然而，这种情况产生的结果必然是某个有标记的对立成分的区别功能和分界功能的合并。另一方面，无标记的对立成分在这种情况下发挥的作用与上面讨论过的情况一样，只发挥区别性作用。比如，古典希腊语只在词首位置上存在送气性质的起首元音和不送气性质的起首元音之间的对立。因此，送气性质的起首元音既是一个具备区别作用的音位（如："ὥς"[如同]，"ὦς"[耳朵]，"ἕξ"[六]，"ἔξ"[外面的]），同时还是一个标记词的起始的标志。西部努埃尔语（Western Nuer）所有发音部位系列的闭塞音中，都存在清浊的对立。这种对立在唇音系列和两个舌尖音系列中无法中和，但在软腭音和硬腭音系列中，该对立在非重读音节中发生衰减性中和。因此，音位 g 和 j 只出现在词首，它们同时作为音位和边界标志。[2]

除了这些音位性边界标志之外，许多语言中还有一些特殊的非音位性边界标志。就这个术语而言，我们可以理解为一个音位某些位置上的组合性变体（只允许出现在边界位置上），允许出现在其他位置上。比如在泰米尔语中，阻塞音在词首实现为送气的清闭塞音（p^h、t^h、k^h）。然而在词中间，它们一部分实现为浊辅音，一部分实现为擦音（至于双音性辅音，则实现为不送气的闭塞音）。[3] 因此，这里 p^h、t^h、k^h 仅仅是边界标志：k^h-x 或 k^h-g（p^h-v、p^h-b 和 t^h-δ、t^h-d）之间的对立不具备区别作用。简而言之，它们不能用来区分词，只能用来划分词的界限：k^h（或 p^h、t^h）始终标志着一个词的开始。同样在该语言中，短的 u 在末尾位置上实现为一个不圆唇的后高元音（w）。由于这个元音在其他任何位置上都不以这种形式实现，所以 w 仅标志一个词的结束，u-w 之间的对立没有区别作用，只有分界功能。在日语中，g 和 ŋ 之间存在组合性变异的关系。g 只出现在词首，ŋ 只出现在元音中间。因此，g∶ŋ 之间的对立并不能区分不同的词对，不过确实可以用以划分词界，g 始终标志着词的开始。在个别语言中，某些擦音在词首实现为"塞擦音"：在上索布语中，清软腭擦音 x 在语素的起始位置上总是读成一个软腭塞擦音 kx（标作"kh"）。同样的现象在布里亚特语（Buryat）[布里亚特蒙古语（Buryat Mongolian）]某些方言中也可观察到，如阿拉尔（Alar）方言。[4] 沃古尔语索西瓦（Sosva）方言中，词首的 s 实现为一个塞擦化辅音"c"。[5] 此外，在先前提到的努埃尔语西部方言中，一个音位在其他位置上实现为 f，在词首则读作一个唇齿塞擦音 p̆（"pf"）。所有这些语言中，这些塞擦音仅作为相应的擦音的组合性变体。它们仅用以标明词（或语素）的开始。一个非音位性的边界标志类似于某些语言中发现的"词首元音前的喉塞音"，如德语、波兰语的南部方言、捷克语的波西米亚方言、亚美尼亚语等。它并非一个音位，仅仅是语素起始位置上"发出元音的一种自然的方式"。[6] 不过，芬兰语的喉塞音则是一个音位性边界标志。这个音只出现在词末元音之后的位置上，并在这个位置上与"后面没有喉塞音的元音"构成区别性对立（如"vie"[引导]："vie"[他引导……]）。

最后，所谓的"不自由"或"固定"重音也是一种非音位性的边界标志。由于所有包含音节（或莫拉）数量相同的词总是由同一音节（或莫拉）来承载这个重音，所以重音的位置并不能区分词义。但是，它却总是标明重读的韵律性音位与词边界的关系。[7]在目前讨论的大多数语言中，"固定"（力度）重音落在词首音节上，比如，盖尔语、冰岛语、拉普语、芬兰语、立沃尼亚语（Livonian）、上索布语和部分下索布语方言、捷克语、斯洛伐克语、匈牙利语、车臣语、达尔金语、拉克语、尤拉克－萨莫耶德语（涅涅茨语）、塔夫基－萨莫耶德语（牙纳桑语）[Tavgi Samoyed（"Nganasian"）]、叶尼塞－萨莫耶德语（埃内茨语）[Yenisei-Samoyed（"Enets"）]、沃古尔语、雅库特语（Yakut）、蒙古语和卡尔梅克语（Kalmuk）。其他语言中，这个固定的重音始终落在最后一个音节上，如亚美尼亚语、沃古尔语塔夫达方言（Tawda）、突厥语族的绝大多数语言和图巴图拉巴尔语（乌托－阿兹特克语系肖肖尼语族）。所有这些语言中，这个力度重音直接标明词的起始音节或收尾音节。在其他一些语言中，这个固定的重音与词边界间隔一个韵律性音位，也就是说，落在词的第二个或倒数第二个韵律性音位上。此类固定重音并不少见，但似乎只出现在有限的地理区域内。在欧洲，固定重音落在倒数第二个音节上的情况出现在波兰语[卡舒布方言（Kashub）除外]、捷克语和斯洛伐克语与波兰邻近地区的方言，以及下索布语的东部方言中。[8]同样的"重读倒数第二个音节的模式"还出现在马其顿和阿尔巴尼亚境内的一些保加利亚语方言中。[9]现已消亡的波拉布语中，重音落在词的倒数第二个莫拉上。

然而，对于呼气重音固定落在词的倒数第二音节上的模式而言，最为重要的分布区域并不在欧洲，而在非洲。这似乎包含所有的班图语言。至于固定重读第二个韵律性音位的模式，似乎在美洲语言中尤为普遍：前面章节中（关于莫拉计数型语言的特征的讨论那一部分）已提到的南部派尤特语（Southern Paiute）和迈杜语中，主要呼气重音落在词的第二个莫拉上（第174页）。所有这些情况中，重音与"词边界"之间隔有一个韵律性音位，重音并不直接标明词的边界，而是标明词边界就在附近。不过，重音与词边界之间的距离始终相同。甚至还存在一些更为复杂的情况，比如马其顿境内的一些保加利亚语方言中，固定重音落在倒数第三个音节上；[10] 在古拉丁语中，重音落在最后一个音节前的倒数第二个莫拉上。所有这些重读类型由一个词所包含的韵律性音位的数量自动决定，所以它们并不能区别两个词的意义。它们仅仅用以标明词边界就在附近，也就是说，它们是非音位性的边界标志。

由于"固定重音"标明词的边界，事实上只有在句中它才具有意义。在那些通过重读每个词的最后一个音节来标明词边界的语言中，就句末的词而言，词末的重音实际上应该可以省略掉，因为这个词的末尾边界已经由句末的停顿充分标明。事实上，很多语言都是这种情况。据波利万诺夫所述，[11] 朝鲜语重读每个词的最后一个音节。只有在句子的最后一个词中，重读第一个音节。乌兹别克语中，所有的词重音落在最后一个音节上。只有在动词的过去完成体形式中，主要重音落在第一个音节上。根据波利万诺夫貌似十分合理的观点，这与突厥语言广为人知的句法上的特殊性有关系，即定式动词出现在句末位置。这种特殊性可能还可以解释奥斯曼土耳其语（Ottoman Turkish）某些动词形式中重音的"后缩"现象，例如 -jor- 的现在时形式和疑问形式。捷克语中，固定重音落在词首音节上，"a"[和]、"že"[那个]等单音节连接词不重读。原因在于这些词一般出现在词首，句子的起始边界不一定需要标明。当然，在大多数固定重音语言中，重读规则已经成为一条相当自动的规则，所以就不再考虑句边界。[12]

1 参阅 W. Steinitz, "Chantyjskij（ostjackij）jazyk", *Jazyki i pis'mennost' narodov Severa*, I（1937），第 200 页及以下诸页。

2 参阅 J. P. Crazzolara, "Outlines of a Nuer Grammar", *Linguistische Bibliothek "Anthropos"*, XIII（1933）。

3 参阅 J. R. Firth, *A Short Outline of Tamil Pronunciation*（该单行本选自 Arden 编著的 *Grammar of Common Tamil* [1934] 修订后新版本）。

4 参阅 N. N. Poppe, "Alarskij govor", *Materialy komissii po issledovaniju Mongol'skoj i Tuvinskoj Narodnych Respublik*, II（Leningrad, Akad. Nauk SSSR, 1930）。

5 参阅 V. N. Černecov, "Manzijskij（vogul'skij）jazyk", *Jazyki i pis'mennost' narodov Severa*, I（1937），第 171 页。

6 德语中，词中间出现"两个相邻、分属两个音节的元音的位置"上也存在相同的发音（如"Theater"）。不过，德语中出现的两个元音紧邻、但形态上却无法切分的词属于借词。因此，这属于使用边界标志来标明借词的情况（见之后内容）。

7　参阅 R. Jakobson, *O češskom stiche*（Berlin, 1915），第 26 页及以下诸页；*Mélanges... van Ginneken*，第 26 页及下页。

8　参阅 L. Ščerba, *Vostočnolužickoje narěčije*（Petrograd, 1915），第 35 页及以下诸页；Zd. Stieber, *Stosunki prokrewieństwa języków łużyckich*（Kraków, 1934），第 70 页及以下诸页。

9　其他例子如 Boboštica 方言，参阅 A. Mazon, *Documents, contes et chansons slaves de l'Albanie du Sud*（Paris, 1936）。

10　参阅 B. Conev, *Istorija na bălgarskij ezik*, I（Sofia, 1919），第 465 页及以下诸页。

11　E. D. Polivanov, "Zur Frage der Betonungsfunktionen", *TCLP*, VI, 第 80 页及下页。

12　法语代表一种特殊的情况。其中重读与词边界无关。重音的唯一功能就是将言语组织成句子、句群和句子的韵律节奏。一个词单念时总是重读最后一个音节，这种情况完全是因为这个词被当作句子韵律节奏中的一个单位。法语的重音并不标示词的结束，而标示一个句法韵律单位、一个句群或一个句子的结束。法语中重音的后缩仅仅作为用来"体现语体的音系手段"。

第三章　个体标志与群组标志

上一章讨论的边界标志可以称作个体标志。它们或涉及只出现在词边界处或语素边界处的单个音位，或涉及个体音位的一个组合性变体，该变体只能出现在特定的边界位置上。[1]然而，还存在另外一类边界标志，即多个（音位或非音位）单位的组合，它们只出现在两个词或两个语素的交界处，从而标明该界限的存在。这些标志可称作群组标志。

音位性的群组标志指的是那些只出现在两个意义单位交界处的音位组合。这些组合的第一部分属于前一个意义单位的结尾，第二部分属于下一个意义单位的起始。这类边界标志数量极多，形式也多种多样。比如就德语而言，可以引用以下组合来说明这一点，我们只提及包含两个成分的群组标志："辅音+h"（"ein Haus"[一栋房子]，"an-halten"[停止]，"Wesen-heit"[本质]，"der Hals"[脖子]，"verhindern"[防止]，"Wahr-heit"[真理]）；"鼻音+流音"（"an-liegen"[与……相邻]，"ein-reden"[使自己信服]，"irrtüm-lich"[错误的]，"um-ringen"[包围]）；此外还有 *nm*、*pm*、*km*、*tzm*、*fm*、*mw*、*mg*、*mch*、*mtz*、*nb*、*np*、*ng*（*ŋg* 与 *ŋ* 相对立）、*nf*、*nw*、*pw*、*pfw*、*fw*、*chw*、*spf*、*schpf*、*schf*、*schz*、*ssch*、*fp*、*k*、*fch*、*chf*、*chp*、

281　*chk* 等。① 就法语而言，可以提及"鼻化元音＋m"的音位序列（如：un marin, on mange, grand'mère, emmener, nous vinmes）；至于英语，则存在 *θs*、*δz*、*sθ*、*zδ*、*čt*、*čs*、*šs*、*sš*、*dz* 以及其他许多音位的组合。对大多数欧洲语言来讲，大概均可列举出类似的音位性群组标志，[2] 不过在其他地域这些边界标志也并不少见。格陵兰语北部方言（Northern Greenlandic）存在两类辅音组合："r＋辅音"和"闭塞音＋辅音"。前者只出现在词中，而后者总是出现在词边界处，其中前一个词以闭塞音（*p*、*t*、*k* 或 *q*）收尾，下一个词以辅音起始。通卡瓦语中（得克萨斯州一种孤立的印第安语言），"两个辅音＋*l*"的组合只出现在词边界的位置上，其中第一个辅音属于前一个词。"*l*＋*š*＋辅音"的组合同样作为一个音位性的词边界标志。在此情况下，词边界出现在 *š* 和之后的辅音中间。[3] 在达科他语桑提（Santee）方言中，*tx̌*、*mt*、*mk*、*ms*、*mč*、*mx̌*、*sk'*、*x̌k'*、*gs*、*gč*、*gb* 和 *np* 这些组合只出现在语素边界位置上。[4] 根据沃德给出的词首和词尾位置上辅音与辅音组合的使用规则，埃菲克语中"*k/d/p*＋辅音"、"*t*＋*r* 除外的辅音"、"*m*＋非唇音辅音"和"*n*＋非舌尖音辅音"这些组合只能出现在句法环境中两词发生接触的位置上。[5] 因此，它们属于音位性的群组标志。就突厥语言而言，在拉德洛夫（W. Radloff）的《语音学》（Phonetics）一书的第十二章可以找到大量有用的材料。[6][7] 在阿尔泰语（Altai）一

---

① 从音位的角度上来看，这些组合分别为 nm、pm、km、cm、fm、mv、mg、mx、mc、nb、np、ŋg、nf、nv、pv、p̌v、fv、xv、sp̌、šp̌、šf、šc、sš、fp、k、fx、xf、xp、xk。——英文版译者

些方言和阿巴卡语（Abakan）一些方言，以及哈萨克－吉尔吉斯语（Kazakh-Kirghiz）（现为哈萨克语）中，"（清）阻塞音＋响音（*j*、*m*、*n*、*r*、*l*）"的组合只能出现在两词接触的位置上。阿尔泰语方言中，*tp*、*ts*、*tč*（=*čč*）、*pp*、*st*、*sč*、*sp*、*št*、*šč*、*šp*、*šs*、*čq*、*čk*、*čt*、*čs*、*čp* 这些组合标明语素之间的界限（同上引，第 226 页及以下诸页）或词之间的界限。除了特勒乌特语（Teleut），在哈萨克－吉尔吉斯语（第 231 页）、阿巴卡语北部方言（第 229 页）和阿尔泰语方言中，历史上的 *pq* 和 *pk* 在词中间的位置上变成 *qp* 和 *kp*（无法在形态上对它们进行分割）。因此今天在这些方言中，*pq* 和 *pk* 这两个组合总是标明词（或语素）边界。同样的情况还适用于阿巴坎语方言中的两个组合 *qs* 和 *ks*（第 229 页）。雅库特语中，*t+k*、*t+s* 和 *s+t* 这三个音位序列始终标明词边界的存在（第 236 页和第 238 页）。拉克语中，包含一个流音或一个鼻音的辅音组合允许出现在语素内部，而两个阻塞音的组合则始终作为边界标志。"阻塞音+*s*"的组合形式不但出现在语素边界处，还出现在词边界处。其余的阻塞音组合仅出现在句法环境中两个词接触的位置上。阿瓦尔语允许语素内出现多种辅音的组合形式，不过词中则不允许出现"唇音+流音"的音位序列。一旦出现这种音位序列，两个辅音就会发生换位。如："qomòr"［狼］：作格 qormìc̓a（<*qomrìc̓a）；"xibìl"［侧面］：作格 xolbòc̓a（<*xoblòc̓a）；有些借词也是如此，如 "ilbis"［撒旦］= 阿拉伯语 "iblis"，"q'ilba"［南方］= 阿拉伯语 "quibla"。因此，这里"唇音+流音"的音位序列只能出现在句子中两词发生接触的地方（如，

282

"k'udìjab ròso"［大的村庄］,"qàḫab lèmag"［白羊］），必须将其视作一个音位性的群组边界标志。

有些语言中，意义单位之间的界限依据它们本身的音位结构可以预先区分开。这就是所谓的"单音节"或"孤立型"语言中的情况。缅甸语中，所有词（即语素）都是单音节的，由一个元音音位或"辅音音位＋元音音位"的音位序列组成，"元音音位＋元音音位"或"元音音位＋辅音音位"的音位序列只能出现在句中两个词互相接触的位置。因此，这些音位序列是音位性的群组边界标志。汉语北方方言中，一个语素可以以元音、复合元音或一个不确定的鼻音收尾（或一个不确定的流音，但并非所有方言皆是如此），可以以一个元音或辅音起始，两个语素之间的界限往往还可以通过音位序列来明确无误地标出（比如通过"鼻音＋辅音"、"流音＋辅音"、"元音＋辅音"等序列）。通常情况下，"元音＋元音"的音位序列可以作为明确的音位性的群组边界标志，因为并非所有的元音可以彼此组合构成复合元音。而且仅在一些例外情况中，这些音位序列的音位结构不足以把语素相互区分开（比如 u̯ai̯o = u̯ai̯ + o 或 u̯a + i̯o 这些序列）。在这类情况中，非音位性的因素将会发挥作用。

与音位性的群组边界标志同样常见的是非音位性的群组边界标志。作为例子可引用德语中软腭的 x 与硬腭的 x，以及软腭的 g 和硬腭的 g 之间的对立。xə 和 gə 这两个音节（"che"、"ge"）在后元音之后读成软腭的 x 和 g（u、o、a、au 之后："suche"［寻找］、"Woche"［周］、"Wache"［手表］、"rauche"［抽烟］、"Fuge"［接口］、"Woge"［波浪］、"sage"［说］、"Auge"

[眼睛]），但在其他位置读作硬腭的 x 和 g。因此，这可能导致大家认为硬腭的 x、g 与软腭的 x、g 之间的对立在 ə 前面没有意义。实际上，前面的 u、o、a、au 产生的软腭化效果没有超出一个语素的范围。在 "im Zuge stehen"[站在风中/火车中] 这个短语中，g 是个软腭音，因为它与前面的 u 同属一个语素。然而，在 "zugestehen"[坦白] 一词中，g 与 u（cu-gə-šte-n）之间存在一个语素界限，因此 g 是硬腭音。同样，在 "machen"[去制作……] 中，x 是一个软腭音，因为它与 a 同属一个语素（max-n）；但在 "Mama-chen"[母亲（指小）] 中，x 是一个硬腭音，因为它与 a 之间存在一个语素界限（mama-xən）。因此，德语中 g 和 x 在后元音之后硬腭音的实现形式是一个非音位性的群组边界标志。就英语而言，可以参考两类 l 的分布情况。规则规定 l 在元音前读作"明音 l"，但在辅音之前和末尾位置上则读成"暗音 l"。不过，更确切的说法是"同一个词内元音的前面"，而不单单是"元音前面"，因为这条规则在词边界的位置上并不起作用。因此，在"we learn"（语音形式为 wilə:n）中，l 为"明音 l"，而在"will learn"（语音形式为 wiḷə:n）中 l 则是"暗音 l"。所以，英语中明音 l 和暗音 l 仅仅是同一音位的两个组合性变体。但在"元音+l+元音"的音位序列中，音位 l 的明音变体和暗音变体之间的对立具备分界功能。在这个音位序列中，音位 l 的暗音实现形式标明 l 和后面的元音之间存在一个词边界。在俄语（以及德语或英语）中，硬腭的 k 和软腭的 k 之间的对立是非音位性的：e 和 i 之前，k 读作硬腭音；其他位置上 k 则读成一个软腭音。但这条规则

在词边界处并不运用。如果一个词以 k 收尾，下一个词以 e 或 i 开始，k 依然读软腭音，并且元音 i 和 e 还会相应地发生舌位的后移（e>E、i>ɯ）。如："k etomu"［到这个］读作 kɛtəmŭ（而"keta"［一种西伯利亚鱼］读作 k'etă）; "mog eto"［能－这个］读作 mɔkɛta; "k izbam"［到小屋中］读作 kɯzbəm（而"kis by"［将要变酸］读作 k'izby）; "drug i prijatel'"［知己］读作 drùkŭ pr'ĭjǽt'ĭl'（而"ruki prijatel'a"［朋友的双手］则读成 ruk'ĭ pr'ĭjǽt'ĭl'ə）。因此，俄语中 kɛ 和 kɯ 这两个音位序列属于群组性的边界标志，它们标明音位 k 和其后的元音音位 e 或 i 中间存在一个词边界。俄语语素内，e 之前只允许出现硬腭化辅音。因此这个位置上硬腭化相关关系被中和。然而，如果 e 之前存在一个语素界限的话，前面的辅音就不会被硬腭化。如："s-etim"［与此］、"iz-etogo"［自此］、"v-etom"[在此]、"pod-etim"［在此之下］、"ot-ctogo"［自此/关于此］，它们的读音分别为 set'ĭm、iztəvə、vɛtəm、pădetĭm、ătɛtəvə。音位 e 之前的辅音没有发生硬腭化作为一个标明语素界限的非音位性的群组标志。俄语音位 ă（非重读的 a）在词首、元音之后和重读音节之前并紧邻重读音节的音节中实现为 a，但在其他位置上则实现为 ə。一个音位序列中，如"zvùkabrŭvà-（j）icərɑ̀zəm"这个短语，第一个 a 之前应该出现一个语素界限（因为重读音节前、但并未紧邻重读音节的非重读音节中，k 后面的 a 应该实现为 ə）。不过 ə 与 r 之间也应该出现一个词边界，因为同一个词内重读音节前面并与之紧邻的音节中，a 不应该实现为一个 ə，只能实现为 a。因此，只存在一种方式对上面的音位序列加以切分："zvuk ăbrŭvàjĭcə ràzəm"（音系形式为"zvuk ăbrĭvajĭcă razăm"[声音突然停止了]）。因此，俄语中 a 和 ə 这两个音子是音位 a 的组合性变体。通过它们与重读音节的关系，它们作为标明词边界的群组标志的一部分。

另外一种特殊的群组标志体现为所谓的"元音和谐"。这里，存在一些介于非音位性的边界标志和音位性的边界标志之间的中间情况。我们之前已讨论过伊博语的元音系统。伊博语中，一个词要么只包含开口元音，要么只包含闭口元音（第109页）。如果该语言的一个句子中，一个含开口元音的音节紧邻一个含闭口元音的音节出现，那么这两个音节中间肯定存在一个词边界。很明显这里涉及一个群组标志，但是这个标志是音位性的还是非音位性的，就没那么清晰。一方面，某些位置上（即词根的第一个音节中）开口元音和闭口元音是具备区别作用的不同音位。但另一方面，开口元音和闭口元音之间的对立在词根第一个音节除外的音节中被中和（根据元音和谐律）。芬兰语似乎也存在类似情况。前面已经提到（第102页），u-y、o-ö、a-ä 之间的对立在含有元音 u、y、o、ö、a 或 ä 的音节之后的非起始音节中发生中和。u、o、a 后面只能出现 u、o、a，y、ö、ä 后面只能出现 y、ö、ä。如果这些元音在句法环境中以不同的次序出现（如："hyvä poika"[好男孩]、"iso pyssy"[大罐子]），这标明两个词之间界限的存在。不过还是存在其他一些更明确的例子，展示了与元音和谐有关的非音位性边界标志。兰巴语中，在含有 ē、ō、ĭ、ŭ 和 u 的音节后面，非词首音节中不重读的 e 和 o 实现为闭口元音 e 和 o。在其他所有位置上，它们实现为开口元音 ε 和 ə。[8] 所以，这些元音在含有 i 和 u 的音节后实现为开口元音意味着这些音位之间存在一个词边界。同样在祖鲁语中，同一个词内，e 和 o 在含有 i、u、m、n 的音节之前是闭口元音，在其他位置上则是开口元音（ε 和 ɔ），[9] e 和 o 这两个音位在含有 i、u、m、n 的音节之前实现为开口元音标明 e 和 o 后面紧跟一个词边界。在泰米尔语中，e、ē、o、ō 在 i 和 ī 前面实现为闭口元音，在 a 和 ā 前面实现为开口元音。[10] 当出现违反该规律的情况时，就会发现 e、ē、o、ō 这些音位后面存在一个词边界。应该把所谓的谐调性与真正意义上的"元音和谐"区分开。这种情况在某些突厥语族语言中最为明显，比如伏尔加－鞑靼语（Volga Tatar）或喀山－鞑靼语（Kazan Tatar）、巴什基尔语（Bashkir）、哈萨克－吉尔吉斯语或哈萨克语，以及乌兹别克语（Uzbek）钦察（Kipchak）方言。纯粹从语音学的角度来看，谐调性的特点体现为特定语言中，每一个词要么只能包含前元音和硬腭化辅音，要么只能包含后元音和软腭化辅音。[11] 由于这种谐调性只在单个词的范围内有效，"硬腭化辅音或前元音＋软腭化辅音或后元音"和"软腭化辅音或后元音＋硬腭化辅音或前元音"这样的音位序列就标志着该序列的两个成分之间存在一个词边界。同一语言中，另外一组标明词边界的非音位性的群组标志乃所谓的唇部特征吸引规则运用的结果。根据这些规则，非词首音节中的元音音位如果音系上不具备任何类型的音色特征，那么它们在某些圆唇元音后面则实现为圆唇的元音。[12] 在连续的语流中，若某个位置上该规则被违反，则存在一个词边界。突厥语

第三章 个体标志与群组标志

族语言之外的语言中同样存在与谐调性和圆唇同化有关的现象，比如一些芬兰－乌戈尔语系语言和蒙古－通古斯语族语言。这些现象总是用来作为存在词边界的标志。

谐调性可比作乐律中的音调。在"谐调性"语言中，每个词就好像一串在特定的音调内移动的语音。但这类语言中仅存在两个这样的调，谐调性利用一个句子中声调的变换来标明词的边界。不过正如"谐调性"语言中一个词构成一个音色单位一样，其他一些语言中，一个词被看作一个特殊的节律单位。这些语言存在不自由的固定重读模式，除了一个主要重音，还存在一个次要重音（同样是自动决定的）。有时所有涉及音段长度的相关关系，甚至辅音和元音的特征标记，都会受到这个呼气重音的分布情况的影响。比如南部派尤特语中［乌托－阿兹特克（Uto-Aztecan）语系肖肖尼（Shoshonean）语族］，主要重音落在词的第二个莫拉上，次要重音落在每个偶数莫拉上（即落在第四、第六、第八个等偶数莫拉上），那些"弱的"莫拉（即既不承载主要重音也不承载次要重音的莫拉）在双音性辅音前为清音。这些清元音前面，闭塞音读成清送气音，连续音（摩擦音、鼻音和 r）读成清辅音。但另一方面，浊元音前面，闭塞音是（清的但却）不送气的，哑擦音除外的连续音是浊的。词末的短元音始终是浊的，与重音分布情况无关。[13] 因此，通过所有音位的不同实现形式，词的节律结构得以突显。任何打破这种节律惯性的形式，总是标明一个词的结束和另一个词的开始，因此这个形式获得一种独特的潜能。在大多数芬兰－乌戈尔语系语言和萨莫耶德语族语言中，存在固定的词首重音，次要重音落在每一奇数音节或莫拉上（即第三个音节、第五个音节、第七个音节，等等）。[14] 这就产生了某种节律惯性，一旦这种惯性被打破，那么就标志着词边界的存在。在部分这样的语言中，词内的这种节律惯性通过多种其他的方式得以强化，这些方式一部分是音位性的，一部分是非音位性的。比如，在沿海地区的拉普人使用的马提佛诺方言中，无论是 c、$\mathfrak{z}$、$č$、$\mathfrak{z}'$、d'、γ、δ、η、n'、l'，还是双音性辅音，都不能出现在偶数音节中（即第二个、第四个、第六个音节等）的元音之后、并紧邻该音节的位置上。这个位置上出现的辅音组合的数量也十分有限（sk、st、sn、$št$、$šD$、jD、lD、rD、lG、rG、lm）。除了这些突出一个词内偶数音节和奇数音节之间的对立的音位性方式，还存在非音位性的方式：偶数音节中的元音"极短"，且出现在清辅音之间时，类似于耳语；强辅音 p、t、k 在偶数音节中的元音后面时，总是送气。因此，一个词的扬抑节奏不仅通过重音之间的关系，还通过个体音节整体的语音构造得以固定化。此外，词内音节实现为何种"节拍"取决于整个词。词源上同为长元音或短元音的一个元音在相同的辅音环境中的实际长度，取决于这个元音出现在词首音节还是非词首音节中，以及该词所包含的音节数目。[15] 因此拉普语的这种方言中，词就是一个节律单位。一个句子中，如果不同位置上的节律惯性被违反，就表明这个位置上存在词的边界。需要注意的是，在类似于拉普语这样的语言中，似乎明显地存在通过非音位性（语音）的方式把词组合成节律单位的趋势。但是这种趋势在其他许多语言中同样存在，只是以一种不太明显的形式（这些语言并非都有固定的重音）。

很明显，词还可以作为旋律单位。在那些重音主要为音调重音的语言中，即莫拉计数型语言中，这一点尤为明显。在立陶宛语词内部，重读音节前的音节在音高上体现为升调，而重读音节后的音节则体现为降调。[16] 连续话语中，在这种关系被搅乱的位置上，即一个降调音节出现在一个升调音节之前的位置上，这两个音节之间肯定存在一个词边界。因此这种情况下，一个标明词边界的非音位性的群组标志产生于一个词整体的旋律结构中。

最后，需要提及的是在某些情况中，很难确定涉及的是一个非音位性的边界标志还是一个音位性的边界标志。在中古印度语的某些方言中（普拉克里特语），如马哈拉施特拉语方言，闭塞音 p、ph、b、t、th、d、dh、k、kh、g、gh、c、ch、j、jh 在词中短元音之后或非复合词中，始终变长。只有出现在一个复合词第二个成分的起始位置上，这些闭塞音在短元音后面才以非双辅音的形式出现。如："digghakaṇṇo"［长耳朵］= "diggha"［长的］+ "kaṇṇo"［耳朵］。因此，唇音、舌尖音、软腭音和硬腭音系列中的双音性闭塞音和非双音性闭塞音可以看作两个组合性变体，"元音 + 非双音性闭塞音"的组合可看作一个标明词边界（或复合词构成成分之间的边界）的非音位性的群组标志。不过这种关系有时会被搅乱，因为在马哈拉施特拉语方言中，某些辅音构成区别性的双音性相关关系（即卷舌的浊闭塞音 $ḍ$ 和 $ḍh$，鼻音 $ṇ$ 和 m，流音 l 和擦音 s）。[17] 这可能会造成一种感觉，使大家认识到辅音双音性对立的音位价值，以至于（"digghakaṇṇo"［长耳朵］中的）k 和（"vakkala"［母牛］中的）kk 可能不会被看作组合性变体，而是两个不同的音位。(这种情况下"元音＋非双音化的唇音、舌尖音、软腭音或硬腭音"只能视作音位性的群组标志。)

本章最后，我们对组合性变体略做评论。最近，音系学家中间出现一种声音，要求将组合性变体的研究从音系学领域中去除。[18] 根据这种观点，组合性变体属于言语的研究范围。它们存在的原因是由于语音发音的生理机能的缘故。因此，它们与音系毫不相干。如果音系学家依然提及组合性变体并对之加以考虑，这是以往以语音学为导向的研究方法的残留，或者是对语音的历时（历史）研究加以考虑的做法。很明显，这种情况是对组合性变体所发挥作用的一种误读。组合性变体不仅是由因果关系决定的现象，还是由某种目的决定的现象，这些现象具备特殊的目的，发挥明确的功能。[19] 这种功能总是体现为标明另外一个语言成分处在与之紧邻的位置上，这个语言成分可以是某个具体的音位或一个（词或语素的）边界，或两者兼有。目前清楚的一点是，当一个组合性变体直接标明词或语素的边界时，它的功能属于语言系统（语言）的范畴之内。因为划分一个词中语素的界限与区分不同的词同样都"与语言相关"。但另一方面，如果一个组合性变体只能标明邻近位置上存在一个音位，这个变体很明显属于言语行为的范畴之内。因为只有就言语行为而言，这个变体对于确保准确地感知一个音位才有意义，不仅通过这个音位本身的实现形式，还通过邻近音位实现过程中的一些独特的特点来确保音位的感知。这种"对感知的确保"就预设了是以言语为导向,这是言语的研究范围内的特点,与语言系统(语言)无关。那些同时标明邻近位置上音位的存在和它们与(词或语素)边界之间的关系的组合性变体,体现了一种过渡状况。此类组合性变体(即非音位性的群组标志)游荡在语言系统和言语行为之间,因此需要音系学家和语音学家都对之加以关注。在一些特定的词的序列中,词与词之间的边界通过非音位性的群组标志来标明,这些序列当然只出现在言语行为中。不过,导致这些群组标志产生的发音规则,却属于语言系统的范围之内,正如负责词的排序和搭配的句法规则同样属于语言系统的范围一样。

1 同样,这个"固定重音"无非是音节核的一种特殊的组合性变体(以高响度为标记)。

2 至于捷克语,可以与特恩卡给出的列表对比,见 B. Trnka, "Pokus o vědeckou teorii a praktickou reform těsnopisu", *Facultas Philosophica Universitatis Carolinae*, *Sbírka pojednáni a rozprav*, XX(1937),第 40 页及以下诸页。

3 Harry Hoijer, "Tonkawa, an Indian Language of Texas", *Handbook of American Indian Languages*, III(The University of Chicago Press)。

4 Franz Boas & R. J. Swanton, *Handbook of American Indian Languages*, I(*Bulletin of the Bureau of American Ethnology*, XL),第 882 页。

5 Ida C. Ward, *The Phonetic and Tonal Structure of Efik* (Cambridge, 1933)。

6 W. Radloff, *Vergleichende Grammatik der nördlichen Türksprachen*, I: *Phonetik der nördlichen Türksprachen* (Leipzig, 1882)。

7 参看 N. Jakovlev, *Tablicy fonetiki kabardinskogo jazyka* (Moscow, 1923), 第 70 页及下页。

8 Clement M. Doke, "A Study of Lamba Phonetics", *Bantu Studies* (1928)。

9 Clement M. Doke, "The Phonetics of the Zulu Languages", *Bantu Studies*, II (1926), 专刊。

10 J. R. Firth, *A Short Outline of Tamil Pronunciation* (1934)。

11 Halimdžan Šaraf, *Palatogrammy zvukov tatarskogo jazyka* (Kazan, 1927), 尤其是第 35 页及以下诸页。从音系的角度来看，这个问题似乎并非这样。辅音 *j* 不具备任何硬腭化或软腭化的变体形式，而且很多单词仅仅由元音和 *j* 构成（"aj"[月亮]、"aju"[熊]等）。因此，元音音位有可能不受辅音环境的影响而具备特定的音色特征，而辅音只能在与元音相关联时才可以硬腭化或软腭化。(H. Šaraf 引用的 *pšt*、*k'l't'* 等缺少元音的叹词，并非常规的单词。) 因此对元音来说，音色特征之间的对立是音位性的。而辅音的硬腭化变体和软腭化变体仅仅是不具备区别作用（但具备分界功能）的组合性变体。

12 关于这一点，参看 W. Radloff, 同上引, (第 I—III 章); 以

及以下文献中清楚的概述：V. A. Bogorodickij, *Étjudy po tatarskomu i tjurkskomu jazykoznaniju*（Kazan, 1933），第 58—73 页。

13 参看 Edward Sapir, "The Southern Paiute Language", *Proceedings of the American Academy of Arts and Sciences*, LXV, nos. 1-3, 第 8—10 段, 第 12 段。

14 在塔夫基－萨莫耶德语（Tavgy-Samjoyed）（恩加纳桑语）中，一个词奇数位置上的莫拉获得次要重音。比如 "kúa" [桦树]：loc. "kúatànu", 但 "lū" [礼服]：loc. "lū'tànu" 等。相反，大多数这些语言中，奇数位置上的音节承载次要重音（G. Prokofjev, *Jazyki i pis'mennost' narodov Severa*, I, 第 56 页）。

15 Paavo Ravila, *Das Quantitätssystem des seelappischen Dialektes von Maattivuono*, 第 56 页及下页, 第 59 页及以下诸页, 以及第 78 页及下页。

16 大概也可假设原始斯拉夫语存在类似情形。

17 R. Pischel, "Grammatik der Prakrit-Sprachen"（*Grundr. d. indoarischen Philol.*, Strassburg, 1900）; H. Jacobi, "Ausgewählte Erzählungen im Mâhârâshṭrí"。

18 L'udovít Novák, "K základným otázkám štrukturálnéj jazykovedy"（*Sborník Matice Slovenskej*, XV（1937）, no. 1）。

19 N. Jakovlev, *Tablicy fonetiki kabardinskogo jazyka*（Moscow, 1923），第 73 页及以下诸页。

第四章　肯定性与否定性边界标志

目前我们探讨的边界标志均为肯定性标志。换言之，它们明确标明特定位置上存在词或语素的边界。然而，还存在否定性的边界标志，它们的特定功能就是标明某个特定位置上并不存在一个边界。它们的作用相当于绿色的交通灯，告诉路人在某个十字路口一切都很通畅，可以安全前行。但是，除了这些一般的否定性边界标志，语言中还有一些双边的否定性标志。这些标志仅标明某一特定位置上无新词开始，或者无词结束。所有否定性的边界标志可以是音位性的，也可以是非音位性的。它们可以是群组标志，也可以是个体标志。下面是关于以上每一类否定性标志的一些例子。

1. 音位性的否定性边界标志

A. 个体标志

就音位性的否定性个体标志而言，这些音位被认为只允许出现在某个语言中词或语素中间的位置。芬兰语中，d 和 η（总是双辅音，$\eta\eta$ 写为 ng）这两个音位就属于此类。泰米尔语中，

ŋ、卷舌的 ṭ 和 ḷ，以及软腭流音 λ 也属于此类。哈萨克语（旧为哈萨克－吉尔吉斯语）和吉尔吉斯语（旧为卡拉吉尔吉斯）中，以及额尔齐斯河流域的突厥语方言中，浊的软腭音 γ 和 g 既不出现在词首，也不出现在词尾，只出现在词中。图巴图拉巴尔语中，所有的浊阻塞音（b、d、g、ɜ、š）只出现在词中间。埃菲克语中，h 和 r 只在词中位置出现。

至于双边的否定性标志，可以提及的语言有德语、英语、荷兰语、丹麦语、挪威语和瑞典语中的 ŋ，以及法语的 ṇ（gn）。它们只允许出现在词中和词末，不允许出现在词首。同样的情况还发生在以下语言中：车臣语和通古斯语中的 r；朝鲜语中"唯一的流音"（元音之间实现为 r，词末实现为 l）；沿海地区拉普人使用的马提佛诺方言中的 p、t、k、ḍ、ɜ、š、θ、δ、γ、ŋ 和 l；尤拉克－萨莫耶德语中的 b、d、k、g、c 和 ć；埃菲克语中的 p。此外，德语、英语、尤拉克－萨莫耶德语、阿奇语等语言中的 h 只允许出现在词首和词中，不可以出现在词末。同样的情况适用于海达语中的 g、k、k′，埃菲克语中的 f、s、ŋ、kp。有些语言中，词末只允许元音出现，或除元音外仅有相当少的辅音出现：例如古典希腊语中的 ν、ρ、σ，意大利语中的 n、r、l，以及芬兰语中的 n、t、s。此类语言中，除了上面提到的那些辅音，可以认为所有的辅音均标明此处"并非词末位置"。

B. 群组标志

芬兰语不允许词首或词末位置上出现任何辅音组合。此外，词末位置上只允许元音和辅音 n、t、s 出现。因此，n、t

或 s 不作为第一个成分出现的任何一个辅音组合，均为一个否定性的音位性群组标志。比如在 "kahdeksan"［八］、"hupsu"［愚蠢的］、"selkä"［后面］等词中，hd、ks、ps、lk 这些辅音组合表明此处乃词中的位置。所有的长辅音也发挥同样的功能（nn、ss、tt 除外，这些辅音不仅可出现在词中，还可出现在词边界处。如："mies seisoo"［这个男人正站着］，"pojat tansivat"［男孩儿们跳舞］，"nainen neuloo"［女人缝东西］，等等）。在俄语等语言中，阻塞音在词末始终为清音，"浊阻塞音 + 元音或响音"的组合始终作为一个标记标明这个组合的构成成分之间不存在词边界。在格陵兰语北部方言中，r 不能出现在词末，"r + 辅音"的组合形式始终是词中位置的标记。古典希腊语中 "l + 辅音（s 除外）"的组合同样是这种情况。德语中，只出现在词中的组合 dl 似乎是仅有的否定性的音位性群组标志。一般而言，否定性的音位性群组标志相对比较罕见。

2. 非音位性的否定性边界标志

A. 个体标志

一个音位在词首或词尾实现为特定的语音形式，这种情况下，这个音位其他的实现形式因此成为否定性的边界标志。正如前面已经探讨过的，泰米尔语中的送气辅音 p^h、t^h 和 k^h 应该看作肯定性的非音位性边界标志。因为只在词首时这些音位才以这种方式实现。相应地，同一个音位摩擦音的实现形式（分

别为 $υ$、$δ$、$χ$、h）就应当看作否定性的非音位性边界标志，因为它们只出现在词中（元音之间的）位置上。日语中，"g" 在词首实现为浊阻塞音 g，词中实现为鼻音 $ŋ$，所以 g 是一个肯定性的非音位性边界标志，$ŋ$ 是一个否定性的非音位边界标志。朝鲜语中"唯一的流音"在词末位置上实现为 l，在词中实现为 r，所以 l 是一个肯定性的非音位性边界标志，r 是一个否定性的非音位性边界标志。在西伯利亚地区的许多突厥语族语言中［如巴拉巴草原（Baraba Steppe）上使用的阿尔泰方言、特勒马特语、绍尔语（Shor）和夸里克（Küärik）方言］，所有的阻塞音在词首和词末时实现为清辅音（即分别实现为 q 或 x，以及 k、p、t、s、$š$，和 c、$č$ 或 t）。然而，词中元音之间的位置上，它们实现为浊辅音（$γ$、g、b、d、z、$ž$ 和 $ǯ$），[1] 因此形成否定性的非音位性的边界标志。奥斯加克语中，阻塞音在词首和词末时同样实现为清辅音，但在词中时，它们差不多为浊辅音。[2] 德语和匈牙利语中，h 在词首时为清（在匈牙利语中，还包括词末的位置），但在词中两个元音之间却为浊（Uhu! Oho）。[3]

B. 群组标志

上面讨论的关于个体标志的内容同样适用于否定性的非音位性的群组标志。作为一条规则，一个肯定性的非音位性群组标志还存在一个对应的否定性标志。比如，德语中"后元音 + 硬腭的 g"这个序列作为一个标志标明这两个音之间存在一个语素界限。但另一方面，"后元音 + 软腭的 g（$ə$ 之前）"这个序列则标明元音和 g 之间不存在语素界限。英语中，"暗音 l + 元音"的序列是一个肯定性的非音位性边界标志。而另一方面，"清音 l + 元音"的序列则表明这两个成分之间并不存在任何词边界。上面引用的关于肯定性的非音位性群组标志的例子中，多数都有对应的否定性群组标志。不过，情况也并非总是如此。在存在连续的谐调性的语言中，谐调性的中断相当于一个肯定性的边界标志（比如，一个前元音和一个软腭化辅音的直接接触）。然而，这类谐调性本身却并不具备肯定性的标界价值或否定性的标界价值，因为可能的情况是，两个均为"后元音"的词，或者两个均为"前元音"的词出现在相邻位置上，却并不影响谐调性。

同样属于否定性的非音位性群组标志的还有意大利语中处在词中位置上的重读元音的拉长。正如大家所了解的，词末的重读元音从不拉长。只有倒数第二个和倒数第三个音节中的重读元音被拉长，更准确地说，它们只在元音之前、元音之间的辅音之前或"辅音 + 流音（r、$u̯$、$i̯$）"的组合之前被拉长。如果考虑到意大利语中词末音节只有在以元音结尾时才可以重读，而且意大利语中一个词只能以元音、单个辅音或辅音串"辅音 + r、$u̯$ 和 $i̯$"，又或"s + 辅音"的组合起始，那么意大利语中重读元音拉长的目的就相当清楚。元音的拉长排除了重读元音后面出现一个词边界的可能。因此，拉长只发生在那些经推测可能出现词边界的位置上，即那些可出现在词首的语音之前和语音组合之前的位置上。在"m、n、l、r + 辅音"的前面，重读元音的变长不会发挥任何作用。由于处在重读元音之后，这些组合形式已然成为（音位性的）否定性的群组标志。只有在"s+辅音"这个序列前面时，重读元音的不变长才会导致误解。比如，可能有人会把"velocità straordinaria"分析成"velocitastra ordinaria"。不过，以"s（或 z）+辅音"起始的词大概只占意大利语全部词汇的 8%。因此，可能产生这种误解的情况并不十分多。所以重读元音的变长依然是意大利语中最重要的否定性的非音位性的群组标志之一。

1 W. Radloff，同上引，第 128 页及以下诸页，第 173 页及以下诸页，第 199 页及下页。
2 不过，这只是随机的，体现出明显的个人波动。参看 W. Steinitz, *Jazyki i pis'mennost' narodov Severa*, I，第 202 页。
3 尤拉克－萨莫耶德语中同样存在这样的情况，参看 G. N. Prokofjev, *Jazyki i pis'mennost' narodov Severa*, I，第 13 页。

第五章　边界标志的使用

在边界标志的使用上，每种语言之间的差别相当大。有些语言主要对语素之间的边界加以标记，甚至仅标记语素的边界，而在其他语言中，标记的则是词边界。属于第一类的语言，如德语。德语中所有用于标记词边界的边界标志同样用于标记语素的边界。此外，还有一些标志专门用于标记语素边界，而不是词边界。dl 这个辅音串似乎是德语中唯一一个与语素无关而与词有关的标记（如"redlich"[诚实的]、"Siedlung"[处理（名词）]）。它是一个否定性的音位性群组标志。相反，许多语言对语素之间的界限不做任何标记，仅仅通过特定的边界标志对词与词之间的界限加以标记。这类语言就包括芬兰语，通过词首固定的重音来肯定性地标记词的边界，同时通过 d 和 ŋ、长辅音（tt、nn、ss 除外）和辅音串（n、t、s+辅音除外）来否定性地标记词的边界。不过，语素之间的界限就没有特定的标记，有时甚至被包裹在一个"长"（双音性的）音位中（如"talo"[房子]："taloon"[推论格]；"vesi"[水]："vettä"[部分格]）。当然，很多语言中两类标记混合出现。不过，对于多数语言而言，可以发现存在对标记语素的界限或标记词的界限的某一种偏好。对于词汇的整个结构而言，这两个基本类型十分重要。在借词中，肯定性的音位性边界标志还可以用来替换外来的音位和音位组合，但却不具备任何分界功能。这对于肯定性的个体标志而言十分容易，但是要把一个否定性的音位性的个体标志转移到一个异常的语音位置上，就并非那么容易。对于一名德国人而言，读出一个以 ŋ（"ng"）起始的"有异国情调的"的专有名词，并不容易。对于一个芬兰人而言，以 d 起始或以 υ 收尾的借词同样也很难发音。就音位性的群组标志而言，只有在此类边界标志已经用于标明语素界限的语言中，才有可能不发挥它们的分界功能而使用它们来替代外来的音位组合形式。德语中，"pneumatisch"［气动式的］、"Sphäre"［范围］、"Szene"［场景］、"Kosmos"［宇宙］等词可以比较容易地发音，是因为 pn、sf、sc、sm 这些音位串在德语固有词中同时作为标记语素界限的音位性群组标记出现（如"abnehmen"［减少］、"Ausfuhr"［出口］、"Auszug"［出发］、"ausmachen"［相当于］）。但在阿瓦尔语中，"唇音+流音"的组合形式是一个标明词边界而不是语素边界的群组标志，所以这一组合形式甚至不可出现在借词中。因此，每种语言标明语素边界或词边界的方式会影响这些语言对借词的接纳度。

　　自然，那些在本族语词汇中充当边界标志、但借词中却不发挥此功能的音位组合，是十分棘手的问题。太过频繁地使用出现这些组合形式的借词，会减弱它们分界的能力。因此，以频繁使用借词为标志的言语风格，同时体现出来的特点就是分界功能的减弱，因为那些音位性的边界标志本身被弱化。在音位性边界标志十分丰富、而且倾向于划分语素界限的语言中，

"平常的"言语风格与以使用借词为特点的言语风格之间会出现较大的差异。后一种风格显得特别拗口费力。这就是很多语言中出现语言纯粹主义的原因之一，即尽力创造一种没有借词的学术语言。这种结构上的纯粹主义，植根于这种语言的音系结构，应该在原则上与受文化历史影响的外在的语言纯粹主义加以区分。德语中语言纯粹主义的类型更大程度上属于结构上的语言纯粹主义类型。德语无须为自身的存活或解放而竞争。就德语作为国际语言的角色而言，吸纳尽可能多的借词应该是相当有利的（比如英语中的情况）。但事实上，德语中经常可以明显地感觉到那种强烈的纯粹主义倾向，主要原因在于德语独特的音系结构、数量相对较少的语素类型、丰富的音系结构和大量可以清楚区分不同语素的音位性边界标志。

有些语言主要区分词边界，而有些语言主要区分语素边界，这两类语言之间的差异对于分界功能的类型划分并不是唯一一项重要的差异。同样十分重要的是要确定哪种类型的边界标志受到青睐，以及这些标记类型如何分布。比如，确定非音位性的边界标志是否用来标明词与词之间的界限，音位性标记是否用来标明音位之间的界限，是十分重要的。另外重要的一点是确定双边否定性边界标志的方向和肯定性个体标志的位置所在；大多数语言表现出标明一个新词开始的倾向。然而，还有一些语言主要标明一个词的结束。

可以肯定，对于描述一种语言的标界能力而言，最为重要的是对连贯语篇中的边界标志进行统计制表。一般而言，边界标志的分布极不规律。在一个包含六个音节的句子中，如"Die

第五章　边界标志的使用

Hausfrau wäscht mein Hemd"[家庭主妇正在洗我的衬衫]，六个语素边界全部被标记出来：di-haus-frau-vɛšt-mæin-hemt。[1]但在另外一个包含十个音节的句子中，没有一个语素边界或词边界在音系上有所标记，如"Am Boden saßen drei kleine Buben"[三个小男孩儿坐在地板上]。在更长的连贯性语篇中，这种分布上的不规律性得以平衡，因此获得的是每种语言中的均值。这个均值在每个语言中各有不同。有些语言不仅拥有的边界标志极少，而且也很少使用这些标志。因此在连贯的语篇中，所有的词边界或语素边界中，只有相当一小部分被"标记"出来。比如法语就属于此类语言。法语对句子中词或语素的分界极不重视。但另一方面，其他一些语言又呈现出对边界标志过多的青睐。除了使用固定的重音来标记所有的词边界，这些语言还使用大量其他的边界标志，因此在连贯的语篇中，边界标志的数量经常要比它们划分的单位的数量还要多。比如泰米尔语中，所有的词边界中将近 80% 通过特定的边界标志得以标明[至少在弗斯的《泰米尔语发音概要》(*A Short Outline of Tamil Pronunciation*)一书中选取的样本语篇中是这样]。但事实上，泰米尔语在词首音节上已经有一个固定的重音（而且较长的词中词末音节还承载有次要重音），通过这种方式就可以充分保证词与词之间的分界。同样，德语也属于那些有"分界嗜好"的语言。对于所有可重读的语素的边界和不可重读的前附着语素的边界而言，大约有 50% 通过特定的边界标志标记出来。不过，这一点仅适用于那些没有过多使用借词的言语风格。

　　因此，对于研究语音的标界功能而言，数据统计同样必不可少。并且在这种情况下，几乎完全有可能对文本进行统计制表。当然，音位的统计研究中出现的难题，这里同样也会出现，而且需要采用同样的方式来克服。不过目前，对不同的语言进行细致的统计研究的工作做得太少，因而关于语音的标界功能的统计研究的课题几乎还是空白。

1 对该例子的分析，可参考 N. S. Trubetzkoy, *Proceedings of the Second International Congress of Phonetic Sciences*，第 49 页及下页。

附录

附录一　音系学与语言地理学

1

两个方言之间的语音差异可能有三类：可涉及音系系统、个体音位具体的语音实现形式或词内音位的语源分布。因此，我们谈论的是方言之间音系上的、语音上的和语源上的差异。

首先，方言之间在音系方面差异分为两类，音位库存的差异和功能的差异。当一个方言具备另外一个方言中没有的音位时，这两种方言就存在音位库存上的音系差异。当一个音位在一个方言中出现在某一音系位置上，而在另外一个方言中却未出现在该位置上时，两个方言之间就存在音系功能上的差异。比如北俄方言（North Great Russian）和南俄方言（South Great Russian）之间就存在音位库存的差异。北俄方言有四个不重读的（弱化的）元音音位（ŭ、ŏ、ă、ĭ），而南俄方言只有三个不重读的元音音位，即 ŭ、ă 和 ĭ。它缺少一个非重读的 ŏ。至于音系功能上的差异，存在于多个南俄方言和中俄方言中。这些方言中，一些方言只允许音位 ă 出现在硬辅音（非硬腭化的）后面，而其他方言则允许这个音位不仅出现在硬辅音后面，而且还出现在软辅音（硬腭化的）后面。在第二组方言内，音系功能上的差异依次存在于两类方言之间，一类方言当中，软辅音后面不重读的 *ă* 只能出现在硬辅音前面（如，*ύădu*：*ύĭd'oš*），另一类方言则没有这种限制（如 *ύădu*：*ύăd'oš*）。

方言间语音上的差异可以是绝对的，如果它们影响的是一个音位在所有位置上的实现形式，又或是有限的（组合型的），如果它们仅出现在某些位置上。比如，绝对的语音差异存在于两类波兰语方言中，一类方言中 l 实现为 ł（一个稍微后缩的 l），另一类方言中 l 实现为 u̯。组合性的语音差异存在于波兰语南部方言和北部方言中，南部方言中 l 在 i 前发生硬腭化（"l'is"/"las"），而北部方言中该位置上 l 并未有调整（"lis"/"las"）。

语源上的语音差异中，同样可以区分两种类型。有些语源上的语音差异与音系功能上的差异有关。如果与另外一种方言相比，某一音位在某种方言中的功能受到限制，那么一般而言，出现这种限制是为了更大程度地利用另外一个不同的音位（在第一个音位不能出现的那些位置上）。因此，第一个音位的功能所受的限制得以抵消。在此类情况中，涉及的是代偿性的语源上的语音差异。然而，在其他情况中，语源上的语音差异与任何功能上的差异无关，这些差异可以称为无条件的语源上的语音差异。可以援引白俄罗斯语西部和东部方言之间的关系作为代偿性的语源上的语音差异的例子。虽然在白俄罗斯语西部方言中，不重读的 *ă* 出现在所有位置上，但在东部方言中，它不能出现在包含重读 *á* 的音节前。对于西部方言这一位置上出现 *ă* 的词而言，在东部方言中则往往出现一个 *ĭ*。作为无条件的语源上的语音差异的一个例子，我们可以引用波兰小波兰省（Little Poland）使用的方言。一部分方言中，原始波兰语的"闭口元音 $\acute{e}$"变为 i，但在其他方言中，比如沃维奇公国（Lowicz）使用的方言中，则变为 e。如果对这些方言加以对比，而且不考虑任何历史上的解释的话，唯一可以确定的事实是第一组方言内出现音位 i 的词，在第二组方言内则是音位 e 出现。这里讨论的现象不受任何具体音系环境的限制。

2

目前，方言学的研究一直是从历时的角度进行。因此，任何语音上的差异都被理解为语音发展过程中演变不一致的结果。作为对语音演变无例外这一定律有意识的回应，现代方言学或者语言地理学的研究认为，每个发生音变的单个的词，都有其自身的分布区域，因而从来都无法精确、清楚地勾勒出某一音变发生的地理上的边界线。

这个主张所基于的事实在于，大体上并没有对上面讨论的三类语音差异（即音系的、语音的和语源上的差异）进行区分。

如果将方言间的差异仅仅理解为存在于语音中的语源上的差异，那么关于方言边界线的不精准性和模糊性的论点就完全是正确的。就这些差异而言，它们不可能具备绝对的分布上的规律性。在一个区域内，一个特定音变的完成十分严格，也就是说，在所有相关的词中，一个旧音位（或者一个旧的音位组合形式）已经被一个具体的新音位所替代。通常来说，与这个区域搭界的区域当中，有一部分词中出现的音位与预期出现的音位不同，并且对于这些"例外"并没有任何可辨别的原因。不过，距离这些区域不远的地方，一般来说仍然还有另外一些地区中，实际上是这些"例外"形成"规则"。因此，可以说在那些语源上的语音差异最大的地区之间（即在一个特定的语音差异存在于大多数词中的地区之间），始终存在一些过渡区域。在这些过渡区域中，单个词内有时出现的是旧的音位特定的"处理形式"，有时出现的则是对这个旧音位另外一种特定的"处理形式"。这种情况下，具体词对应的不同语音形式的分布边界彼此完全独立。

对于方言之间语音上的差异而言，情形就大不相同。如果一个音位在两个方言中的语音实现形式有别，那么在这个音位出现于相同位置的所有词当中，这个音位语音上的实现形式必然也是按照这样的方式。如果情况不是这样，那么语言意识当中不同的语音实现形式将会具有区别性功能。因此，它们将获得音系上的功用。换句话讲，语音上的区别将变成音系上的区别。就方言间语音上的差异而言，要想在这两个区域之间划分任何确切的界限，有时并非易事。原因在于，在对立程度最大的语音实现形式构成的两个区域之间，经常存在"中间的"或"居中的"语音实现区域，所以从一类语音实现形式到另外一类语音实现形式的过渡是一个渐进的过程。或者可能的情况是，存在中间的区域，其中这两种类型的语音实现形式作为同一个音位的自由变体出现。然而，无论哪一种情况中，这样的语音现象必须出现在所有包含该音位的词当中。因此，这里，"过渡区域"这个术语获得了与语音之间语源差异的情况中大不相同的意义。

考察语音之间音系上的差异时，我们不得不注意的是，这里绝对不能使用"过渡区域"这个术语。一个音位或音位的组合形式要么可以出现在某个方言中，要么不可以。不存在第三种可能性。时常发生的情况是，一种方言中的一项语音对立，可以说为另外一种邻近方言中的某一音系对立提供了条件。[1] 前面我们提到了白俄罗斯语西部方言中 *văda*：*vădį* 和东部方言中 *vy̆da*：*vădį* 之间的对立。与东部方言紧邻的一些白俄罗斯语方言中，当 *ă* 位于包含重读 *á* 的音节前时，语音上实现为一个不确定的元音 *ə̆*。客观上来讲，这个元音既不同于 *y̆*，也不同于 *ă*。但是，我们的语言意识并不觉得这是一个独立的音位，而是音位 *ă* 的组合性变体。可以说，发音为 *və̆da*：*vădį* 的地区，可看作西部方言（*văda*：*vădį*）和东部方言（*vy̆da*：*vădį*）之间的过渡区域。然而，也只有从单纯语音上的角度而言，这一点是正确的。音系上而言，这个地区属于西部方言。更准确地讲，"完全使用西部方言"的地区和发音为 *və̆da-vădį* 的地区之间的差异纯粹是语音上的差异。而后者与使用东部方言的地区之间的差异在本质上则是音系上的差异。并且，界定"完全使用西部方言"的地区可能会存在某些困难（尤其是考虑到 *ă* 和 *ə̆* 之间细微、渐进的过渡性差异的话），而界定使用东部方言的地区则相当容易。当觉得 *vy̆da* 与 *by̆la* 第一个音节中的元音发音一致时，涉及的就是东部方言的音系系统。若非如此，则为白俄罗斯语的音系系统。在所有类似的情况中，情形均一样。与声音语音上过渡的渐进性相反，声音之间音系上的差异始终存在明显、清晰的界限，前者导致语音上有差异的方言之间的界定比较困难。

　　上面的诸多考虑为绘制方言之间语音差异的地图提供指导。语源上的差异并不能简单地通过统一的同语线形式进行描绘。对于这一类差异，只有词汇地理学的方式适用。体现特定语音变化的每一个词的同语线必须在不同的地图当中得以体现，然后把这些地图彼此叠加。按照这种方式做出来的合成地图显示出那些共同的（即重合的）同语线，它们的线条较粗，颜色较深。那些没有重合的同语线则看起来线条较细，颜色较浅。过渡区域的标志体现为这些颜色较浅的线条的累积，而那些"语音变化严格发生的"区域则完全或几乎没有这些线条。描绘方言间语音上的差异的最好方法就是采用不同的色彩或采用不同类型的标记。过渡性语音出现的区域，或者两个语音随机性一起出现的区域，可以通过混合使用标注这两个语音的不同颜色来标示，或者通过把它们各自的标记合并起来的方式来标示。那么，这样就能通过符号来表示语音实现上渐进性的过渡。至于方言间音系上的差异，它们地理分布上的界限可以通过地图上清晰明了的简单线条来体现，又或，这些"音系上不同的区域"可以通过不同的颜色来表示，或者上面这两种方法可以同时使用。无论任何情况下，绘制方言间音系差异的地图都相当简单，因为不用考虑过渡区域。

3

　　为了确定语音之间语源上的差异和它们的分布界限，我们必须记下同一组词在该语言区域内不同地方中的方言发音。以此为目的而准备的问卷包含的问题有："在 ___ 方言当中这个词是怎么发音的？"因而，研究语音语源上的差异，始终是以一个多多少少比较统一的词表为前提条件的。所以，这类研究只有在同一种语言内，或者最多在一组关系密切的语言内进行才是可能的。

　　要想确定不同方言之间语音上的差异和它们之间的界限，有必要对同一个音位在不同地点的发音（即语音实现）加以调查研究。当然，每个点是否选择同样的词并不重要，重要的是选择具体方言当中体现这个特定音位的那些词。因此，研究方言间语音上的差异独立于所选词汇的属性。它的前提条件是调查的所有方言具备相同的音系系统，或者至少存在类似的系统。

　　在考察方言间音系上的差异时，必须确定每个方言的音系库存和每个音位的功能。这里，方言学家需要回答的问题有："这个音位是否出现在 ___ 方言当中？"，"这个音位在 ___ 方言中用于哪一项音系对立？"当然，所调查的全部方言是否具备相同的词汇或相同的语法结构，关系并不大。与研究不同语音方言之间语源上的差异相比，研究音系上的差异还可以超越单一语言的界限，甚至超越语系的界限。如果对若干种语言加以考察，前面讲过的关于绘制语音音系上差异的地图的所有内容均适用。

毋庸置疑，跨越单个语言之间的界限（不考虑语言之间的亲缘关系），将方言之间的音系研究扩展至多种语言是有用的。某些音系现象在地理上的分布是这样的，它们出现在一些没有亲缘关系但地理上邻近的语言当中，或者反过来，在使用某些语言的较广地理区域中，这些音系现象没有出现。就辅音音色之间的对立和元音音高之间的对立，雅克布逊曾经对这一点有所论述。其他音系现象也体现出同样的情况。比如，基于呼气类型的"有喉塞音"/"无喉塞音"相关关系常见于高加索地区的所有语言，与它们的来源无关（即不仅存在于北高加索语族和南高加索语族语言中，还存在于这个地区的印欧语系语言和突厥语言中）。但另一方面，这一相关关系并不出现在欧洲其他地区或邻近的亚洲和欧亚地区。对于单个音位而言，也可以确定它们地理上的这种分布区域。这里需要注意的是，音系现象分布上的范围并非始终与语言之间的界线耦合。它们往往穿过一种语言分布的区域。在这些情况下，只能通过对方言进行音系上的调查才可以确定它们分布的范围。

若干地理上邻近但却没有亲缘关系的语言或方言中存在共同的音系特性，这一点在很多情况中已得到证实。但是如果基于底层理论（substratum）对这些事实加以解释，或者认为是某一个"强势"语言的影响，都有点操之过急。由于这些解释只能对个案做出解答，所以它们没有任何价值。总体上来说，目前较好的做法是暂时不做任何解释，直到所有的数据已经收集完毕。现如今，重要的是穷尽性地收集数据，并且对事实加以确认；从音系地理学的角度，对世界上的语言进行对比性的描写现已列入议程。但是这项研究的前提条件是对每种语言内的方言进行音系研究。

1 或者相反,音系上的差异在邻近地域中退化为语音上的差异。从静态角度观察,这两种观点均合理。

附录二　关于形态音系学的思考

众所周知，通过形态-音系学的研究，我们可以对语言形态系统如何利用音系手段的研究加以了解。在欧洲，形态音系目前是语法当中最被忽视的分支。如果对比古希腊、古罗马时代的研究与希伯来和阿拉伯的研究，尤其是梵语语法学家的研究，会吃惊地发现古典时代和中世纪的欧洲对形态-音系问题缺乏了解。即使在现代，这种情形在本质上也几乎没有改观。在现代闪米特语言的研究中，阿拉伯语法学家和希伯来语法学家关于形态音系研究的原则也只是被照搬过来，并没有加以改造以适应现代的科学视角。研究印欧语言的学者接受了印度形态音系研究的原则，作为研究原始印欧语言形态音系的基础。它们深入发展了形态音系学的研究，因此形成了所谓的印欧语言元音音变系统以及整个印欧语言的词根和后缀理论。但是当我们对现代印欧语言研究的结果加以考量时，发现这些研究并未把握处理形态音系过程的真谛。词根（"词基"）和后缀呈现出抽象物体的特征，而元音的变换则成了一种魔法般的操作。总之，这些研究体现出的特点就是与活生生的语言没有任何关联。词根理论、元音分级系统等，似乎只有在推拟出来的原始语言中才有可能和必要。历史上经证实存在的语言仅体现形态音系过程残留的成分，而且即使这些残留的成分，也已被后续的演变所覆盖，因此也就没有存在一个系统的可能性。施莱歇尔对语言演变的初始时期和语言衰变的历史时期做了基本的区分，对他而言，这种观点是完全有理有据的。如今，尽管施莱歇尔的理论基础已被所有人丢弃，但潜意识里，这种观点依然为多数印欧语言学家所接受。印欧语系具体的个体语言中元音置换的关系和不同类型的语音变化，也一直是从历史的角度来阐述。所有现存的音变类型，暂不考虑它们目前的价值，均追溯到它们历史上的来源。由于对能产的形态音系事实和不能产的形态音系事实不加区分地对待，并且对它们的功能也完全不加考虑，所以自然而然，这些事实中存在的任何规律性成分，均未得到认识。研究印欧语言的学者从来都不愿承认，形态音系构成了语法当中一个不同的、独立的分支，不仅涉及原始语言，而且涉及每一个个体语言。形态音系被他们视作语音的历史与形式的历史互相交换或妥协的结果。因此，一部分形态音系现象的讨论分属音系，而另一部分则分属形态。

我们不能允许这样的事态继续发展。作为音系和形态之间的链接，形态音系应该占据它应占据的位置，不仅在闪米特语言和印欧语系语言的语法中是这样，在任何语法中皆应如此。只有那些不具备真正意义上的形态的语言可以没有形态-音系这一部分而运作。但在此类语言中，总体上而言本应属于形态音系的一些部分（如语素的音系结构）被转移到音系的部分。

全面的形态音系研究包括以下三个部分：（1）关于语素音系结构的研究；（2）关于语素组合形式中语素内部发生的组合

式语音变化的研究;(3)关于实现形态功能的语音交替系列的研究。

这三部分当中,只有第一个适用于所有语言。在区分不同类型语素的所有语言当中,不同的语素类型具备特定的语音特征。这些语音特征对于不同语言而言也不尽相同。尤其是词根语素,呈现出多种结构类型。众所周知,闪米特语族语言的名词词根语素和动词词根语素通常由三个辅音构成。然而,这种限制并不适用于代词词根。不过对于其他非闪米特语言而言,同样可以确定此类规则。比如,东高加索地区的某些语言中,动词性和代词性词根语素总是由一个辅音构成。但是,对于名词词根语素而言,这些限制并不起作用。印欧语系语言当中同样具备类似的规则。斯拉夫语言中,仅包含单独一个辅音的词根语素总是作为代词词根出现。仅包含一个元音、不包含任何辅音的词根语素在如今的斯拉夫语言中完全不存在,除了波兰语"obuć"中类似于 u 之类的残留成分。俄语中,名词和代词词根语素必须在末尾位置上出现一个辅音,诸如此类等等。每一种语言当中,其他类型的语素(如词末语素、前缀语素、后缀语素等等)同样体现出数量有限的可能的音系结构类型。因此,决定各种类型的语素具备的语音结构的类型,是形态音系学的研究任务。[1]

关于受语素之间的组合所影响的语素的组合性语音变化的研究,与梵语语法中被称作"内部连续音变"的现象相对应。这一部分的形态音系对于所有语言而言,并非同等重要。个别"黏着式"语言中,这种变化构成了形态音系的全部(以及上面

附录二　关于形态音系学的思考　　**455**

所讨论的关于语素语音结构的研究一起）。但在其他一些语言中，这种现象完全不起作用。

　　进行必要的修改之后，可以说，同样的情况亦存在于形态音系研究的第三个部分，即关于实现形态功能的所有语音交替系列的研究。

　　尤其是对于形态音系研究的这一部分而言，明确区分能产的和不能产的现象，以及了解不同的语音交替系列实现的具体功能十分重要。比如，对俄语的形态音系进行考察后发现，名词形式中出现的语音交替系列与动词形式中出现的系列在这种语言当中并不相同。进一步的发现表明，用以完成词形变化范式的语音交替系列与用以组成派生形式的语音交替系列之间，存在很大差异。类似的情况大概还可以在其他很多语言当中发现。

　　改变语素的语音形式不单单在所谓的屈折性语言中发挥作用，如印欧语系语言、闪米特语族语言和东高加索语族语言。我们还需要注意到乌戈尔语言中元音长度和性质上的分级、芬兰语言中辅音之间的交替同样为形态所利用。不过，毋庸置疑，很多语言中语素在语音上并不发生改变。对于此类语言而言，形态音系研究的第三个部分自然而然可以忽略。

　　因此，几乎在所有语言中，形态音系都是语法中发挥重要作用的一部分，但是几乎没有哪种语言中，这一部分已经有专门研究。形态音系的研究将会在相当大的程度上深化我们对语言的了解。尤其需要强调的是语法的这一分支对于语言类型划分的重要性。早先将语言的类型划分为孤立语、归并语（多式综合语）、黏着语和屈折语的做法在很多方面都不甚满意。正如前文提到的，形态音系体现的是音系和形态之间的链接。而且鉴于其在语法系统中的核心地位，对每种语言中独特的形态音系现象加以全面的描写最恰当不过。可能发生的情况是，根据形态音系分析得出的语言类型可能更易于对世界上的语言做出合理的类型上的区分。

1 至于那些缺乏不同类型语素的语言而言（如汉语），需要确定不同的词可能的语音类型。然而，这并非是形态音系研究这一部分要处理的问题，而是音系研究中专门的一个章节。

附录三　特鲁别茨柯依自传——罗曼·雅克布逊的陈述

"我1890年4月16日出生于莫斯科。我的父亲，谢尔盖·特鲁别茨柯依（Sergius Trubetzkoy）亲王（1862—1904），是莫斯科大学的哲学教授。同时，他还作为一名支持自由党的作者参加自由政治运动，并在其生命的最后一年任该大学的校长。

"我十三岁时已对科学产生兴趣。起初我主要研究民族志和民族学。除了俄国的民间诗歌，我对俄国境内的芬兰-乌戈尔民族尤为感兴趣。从1904年起，我就定期参加莫斯科民族志学会召开的所有会议并结识了该学会的会长，俄罗斯民间史诗和奥塞梯语方面著名的权威米勒（Vsevolod Fedorovič Miller）教授。同时与专门研究伏尔加沿岸芬兰民族的杰出考古学家库兹涅科夫（Stefan Kirovič Kuznecov）保持着密切联系。在我关于芬兰-乌戈尔民族志的研究中，他的建议和推荐的文献给予我指导和鼓励。在库兹涅科夫的影响下，我开始全身心专注于芬兰-乌戈尔语系语言的研究，继而对普通语言学产生了兴趣。早在1905年，我在莫斯科民族志学会会刊《民族学评论》上发表了两篇有关芬兰-乌戈尔民俗学方面的文章。其中一篇文章讨论了一首西部芬兰民歌中发现的关于芬兰-乌戈尔民族一种古老、常见的异教徒葬礼仪式的线索。另外一篇文章则试图证实在如今沃古尔人（Voguls）、奥斯加克人（Ostyaks）和沃加克人（Votyaks）的民间信仰中，存在关于西北西伯利亚异教对女神'Zolotaja Baba'崇拜的迹象，这已被古时期的旅行者多次提到。1907年，我的注意力同时被两种彼此没有关联的语言所吸引，一种是所谓的古亚细亚语系语言，另外一种是高加索语系语言。库兹涅科夫介绍我学习西伯利亚东部的古亚细亚语言。在他的鼓励下，我开始收集所有记载堪察加语（位于堪察加半岛）的古代游记中所包含的信息，这种语言今天已几近消亡。基于这些资料，我编撰了该语言的词汇和简单的语法手册。通过这项工作，我与研究西伯利亚东部地区民族志的三名学者建立了通信关系：乔基尔森［研究尤卡吉尔民族（Yukhagir）］、博格拉兹［研究楚科奇民族（Chukchi）和科里亚克民族（Koryak）］和施特博格（Šterberg）［研究吉利亚克民族（Gilyak）］。在堪察加语、楚科奇-科里亚克语词汇与萨摩耶德语（Samoyed）的词汇之间，我发现了一系列惊人的对应关系。遗憾的是，由于我正在准备我的学士学位考试，所以不得不暂时中断这项工作。之后，我也就再无机会重新对这个有趣的问题加以研究。当时，米勒教授在其面向莫斯科民族志协会所做的关于高加索语言研究对小亚细亚半岛历史民族学的重要性的报告，激发了我对高加索语言的兴趣。起初，我只是从小亚细亚半岛的历史民族学的角度对高加索语言和民俗加以考虑。（比如在此意义上，我在《民族学评论》（1908）的一篇文章中讨论了高加索北部地区关于石头诞生的传说。）但是，很快我就开始为了研究高加索语言而学习这些语言。除了所有这些具体的问题，我同时感兴趣的还包括高加索民族整体的文化历史、社会学、文化哲学以及历史哲学。

"1908年从萨格勒布的第五中学毕业后，我来到莫斯科大学。那时，大学课程按照严格区分不同专业大纲的原则来制定。每一个系分成若干专业。每个专业都有一个包含讲座、研讨会和考试的固定的课程大纲。学生可以自己选择参加的专业。但是，一旦注册加入某个专业，则必须完成所有的课程内容，而且不能再有任何更改。混合选择不同专业的科目是不被允许的。民族志和民族学属于自然科学系的地理学-人类学专业。这个专业的负责人阿努钦（D. N. Anučin）教授，严格按照自然史的原则来授课。由于民族志和民族学中吸引我的主要是其中关于语文学和人文的方面，所以学校官方制定的课程大纲中这些学科所处的地位是我所不能接受的。我一开始报名参加的是历史-语文系（文科）的哲学-心理学专业，因为我打算研习的主要是民族-心理学、历史哲学和其中的方法论问题。但我很快认识到哲学-心理学专业跟我兴趣范围并无多大关联。第三个学期，我就转到了语言学专业。这个专业由波尔热津斯基（W. Porzeziński）教授负责，讲授的课程有普通语言学、梵语和印欧语系语言。印欧语系语言的研究侧重于斯拉夫和波罗的语言的研究。拉丁语、希腊语、哥特语（Gothic）与古高地德语的研究被视作是次要的，而其他印欧语系语言则完全没有教授。至于亚美尼亚语，仅仅只有一个讲师的职位，在讲师 Chalatianz 去世后一直空缺。语言学专业授课的范围和方向并不能令我满意。我的研究兴趣主要在印欧语系语言之外的语言。尽管如此,我还是决定参加该专业。理由如下。首先,我已深信语言科学是'人类学'的分支学科中唯一采用真正的科学方法的分支,人类学其他所有的分支(民族学、宗教史、文化史等)只有在方法上效仿语言学,才可能从'炼金术'阶段进一步发展到更高阶段。其次,我知道印欧语系语言学是语言学中唯一研究得比较彻底的领域,而且通过对其的研究,我们可以学到正确的语言学研究方法。因此,我孜孜不倦地专注于语言学专业课程设置规定的研究内容。但同时,我依然继续自己在高加索语言和民俗领域的研究。1911年,米勒教授邀请我到他位于黑海之滨高加索海岸边的住处共度暑假,同时对附近切尔克斯人(Cherkess)村庄使用的切尔克斯语和民俗进行研究。我接受了他的邀请并在1912年的夏季继续我对切尔克斯语的研究。我那时可以收集到相当丰富的数据。然而,对这些数据的分析和出版,我只好暂时搁置,一直到我从大学毕业为止。虽然米勒教授对语言学的一些看法稍微有点过时,但我们之间私下的接触对我的工作大有裨益。作为一名民俗学家和奥塞梯(Ossetic)民族志研究的专家,他给我提供了宝贵的建议和参考。

"1912—1913这个学年,我在为最后的考试做准备并着手于我的副博士[①]学位论文《最为重要的印欧语系语言中将来

---

① 大致对应美国的博士学位。——英文版译者

时的标示》。语言学小组的负责人，波尔热津斯基教授比较认可我的学位论文，就将其提交给系里，同时请求系里让我留校，为以后在校执教做准备，这项提议得到系里一致认可。1913年春季参加完语言学的最后一场考试后，我前往第比利斯（Tiflis）。在那里，我参加了全俄博物学家、地理学家和民族学家会议，并做了三场讲演（分别为：'黑海沿岸切尔克斯人信奉多神教的遗迹研究'、'北部高加索地区用火诱拐的传奇故事'和'东部高加索语族语言动词的语素结构'）。我在乡下度过了夏季，主要着手分析我收集的切尔克斯语数据并撰写一部北高加索语族语言的比较语法。

"1913年秋，系里批准我到国外去完成我的科学教育的进修。以俄国教育部研究人员的身份，我去了德国并进入莱比锡大学学习。在那里我聆听了布鲁格曼教授（Brugmann）、雷斯琴教授（Leskien）、温迪施教授（Windisch）和林德纳教授（Lindner）的课程，并参加了他们组织指导的研讨会和实践练习。那时，我主要的兴趣在梵语和阿维斯塔语。在莱比锡的时候，我还购买了大量书籍，所以自那以后我的私人图书馆藏书量翻了一番。我本来夏季学期的时候去往哥廷根，但一件私人事务使我未能成行，我不得不返回俄国。不久，一战爆发。

"1914年至1915年期间，我在准备任教资格考试。[1]那时，获得比较语言学和梵语的教师资格证书的程序极为严格。总共包括五门必须在同一学期内参加的考试：（a）印欧语系语言比

---

[1] 专门为学者获取专业教职而设置的考试。——英文版译者

较语法；(b)梵语；(c)希腊语；(d)拉丁语和(e)另外一种候选人自选并经讲授这门语言的教授批准的印欧语系语言。关于理论科目的考试，给出的是特定数量的问题（比如，有25个问题是关于印欧语系语言比较语法的）。这些问题的内容由申请人和考官协议决定。考试过程中，全体教员均可参加，候选人需要回答三个问题。回答每个问题，都需要半个小时详细的讨论，包括提供令人信服的文献来源。每一位在场的教员都有权利就同一主题内的其他问题进行提问，这些问题考试大纲里均未曾提供。以我为例，比较语法的考试持续了三个小时［除波尔热津斯基教授和当时的系主任赫鲁什卡教授（A. A. Hruška），出席的还有古典语文学家波克罗夫斯基（M. M. Pokrovskij）和斯拉夫语言文化研究专家勃兰特（R. F. Brandt）和斯捷普金（V. N. Sčepkin）］。对于具体语言的考试，需要准备不同内容的文本，包括细致的语言学和文献学评论、批判性评论和关于文化史的评论，而且还包括一定数量来自历史语法的问题。至于希腊语的考试，我准备的文本是《伊利亚德》的第二本。拉丁语考试准备的则是佩特罗尼乌斯（Petronius）的《特里马尔奇奥的晚宴》（Cena Trimalchionis）。关于梵语的考试，需要从所有主要的梵语文献类型中选择样本。这门考试我准备的是翻译以下作品并附详细评论，包括25首吠陀梵语赞美诗、史诗中选取的三个较长篇章［'那罗'（Nala）和'莎维德丽'（Sāvitrī）选自《摩诃婆罗多》（Mahābhārata），'猿猴们的搏斗'（Battle of Apes）选自《罗摩衍那》（Rāmāyana）］和两部戏剧［迦梨陀娑（Kālidāsa）的《优哩婆湿》（Vikramorvaśiya）和

《摩罗维迦和火友王》(*Mālaviikāgnimitra*)］，两部戏剧侧重于其中的古印度语部分，还有一篇散文体文章（*Vētālapañcaviṅśati*）。我的资格考试持续整个冬季学期，跨越1915年和1916年。考试最后以两次公开的试讲结束（题目分别为《吠陀的多方面研究》《原始语言的真实性问题和现代重建方法》）。随后我被授予大学任教资格证书，作为一名讲师，加入莫斯科大学的教员队伍。

"那时，波尔热津斯基教授负责安排那个专业的课程方案提供的所有关于普通语言学的授课，他把那一学年梵语的授课和实践练习工作指派给了我。我打算接下来的一年教授阿维斯塔语和古波斯语，因为莫斯科大学从未讲授过伊朗语族语言。1915年，沙赫马托夫（A. A. Šakhmatov）的著作《古代时期俄语纲要》(*Očerk drevnejšego perioda istorii russkogo jazyka*) 出版，这本书对我的语言学生涯有重大意义。此书目的在于重构原始斯拉夫语和原始俄语。作为福尔图纳托夫（F. F. Fortunatov）忠实的弟子和追随者，沙赫马托夫继续按照自己导师的思想来处理这些问题。福尔图纳托夫（莫斯科）学派所遵循的重构方法的所有缺陷都在他这本书中展露无遗。这种不合理的方法给我留下了深刻的印象，因为我一直以来都对方法论的问题非常感兴趣。就这本书，我写了一篇详细的批判性评论，并在莫斯科方言学委员会的会议上宣读。我的文章就如同扔了一颗炸弹。因为那个时期，福尔图纳托夫学派的观点已统领莫斯科的语言学圈子，莫斯科所有的语言学家仍旧毫无保留地接受这个流派的主张和方法论原则。随后一场激烈的辩论开始了。老一代语言学家代表反驳我的观点,努力捍卫沙赫马托夫的方法,而年轻一代则站在我这边。我深信我的文章对于莫斯科语言学的进一步发展具有至关重要的作用。它头一次表明应该摆脱福尔图纳托夫的重构方法。很多人由此得出结论,认为总体而言语言的重构是一个无望的工作,应该从整个历史语言学的领域中转移出来。他们的想法很快就从索绪尔学派的影响中获得增援,不过索绪尔战前在俄国并不为很多人所知。甚至今天,莫斯科大多数年轻语言学家工作研究的方向是'静态的'或'共时的'语言学,他们对历史语言学几乎不感兴趣。然而,就我而言,我的文章之后引发的讨论具备另外一层不同的含义。认定福尔图纳托夫、沙赫马托夫和其他追随者所采用的方法难以维持之后,我唯一得出的结论是,我们必须寻求一种更适合历史语言学和语言重构的方法,而我将以此为己任。沙赫马托夫的书使我相信之前方法的不合理性,由于他这本书是关于斯拉夫语言的,于是我就把注意力转移到了这些语言上。在此之前,我更为关注伊朗语族语言。(因为所有印欧语系语言中,这一语族的语言对高加索语言的影响最深,而后者才是我主要的兴趣所在。)然而现在,斯拉夫语言成为我研究的中心。我决定撰写一本名为《斯拉夫语言史前史》的书,并打算在书中采用改进过的重构方法来阐释具体的个体斯拉夫语言如何从原始斯拉夫语发展而来,以及原始斯拉夫语如何从原始印欧语发展而来。"

特鲁别茨柯依自述的记录就到此为止。1917年夏季,特鲁别茨柯依去了高加索地区,不久这个地区就陷入内战的骚乱。

经历了很多戏剧般的旅程和险遇之后，1918年末他最终得以重新开始他的工作。如同奇迹一般，大约有两百封特鲁别茨柯依的信竟然得以保存下来，使我们可以了解那时起至1938年6月25号他离世期间的科学研究生活。这些信件中，第一封时间为1920年12月12号，最后一封为1938年5月9号。所有这些信件的编辑出版正在筹备当中。这些信件包含特鲁别茨柯依很多不为人知但却非常有价值的想法、观察和发现。这里我们仅仅撷取一部分他的观点，来阐明他对语言学，尤其是音系学基本问题的观点的发展过程。[1]①

"经过这些年在莫斯科十分紧张的生活之后，我先是到了最边远地区的基兹洛沃茨克（Kislovodsk），后又去了罗斯托夫（Rostov）。虽然当地有一所大学（他们委任我担任比较语言学教授），但是没有任何知识分子生活的迹象，也没有任何灵魂可以与之高谈阔论……。无论怎样，人不得不变得自立，独立工作，不与任何人讨论自己的工作……在基兹洛沃茨克逗留的这段时间，我开始着手撰写一篇题目为'斯拉夫语言史前史初探'的论文。我打算重新构拟斯拉夫语共同语的发展历史和分类，采用我在莫斯科写的那篇文章上反驳沙赫马托夫的方法。结果相当有趣……我必须彻底摆脱'莫斯科学派'的教条，而且其他许多的教条也应当摆脱。如果我的文章发表的话，很可能会受到强烈的抨击，而且不单单莫斯科的学者会抨击我。但是这篇文章包含一些想法，我希望这些想法最终会被普遍认可。

---

① 根据与雅克布逊私下的交流，这些信件即将出版。——英文版译者

对我来说，完成这篇文章相当困难，因为我只随身携带了几本书，而罗斯托夫那所大学的图书馆完全无助于我所讨论的话题。虽然如此，我还是以纲要的形式完成了斯拉夫语言的音系历史，同时准备有关形态部分的草稿。但就在那时，我不得不离开罗斯托夫。撤离之时，我所有的手稿和书都留在那里（并且丢失得无影无踪）。"（1920年12月12日）

1920年起，特鲁别茨柯依到了保加利亚。在索非亚大学受任斯拉夫语文学讲师一职，并获得讲授比较语言学的特权。在此期间，他撰写并出版了一本关于文化史的书，早在1909年至1910年间他已经在筹备这件事情，准备将此书作为名为"国家主义的正当理由"三部曲的第一部。第一部书名原打算为《论自我中心主义》，后来改为更有意义的一个名字——《欧洲和人类》。该书题词原本是献给哥白尼的，后来因为过于做作炫耀就删掉了。这本书的目的完全是否定性和破坏性的。其首要任务在于革新人们的意识。"这场革新的本质在于完全克服自我中心主义和偏离常规的思想，从绝对主义转向相对主义"（1921年3月7日）。与此同时，特鲁别茨柯依也努力重新着手于他的《斯拉夫语言史前史》一书的写作。

"我的出发点是斯拉夫语共同语并非仅指一段短暂的时期，而是一个重要的时期，更精确地说，是多个连续的重要时期。原始印欧语时代末期，'原始斯拉夫语方言'（换言之，即后来发展为斯拉夫语共同语的那些印欧语方言）中首次出现的独特方言特点，可以视作斯拉夫语言分化的分界线。那些扩散至所有斯拉夫语言的最后一波语音现象，可以看作斯拉夫语共同语消亡的标志；比如，ŭ和ĭ这两个元音的消失在所有斯拉夫语言中整体上呈现出相同的特征。这意味着斯拉夫语共同语时代持续了几千年，至少有两千五百年……我认为12世纪是斯拉夫语共同语结束的时期。"（1920年12月12日）"考虑到这些情况，如果没有精确确定这些现象中每一个现象发生的具体时期，那么确定斯拉夫语共同语中的那些现象就毫无意义，就如同历史学家在同一张地图上标示拿破仑和亚历山大大帝分别征服的疆域的界限一样。所以，我打算确定斯拉夫语共同语中不同现象彼此之间发生的相对时间顺序。通过这种方式，我可以获得一个年代顺序表，这张表不仅包含斯拉夫语共同语当中几乎所有的语音现象，还包含俄语共同语、波兰语共同语等共同语中大部分的现象。虽然斯拉夫语共同语不同方言中已经出现了很多方言特有的特征，但所有方言中共同发生的现象依然持续出现。而且在这张语音现象表中，还包括一些形态上的创新，它们相对的年代顺序同样可以确定。因此，我们可以获得这样一张表，按照出现在不同方言中的情况，上面标明这些音系特征和形态特征的逐步发展过程；在这些方言的基础上，发展出独立的斯拉夫语族各语言。"（1922年2月1日）

"1922年夏天，我接受了维也纳大学斯拉夫语教授的任命。……我每周需要提供五次讲座。这些讲座三年之内不能有重复，内容包括六种斯拉夫语言和文献中最为重要的作品……接下来的一年，我将会面临大量工作，所以我甚至无法想到去写一本书。我唯一可以做的就是时不时发表几篇文章。这自然是件令人非常遗憾的事情。不过可能的好处就是我可以有时间让《斯拉夫语言史前史》这本书在我的头脑中酝酿得更加成熟。我不断地产生新想法，强迫我对整本书做出改进……现在，我完完全全专注于准备关于俄语历史语法和古教堂斯拉夫语历史语法的讲座。

"关于俄语的历史，跟斯拉夫语言整体上的研究一样，我正竭力去认识它的全貌。我认为如今这种做法是可行的，但却鲜少有人尝试着如此做。对俄语共同语的发展历史和分化历史进行简短考察后，我惊叹于考察结果所体现出的逻辑上的和谐性。直至14世纪，俄语语音的历史发展均受控于一条原则：逻辑上，它遵循俄语区与其他斯拉夫语言区之间地理位置上的关系。"（1923年7月12日）

"目前，我正着手于将我研究俄语语音历史的方法广泛地应用到其他斯拉夫语言语音历史的研究和斯拉夫语言的语音对比研究当中。这就产生了很独特的结果。斯拉夫语言共同语的分化演变呈现出截然一新的情形。不同语言之间的关系时常以完全不同的情形出现。最为重要的是，我们总是可以在它们的演化过程中发现某种内在的逻辑性。这种逻辑性的发现对于学者自身而言往往是一种惊喜。"（致杜尔诺沃的信，1925年2月24日）

与此同时，特鲁别茨柯依继续其他语系语言的研究，尤其是北高加索地区的那些语言。他对普通语言学的发展十分关注。最为重要的是，他第一次尝试对语言进行实实在在的音系分析，并对此加以研究讨论。他提醒大家警惕语言学研究中的某些错误观点，并激烈抨击当时正在损害俄国语言学研究的马尔

（Marr）的学说。

"马尔[2]的这篇文章比他目前写过的任何东西都有过之而无不及……我坚信关于这篇文章的批判性评论不应该由一名语言学家来写，而应该由一名精神病学专家来写。对于语言学而言，遗憾的是马尔还没有疯癫到足以送进精神病院的程度；但对我而言，显然他已疯掉。这就是一位纯粹的马丁诺夫（Martynov），[3] 甚至于文章格式都是典型的疯子特色。可怕的是大多数人还没有注意到这一点。"（1924年11月6日）

虽然特鲁别茨柯依"再次认真地"考虑了他的《斯拉夫语言史前史》这本书，他最后得出的结论是只有推迟这本书的出版才是有益的。"这类事情应当是一个慢慢的水到渠成的过程。"（1925年1月15日）

在探索新方法的过程中，他尝试了新的研究领域——"语体学和诗歌"。

"我不再专注于语言学……我发现我在讲授俄国古代文学时要比讲授比较语法时更有热情……它们完全不同于通常关于俄国古代文学的讲座……你们可能同样会喜欢上这门课，因为形式主义的方法在这里运用得得心应手。但是我还是不能自认为一个真正的形式主义者，因为对我而言，形式主义的方法只不过是揭示作品真谛的一种方式……了解古代俄国作者使用的'文学手段'和这些文学手段的目的之后，我们就可以开始理解作品本身。我们一步步融入俄国古代读者的心理状态，使他们的观点成为我们自己的。在这个领域，一个人可以做出一系列意料之外的发现。从这个有利角度来看，文学发展过程本身呈现出全新的视角……你们可以发现我的注意力被引导到一个全新的方向。但在内心深处，我肯定首先是个语言学家。"（1926年2月18日）

关于将音系学研究方法应用到历时语言学领域的讨论，重新促使特鲁别茨柯依这次明确地专注于语言学的研究。我从布拉格往维也纳给他寄去一封激情澎湃的长信，信里讨论了我后来在《论音系的演化》（*TCLP*，II）开头几章展开讨论的一些问题。这封信首要强调完全有必要弥合音系系统共时分析与语音历史分析之间存在的罅隙。只有参照与音系系统的关系，才可以理解一个由意义组成成分构成的系统当中发生的任何变化。不久，我就收到了特鲁别茨柯依的回复。

"我完全同意你总体上的观点。语言发展历史当中的很多事情看起来非常偶然，但这并不能使历史学家满足。稍微加以仔细、逻辑的思考，我们会注意到语言的发展历史总体上的脉络一点也不偶然，即使是微小的细节也绝非偶然。我们必须把握它们的意义。语言发展的逻辑性特征源于'语言是一个系统'这个事实。在我的讲座中，我始终努力去展示语言发展的这种逻辑性。不仅在语音学领域可能如此，形态学中也是如此（可能词汇学当中亦然）。有些例子极好地展示了这一点，比如斯拉夫语言中数词的历史发展，俄语中动词词形变化的历史发展等。（前一种现象的发展完全取决于是否保留双数作为一个能产的范畴。）

"虽然费迪南德·索绪尔教给大家'语言是一个系统'，但他却不敢从他自己的理论中得出一些结论。原因主要在于这样一个结论非但与传统的关于语言历史的认知相悖，同时还与总体的关于历史的基本观点相悖。人们并不承认历史演变的意义除了人所共知的'前进'这一意义，还有其他意义。这是错误的推论，基于荒谬的东西而对意义进行推断。站在历史学家的角度来看，在语言的发展历程中可以确定的只有以下这些'规律'，比如：'文化的进步将这两方面都摧毁了'[梅耶（Meillet）]。然而，严格地讲，这些规律既非确定性的，亦非纯粹语言学意义上的。如果以语言发展的内在逻辑为导向对语言进行认真思考，我们会了解这种内在逻辑的确存在，而且我们还可以确定一系列纯的语言学规律，这些规律独立于语言之外的因素，比如'文化'之类。自然而然，这些规律不会告诉我们任何关于'前进'或'倒退'的事情……

"文化的各个方面和不同人种的存在同样按照一种内在的逻辑发展，它们本身的规律与'前进'同样没有相通之处。正是由于这个原因，民族学和人类学并不希望去研究这些规律。在文学历史中，形式主义者最终已然开始研究这些内在的规律，于是他们发现了文学发展的目的和内在逻辑。所有与发展相关的学科都太过忽视对方法论的研究，因此'当务之急'是分别改进这些学科中每一门学科的研究方法。把各门学科的研究方法综合起来的时机尚未成熟。不过毫无疑问的是在文化各个方面的发展中，存在某种平行性。因此，肯定存在违背这种平行性的规律……需要构建一门特殊的学科，专门针对生命各方面发展过程中的平行性进行综合研究。

"所有这些同样可以运用到语言问题的研究上……因此，

最终的分析中，不仅要自问为什么某一具体语言在选择某个特定的发展方向后，按照这种方式发展而不是另外一种方式？而且还要自问为什么一种为特定民族所使用的特定语言，恰恰朝这个方向发展而不是另外一个方向？譬如，为何捷克语保留了元音长度上的区别，而波兰语保留了辅音的硬腭化。"（1926年12月29日）

特鲁别茨柯依很快意识到，我们需要全面修正以前所有关于如何运用音系学的方法来研究语音历史的基本假设。"你使我感到不安，"我们见面时他开玩笑地对我讲，并且在前面提到的那封信中，关于他的《斯拉夫语言史前史》这本书，他坦白地对我讲："我担心要进行修正已经太迟了。"

他认识到对语音变化的起因给予目的论的解释可以而且肯定会揭示许多基本上全新且重要的事实。但起初，他发现要摆脱传统的观点很难，传统的观点认为无用的语音变化只能在系统中产生混乱，它们只能起因于"机械性的因素"。（1927年1月12日）

虽然如此，他的疑问很快就消失了。就我关于历史音系学论题的提案，他给出了回复。这个提案当时将在1928年海牙第一届国际语言学家大会上宣读。他的回复如下：

"我同意你的提案。我另外唯一要讲的是，鉴于这个问题的新颖性……恰当的做法是以最简洁和最清楚的方式提出论据，并且不要担心陈述细节。把你自己看作一个从未听过这些问题的人。请不要忘记，总体上，语言学家都是一些思想狭隘、墨守成规的人，而且他们难以习惯抽象的事物……不过这仅仅是形式上的问题。至于内容，我完全同意你的看法。请加上我的

签名。"（1927年10月22日）

这次海牙会议上音系学的胜利鼓舞了特鲁别茨柯依。他积极参加那时刚在国际舞台崭露头脚的布拉格语言学会的各项活动，为第一届国际斯拉夫学者大会（布拉格，1929年9月）准备《布拉格语言学会论丛》的头两卷。这两卷包含一系列不同的论文，内容涉及结构语言学的一般问题，以及音系学的具体问题。历史音系学的进步需要共时音系学研究提供大量的前期工作。作为一名受过历史学训练并对其钟爱的历史学家，特鲁别茨柯依尝试重构一种消亡的语言——波拉布语的音系系统，他的尝试也获得了成功。然而，他日渐意识到有必要把精力集中在现代语言的描写和这些语言总体的结构规则的分析上面。这些调查工作虽然后来成为特鲁别茨柯依研究工作的核心，在一开始的时候似乎只是一个小插曲。他宣布了他最重要的发现——关于元音的音系分析（后来发表在《布拉格语言学会论丛》第一卷上），内容如下：

"这个夏季我没怎么工作。大多时间我都出去散步。天气太怡人了。我的'波拉布语研究'进展顺利，但尚未完成。同时我开始着手于其他吸引我的内容。我已把我所知的所有元音系统在大脑里进行汇编（总共三十四个），同时尝试对它们彼此之间加以比较。来到维也纳，我依然继续着这项工作，现在已经有四十六个元音系统。后续不久，我将会继续这项工作，直到我已经收集到大概一百种语言的时候。这项工作的结果十分奇特。所有系统可以缩减到数量少的几种类型，并且始终可以通过对称的图形来表示（三角形、平行的系列等）。不难发现，关于'不同系统的构成'存在一些规律……我认为以这种方式发现的经验性规律将会非常重要，尤其对于语言历史和重构来说……这些规律应当适用于所有语言，不仅适用于理论上重构的原始语言，还适用于历史上证实存在过的语言的不同发展阶段。"（1928年9月19日）

自此，在特鲁别茨柯依的研究调查中，关于普遍性定律的问题的表述越来越确切和明确。

"我认为有些关于音系结构的规律实际上具备普适性，而其他一些规律则限于特定类型的形态结构，甚至可能是特定的词汇结构。由于语言是个系统，语言的语法结构和音系结构之间必然存在密切联系。只有有限数量的音系系统可以与同一个语法结构兼容。正是这个事实限制了音系系统发展的可能性，并且限制了比较音系学的应用。"（1930年2月25日）

接下来，特鲁别茨柯依很快做出了在音系结构方面所做的另外一项最重要的发现。这个发现就是他观察到，在构成一个二项对立的双方中，其中一项"应当看作正值，以某一具体标志为特点，而另外一项则仅仅被看作缺少该标志"（1930年7月31日）。与这个发现密切相关的是1930年12月举办的第一届音系学国际研讨会令人激动的筹备过程。这次研讨会日程安排非常紧凑，讨论也卓有成效，代表音系学研究的第一阶段。特鲁别茨柯依的博闻强见对会议的讨论贡献颇大，深深吸引了听众的注意。与此同时，研讨会所完成的工作，梅耶和萨丕尔等语言学家热情洋溢的来函，与布拉格语言学会的密切合作，都给特鲁别茨柯依留下了深刻的印象。在布拉格语言学会成立十周年之际，他在给马泰休斯的一封信中谈到了旧时的这些事情，他写道：

"我所经历的布拉格语言学会各个发展阶段的情况浮现在我的记忆当中：首先是艰苦充满毅力的时期，接着是为第一次斯拉夫学者大会所做的准备，音系学研讨会上难忘的日子，以及与布拉格的朋友度过的许多精彩的日子。所有这些记忆对我而言，都伴随着一种令人兴奋的美妙感觉。每次与布拉格语言学会的接触，我都能重新体会到那种有创造力的快乐，虽然这种快乐在我远离布拉格孤独地工作期间，曾一次又一次地消逝。这种激励和启发体现了我们语言学会的精神，它们源于学者们的协力合作。这些学者彼此之间志同道合，朝着共同的方法论目的而努力，受同样的主导思想所启发。"（1936年11月）

特鲁别茨柯依然继续进行他在音系分析方面理论上和实践上的研究，不过他同时也研究前人在音系学方面的工作，尤其是索绪尔和库尔德内的研究。早在1929年7月18日，他写道：

"阅读库尔德内的著作时，我很清楚地了解他与我们在哪些内容上有区别。自那以后我们已经取得的成就确实要比人们认为的更加重要。"1931年10月27号，他在反驳针对他的批评的一个草稿中写道：

"我在一步步摆脱博杜安的体系。当然，这是不可避免的。但对我而言，如果不考虑后来博杜安和谢尔巴给出的定义，虽然他们的定义在我看来既不充分也不准确，而且只是考虑博杜安和谢尔巴体系中最基本的部分，换言之，即他们在实践中如何应用这些体系，那么就会认识到我们（雅克布逊和我自己的）

目前的构想并非是对他们那些体系的一种否定,而是进一步的发展。"

后来特鲁别茨柯依重新提到这个话题时,他把博杜安学派音系学研究中的错误归咎于"受历史研究方法和对音位的语音学设想的影响"(1937年12月3日)。在音系学研究之前的研究中,他最为欣赏的著作就是瑞士语言学家温特勒的《格拉鲁斯州克伦茨方言精要》(*Die Kerenzer Mundart des Kanton Glarus in ihren Grundzügen dargestellt*)(莱比锡,1876):

"对那个时代来讲,这是一本杰出的论著。在这本书中,一个音的语音属性和它在系统中的角色以惊人的精确度得以区分。作者严格区分那些生理上可能的语音和那些特定语言中实际使用的具备重要价值的语音。总体上,作者不断地接近音系学的边缘……很明显,他的许多想法超越他的那个时代,尽管那时并不为人们理解。"(1931年1月28日)

与吸引特鲁别茨柯依注意力的这位瑞士革新者思想上的孤独形成鲜明对比的,是六十年之后的1936年,在哥本哈根举办的国际语言学家大会上,音系学获得了认可。

"总体上而言,我对这次大会非常满意。更确切地说,对大会的氛围要比大会本身更满意。在维也纳难以忍受并妨碍我工作的那种孤独感,似乎消失了。最终发现我们有很多志同道合的同志……与1933年罗马国际语言学家大会相比,这向前迈进了一步。而且不管其他要考虑的东西的话,某种改变已经在一代人的身上发生。一代代人总是一步步向前行进着。在哥本哈根,我们第一次发现我们并不是唯一积极充当先锋的学者。

我们身后有年轻的一代，他们已经从我们的研究工作中吸取经验，可以独立工作。总之，这次大会给我诸多帮助。回去之后，我专心致志地开始撰写有关音系学导论的书，这项工作在我去哥本哈根之前没有取得任何进展。我的想法开始重新成形。"（1936年10月5日）

特鲁别茨柯依很早就在构思这部导论，即《音系学原理》的初稿。早在1935年他提到："梅耶建议我用法语写一本音系学指南，到时由法国语言学会出版。"特鲁别茨柯依提出现代语言学已经走过了它的狂飙时代，他自己的活动以及其他并肩奋斗的同志的活动已经进入一个新时期。"不再是狂烈的暴风雨，而是平缓的洪流，气势依旧浩大，奔流不息。起初它似乎令人苦恼。它究竟是什么？难道它的青春期真的已经过去，这就是它的晚年吗？但除了青春期和晚年，它毕竟还有一段成熟期。"（1935年1月25日）

特鲁别茨柯依开始专注于他的主要工作。他坚决反对任何不经过实际研究就对事实盲目探讨和说理的倾向。总之，他反对那些为了整体而忽视细节的倾向。另一方面，他又批判那些追求细节而忽视整体的行为，或者是追求理论而忽视实践的行为。"一名数学家可以没有工程师而开展工作，但一名工程师没有数学家就无法工作。"（1935年2月21日）

他准备了大量语言的音系描写的索引卡片。他试图构想出可以准确分析这些音系系统的方法，发掘隐藏于个体语言特性之后的人类语言的普遍规律。同时，他也清醒地意识到他那要命的疾患正在销蚀他的精气，并且一场大灾难正降临到欧洲。

在他生命的最后几年，特鲁别茨柯依饱受心绞痛之苦。他的医生向他保证，如果他可以生活平静，仍然可以活很长时间。他对医生的天真嘲弄了一番，笑着说道："在当今欧洲，一个人如何才能满足这样的条件？"希特勒占领奥地利对特鲁别茨柯依来说是灾难性的。他从未打算过要隐藏他的反民族主义的社会主义观点。在一篇关于民族问题的文章中，他对种族主义者的言论给予了彻头彻尾的抨击。他不能也不想再待在维也纳大学了。他最后的希望就是移民美国，在那里继续他的研究工作。但盖世太保找到了他，粗暴地搜查他的房间，对他进行审讯。他的文件也被查抄。作为盖世太保这次造访的直接后果，特鲁别茨柯依遭受了严重的心脏病。在医院他依然赶着完成他的书稿。直至生命的最后几日，他仍在口述书里的内容。除了对全书做最后一次审核，此著几乎完成。这卷书几乎完成。大约只剩二十页内容尚未写完之时，1938 年 6 月 25 日，特鲁别茨柯依猝然离世。

1 若信件非写给我本人，将有提示。
2 N. Marr, *Ob jafetičeskoj teorii*（Novyj Vostok, 1924—1925），第 303—339 页。
3 19 世纪末俄国的一名精神病患者，他出版了一个小册子："Entdeckung des Geheimnisses der menschlichen Sprache oder die Offenbarung des Bankrotts der gelehrten Sprachwissenschaft"。该人试图证明人类语言中所有的词汇均可追溯至同一词根，该词根意义为"吃"。——雅克布逊

附录四 特鲁别茨柯依著作年表[1]

Bohuslav Havránek 汇总，C. Baltaxe 翻译并补充。
缩略语表
BSL　　　　Bulletin de la Société de Linguitique (Paris)
JevrazChr　Jevrazijskaja Chronika (Berlin-Paris)
MSL　　　　Mémoires de la Société de Linguistique (Paris)
RESl　　　 Revue des études slaves (Paris)
Slavia　　 Slavia. Časopis pro slovanskou filologii (Prague)
SlSl　　　 Slovo a slovesnost (Prague)
TCLP　　　 Travaux du Cercle linguistique de Prague (Prague)
ZslPh　　　Zeitschrift für slavische Philologie (Berlin)

1905　　Finnskaja pěsn' "Kulto neito" kak pereživanije jazyčeskago obyčaja (*Etnografičeskoje obozrěnije* XVII, 2-3, 1905, pp. 231-233).

1906　　K voprosu o "Zolotoj Babě" (*Etnografičeskoje obozrěnije* XVIII, 1-2, 1906, pp. 52-62).

1907　　V. J. Mansikka: Das Lied von Ogoi und Hovatitsa. Finnisch-Ugrische Forschungen VI, 1906 (*Etnografičeskoje obozrěnije* XIX, 3, 1907, pp. 124-125), review.

---

[1] 最早出版于 *Études phonologiques dédiées à la mémoire de M. le prince N.S. Trubetzkoy*（Prague: Jednota českých matematiků a fysiků, 1939—*TCLP* 8）。

325	1908	Kavkazskija paralleli k frigijskomu mifu o roždenii iz kamnja (=zemlji) (*Etnografičeskoje obozrěnije* XX, 3, 1908, pp. 88-92). Sbornik materialov dlja opisanija městnostej i plemen Kavkaza. Vyp. XXXVII, otd. III, Tiflis 1907 (*ibid.*, pp. 146-151), review.
	1911	Rededja na Kavkaze (*Etnografičeskoje obozrěnije* XXIII, 1-2, 1911, pp. 229-238).
	1913	Stefan Kirovič' Kuznecov. Ličnyja vpečatlenija (*Etnografičeskoje obozrěnije* XXV, 1-2, 1913, pp. 325-331).
	1914	O stiche vostočno-finskich pesen (summary of a presentation to Etnografičeskoje otdel Obščestva ljubitelej jestestvoznanija, antropologii I etnografii) (*Izveštija Obščestva ljubitelej jestestvoznanija...* 1914).
	1920	Jevropa i čelověčestvo. Sofija, Rossijsko-Bolgarskoje knigoizdatel'-stvo, 1920, 82 pp.（已被译成德文和日文）。 Predislovije (*G. D. Wells: Rossija vo mglě* Sofija Rossijsko-Bolgars-koje knigoizdatel'stvo, pp. iii-xvi).
	1921	La valeur primitive des intonations du slave commun (*RESl* I, 1921, pp. 171-187). Ob istinnom i ložnom nacionalizmě (*Ischod k Vostoku*, Sofija, 1921, pp. 71-85). Verchi i nizy russkoj kul'tury. Etničeskaja osnova russkoj kul'tury (*ibid.*, pp. 86-103)
326	1922	O někotorych ostatkach isčeznuvših grammatičeskich kategorij v obščeslavjanskom prajazykě (*Slavia* I, 1922, pp. 12-21). La forme slave du nominatif-accusatif singulier des thèmes neutres en -*n*- (*MSL* XXII, 1922, pp. 253-258). Essai sur la chronologie de certains faits phonétiques du slave commun (*RESl* II, 1922, pp. 217-234). Remarques sur quelques mots iraniens empruntés par les langues du Caucase Septentrional (*MSL* XXII, 1922, pp. 247-252). Les consonnes latérales des langues caucasiques septrionales (*BSL* XXXIII, 1922, pp. 184-204). Religii Indii i christianstvo (*Na putjach*, Berlin, 1922, pp. 177-229). Russkaja problema (*Na putjach*, Berlin, 1922, pp. 294-316).

1923	Les adjectifs slaves en ŭkŭ (*BSL* XXIV, 1923, pp. 130-137).
Soblazny jedinenija (*Rossija i Latinstvo*, Berlin, 1923, pp. 121-140).
U dverej. Reakcija? Revolucija? (*Jevrazijskij Vremennik* III, 1923, pp. 18-29).
Vavilonskaja bašnja i smešenije jjazykov (*ibid.*, pp. 107-124).
1924	Les langues caucasiques septentrinonales (*Les langues du monde*, Paris, 1924, pp.327-342).
Zum urslavischen Intonationssystem (*Streitberg-Festgabe*, Leipzig, 1924, pp. 359-366).
R. Jakobson, O českom stiche, preimuščestvenno v sopostavlenii s russkim (*Slavia* II, 1923/24, pp. 452-460), review.
1925	Einiges über die russische Lautgeschichte und die Auflösung der gemeinrussischen Spracheinheit (*ZslPh* I, 1925, pp. 287-319).
Polab. Staup (Hennig B.) "Altar" (*ibid.*, pp. 153-156).
Les voyelles nasales des langues léchites (*RESl* V, 1925, pp. 24-37).
Staroslavjanskoje скврьна (*Sbornik v* čest' *na Vasil N. Zlatarski*, Sofia, 1925, pp. 481-483).
Die Behandlung der Lautverbindungen *tl*, *dl*, in den slavischen Sprachen (*ZslPh* II, 1925, pp. 117-122).
Nasledije Čingischana. Vzgljad na russkoju istoriju ne s Zapada, a s Vostoka. Berlin, 1925, 60 pp.
Nas otvet. Paris, 1925, 11 pp.
My i drugije (*Jevrazijskij Vremennik* IV, 1925, pp. 66-81).
O turanskom elemente v russkoj kul'ture (*ibid.*, pp. 351-377).
Trudy Podrazrjada issledovanija severno-kavkazskich jazykov pri Institue Vostokovedenija v Moskve, vyp. 1-3 (*BSL* XXVI, 3, 1925), review.
K. H. Meyer, Historische Grammatik der russischen Sprache (*Archiv* für *slav. Philologie* XXXIX, 1925, pp. 107-114), review.
1926	Otraženija obščeslavjanskago *o v polabskom jazykě (*Slavia* IV, 1925-26, pp. 228-237).
Zur Quellenkunde des Polabischen (*ZslPh* III, 1926, pp. 326-364).
Studien auf dem Gebiete der vergleichenden Lautlehre der nord-kaukasischen Sprachen (Caucasica, fasc. 3, 1926, pp. 7-36).

Gedanken über den lateinschen a-Konjunktiv (*Festschrift für P. Kretschmer*, Vienna, 1926, pp. 267-274).
"Choženije za tri morja" Afanasija Nikitina, kak literaturnyj pamjatnik (*Versty I*, Paris, 1926, pp. 164-186).

1927 Urslav. důždžů " Regen" (*ZslPh* IV, 1927, pp. 62-64).
Russ. семь "sieben" als gemeinostslavisches Merkmal (*ibid.*).
O metrike častuški (*Versty* II, Paris, 1927, pp. 205-223).
K problem russkogo samopoznanija. Paris, Jevrazijskoje Knigoizdatel'stvo, 1927, 94 pp.
Vatroslav Jagić, ein Nachruf (*Almanach der Akademie der Wissenschaften in Wien, für da Jahr 1927*, 1927, pp. 239-246).
K ukrainskoj probleme (*Jevrazijskij Vremennnik* V, 1927, pp. 165-184).
Redakcionnoje primečanije [Introduction to the study by V. Nikitin "Ivan, Turan I Rossija"] (ibid., pp. 75-78), coauthored by P. Savickij.
O gosudarstvennom stroje i forme pravlenija (*JevrazChr* VIII, 1927, pp. 3-9).

328 Obščejevrazijskij nacionalism (*JevrazChr* IX, 1927, pp. 24-31).

1928 Ob otraženijach obščeslavjanskogo e v češskom jazyke (*Slavia* VI, 1927-28, pp. 661-684).
(就以下问题的回答：) Etablissement et délimination des termes techniques. Quelle est la traductin exacte des terms techniques dans les différentes langues? (*Premier Congrès international des Linguistes*, La Haye, 1928, *Propositions*, and *Actes du premier Congrès international de Linguistes à la Haye*, April 10-15, 1928, Leiden [1930] , pp. 17-18). Quelles sont les méthodes les mieux appropriées à un exposé complet et pratique de la grammaire d'une languge quelconque? Proposition consigned by R. Jakobson, S. Karcevskij, and N. S. Trubetzkoy, ibid., pp. 33-36, and reprinted in Roman Jakobson, *Selected Writings I*, Mouton & Co., pp. 3-6.
Ideokratija i armija (*JevrazChr* X, 1928, pp. 3-8).
N. V. Gogol (*Radio Wien*, 1928, no. 16).
Otvet D. I. Dorošenku (*JevrazChr* X, 1928, pp. 51-59).

1929	K voprosu o chronologii stjaženija galsnych v zapadnoslavjanskich jazykach (*Slavia* VII, 1928-1929, pp. 205-807).
Zur allgemeinen Theorie der phonologischen Vokalsysteme (*TCLP* I = *Mélanges linguistiques dédiés au premier Congrès des philologues slaves*, 1929, pp. 39-67). (重印在 J. Vachek, *A Prague School Reader in Linguistics*, Indiana University Press, 1964, pp. 108-142。)
Sur la "morphonologie" (*ibid.*, pp. 85-88). (重印在 Vachek, 183-186。)
Problèmes slaves relatifs à un atlas linguistique, surtoút lexical. Problèmes de méthode de la lexicographie slave (*ibid.*, pp. 25-27), theses 7 and 8. = Problémy všeslovanského atlasu linguistického, zvláště lexikálního. – Methodické problémy slovanské lexikografie (*I. sjezd slovanských filologů v Praze*, 1929, sekce II, these k diskusi. 7. a 8.).
Notes sur les désinences du verbe des langues tchétchéno-lesghiennes (*BSL* XXIX, 1929, pp. 153-171).
Caucasian languages (*Encyclopaedia Britannica*, vol. V, p. 54).
Letter sur les dipthongues du protoslave (*TCLP* II, 1929, 104).
Polabische Studien (*Sitzungberichte der Akademie der Wissenschaften in Wien*, Philos.-hist. Kl., Bd. 211, Abh. 4), 167 pp.
1930	Das Münchner slavische Abecedarium (*Byzantinoslavica* II, 1930, pp. 29-31).
Nordkaukasische Wortgleichungen (*Wiener Zeitschrift zur Kunde des Morgenlandes* XXXVII, 1930, pp. 76-92).
Über die Entstehung der gemeinwestslavischen Eigentümlichkeiten auf dem Gebiete des Konsonantismus (*ZslPh* VII, 1930-31, pp. 383-406).
†Viktor K. Poržezinskij (*Slavia* IX, 1930-31, pp. 199-203).
T. Lehr-Spławiński, Gramatyka polabska (*Slavia* IX, 1930-31, pp. 154-164), review.
1931	Die phonologischen Systeme (*TCLP* IV = Internaitonal Phonological Conference held in Prague, December 18-21, 1930, 1931, pp. 96-116).

Gedanken über Morphonologie (*ibid.*, pp. 160-163). Transl. herein.
Phonologie und Sprachgeographie (*ibid.*, pp. 228-234). Tr. Herein.
Principes de transcription phonologique (*ibid.*, pp. 323-326).
Zum phonologischen Vokalsystem des Altkirchenslavischen (*Mélanges de philologie offerts à M. J. J. Mikkola* = *Annales Academiae Scientiarum Fennicae*, XXVII, 1931, pp. 317-325).
Die Konsonantensysteme der ostkaukasischen Sprachen (*Caucasica*, fasc. 8, 1931, pp. 1-52).
Lettre sur la géographie de la déclinaison (*R. Jakobson, K charakteristike evraz. Jezyk. sojuza*, 1931, pp. 51-52).

1932 Das mordwinische phonologische System verglichen mit dem russischen (*Charisteria Gvil. Mathesio quinquagenario... oblata*, Prague, 1932, pp. 21-24).

1933 La phonologie actuelle (*Journal de Psychologie* XXX, 1933, pp. 227-246).
Les systèmes phonologiques envisagés en eux-mêmes et dans leurs rapports avec la structure générale de la langue (*Actes du deuxième Congrès international de Linguistes, Genève* 25-29 *août* 1931. Paris, 1933, pp. 109-113, 120-125).
Charakter und Methode der systematischen phonologischen Darstel-lung einer gegebenen Sprache. (*Proceedings of the International Congress of Phonetic Sciences*, Amsterdam, July 3-8, 1932 [*Archives néerlandaises de phonétique expérimentale* VIII-IX, 1933] , pp. 18-22 = *Conférences des membres du Cercle linguistique de Prague au Congrès des sciences phonétiques tenue...*, 1933, pp. 1-5).
Die Entwicklung der Gutturale in den slavischen Sprachen (*Sbornik v čest' na prof. L. Miletič*, Sofia, 1933, pp. 267 -279).
Zur Struktur der mordwinischen Melodien (*Sitzungsberichte der Akademie der Wissenschaften in Wien, Philos.-histor.* Kl., Bd. 205., Abh. 2., 1933, pp. 106-117).

Il problema delle parentele tra i grandi gruppi linguistici (*Terzo Congresso internazionale dei Linguisti, Roma, 19-26 settembre*, 1933, and *Atti del III Congresso internazionale dei Linguisti*, 1935, pp. 326 -327).

Mysli ob avtarkii (*Novaja epocha*, Narva, 1933, pp. 25-26).

1934　Das morphonologische System der russischen Sprache (*TCLP* V_2 = *Phonological description of modern Russian*. Second part), Prague, 1934, 94 pp.

Ein altkirchenslavisches Gedicht (*ZslPh* XI, 1934, pp. 52-54).

Erinnerungen en einen Aufenthalt bei den Tscherkessen des Kreises Tuapse (*Caucasica*, fasc. 11, 1934, pp. 1-39).

Die sogenannte Entpalatalisierung der ursl. *e* und *ě* vor harten Dentalen im Polnischen vom Standpunkte der Phonologie (*Księga referatów, II międzynarod. Zjazd slawistów*, Warsaw, 1934, pp. 135-139).

Peuples du Caucase. Excerpt from a letter of Prince N. S. Trubetzkoy (June 18, 1932) (*The Universal Adoption of the Latin Alphabet*. Paris, Institut International de Coopération Intellectuelle, 1934, pp. 45-48).

Altkirchenslavische Sprache, Schrift-, Laut- und Formenlehre (based on lectures given at the University of Vienna in the winter semester 1932-1933 and the summer semester 1933). Vienna, 1934, 142 pp. and 11 pp. of corrections.

G. Dumézil, Études comparatives sur les langues caucasiennes du Nord-Ouest, Paris, 1932. - Recherches comparatives sur le verbe caucasien (*Orientalistische Literaturzeitung*, 1934, pp. 629-635), review.

Quelques remarques sur le livre de M. Dumézil "Études comparatives sur les langues caucasiennes du nord-ouest," n.d., 34 pp.

1935　Anleitung zu phonologischen Beschreibungen. Association internationale pour les études phonologiques (published by the Prague Linguistic Circle), Brno, 1935, 32 pp.

Ob idee-pravitel'nice ideokratičeskogo gosudarstva (*JevrazChr* XI, 1935, pp. 29-37).

Psaní (*SlSl* I, 1935, p. 133) [review of "Die Schrift"].

Ke skladbě starého církevněslovanského jazyka (*SlSl* I, 1935, pp. 188-189, and *ibid*. III, 1937 p. 128) [review of J. Stanislav "Dativ absolutný v starej cirkevneij slovančine"].

O poměru hlaholské a řěcké abecedy [summary of a meeting held on 10-6-1934 by the Prague Linguistic Circle] (*SlSl* I, 1935, pp. 135-136).

1936   Die phonolgischen Grenzsignale (*Proceedings of the Second International Congress of Phonetic Sciences, London, July* 22-26, 1935. Cambridge, 1936, pp. 45-49).

Die Aufhebung der phonlogischen Gegensätze (*TCLP* VI, 1936, pp. 29-45). 重印于 Vachek, *Prague School Reader*, pp. 187-205.

Essai d'une théorie des oppositions phonologiques (*Journal de Psychologie* XXXIII, 1936, PP. 5-18).

Die phonologischen Grundlagen der sogenannten "Quantität" in den verschiedenen Sprachen (*Scritti in onore di Alfredo Trombetti*, Milan, 1936, pp. 155-176).

Die altkirchenslavische Vertretung der urslav. *tj, *dj (*ZslPh* XIII, 1936, pp. 88-97).

Die Aussprache des griechischen χ im 9. Jahrhundert n. Chr. (*Glotta. Zeitschrift f. griech. u. latein. Sprache* XXV, 1936, pp. 248-256).

Die Quantität als phonologisches Problem (*IVe Congrès international de Linguistes, Copenhague*, 1936. *Résumés des communications*, pp. 104-105).

Ameriká kniha podnětných nápadů o jazyce [review of G. K. Zipf, The Psycho-Biology of Language, 1935] (SlSl II, 1936, pp. 252-253).

Ida C. Ward, An Introduction to the Ibo Language. Cambridge, 1936 (*Anthropos* XXXI, 1936, pp. 978-980), review.

1937   Über eine neue Kritik de Phonembergriffes (*Archiv für die verglei-*   332
chende Phonetik I, 1937, pp. 129-153).
Gedanken über die slovakische Deklination (*Sborník Matice slovenskej* XV, 1937, pp. 39-47).
O pritjažatel'nych prilagatel'nych (possessiva) starocerkovnoslavjanskogo jazyka (*Zbornik u čast A. Belića* = *Mélanges linguistiques et philologiques offerts à M. Aleksandar Belić*, Belgrade, 1937, pp. 15-20).
W sprawie wiersza byliny rosyjskiej (*Prace ofiarowane Kazimierzowi Wóycickiemu. Z zagadnień poetyki*, no. 6 Wilno, 1937, pp. 100-110).
Zum Flussnamen *Upa* (*ZslPh* XIV, 1937, pp.353-354).
Zur Vorgeschichte der ostkaukasischen Sprachen (*Mélanges de linguistique et de philologie offerts à Jacq. van Ginneken*, Paris, 1937, pp. 171-178).
K voprosu o stichě "Pěsen zapadnych slavjan" Puškina (*Bělgradskij Puškinskij Sbornik*, Belgrade, 1937, pp. 31-44).
Projet d'un questionnaire phonologique pour les pays d'Europe, Prague, 1937, 7 pp.
Erich Berneker. Ein Nachruf (*Almanach der Akademie der Wisssenschaften in Wien, für das Jahr* 1937, 1937, pp. 346-350).
Upadok tvorčestva (*JevrazChr* XII, 1937, pp. 10-16).
Nová kniha o indoevropské pravlasti (*SlSl* III, 1937, pp. 105-108).
Myšlenky o problému Indoevropanů [summary of a meeting held 12-14-1936 by the Prague Linguistic Circle] (*SlSl* III, 1937, pp. 191-192).

1938.   Die Quantität als phonologisches Problem (*Actes du quatrième Congrès international de Linguistes tenu à Copenhague du 27 août au 1er septembre 1936*. Copenhagen 1938, pp. 117-122).

1939.   Grundzüge der Phonologie (*TCLP* VII), Prague, 1939, 272 pp.
Wie soll das Lautsystem einer künstlichen internationalen Hilfssprache beschaffen sein? (*TCLP* VIII, 1939, pp. 5-21).

Aus meiner phonologischen Kartothek (*ibid.*, pp. 22-26 and 343-345).

333 Zur phonologischen Geographie der Welt (*Proceedings of the Third International Congress of Phonetic Sciences*, Geneva 1938, 1939, p. 499).

Les rapports entre le déterminé, le déterminant et le défini (*Mélanges offerts à M. Ch. Bally*, 1939).

Gedanken über das Indogermanenproblem (*Acta linguistica* I, 1939).

Mysli o indojevropejsko probleme (*JevrazChr* XIII, 1939).

Fol'klornoje obščenije meždu vostočnymi slavjanami i narodami sěvěrnago Kavkaza (*Zapiski Russkago Naučnago Instituta*, Belgrade).

Očerki russkoj literatury XVIII-go věka i russkoj poezii XIX-go. Pariž, Russkaja naučnaja biblioteka.

Dostojevskij kak chudožnik. Pariž, Russkaja naučnaja biblioteka.

Beach, D. M. The Phonetics of the Hottentot Language (*Anthropos*), review.

补遗　特鲁别茨柯依去世后出版的著作和译本

1949.　*Principes de Phonologie*, trans. J. Cantineau Paris: C. Klincksieck, 1949.

1952　*The Common Slavic Element in Russian Culture*, ed., Lenon Stilman. New York, 1949, 2d rev. ed. 1952. 由哥伦比亚大学斯拉夫语系研究生翻译，选自作者1927年于巴黎出版的一部名为"K problem russkogo samopoznanija"的论文集中的一卷。

1954　*Alkirchenslavische Grammatik, Schrift-, Laut- und Formensystem, von Nikolaus S. Trubetzkoy*. Im Auftrage der Akademie hrsg. von Rudolf Jagoditsch. Vienna: In Kommission bei R. M. Rohrer, 1954.

1956　*Die russischen Dichter des 18. und 19. Jahrhunderts.* Abriss einer Entwicklungsgeschichte. Nach einem nachgelassenen russischen Manuskript hrsg. Rudolf Jagoditsch, Graz, H. Böhlaus Nachf. 1956.

1960	*Grundzüge*《音系学原理》俄译本, *Osnovy fonologii*, 译者 A. A. Xolodovič, ed. S. D. Kacnel'son. Postcript by A. A. Reformatskij. Foreign Languages Publishing House, Moscow, 1960.	334
1964	*Dostoevskij als Künstler*. The Hague: Mouton & Co. 1964.	
1968	*Introduction to the Principles of Phonological Descriptions*. The Hague: Martinus Nijhoff, 1968. Tranlsation of *Anleitung zu phonologischen Beschreibungen*, 1935, by L. A. Murray, ed. H. Blume, 46 pp.	

中译本译者增补

1980	*Grundzüge der Phonologie* 日译本《音韻諭の原理》，長山島善郎译；东京：岩波书店。
2025	*Principles of Phonology* 中译本《音系学原理》，李兵、王晓培译；北京：商务印书馆。

主题索引

（索引页码即本书边码）

A

Abstract relevancy 抽象相关性，43
"Abstract sounds" "抽象语音"，40 及下页
Accentuation 重读，加重音符号，87，183 及以下诸页，195 及以下诸页，277 及下页，279（12 注），286 及下页，288（1 注），289（14 注）
Appeal 情感表达，感召
    function of 感召功能，14 及下页，20 及以下诸页，48，51，202 及以下诸页
    means of 感召手段，20 及以下诸页，26（18 注）
    phonology of 感召音系，15 及下页，21 及以下诸页
    plane of 感召平面，15，27，51
Archiphoneme 超音位，43，79 及以下诸页，101，102，108，110 及下页，115，150，167，168，179，210（29 注），228 及以下诸页，230

Arithmetic conception of quantity 音段长度的算数理解，177

B

Basic series of consonant systems 辅音系统的基本系列，123 及以下诸页
Boundary position 边界位置，275
Boundary signals 边界标志，界标，274 及以下诸页
    negative 否定性边界标志，290 及以下诸页
    nonphonemic 非音位性边界标志，276 及以下诸页，292 及以下诸页
    phonemic 音位性边界标志，275 及以下诸页，290 及以下诸页

C

Combinations of phonemes 音位组合，46，55 及以下诸页，77 及下页，161 及下页，170，242 及以下诸页
Combinatory variants 组合性变体。

见 Variants

Conative means 意动手段, 20 及以下诸页, 26（18 注）

Consonants 辅音, 92 及以下诸页, 140 及下页, 222（213 注）
   flat 降音性辅音, 125, 136, 142
   mellow 圆润性辅音, 127 及下页
   plain 平音性辅音, 无特殊音质的辅音, 125, 127 及以下诸页, 136, 142, 216（126 注）
   recursive 回归式（气流机制产生的）辅音, 145 及下页
   strident 刺耳性辅音, 127 及以下诸页

Consonant systems 辅音系统, 122 及以下诸页

Correlations 相关关系, 83 及以下诸页, 89（14 注）
   neutralizable 可中和的相关关系, 85, 87 及下页, 100 及以下诸页, 133
   prosodic 韵律性相关关系, 87, 170 及以下诸页

Correlation based on type of expiration 基于呼气类型的相关关系。见 Corrleation of recursion。又见 specific correlations

Correlation (al) bundle 关联束, 86 及以下诸页, 132 及下页, 150 及以下诸页, 163

Correlation (correlative) mark 相关标记, 85, 101, 115, 129, 146, 151, 152, 162, 163, 178, 189, 219（162 注）, 222（213 注）

Correlation pairs 相关对, 84 及下诸页, 244 及下页, 254（6 注）

Correlation of accent (prosodic)（韵律）重音相关关系, 88, 183, 188 及以下诸页

Correlation of aspiration 送气相关关系, 85 及下页, 145 及下页, 148, 152 及以下诸页, 158, 161, 219（162 注）, 220（173 注）, 236, 263

Correlation of click (click correlation) 喷音性相关关系, 129, 134 及以下诸页, 158

Correlation of (based on) close contact (prosodic) 基于密切接触的（韵律性）相关关系, 165, 178 及下页, 181, 189 及下页, 197, 199 及以下诸页, 224（227 注）, 230

Correlation of closeness 闭合性相关关系, 109

Correlation of constriction 声道收窄度相关关系, 89 及下页, 143, 149 及以下诸页, 154 及以下诸页, 158, 160, 166 及以下诸页, 244 及下页

Correlation of continuants 延续音相关关系, 142

Correlation of contrast 对比关系, 144

Correlation of emphatic palatalization

强调性硬腭化相关关系, 131, 236
Correlation of emphatic velarization 强调性软腭化相关关系, 131 及下页
Correlation of full gutturalization 完全软腭化相关关系, 完全喉音化相关关系, 137 及下页
Correlation of gemination 双音性相关关系:
 consonantal 辅音双音性相关关系, 160 及以下诸页, 181, 184, 201, 219 (161 注), 224 (230 注), 235, 237 (287 注)
 prosodic 韵律性双音性相关关系, 179 及以下诸页, 183 及以下诸页, 198 及以下诸页, 224 (230 注)
 vocalic 元音双音性相关关系, 236
Correlation of intensity (or pressure) 强度 (或压强) 相关关系:
 consonantal 辅音强度相关关系, 145 及下页, 149, 153, 155, 159 及以下诸页, 163 及下页, 181, 184, 219 (161 注和 162 注), 220 (173 注), 234, 237 及下页, 246, 254 (6 注), 263
 prosodic 韵律性强度相关关系, 183 及以下诸页, 197
Correlation of labialization, consonantal 辅音唇化相关关系, 87, 100, 132 及下页, 138, 215 (11 注), 218 (155 注), 231
Correlation of labiovelarization 唇－软腭化相关关系, 137 及下页
Correlation of liquids 流音相关关系, 142
Correlation of muffling, vocalic 元音的闷音性相关关系, 121 及下页, 169, 187
Correlation of nasalization 鼻化相关关系:
 consonantal 辅音鼻化相关关系, 169, 231, 245
 vocalic 元音鼻化相关关系, 118 及以下诸页, 122, 254 (5 注)
Correlation of nasals, consonantal 辅音鼻音相关关系, 158, 160, 165 及以下诸页, 169, 245
Correlation of occlusiveness, 闭塞性相关关系。见声道收窄度相关关系
Correlation of palatalization, consonantal 辅音腭化相关关系, 87, 101 及下页, 129 及以下诸页, 215 (102 注), 234, 239 及下页, 284
Correlation of preaspiration 辅音前置送气相关关系, 146
Correlation of pressure 压强相关关系。见 Correlation of intensity
Correlation of quantity, prosodic 韵律重量相关关系 85, 88, 245
Correlation of recursion 回归音相关关系, 回归式辅音相关关系, 86

及下页，145 及下页，152 及以下诸页，219（162 注），236，264

Correlation of release 除阻方式相关关系，146，153 及以下诸页

Correlation of retroflextion 卷舌化相关关系，133

Correlation of rounding 圆唇化相关关系：

consonantal 辅音圆唇化相关关系。见 Correlation of labialization

vocalic 元音圆唇性相关关系，88，98 及以下诸页，103

Correlation of seminasals 半鼻音性相关关系，辅音鼻化相关关系，169，231，245

Correlation of sonants 响音性相关关系，141 及下页

Correlation of stød, prosodic 韵律性斯特德相关关系，179（英译注），190，197 及下页，255

Correlation of stops (continuants) 闭塞性相关关系（连续性），142

Correlation of syllabicity, prosodic 韵律性音节性相关关系，177，222（注 213）

Correlation of tension, consonantal 辅音松紧相关关系，145，146，148，152 及下页，238

Correlation of tone register, prosodic 韵律性调域相关关系，183 及以下诸页，188，203 及下页

Correlation of tone interruption, prosodic 声调中断的韵律性相关关系。见 Corrleation of stød

Correlation of tone movement, prosodic 韵律性调型相关关系，183，188 及下页，192，200，203 及下页，227（269 注），241（19 注）

Correlation of tongue position 舌位前后相关关系，98 及以下诸页，103

Correlation of voice 清浊相关关系，85 及以下诸页，145，146 及下页，149 及以下诸页，153 及以下诸页，219（158 注），240，263

Correlations based on the manner of overcoming an obstruction 基于除阻方式的相关关系，146，219（158 注）

of the first degree 基于第一级除阻方式的相关关系，140 及以下诸页，150 及下页

of the second degree 基于第二级除阻方式的相关关系，144 及以下诸页，151 及以下诸页，162，166，246

of the third degree 基于第三级除阻方式的相关关系，160 及以下诸页

Correlations based on type of contact, prosodic 基于接触类型的韵律性相关关系，189 及下页

Correlations of resonance 共鸣特征相关关系，118 及以下诸页，

169，187

Correlations of timbre 音色相关关系：
consonantal 辅音音色相关关系，87，129 及以下诸页，137 及下页，218（156 注）
vocalic 元音音色相关关系，98 及以下诸页

Culminative function 计数功能（音系特征的三大功能之一），27 及下页

Culminative prominence 韵律主峰的凸显。见 Correlation of accent

Culminative distinctive prosodic oppositions 凸显韵律主峰的区别性对立关系。又见 Correlation of accent; Correlation of tone movement

D

Degrees of obstruction of consonants 辅音阻塞程度，140 及以下诸页

Degrees of sonority（aperture）of vowels 元音响度（开口度），96 及以下诸页

Delimitative function 标界功能，27 及下页，51，273 及以下诸页，296

Determination of phonemes 音位的确定，46 及以下诸页

Differences of tone (register) distinctive for sentences 区分句子的声调（调域）差异，204 及以下诸页

Differential properties, prosodic 韵律性区别特征，95，182

Diphthongs of movement 移动式二合元音，57，64，115 及以下诸页，224（227 注）

Diphthongs with a centrifugal direction of articulatory movement 离心性二合元音，117，213（66 注），233

Diphthongs with a centripetal direction of articulatory movement 向心性二合元音，117，213（66 注），233

Discriminative mark 区别标记，10，44，76 及下页，126 及以下诸页，232 及下页

Disjunction 析取（关系），85，244

Distinctive function 区别性功能，20，27 及下页，182，273

Distinctiveness, theory of 区别性理论，31 及以下诸页

Distinctive oppositions 区别性对立（关系），6，31 及以下诸页，66 及以下诸页，90 及以下诸页，228 及以下诸页

Distinctive (discriminative) property 区别性（辨义）特征，36 及下页，66 及以下诸页，76，83 及下页，90 及以下诸页

Distinctive unit 区别性单位。见 Phonological unit

E

Emphatics 强调，强语势，23

Expressive function 表达功能, 14 及下页, 20, 23, 26, 48, 204, 205
Expression 表达:
  means of 表达手段, 16, 19, 22 及以下诸页
  phonology 关于表达的音系, 15 及以下诸页, 23 及下页
  Plane 关于表达的平面, 51, 15, 27

F

Frame units for phoneme combinations 音位组合的框架单位, 249 及以下诸页

Free accent (correlation of accent) 自由重音（重音相关关系）, 88, 183, 188 及以下诸页

Functional classification of phonemes 音位的功能分类, 242 及以下诸页

Functional load of phonemes 音位的功能负荷, 221（204 注）, 256 及以下诸页, 268

Functioning of the phonemic system 音位系统的运作, 75 及以下诸页, 173

H

"h" 辅音 h, 138, 140

I

Indeterminate nasal 不确定性鼻音, 167 及下页

Indeterminate vowel 不确定性元音, 59, 60, 73, 97, 113 及下页, 120 及下页, 171

Interchangeable sounds 可交换的语音, 31 及下页, 46 及以下诸页

L

Langue (language system) 语言（系统）, 1 及以下诸页, 23, 41, 43

Liquids 流音, 138 及下页

Linguistic consciousness 语言意识, 38 及下页, 64, 78, 85, 88, 301

Linguistic geography 语言地理（学）, 299 及以下诸页

M

Macro-phonemes 大音位, 41 及以下诸页

Mark 标记, 10, 19, 51 及下页, 66 及下页, 78 及下页, 95, 116 及下页, 273。又见 Corrleation mark; Discriminative mark; Opposition mark; Opposition members

Markedness 标记性, 标记程度, 146 及下页

Micro-phoneme 小音位, 41 及以下诸页

Mora 莫拉, 173 及以下诸页, 182

Mora-counting languages 莫拉计数型语言, 174 及以下诸页

Morphonology 形态音系（学）, 305

及以下诸页

Monophonematic evaluation of sounds 语音的单音位判定，55及以下诸页，65（9注和13注），115及下页，118，122，138，146，160及下页，170

N

Neutralization 中和（化），65（3注），78及以下诸页，112，167及下页，221（206注），228及以下诸页，242

Position of neutralization 中和位置，78及以下诸页，89（13注），147，240

Nondistinctive oppositions 非区别性对立（关系）。见 Oppositions, distinctive

Nondistinctive properties 非区别性特征。见 Phonologically relevant properties

Noninterchangeable sounds 不可互换的语音，31及下页，46及以下诸页

Nuclear sounds 核心音，13

O

Oppositions 对立（关系），4，6，31
bilateral 双边对立（关系），68及以下诸页，79，83及下页，89（14注），90，113及下页，124，130，133，138及下页，141，143及以下诸页，163，165，167，220（175注），242及下页，245

constant 常恒对立（关系），77及以下诸页，90

directly distinctive 直接的区别性对立（关系），33

distinctive 区别性对立（关系），6，31及以下诸页，66及以下诸页，90及以下诸页，228及以下诸页

equipollent，均等对立（关系），74及以下诸页，82，84，90，98及以下诸页，128，138，245，246

gradual 分级对立（关系），74及以下诸页，81，89（13注），90，108，128，179

heterogeneous 异质性对立（关系），69及下页，84，88（6注），123，138

homogeneous 同质性对立（关系），69及下页，84，88（6注）

indirectly distinctive 间接的区别性对立（关系），33

isolated 孤立对立（关系），70及以下诸页，83及下页，90，113，163，165

linear 线性对立（关系），70，88（6注）

multilateral 多边对立（关系），68及以下诸页，83及下页，

88（6注），90，121，123，128，138，168，242

neutralizable 可中和的对立（关系），77及以下诸页，84，89（13注），90，108及以下诸页，115，124，129，168，172，228及下页，239。又见 Correlations，neutralizable

nondistincitve 非区别性对立（关系），31及下页。又见 Oppositions，distinctive

nonlinear 非线性对立（关系），70，88（6注）

privative 有无对立（关系），74及以下诸页，83及下页，90，98，107，108，129，130，138，165，177，179，189，245，246，262及下页

proportional 对应性对立（关系），70及以下诸页，83及下页，89（14注），90，99，124，129，141，144，165，167，245

Opposition based on the direction of articulatory movement 基于位移方向的对立（关系），118

Opposition chains 对立链，70及以下诸页

Opposition mark 对立标记，108，116。又见 Correlation mark

Opposition members 对立项：

marked 有标记的对立项，75及以下诸页，81，83，109，129，152，163，167，211（39注），230及下页，239，262及以下诸页，275及下页

unmarked 无标记的对立项，75及以下诸页，81，83，89（13注），101，109，129，152，163，167，177，179，211（39注），230及下页，243，262及以下诸页，275及下页

Opposition of accent 重音对立，173。又见 Correlation of accent

Opposition of aspiration 送气对立，154，262。又见 Correlation of aspiration

Opposition of constriction (occlusiveness) 声道收窄度（闭塞度）的对立，86，154

Opposition of expiration 呼气类型的对立，86。又见 Correlation of recursion

Opposition of gemination 双音性对立，160及以下诸页，287。又见 Correlation of gemination, consonantal

Opposition of intensity 强度的对立，164。又见 Correlation of intensity, consonantal

Opposition of nasalization, vocalic 元音鼻化的对立，236。又见 Correlation of nasalization, vocalic

Opposition of occlusiveness 闭塞性对立，86，154。又见 Correlation of

constriction

Opposition of quantity 音长的对立, 172, 178 及下诸页, 236。又见 Correlation of quantity

Opposition of rounding, vocalic 元音唇状展圆的对立, 116, 209（13注）, 232, 237。又见 Correlation of rounding

Opposition of syllabicity 成音节性对立, 173。又见 Correlation of syllabicity

Opposition of timbre 音色的对立, 105, 112 及以下诸页, 230, 237 及下页, 289（11 注）。又见 Correlation of timbre

Opposition of tone movement 调型的对立, 180 及下页, 200 及以下诸页, 238 及下页。又见 Correlation of tone movement

Opposition of tone register 调域的对立, 184 及以下诸页, 203 及下页。又见 Correlation of tone register

Opposition of voice 清浊对立, 276。又见 Correlation of voicing

Oppositions based on degree of aperture 基于开口度的对立, 107 及以下诸页, 112 及下页, 233

Oppositions based on degree of sonority 基于响度的对立, 107 及以下诸页, 112 及下页, 233

Oppositions based on the manner of overcoming an obstruction 基于除阻方式的对立, 162 及下页, 262。又见 Correlation based on the manner of overcoming an obstruction

Oppositions based on type of contact 基于接触类型的对立, 116 及下页, 178（英译者注）, 199。又见 Correlation based on type of contact

Oppositions differentiating sentences (syntactically distinctive) 语句区别性对立（句法区别性对立）, 90 及下页

Oppositions differentiating words (lexically distinctive) 区分词的对立（词汇区别性对立）, 90 及下页

Oppositions of localization 发音部位的对立, 135 及以下诸页, 262

Oppositions of resonance 共鸣特征的对立, 118 及以下诸页。又见 Correlation of resonance

P

Paired phonemes 成对的音位, 85

Parole (speech act) 言语（言语行为）, 1 及以下诸页

Partial systems, phonological 部分音系系统, 局部音系系统, 106, 110 及以下诸页, 228

Permissible sound substitution 可容许的语音替换, 19 及下页

Phoneme inventory 音位总表（音位总量）, 66 及以下诸页, 228, 244, 298

Phoneme 音位，23，33 及以下诸页，46 及以下诸页，92 及以下诸页

Phonemic boundary signals 音位性分界标志，275 及以下诸页，290 及以下诸页

Phonemic content 音位内容，66 及以下诸页，84 及下页，101

Phonemics 音位学，3 及以下诸页。又见 Phonology

Phonemic system 音位系统，18，51，66 及以下诸页，74 及以下诸页，85，90，171，207 及下页，228，298

Phonetics 语音学，语音（系统），3 及以下诸页，25（10 注），91 及下页

Phonetic variants 语音变体，41，46 及以下诸页

Phonologically distinctive oppositions 区别性音系对立，具有音系区别作用的对立。又见 Oppositions, distinctive

Phonologically irrelevant oppositions 与音系无关的对立。又见 Oppositions, nondistinctive

Phonologically irrelevant property 与音系无关的特征，36 及下页，66 及以下诸页，90 及以下诸页

Phonologically nondistinctive oppositions 非区别性音系对立，不具音系区别作用的对立。见 Oppositions, distinctive

Phonological oppositions 音系对立。见 Oppositions, distinctive

Phonological (ly relevant) property 与音系相关的特征，36 及下页，66 及以下诸页，90 及以下诸页。又见 Distinctive property

Phonological sieve 音系筛选，51 及下页

Phonological statistics 音系统计（学），256 及以下诸页

Phonological system 音系系统。见 Phonemic system

Phonological unit 音系单位，33 及以下诸页，41，44（3 注），79，85，246

Phonostylistics 音系语体学，14 及以下诸页，24，48，257 及以下诸页，279

Phonology 音系（学），3 及以下诸页，27 及以下诸页，91 及下页

Phonometry 音位测量学，音位测定（法），6 及以下诸页

Polyphonematic evaluation of sounds 语音的多音位判定，55，60 及以下诸页，146，170 及以下诸页

Position of relevance 相关位置，78 及以下诸页，84，265

Positions of maximal (minimal) phoneme distinction 音位区分度最大（最小）的位置，240

Properties
　consonantal 辅音性特征，122 及

以下诸页，93及以下诸页
prosodic 韵律特征，92，170及以下诸页，201及以下诸页，228，222（213注），255（7注）
vocalic properties 元音性特征，94及以下诸页
Properties based on degree of aperture (saturation, sonority), vocalic 基于开口度（饱和度／响度）的元音特征，94及以下诸页，105及以下诸页，107及以下诸页，112及下页，115，118，233。又见 Opposition based on degree of aperture
Properties based on the manner of overcoming an obstruction, consonanta 基于除阻方式的辅音特征，94及下页，122，140及以下诸页。又见 Correlations based on the manner of overcoming an obstruction
Properties based on type of contact, prosodic 基于接触类型的韵律特征，95，182。又见 Correlation of stød
Properties based on type of differentiation, prosodic 基于区分类型的韵律特征。见 Differential properties
Properties of lip participation 唇状特征，103。又见 Correlation of rounding, vocalic
Properties of localization 发音部位特征：
consonantal 辅音发音部位特征，94及以下诸页，122及以下诸页，135及以下诸页，138，140，168，262。又见 Oppositions of localization
vocalic 元音发音部位特征，94及以下诸页，105及下页，118，289（11注）
Properties of resonance 共鸣特征：
consonantal 辅音的，94及以下诸页，118及以下诸页，122，166及以下诸页，187。又见 Correlations of resonance
Properties of timbre, vocalic 元音音色特征。见 Properties of localization, vocalic

R

Realization of phonemes 音位的实现，36及下页，46及以下诸页，55及以下诸页
Related series of consonant systems 辅音系统中的相关系列，125及以下诸页
Representational function 表征功能，14及下页，202及以下诸页，208
Representation 表征：
means of 表征手段，23及下页
phonology of 关于表征的音系，24及下页，42，202及以下诸页
plane of 表征层面，24，27及下页

S

Secondary series 次要系列, 129 及以下诸页

Sentence intonation 句调, 202 及以下诸页

Sentence pauses 句子停顿, 207

Sentence stress 句重音, 205 及下页

Signifier and signified aspect of parole and langue 言语和语言的能指与所指方面, 2 及以下诸页

"sound image" "语音印象", 38, 40, 44（4 注）

"sound intent" "语音意向", 38

Speech act (parole) 言语行为（言语）, 1 及以下诸页

Speech sound 言语声音, 7, 10 及以下诸页, 37 及以下诸页, 44, 65（9 注）, 96

Stable degree of aperture of long vowels 长元音开口度的稳定程度, 116

Supplemental closure (clicks) 辅助性阻塞（啧音）, 136

Syllable 音节, 95, 170 及以下诸页, 182, 209（注 6）, 222（213 注）

Syllable-counting languages 音节计数型语言, 177 及以下诸页, 182 及以下诸页

Syllable nucleus 音节核, 170 及以下诸页, 222（213 注）

Synharmonism 谐调性, 285 及以下诸页, 293

Syntagmatic phonology 组合关系音系, 226（262 注）, 242, 248 及以下诸页

System of language (langue) 语言系统（语言）, 1 及以下诸页, 23, 41, 43

T

Tone movement, differences of 调型的差异, 88, 179 及以下诸页, 196 及下页, 238

"transitional sounds" "过渡音", 13, 65（7 注）

U

Unmarkedness 无标记性, 146 及下页

Unpaired phoneme 不成对音位, 85

V

Variants 变体:

ancillary-associative function of 变体的辅助-关联功能, 65（4 注）

combinatory 组合性变体, 39 及下页, 49 及下页, 53 及以下诸页, 60 及下页, 65（3 注和 4 注）, 78, 88（3 注）, 130, 169, 211（38 注）, 217（132 注）, 276, 284, 287 及下页, 289（11 注）

optional 可选变体, 自由变体,

46 及以下诸页，63，67，71，211（38 注）
 phonetic 语音变体，41，46 及以下诸页
 stylistic 语体性变体，47 及下页，256 及以下诸页
Vowels 元音，92 及以下诸页，222（213 注）
 "breathy" "气嗓式" 元音，121 及下页
 checked 急刹元音，116 及以下诸页
 "clear" 明亮元音，98 及下页，106 及下页，110，131
 "dark" 暗沉元音，98 及下诸页，105，110，224（227 注）
 "impure" 非纯元音，118，187
 muffled 闷元音，121 及下页
 "squeezed" 挤压式元音，121 及下页
 "throaty" 喉音性元音，187
Vowel systems 元音系统，96 及以下诸页

语言索引

(索引页码即本书边码)

若涉及总体的语言特征，仅列出具体语群、语系和语言"联盟"的名称。

Abakan dialects（of Kazakh）(哈萨克语) 阿巴卡方言, 281
Abkhas 阿布哈兹语, 97, 132 及下页, 245
Abua 阿布亚语, 121, 122
Achumawi 阿丘马维语 148, 185, 197
Adyghe 阿迪格语, 60, 64, 87, 97, 132, 140, 153, 239, 311。见 Circassian
African languages 非洲语言, 120 及下页, 124, 129, 132, 166—170, 176, 214
Aghul 阿古尔语, 122, 132, 162, 231
Alar (Buryat Mongolian) 阿拉尔语（蒙古语族布里亚特语）, 276
Albanian 阿尔巴尼亚语, 103, 119, 125, 143, 149, 180, 227（269 注）
Aleut (Unangan) 阿留申语（乌南甘语）, 125, 165, 167

Altai dialect (of Kazakh)（哈萨克语）阿尔泰方言, 281, 292
American (Indian) languages 美洲印第安语言, 124, 125, 128, 146, 166, 168, 176
Amharic 阿姆哈拉语, 152
Andi 安迪语, 107, 162
Annamese (Vietnamese) 安南语（越南语）, 103, 111, 245, 247
Arabic 阿拉伯语, 105 及下页, 131 及下页, 174, 178, 282
Armenian 亚美尼亚语, 222（213 注）, 277, 311
Artshi 阿奇语, 64, 83, 87, 100 及下页, 107, 132, 162, 192, 220（注 184）, 231, 291
Asian languages 亚洲语言, 166
Assyro-Babylonian 亚述－巴比伦语, 96
Avar 阿瓦尔语, 58, 64, 140, 153, 166 及下页, 282, 295

Avestan 阿维斯塔语，150，313

Baltic languages 波罗的语族语言，196，311
Bantu languages 班图语言，132，134，137 及下页，208，216（126 注），219（158 注），237，277
Bashkir 巴什基尔语，285
Bats 巴茨语，131
Bengali 孟加拉语，154，236，275
Bulgarian 保加利亚语，53，59，64，81，114，149，170，172 及下页，189，231，234，236，239 及下页，277 及下页
Burmese 缅甸语，71，119，132 及下页，152，175，193，197 及下页，244，248 及下页，282
Buryat (Mongolian) 布里亚特语（蒙古语族），276
Bushman 布须曼语，134 及以下诸页

Caucasian languages 高加索语言，86 及下页，125，166
　North 北高加索语言，64，125，128，132，153，311，317
　East 东高加索语言，100，105，112，122，125，131，153，231，307
　West 西高加索语言，97，125
Ch'ak'ur 查库尔语，125，232
Chasta Costa 查斯塔－科斯塔语，165，167
Chechen 车臣语，59，86，131，177 及下页，236，264，275，277，291
Cheremis 切列米斯语，104，115，150，232，238
Cherkess 切尔克斯语 60，64，87，97，132，140，153，239，311。见 Circassian
Chichewa 齐切瓦语，107，139，144，152，166，169
Chinese 汉语，58，80，120，126，151，166，168，170 及下页，175，188，190，192，193，213（73 注），222（211 注），223（221 注），226（256 注），282，308
Chinook 奇努克语，128，140，166
Chukchi 楚克奇语，17，125，213（75 注），310
Circassian (Adyghe, Cherkess) 切尔克斯语（阿迪格语，切尔克斯语），60，64，87，97，132，140，153，239，311
Classical Greek 古典希腊语，86，151，162，167，170，192 及下页，239，242 及以下诸页，276，291 及下页
Czech 捷克语，22，54 及以下诸页，58，61 及下页，64，73，104，124 及以下诸页，143，146，149，166，170—172，176 及以下诸页，205 及下页，208，

214（90注），235，245及下页，267，277及下页，319

Dakota 达科他语，153，219（162注），281
Danish 丹麦语，77，103，109，140，144，147，170，175，190，217（注135），226（265注），291
Darghinian 达尔金语，162，231，277
Dinka 丁卡语，129，214（89注）
Dravidian languages 达罗毗荼语系语言，129，214（88注）
Dungan (Chinese) 东干语（汉语），ix，132
Dutch 荷兰语，103，116，118，149及下页，177及以下诸页，189，199，215（93注），227（269注），235，290

Efik 埃菲克语，121，170，176，185，281，291
Egyptian Sudan dialects 埃属苏丹各方言，131
Enets (Yenisei-Samoyed) 埃内茨语（叶尼塞–萨莫耶德语），277
English 英语，42，50，56，63及下页，79，113，116及以下诸页，125，143，147，149，177及以下诸页，189，199，217（130注），224（227注），233，235，248，251，281，283，291，293，296

Erza 厄尔兹亚语，107，130，133，149，231，235。见 Mordvin
Eskimo 爱斯基摩语，124及下页，138，142，166，216（126注），281，292
Estonian 爱沙尼亚语，103，180，192，238，254（6注）
Eurasian languages 欧亚语言，215（102注）
European languages 欧洲语言，125，202及以下诸页，208
Evenki (Tungus) 埃文基语（通古斯语族），228，291
Ewe 埃维语，121，185，223（225注）

Fante 芳蒂语，109，121，204
Finnish (Suomi) 芬兰语（＝苏奥米语），56，102，111，163，167，173，177，201，245，277，284及下页，290及下页，294及下页
Finno-Ugric languages 芬兰–乌戈尔语系语言，98，237，285及下页，307，309
Fox 福克斯语，146，217（138注）
French 法语，20，22，47，69，76，78，85，95，103，119，125，126，147，149，167，184，215（93注），221（204注），222（211注），230，231，237，245，263及下页，267，279，281，291，297
Ful (Fulful) 富尔语，155，169，219

（158注），220（208注）

Gaelic 盖尔语。见 Scottish Gaelic
Ganda 干达语，99，112，175
Georgian 格鲁吉亚语，59，86，87，107，151，222（213注）
German 德语，20—22，31及以下诸页，37—40，42，44，46及以下诸页，52及下页，55及下页，58，61，65（7注和13注），66及以下诸页，75，79—83，85，88（3注），93—95，103，109，116，118，125，139及下页，143，147，149，172，177及以下诸页，184，189，195及下页，199，204及以下诸页，208，218（148注），222（211注和212注），227（注269），228，232—235，245，249及以下诸页，254，255（10注、12注和13注），256，258及以下诸页，266及下页，277，279（6注），280，283，291，292，294及以下诸页，311
Germanic languages 日耳曼语族语言，196
Gilyak (Nivchic) 吉利亚克语（现尼夫赫语），73及下页，125，138，142，216（126注）
Gothic 哥特语，311
Greek, classical 古典希腊语，86，151，162，167，170，192及下页，239，242及以下诸页，276，291及下页
　Modern 现代希腊语，47，81，107，110，126，143，151，189，192，218（142注），236
　Middle 中古希腊语，112
Greenlandic 格陵兰语，124及下页，138，142，166，216（126注），281，292。见 Eskimo
Gweabo 圭亚博语（利比里亚），109，164及下页，166，186及下页，254（6注）

Haida 海达语，107，125，151，245，291
Hanti (Ostyak) 汉蒂语（奥斯加克语），100及下页，163，275，292
Herero 赫雷罗语，124，129，214（88注）
Hopi 霍皮语，146，179及下页，190，192，196，199，201，217（138注），224（227注、229注和230注）
Hottentot 霍屯督语，134，136及下页，156及以下诸页，219（169注和172注），225（247注）
Hungarian 匈牙利语，22，23，47，55，125，126，143，147，149，177及下页，201，214（9注），277，292
Hupa 胡帕语，128，165，167

Ibo 伊博语，109，120及下页，170，

182, 185, 284
Icelandic 冰岛语, 277
Indic (Sanskrit) 印度语（梵语），85
及下页，129，133 及下页，162，
230，311，313
 Middle Indic (Prākrit) 中古印度
语（普拉克利特俗语），174，
178，180，245，254（6 注），
287
 Modern Indian 现代印度语，122，
129，214（88 注）
Indo-European languages 印欧语系
语言，214（88 注），306 及下页，
314 及下页
Ingush 印古什语，131
Iranian languages 伊朗语支语言，
313 及下页
Irish 爱尔兰语，149，169
Italian 意大利语，47，107，125，
139，149，167，189，192，
291，293

Japanese 日语，26（17 注），32，50，
51，58，62 及下页，74，82，101，
107，124，129，162，175，180，
190 及以下诸页，195，210（19
注），215（111 注），231，248，
252，292

Kabardian 卡巴尔达语，48，64，128，
132，152
Kalmuk 卡尔梅克语，277

Kamchadal 堪察加语，125，310
Kara-kirghiz (Kirghiz) 卡拉－吉尔
吉斯语 / 柯尔克孜语（吉尔吉斯
语 / 柯尔克孜语），235，290
Kashubian: Kashub dialects 卡舒布语：
卡舒布方言，120，190
 North (Slovincian) 北卡舒布语
（斯洛温语），196，200，227
（269 注）
Kazakh (Kazakh-Kirghiz) 哈萨克语
（哈萨克－吉尔吉斯语 / 柯尔克
孜语），281 及下页，285，290
 Abakan dialects of 阿巴卡方言，
281
 Altai dialects of 阿尔泰方言，
281，292
Kazan Tatar 喀山－鞑靼语，285
Kettic 愒语，125
Kinyarwanda 金亚瓦达语，133，149
Kirghiz (Karakirghiz) 吉尔吉斯语 /
柯尔克孜语（卡拉－吉尔吉斯
语 / 柯尔克孜语），235，290
Korean 朝鲜语，49，63，87，88，
132 及下页，162，166，278，291
及下页
Koryak 科里亚克语，125，310
Küärik dialect (of Turkic)（突厥语
族）夸里克方言，292
Kubachi 库巴其语（达尔金语一种
方言），132，162，231
K'üri (Lezghian) 库里语（列兹金
语），103，107，111 及下页，132，

144，153，192，211（38注和29注），230，234及下页，236，263，269（14注）
343 Kwakiutl 夸扣特尔语，125，132，166

Lak 拉克语，105及下页，131，153，162，163，166，167，173，277，282
Lamba 兰巴语，81，107，121，148，170，178，185，285
Lapp 拉普语，147，163及下页，181，221（187注），231，236，238，254（6注），277，286及下页，291
Latin 拉丁语，100，174，177，239，278，311
Latvian (Lettish) 拉脱维亚语（列托语），125，149，170，175，192，226（265注），227（269注），238
Lezghian 列兹金语。见 K'üri
Lithuanian 立陶宛语，125，129及下页，147，149，167，170，175，183，196，227（269注），231，234，235，239，287
Livonian 立沃尼亚语，226（265注），277
Lonkundo 隆昆多语，184及下页，188
Lusatian-Wendic 劳济茨－温德语。见 Sorbian

Maidu 迈杜语，174，223（220注），277
Maharashtri 马哈拉施特拉语，254（4注和5注），287
Manchurian languages 满语支语言，237
Mansi (Vogul) 曼西语（沃古尔语），163，276，277
Maya 玛雅语，107，148
Mende 门德语，139，185，203
Middle Indic (Prākrit) 中古印度语（普拉克利特语，俗语），174，178，180，245，254（6注），287
Modern Indic 现代印度语，122，129
Modern Persian 现代波斯语，106，211（35注）
Mongolian 蒙古语，17，58，111，112及下页，237，276，277，285
Montenegran dialects 黑山语方言，99，144
Mordvin 莫尔多瓦语，107，130，133，149，231，235

Nenets (Yurak-Samoyed) 涅涅茨语（尤拉克－萨摩耶德语），148，277，291，293
Nganasan (Tavgy-Samoyed) 牙纳桑语（塔夫基－萨莫耶德语），107，277，289（14注）
Nilotic languages 尼罗特语族语言，

121及下页
Norwegian 挪威语, 103, 111, 199及以下诸页, 226 (266注), 227 (269注), 235, 291
Nuer 努埃尔语, 122, 123, 129, 144, 148, 166, 214 (89注), 276

Old Persian 古波斯语, 107, 313
Ossetic 奥塞梯语 309
Ostyak (Hanti) 奥斯加克语（汉蒂语）, 100及下页, 163, 275, 292
Ostyak-Samoyed (Selkup) 奥斯加克－萨莫耶德语（塞尔库普语）, 104, 165

Paiute 派尤特语, 174, 223 (220注), 277, 286
Paleo-Asiatic languages 古西伯利亚语, 125, 310
Pedi 佩迪语, 64, 124, 140, 144, 216 (126注)
Persian (Old) 古波斯语, 107, 313
Persian (Modern) 现代波斯语, 106, 211 (35注)
Polabian 波拉布语, 102, 111, 130及下页, 174, 210 (21注), 233, 234, 239, 277, 320
Polish 波兰语, 56, 59及下页, 61, 99, 107, 108, 129, 143, 147, 149, 162, 168, 210 (13注), 235, 244及下页, 277, 299, 300, 307, 316, 319
Portuguese 葡萄牙语, 168, 189
Prākrit 印度俗语, 普拉克里特语。见 Middle Indic
Proto-Slavic 原始斯拉夫语, 144, 217 (132注), 221 (207注), 289, 313

Romance languages 罗曼语族语言, 196
Romanian 罗马尼亚语, 103, 115, 125, 129, 149, 189
Russian 俄语, 18—20, 49—56, 58, 60—64, 71, 76及下页, 80, 81, 93, 100, 107, 110, 115, 129, 147, 149, 162, 184及下页, 189, 203及以下诸页, 208, 210 (15注), 222 (211注), 227 (275注), 235及下页, 269 (13注), 283及下页, 292, 298及下页, 301及下页, 307, 316及下页
Rutulian 鲁图尔语, 132, 153, 231

Samoyed, Ostyak-(Selkup) 奥斯加克－萨莫耶德语（塞尔库普语）, 104, 165
  Tavgy-(Nganasan) 塔夫基（牙纳桑语）－萨莫耶德语, 107, 277, 289 (14注)
  Yenisei-(Enets) 叶尼塞（埃内茨语）－萨莫耶德语, 277
  Yurak-(Nenets) 尤拉克（涅涅茨

语）-萨莫耶德语，148，277，291，293

Samoyed languages 萨莫耶德语族语言，286

Sandawe 桑达韦语，124，134，135，155 及下页，219（167 注和 168 注）

Sanskrit 梵语，85 及下页，129，133 及下页，162，230，311，313

344 Scottish Gaelic 苏格兰盖尔语，108，111，119，129，149，199，236，275，277

Selkup (Ostyak-Samoyed) 塞尔库普语（奥斯加克－萨莫耶德语），104，165

Semitic languages 闪米特语族语言，126，131，306 及下页

Serbo-Croatian 塞尔维亚－克罗地亚语 59，99，107，126，139，143，144，147，149，166，167，170 及以下诸页，178，180，193 及下页，197，203，208，217（132 注），227（269 注），230，231，236，239

Shona 绍纳语，107，125，128，137 及下页，215（101 注），218（158 注）

Shor 绍尔语，292

Siamese (Thai) 暹逻语（泰语），103，170，175，193，248

Sindhi 信德语，153 及下页

Slavic languages 斯拉夫语族语言，47，125，196，307，311，314 及以下诸页

Slovak 斯洛伐克语，125，126，143，147，149，166，170，173，177，223（215 注），230，277

Slovenian 斯洛文尼亚语，47，115，119，123，150，167，175，178，190，193，221（207 注），227（269 注），236

Somali 索马里语，126

Sorbian (Lusatian-Wendic) 索布语（劳济茨－温德语），103，111，128，149，166，276，277

Spanish 西班牙语，47，189

Sudan languages 苏丹语族语言，124，131

Suto 苏托语，64，134

Swahili 斯瓦希里语，214（88 注），216（126 注），269

Swedish 瑞典语，103，199 及下页，202 及下页，235，267，269（8 注），291

Tabassaran 塔巴萨兰语，122，128，162，219（161 注）

Takelma 塔克尔马语，209

Tamil 泰米尔语，18，107，139，141 及下页，162，166，168，201，216（129 注），220（184 注），276，285，290，292，297

Taos (Tiva) 陶斯语（提瓦语），143，154，166，196

语言索引

Tatar 鞑靼语, 58
Tavgy-Samoyed (Nganasan) 塔夫基－萨莫耶德语（牙纳桑语）, 107, 277, 289 (14 注)
Teleut 特勒乌特语, 282, 292
Tibetan 藏语, 151
Tigre 蒂格雷语, 125
Tiva language of the Pueblo of Taos 陶斯族普韦布洛村庄的提瓦语, 143, 154, 166, 196
Tlingit 特林吉特语, 58, 107, 123, 125, 140, 165
Tonkawa 通卡瓦语, 107, 166, 281
Tsimshian 钦西安语, 59, 128, 152, 166, 245
Tübatulabal 图巴图拉巴尔语, 112, 174, 277, 291
Tungus (Evenki) 通古斯语（埃文基语）, 228, 285, 291
Turanian langages 都兰语, 突雷尼语, 238
Turkic languages 突厥语族语言, 58, 98, 104, 107, 237, 277, 278, 281, 285, 290, 292

Ubyk 尤比克语, 97, 132
Udi 乌迪语, 128, 132
Udmurt (Votyak) 乌德穆尔特语（沃加克语言）, 103
Ukranian 乌克兰语, 64, 115, 129 及下页, 133, 143, 149, 160 及下页, 189
Unangan (Aleut) 乌南甘语（阿留申语）, 125, 165, 167
Uzbek 乌兹别克语, 62, 99, 278, 285

Venda 文达语, 137
Vietnamese (Annamese) 越南语（安南语）, 103, 111, 245, 247
Vogul (Mansi) 沃古尔语（曼西语）, 163, 276, 277
Volga Tatar 伏尔加－鞑靼语, 285
Votyak (Udmurt) 沃加克语（乌德穆尔特语）, 103

White Russian 白俄罗斯语, 149

Yami 雅美语, 80
Yakut 雅库特语, 277, 282
Yenisei-Samoyed (Enets) 叶尼塞－萨莫耶德语（埃内茨语）, 277
Yoruba 约鲁巴语, 121, 221 (207 注)
Yukaghir 尤卡吉尔语, 21, 310
Yurak-Samoyed (Nenets) 尤拉克－萨莫耶德语（涅涅茨语）, 148, 277, 291, 293

Ziryene 基连语, 103
Zulu 祖鲁语, 64, 107, 124, 134, 137 及下页, 143, 186 及以下诸页, 237, 285

人名译名

A

Aginsky, Ethel G. 阿金斯基
Anučin, D. N. 阿努钦

B

Bally, Ch. 巴利
Beach, D M. 比奇
Birnbaum, Henrik 比恩鲍姆
Bleek, Wihelm Heinrich 布勒克
Bogoraz, V. G. 博格拉兹
Bogatyrev, P. 博加特廖夫
Borgström, Carl H. 博里斯特伦
Brandt, R. F. 勃兰特
Brugmann 布鲁格曼
Bühler, Karl 比勒

C

Cantineau 康丁诺
Collinder, B. 科林德
de Courtenay, J. Baudouin 库尔德内

D

Daneš, František 丹丝

Dempfwolff, Otto 邓普夫沃尔夫
Dirr, A. 迪尔
Doke, Clement M. 多克
Doroszewski, W. 多罗谢夫斯基
Dragunov 德拉古诺夫
de Groot, A. W. 德·格鲁特
Dukić, Ante 杜基奇
Durnovo, N. 杜尔诺沃

F

Firth, J. R. 弗斯
Frei, Henri 弗雷

G

Gardiner, Alan H. 加德纳
van Ginneken, J. 冯·吉内肯
Gjerdman, O. 基尔德曼
Grammont, M. 格拉蒙

H

Hjelmslev, L. 叶尔姆斯列夫
Hruška, A. A. 赫鲁什卡

J

Jakobson, Roman 雅克布逊
Jespersen, Otto 叶斯柏森
Jimbo 神保
Jochelson, V. 乔吉尔森
Jones, Daniel 丹尼尔·琼斯

K

Kālidāsa 迦梨陀娑
Karcevskij 卡尔切夫斯基
Kořínek, J. M. 克里内克
Kuznecov, Stefan Kirovič 库兹涅科夫

L

Ladefoged, Peter 赖福吉
Lawrenson, A. C. 劳伦森
Laziczius, Julius V. 拉启修斯
Leskien 雷斯琴
Lindner 林德纳

M

Malone, Kemp 马龙
Mathesius, Vilém 马泰休斯
Mazon, A. 马宗
Menzerath, Paul 蒙采拉特
Meriggi, P. 麦瑞吉
Miller, Vsevolod Fedorovič 米勒

N

Noreen 诺伦

O

Otto, E. 奥托

P

Palmer 帕尔默
Pienaar, P. de V. 皮纳尔
Pokrovskij, M. M. 波克罗夫斯基
Polivanov, Evgenij L. 波利万诺夫
Porzeziński, W. 波尔热津斯基
Puhvel, Jaan 普维尔

R

Radloff, W. 拉德洛夫
Richter, Elise 里克特
Russel, G. Oscar 罗素

S

Šakhmatov, A. A. 沙赫马托夫
Sapir, Edward 萨丕尔
Saussure, Ferdinand de 索绪尔
Sčepkin, V. N. 斯捷普金
Schachter, Paul 沙赫特
Schumacher, P. P. 舒马赫
Sotavalta, Arvo 索塔瓦尔塔
Starčevič, Š. 斯塔尔切维奇
Šterberg 施特博格
Stopa, Roman 斯托帕
Sweet 斯威特

T

Trnka, Bohumil 特恩卡

Tucker, A. N. 塔克
Twaddell, W. Freeman 特沃德尔

U

Uldall, H. J. 乌尔达尔

V

Vachek, Josef 瓦海克
Van Wijk, N. 范韦克

W

Ward, Ida C. 沃德
Whorf, Benjamin L. 沃尔夫
Windisch 温迪施
Winteler, J. 温特勒

Z

Zwirner, E. E. 茨维尔讷
Zwirner, K. K. 茨维尔讷

图书在版编目（CIP）数据

音系学原理/（俄罗斯）尼可莱·特鲁别茨柯依著；李兵，王晓培译. -- 北京：商务印书馆，2025.
（国外语言学译丛）. --ISBN 978-7-100-24948-5
Ⅰ. H01
中国国家版本馆 CIP 数据核字第 2025VB3885 号

权利保留，侵权必究。

国外语言学译丛·经典教材
音系学原理
〔俄〕尼可莱·特鲁别茨柯依　著
　　李兵　王晓培　译

商　务　印　书　馆　出　版
（北京王府井大街36号　邮政编码100710）
商　务　印　书　馆　发　行
北京盛通印刷股份有限公司印刷
ISBN 978 - 7 - 100 - 24948 - 5

2025年5月第1版	开本 880×1230　1/32
2025年5月北京第1次印刷	印张 17¹⁄₈

定价：88.00 元

国外语言学译丛
经典教材

《语言研究的数学方法》
〔美〕芭芭拉·帕赫蒂
〔荷〕爱丽丝·特缪伦 著
〔美〕罗伯特·沃尔

《词汇化与语言演变》
〔英〕劳蕾尔·J.布林顿
〔美〕伊丽莎白·克洛斯·特劳戈特 著

《二十世纪音系学》
〔美〕斯蒂芬·R.安德森 著

《普遍语法探究》
〔美〕斯蒂芬·克莱恩
罗莎琳德·桑顿 著

《认知语法导论》(上、下卷)
〔美〕罗纳德·W.兰艾克 著

《学做优选论》
〔美〕约翰·J.麦卡锡 著

《语法的演化》
琼·拜比
〔美〕里维尔·珀金斯 著
威廉·帕柳卡

《构式化与构式演变》
〔美〕伊丽莎白·特劳戈特
〔英〕格雷姆·特劳斯代尔 著

《生成学派音系学》(上、下卷)
〔美〕迈克尔·肯斯得维兹 著

《语体、语类和风格》
〔美〕道格拉斯·比伯
苏珊·康拉德 著

《元音与辅音》
〔美〕彼得·赖福吉 著

《汉语句法学》
〔美〕黄正德 李艳惠 李亚非 著

《音系学原理》
〔俄〕尼可莱·特鲁别茨柯依 著